최신 기술 동향으로 알아보는

ICT와 4차 산업혁명

김용태, 정윤수, 박길철 지음

한빛아카데미
Hanbit Academy, Inc.

지은이 김용태 ky7762@hnu.kr

충북대학교 대학원 전자계산학과에서 박사 학위를 취득하였습니다. 2010년부터 현재까지 한남대학교 멀티미디어학과 교수로 재직 중이며, 디지털 콘텐츠 이해와 C 프로그래밍 등을 강의하고 있습니다. 저서로는 『초융합 시대의 멀티미디어와 콘텐츠』(한빛아카데미, 2021), 『스마트 시대의 멀티미디어』(한빛아카데미, 2014), 『C 언어 이해와 응용』(성진미디어, 2012) 등이 있습니다.

지은이 정윤수 bukmunro@mokwon.ac.kr

충북대학교 대학원 전자계산학과에서 박사 학위를 취득하였습니다. 2012년부터 현재까지 목원대학교 정보통신융합공학부 교수로 재직 중이며, 기초 자바 프로그래밍, 고급 자바 프로그래밍 및 고급 웹 프로그래밍 등을 강의하고 있습니다. 저서로는 『C 언어 이해와 응용』(성진미디어, 2012) 등이 있습니다.

지은이 박길철 gcpark@hnu.kr

성균관대학교 대학원 전기전자컴퓨터공학과에서 박사 학위를 취득하였습니다. 1998년부터 현재까지 한남대학교 멀티미디어학과 교수로 재직 중이며, 멀티미디어 개론과 멀티미디어 통신 등을 강의하고 있습니다. 저서로는 『스마트 시대의 멀티미디어』(한빛아카데미, 2014), 『유비쿼터스 시대의 멀티미디어』(사이텍미디어, 2007), 『유비쿼터스 시대의 멀티미디어 통신』(사이텍미디어, 2006) 등이 있습니다.

최신 기술 동향으로 알아보는 **ICT와 4차 산업혁명**

초판발행 2021년 6월 28일
2쇄발행 2023년 7월 20일

지은이 김용태, 정윤수, 박길철 / **펴낸이** 전태호
펴낸곳 한빛아카데미(주) / **주소** 서울시 서대문구 연희로2길 62 한빛아카데미(주) 2층
전화 02-336-7112 / **팩스** 02-336-7199
등록 2013년 1월 14일 제2017-000063호 / **ISBN** 979-11-5664-551-1 93000

총괄 박현진 / **책임편집** 김성무 / **기획** 변소현 / **편집** 정서린 / **교정** 신꽃다미 / **진행** 박하나
디자인 표지 윤혜원 내지 박정화 / **전산편집** 김미경 / **제작** 박성우, 김정우
영업 김태진, 김성삼, 이정훈, 임현기, 이성훈, 김주성 / **마케팅** 길진철, 김호철, 심지연

이 책에 대한 의견이나 오탈자 및 잘못된 내용에 대한 수정 정보는 아래 이메일로 알려주십시오.
잘못된 책은 구입하신 서점에서 교환해 드립니다. 책값은 뒤표지에 표시되어 있습니다.

홈페이지 www.hanbit.co.kr / 이메일 question@hanbit.co.kr

Published by HANBIT Academy, Inc. Printed in Korea

기술에 대한 이해와
새로운 사고로 탄생한 4차 산업혁명

2016년에 열린 다보스포럼에서 경제학자 클라우스 슈밥이 4차 산업혁명을 주요 의제로 채택했습니다. 4차 산업혁명에 대한 정의는 다양하게 해석될 수 있지만, 'AI를 중심으로 한 ICT 기술이 폭발적으로 성장하는 차세대 산업혁명'이라고 정의할 수 있겠습니다.

필자가 『ICT와 4차 산업혁명』을 쓰기로 결심한 데는 2가지 이유가 있습니다. 바로, 책임감과 사명감입니다. 기술 변화가 매우 큰 요즘, 새로운 콘텐츠를 담지 않은 교재로 수업을 하기에는 만족스럽지 않았습니다. 양질의 수업을 제공해야 한다는 책임감으로 최신 트렌드를 수집하고 이에 걸맞는 인사이트를 교재에 담도록 노력했습니다. 이 교재를 학습한 학생들이 폭넓은 지식을 습득하여 더 나은 방향 설정을 하도록 도와줘야 한다는 사명감도 있었습니다. 집필 기간 동안 책임감과 사명감의 끈을 놓지 않고 강의 시간을 제외한 모든 시간을 투자하여 집필에 매진했습니다.

지금은 이세돌과 알파고의 대국을 시작으로 비트코인 대란까지, 4차 산업혁명의 시대에 발맞춘 무수한 소식과 정보들이 생기고 있습니다. 『ICT와 4차 산업혁명』은 4차 산업혁명은 정확하게 어떤 것인지, 이에 따른 기술은 무엇이 있는지, 그 기술은 어떤 기업이 구현하고 있는지 등을 상세하게 소개합니다. IoT, 클라우드, 빅데이터, AI, 가상현실, 블록체인 등 핵심 기술이 우리 생활에 어떠한 영향을 미치는지 친절히 설명했습니다.

아무쪼록 이 책이 4차 산업혁명의 시대를 살아가는 독자들에게 유용하게 활용되기를 바랍니다. 기술에 대한 이해와 새로운 사고에 대한 탐구는 우리를 4차 산업혁명이라는 새로운 세계로 인도하리라고 믿습니다. 끝으로 이 책을 출판하기 위해 적극적으로 후원해주신 한빛아카데미㈜ 관계자분들께 깊은 감사드립니다.

저자 **김용태**

이 책의 사용 설명서

강의 보조 자료

한빛아카데미 홈페이지에 '교수회원'으로 가입하신 분은 인증 후 교수용 강의 보조 자료를 제공받을 수 있습니다. 한빛아카데미 홈페이지 상단의 〈교수전용공간〉 메뉴를 클릭해 주세요.

http://www.hanbit.co.kr/academy

연습문제 해답 안내

이 책은 대학 강의용 교재로 개발되었으므로 연습문제 해답은 제공하지 않습니다.

무엇을 다루는가

ICT의 개요

01 세상을 변화시키는 ICT 환경
02 다양성 사회, 디지털 시대
03 사용자 환경의 발전

▼

웹과 모바일의 발전

04 인터넷과 웹 기술
05 손안의 세상, 모바일

▼

4차 산업혁명 시대의 새로운 비즈니스

06 쌍방향 소통, 소셜 미디어
07 모바일 시대의 비즈니스
08 변화의 물결, 4차 산업혁명

▼

4차 산업혁명 시대의 핵심 기술

09 ICBM 플랫폼과 기술혁신
10 AI의 태동과 현재
11 디지털 콘텐츠와 멀티미디어
12 디지털 콘텐츠와 플랫폼의 파급력
13 멀티미디어 콘텐츠의 성장

구성 요소

본문

ICT와 4차 산업혁명의 주요 개념을 최신 트렌드를 반영하여 쉽고 재미있게 설명했습니다.

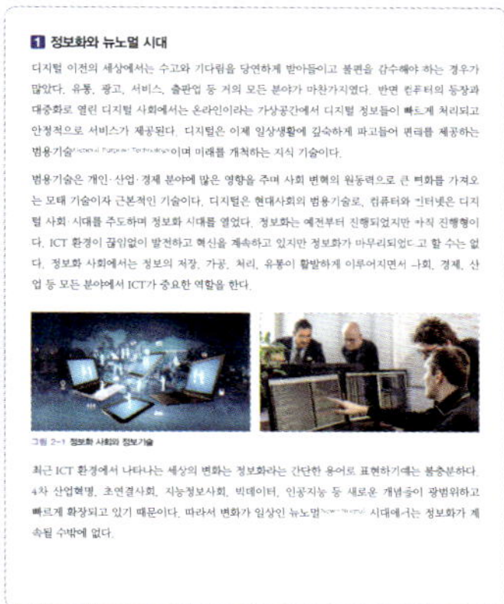

그림

이해를 돕는 다양한 시각 자료를 준비했습니다.

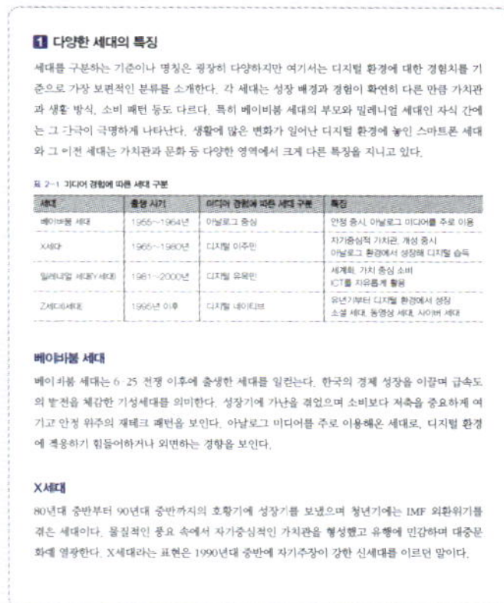

표

중요한 내용은 표로 정리하여 체계적인 학습을 할 수 있습니다.

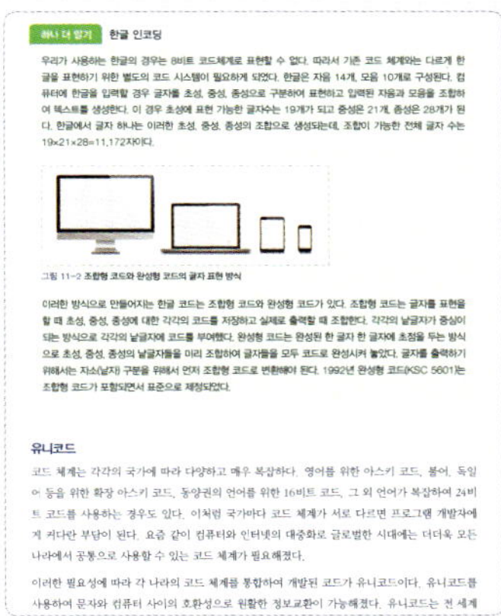

하나 더 알기

본문과 관련된 도움말 또는 알아두면 유익한 내용을 담았습니다.

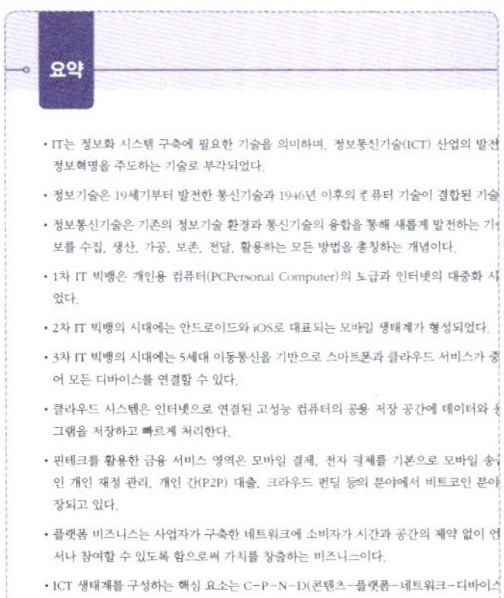

요약

각 챕터가 끝날 때마다 핵심 내용을 간략히 요약해 정리했습니다. 앞서 배운 내용을 간결하게 복습할 수 있습니다.

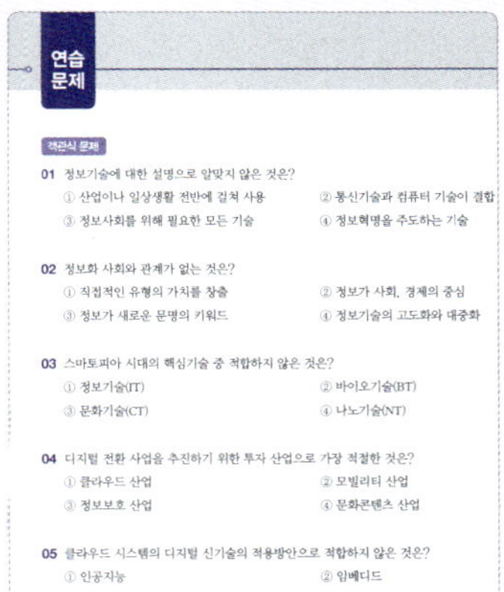

연습문제

각 챕터 마지막에 본문의 핵심 내용을 이해했는지 확인하기 위해 다양한 문제를 제공합니다.

목차

CHAPTER 03 사용자 환경의 발전

목차

CHAPTER 04 인터넷과 웹 기술

CHAPTER 05 손안의 세상, 모바일

CHAPTER 06 쌍방향 소통, 소셜 미디어

목차

CHAPTER 09 ICBM 플랫폼과 기술혁신

목차

CHAPTER 10 AI의 태동과 현재

CHAPTER 11 디지털 콘텐츠와 멀티미디어

목차

CHAPTER 13 멀티미디어 콘텐츠의 성장

CHAPTER 01

세상을 변화시키는 ICT 환경

학습목표

- ICT 환경에 대해 알아본다.
- IT 빅뱅의 흐름을 이해한다.
- 비즈니즈 환경 변화를 학습한다.
- ICT 산업의 핵심 요소가 무엇인지 알아본다.

SECTION
01

ICT 환경의 개요

1 ICT 환경의 정의

최근 기술 발전이 빠르게 이루어지면서 ICT 융합이 중요한 화두로 떠올라 다양한 분야에서 언급되고 있다. ICT는 정보기술과 통신기술의 합성어로 정보통신기술이라 부른다.

그림 1-1 IT와 ICT, 산업의 발전과 함께 정보혁명을 주도하는 기술

IT와 ICT의 상세한 정의는 다음과 같다.

- **정보기술(IT** Information Technology**)**: 정보기술은 19세기부터 발전한 통신기술과 1946년 이후의 컴퓨터 기술이 결합된 기술이다. IT는 정보화 시스템 구축에 필요한 기술을 의미하며, 정보통신기술(ICT) 산업의 발전과 함께 정보혁명을 주도하는 기술로 부각되었다. 오늘날 산업이나 일상생활 전반에 걸쳐 사용되며 IT라는 용어로 우리에게 매우 친숙해졌다.
- **정보통신기술(ICT** Information & Communication Technology**)**: 기존의 정보기술 환경과 통신기술의 융합을 통해 새롭게 발전하는 기술로, 정보를 수집, 생산, 가공, 보존, 전달, 활용하는 모든 방법을 총칭하는 개념이다. 컴퓨터와 통신기술뿐만 아니라 하드웨어와 소프트웨어를 기반으로 하는 정보사회를 위해 필요한 모든 기술을 포함한다.

2 ICT 환경의 현재와 미래

ICT 환경의 현재

전자, 조선, 자동차, 섬유 등 기존의 제조업의 목적은 직접적인 유형의 가치를 창출하는 것이다. 지난 시대에는 반도체, 조선, 자동차, 비행기, 스마트폰 등 눈에 보이는 제품이 발전을 주도하며 물질문명을 이끌었다. 그와 달리 IT 산업의 핵심은 컴퓨터, 소프트웨어, 인터넷, 멀티미디어, 경영, 행정 등 정보화 수단에 필요한 유·무형의 기술이다. IT 산업은 간접적인 가치 창출에 목표를 두는 새로운 개념의 기술이다. IT 산업의 빠른 발전은 엄청난 사회의 변화를 일으키며 지금의 정보화사회를 만들었다.

20세기 컴퓨터 혁명으로 시작된 정보화사회는 이제 스마트폰, IoT, AI를 기반으로 모든 것이 연결되는 초연결사회·시대로 본격적으로 접어들었다. 정보가 거대한 지구를 하나로 연결하고, 정보 자체가 커다란 영향을 미치는 시대에 들어선 것이다.

ICT 환경의 미래

정보의 용량과 전달 속도는 과거보다 수백 배 증가했고, 거의 같은 시간에 전 세계로 정보 확산이 이뤄지고 있다. 모든 정보가 축적되고 활용되기 때문에 정보의 품질이 지속적으로 좋아지고 용량이 증가할수록 사람들이 정보에 종속되고 영향력을 받을 가능성 또한 높아진다. 따라서 정보는 사람의 행동과 사고에 큰 영향을 미치는 열쇠가 될 것이며 초연결사회를 이끌어 새로운 문명의 키워드가 될 것이다.

인터넷을 기반으로 하는 ICT 산업 분야는 빠른 속도로 탄생, 변화, 소멸하면서 하루가 다르게 발전하고 있다. 각 국가는 미래의 성장 동력으로 ICT를 육성하고 있다. 또한 애플, 구글 등 ICT를 선도하는 글로벌 기업이 두각을 나타내며 빠르게 성장하고 있다. 애플은 2007년 아이폰을 출시하면서 세계 최고의 기업이 되었고, 구글은 같은 해에 안드로이드 스마트폰을 출시하면서 최고의 모바일 운영체제 기업이 되었다.

하나 더 알기 ICT 환경에 안착하지 못한 기업

한때 전 세계 휴대폰 시장을 장악했던 여러 기업이 ICT를 통한 혁신 성장에 부진해 과거의 영광을 지속하기 어려운 상황에 놓였다. 전자산업의 리더 기업이었던 소니, 이동통신 기술을 상용화해 세계 최초의 휴대폰를 출시한 모토로라, 단말기 시장을 지배하던 노키아 등은 ICT 환경에 성공적으로 안착하지 못했다.

1세대 토종 SNS로 자리매김했던 싸이월드는 모바일 환경으로의 변화에 적응하지 못해 내리막길을 걸었으나 2021년 4월 현재 서비스 재개를 준비하고 있다.

그림 1-2 싸이월드, 3,200만 명의 추억과 함께 폐업 위기에서 부활

3 ICT 산업의 발전 과정

산업 환경이 발전해온 역사를 보면 참신한 도구를 발명하거나 문제 해결책을 창출한 경우 새로운 인식체계Paradigm가 탄생한 것을 알 수 있다. 중요 패러다임 중 하나인 ICT의 시발점과 영향력에 대해 알아보자.

1차 IT 빅뱅

IT 산업은 ICT 환경의 발전에 힘입어 산업사회에서 정보사회로의 전환을 이끌면서 1차 IT 빅뱅의 시대를 열었다. 1차 IT 빅뱅은 개인용 컴퓨터(PC Personal Computer)의 보급과 인터넷의 대중화 시대를 열었다. 1980년대부터 PC는 사무자동화와 정보화시대의 대표적인 디바이스가 되었고, PC의 성능 향상과 대중화는 정보사회로의 빠른 진입을 견인했다.

정보사회가 되면서 정보처리는 더욱 신속·정확해졌고 정보의 활용 분야도 다양해졌다. 또한 지식과 정보의 경제적 가치가 확장되면서 다양한 정보에 대한 사람들의 욕구도 점점 커졌다. 이러한 욕구와 IT 환경이 접목되어 ICT 산업의 발전이 급속도로 이루어졌다. 반도체 산업의 마이크로 칩 저장 용량은 2년마다 2배씩 기하급수적으로 증가하는데, 이를 무어의 법칙Moore's Law이라고 한다.

그림 1-3 PC 중심 시대에서 정보 사회로 진입

■ 닷컴 버블의 탄생

1990년대에 인터넷의 보급으로 정보공유가 가능해지면서 1차 IT 빅뱅은 더욱 빠르게 진행되었다. 새롭게 등장한 인터넷 기술은 시공간을 초월해 사람과 사람을 연결했다. 이어서 정치, 경제, 사회 등 다양한 분야에서 인식체계의 전환이 시작됐다. 인터넷 관련 산업 분야는 급성장을 이루었고 2000년대 초반에는 세계 경제가 가장 주목하는 산업이 됐다.

기존 IT 기업들은 M&A을 통한 동반 상승효과를 기대했다. 풍부한 유동성과 저금리 정책으로 신규 투자처를 갈망하는 투자자의 요구와 IT 산업의 미래 가치에 대한 확신이 더해져 닷컴 버블Dot-com Bubble이라는 용어가 생길 정도였다. 수많은 IT 관련 벤처기업, 기존의 IT 관련 기업들의 주가가 폭등하며 최고조에 달했다.

■ 닷컴 버블의 결과

하지만 지나치게 낙관적인 전망으로 투기가 성행했고, 금리 인상 정책의 영향으로 인해 닷컴버블은 붕괴되었다. IT 기업들의 인수, 합병은 대부분 실패로 결론이 났다. 굵직한 기업은 존속이라도 가능했지만, 수많은 벤처기업이 파산하고 사라졌다. 국내의 경우도 비슷했다. 인터넷전화와 다이얼패드를 주력 상품으로 점유율을 넓혔던 새롬기술은 닷컴 버블에 힘입어 주가가 100배 이상 상승했지만 2003년 이후 주가가 폭락했다.

벤처 광풍과 닷컴 열기는 버블 붕괴로 이어졌다. 많은 ICT 기업이 시대를 앞서 과도기적인 인터넷 기술에 많은 것의 융합을 시도한 서비스를 내놓았지만 결과적으로 실패한 실험이 되었다. 그러나 혁신기업들은 어려운 상황에서도 미래를 준비하는 기술로 위기를 극복하고 세상의 변화를 이끌었다. 20년이 지나고 아마존과 마이크로소프트는 시가총액 1조 달러를 가뿐하게 넘었다. 명암이 뚜렷했던 닷컴 시대에 탄생한 실험적이고 다양한 기술은 많은 분야로 확산되어 새로운 기술과 산업의 발전을 이끌었다.

2차 IT 빅뱅

닷컴 버블 붕괴로 많은 ICT 기업이 파산하면서 국내를 비롯한 글로벌 시장에서 인터넷의 존립과 기본 원칙에 대한 회의감이 생겼다. 인터넷 기술은 시공간을 초월해 사람과 사람을 연결하는 혁신적인 플랫폼이라고 인정을 받았지만, 여전히 시장에서는 오프라인의 힘이 강력했기 때문이다.

■ 모바일 시대의 탄생

하지만 소수의 IT 기업은 시공간을 초월하면서 모든 사람의 생각과 아이디어를 공유할 수 있는 연결의 가치를 굳게 신뢰했다. 이들은 혁신적인 기술을 바탕으로 새로운 생태계인 모바일 시대라는 2차 IT 빅뱅의 시대를 열었다. 안드로이드와 iOS로 대표되는 모바일 생태계는 새로운 시대를 주도했다. 스마트폰을 중심으로 온라인과 오프라인을 연결하고 사람과 사람, 사람과 사물 사이의 경험을 제공하는 전략은 성공적으로 안착했고 많은 시너지 효과를 창출했다.

모바일 시대에는 디바이스, 사람, 문화 등 모든 것이 스마트폰을 중심으로 연결되면서 손끝에서 공유와 소통이 가능해졌다. 가장 큰 특징은 온라인과 오프라인의 경계가 허물어졌다는 것이다. 애플리케이션(이하 앱)과 서비스의 전문화, 개인화, 휴대성이 더욱 향상되면서 모바일 시장은 계속 성장했다.

■ 3세대 이동통신

모바일 중심의 2차 IT 빅뱅의 시대에는 음성 통화만 가능했던 1세대 이동통신, 전화와 문자 전송이 가능해진 2세대 이동통신을 넘어 3세대 이동통신의 시대가 열렸다. 3세대 이동통신부터는 PC가 아닌 휴대폰으로도 인터넷 사용이 가능해졌다. 즉 3세대 이동통신을 기점으로 휴대폰으로 인터넷 검색을 하고 데이터와 영상까지 주고받는 새로운 이동통신 시대가 시작되었다.

하나 더 알기 **데이터 용량의 성장**

데이터는 매년 폭발적으로 증가하여 2020년에 이르러서는 2000년보다 1,000배 이상 커졌다. 인터넷 속도 또한 비교할 수 없을 정도로 빨라졌다. HD 화질의 영화 한 편을 다운로드하는 데 3G는 18분, LTE는 3분 30초 정도면 되고, 5G는 1초도 걸리지 않는다. 유선 인터넷을 사용하던 1994년에는 20일 6시간이 걸렸다. 2000년에는 2분 59초, 2015년에는 16초로 단축됐지만 5G의 속도에 비할 바가 아니다. 약 2030년에 상용화될 예정인 6G는 5G보다 50배 빠른 1Tbps 전송 용량과 10배 빠른 1Gbps 사용자 체감 속도를 구현하여 테라급 통신시대를 만들 것이다.

이동통신 기술을 기반으로 한국은 초고속 국가정보통신망을 연결하면서 정보통신과 인터넷 강국 대열에 올라섰다. 초고속통신망과 이동통신 기반 시설의 확장으로 열린 데이터통신과 인터넷 시장은 새로운 사업의 기회였다. 네이버는 야후가 장악했던 포털 시장에서 검색 서비스와 안정적인 매출을 바탕으로 1위를 차지했다. IT 기업들이 경쟁적으로 온라인 비즈니스를 시작하면서 ICT 환경은 산업과 문화를 비롯한 전 영역에서 우리 삶을 바꾸기 시작했다.

ICT는 산업, 생활, 사회, 문화 등 모든 분야를 움직이는 거대한 엔진이 되어 이제 인공지능(AI), 자율주행, 로봇 기술 등과 결합해 다시 세상을 바꾸는 혁신에 도전하고 있다. 2015년에는 태블릿이 PC 시장을 추월했고 2019년에는 전 세계에서 15억 대의 스마트폰이 판매됐다.

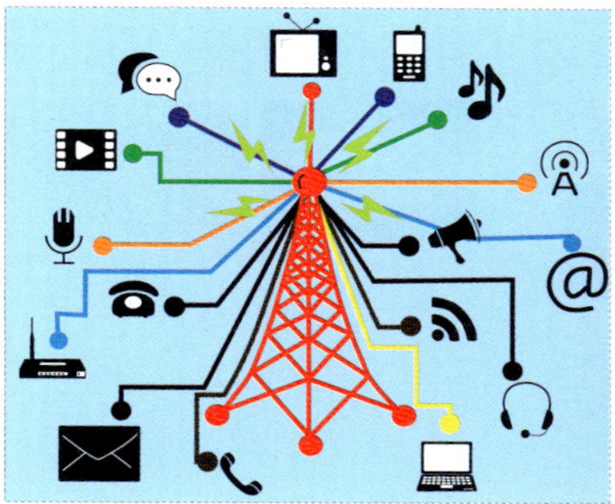

(a) 초고속통신망

(b) 이동통신 인프라

그림 1-4 새로운 사업 기회를 제공하는 ICT 환경

■ AI의 시대

삼성전자는 디지털 디바이스의 핵심인 반도체와 스마트폰으로 글로벌 대표 기업이 되었다. 230조 4,000억 원의 매출을 달성한 2019년 기준으로 세계 D램 시장에서는 45%, 5G 스마트폰 시장에서는 43%, 전체 스마트폰 시장에서는 21.3%를 점유했다. 삼성전자의 다음 공략지는 시스템 반도체와 AI이다. 반도체를 위탁 생산하는 파운드리, AI 반도체인 AI 칩 등 시스템 반도체에 집중적으로 투자하고 있다.

이제 ICT 산업의 경계는 사라지고 있으며, 연결 측면에서는 초연결, 정보화 측면에서는 지능화, 컴퓨팅 측면에서는 AI 시대로 변화하고 있다. 현재 ICT 산업의 가장 큰 관심은 기술의 융합이다. 기술 융합은 향후 산업의 중심이며 3차 IT 빅뱅의 시대를 여는 열쇠가 될 것이다. ICT를 바탕으로 BT(바이오테크), NT(나노테크) 등 서로 다른 영역을 융합함으로써 새로운 가치를 창출하는 시대에 이미 진입하기 시작했다.

3차 IT 빅뱅

머지않아 5세대 이동통신을 기반으로 스마트폰과 클라우드 서비스가 중심이 되어 모든 디바이스를 연결하는 궁극적인 ICT 빅뱅인 스마토피아Smartopia의 시대가 열릴 것이다. 3차 IT 빅뱅 시대라 할 수 있다. 스마토피아 시대의 IT 산업은 기간산업으로서 가장 중요한 역할을 할 것이다. 스마트폰을 기반으로 스마트홈, 스마트오피스, 스마트시티, 스마트케어 등의 다양한 서비스가 보편화될 것으로 전문가들은 예상한다.

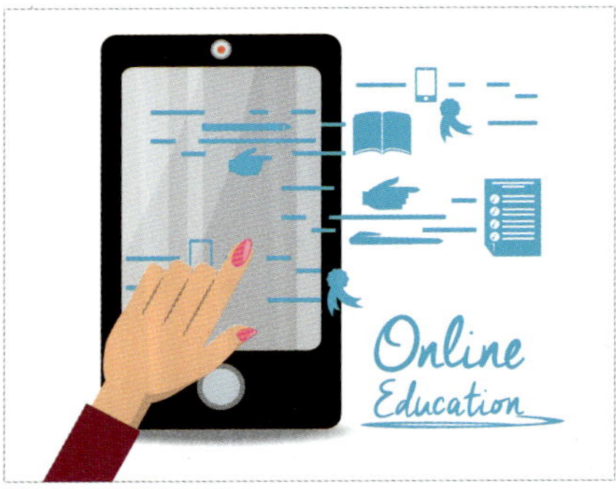

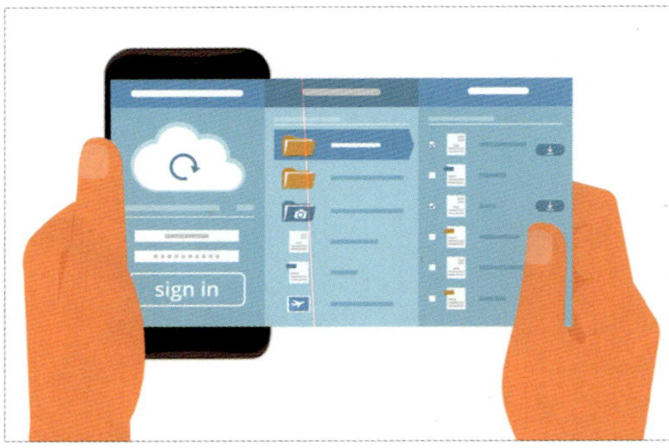

그림 1-5 서로 다른 영역을 융합해 새로운 가치를 창출하는 스마토피아 시대

■ 국내 업계의 한계

한국의 ICT 산업은 3차 IT 빅뱅 시대를 대비해 지속적으로 성장하고 있다. 하지만 반도체, 스마트폰 등 일부 업종과 대기업에 편중되어 있다는 약점이 있다. 2017년 ICT 산업 매출을 분석하면 반도체를 제외한 매출 상승률은 상대적으로 빈약해 산업 전반의 경쟁력이 감소된다는 것을 알 수 있다. 수출부터 투자, 기업 실적까지 반도체에 의존하는 상황이다. 만약 반도체 경기가 활력을 잃으면 한국 경제에는 곧바로 위기 상황에 처할 확률이 높다. 따라서 4차 산업혁명을 주도하려면 ICT 산업의 주력 업종을 다양화하고 스타트업 생태계를 활성화해야 한다.

■ 필요한 대응책

중국이 신기술에 공격적으로 투자하면서 기술 전쟁이 시작되었다. 중국은 반도체, 디스플레이, 스마트폰 등에 집중적으로 투자하면서 한국을 추격하고 있다. 중국은 미국, 유럽, 일본, 한국 등의 기업을 인수하고 기술을 빼돌려 우회적으로 기술 발전을 이루었다.

중국으로의 기술 유출은 경쟁국으로 반도체, 디스플레이 등의 인력과 관련 정보가 함께 빠져나가는 심각한 문제이다. 특히 핵심 기술의 유출 시도가 증가하고 있으므로 이에 대한 대응이 시급하다. 반도체, 디스플레이 등의 경쟁 기술을 유지하려면 우선 중국으로의 기술 유출을 막아야 한다.

나아가 차세대 기술을 선점할 수 있도록 적극적으로 연구개발과 투자를 감행해 한계를 뛰어넘는 시도를 해야 한다. 세계 최초로 5G를 상용화하면서 빠르게 ICT 환경이 발전하고 있지만, 기술이 고도화될수록 발생하는 디지털 정보 격차, 대·중·소기업의 양극화, 일자리 감소 문제와 같은 역기능 역시 해결해야 할 과제이다.

SECTION 02

ICT 생태계의 변화

1 디지털 전환과 ICT 업체의 변화

디지털은 계산기에서 시작해 컴퓨터로 이어지며 세상의 변화시키는 원동력이 되었다. 컴퓨터와 인터넷은 아날로그 세상 위에 비트와 디지털의 세계를 열었다. 이메일, 웹 서핑, 정보 검색을 넘어 소셜 미디어, 콘텐츠 유통, 온라인 쇼핑, 전자상거래 등 다양한 서비스가 일상의 영역으로 들어왔다. 디지털 세계는 인터넷과 모바일, 그리고 빅데이터와 IoT를 거쳐 AI라는 새로운 단계로 진입하는 중이다.

디지털은 기존 산업에도 큰 영향을 미쳤다. 그로 인해 연쇄적인 변화와 재편이 이루어지면서 파급 효과가 더욱 확장되고 있다. 대표적인 예로, 디지털 음원이 시장에 등장하면서 전통적인 음반 산업이 순식간에 몰락하고 새로운 산업 생태계가 만들어졌다.

1997년 한국의 한 벤처기업에서 MP3 파일을 재생하는 휴대용 플레이어를 세계 최초로 개발해 공개했다. 에디슨의 축음기 이후 120년 만에 이루어진 가장 큰 혁신이었다. 그러나 IMF 외환위기로 인해 기업을 유지하기에도 어려운 지경에 놓였고, 재미교포가 운영하는 미국의 회사에서 특허를 매입해 제품을 출시했다. 이후 2001년 애플에서 이를 모방해 아이팟i-Pod을 개발했고 세상을 바꿔놓았다.

TIP 스마트폰의 등장과 음원을 다운로드하지 않고 실시간으로 재생하는 스트리밍Streaming 서비스의 보편화로 MP3 플레이어 시장은 사양길에 접어들었다.

디지털 전환과 기업 혁신

디지털 전환Digital Transformation은 세계적인 흐름이자 전 산업 분야에서 기업 성장의 필수조건으로 자리잡아가고 있다. 디지털 전환은 기업 현장의 조직, 비즈니스 모델, 업무 방식 등에 디지털 기술을 적용해 혁신적인 제품과 서비스를 창출하는 개념이다. 많은 기업이 디지털 퍼스트Digital First인 디지털 전환을 생존전략으로 꼽는다. 디지털 퍼스트라는 용어는 2010년대 초반부터 언론에 등장했지만 실제로 디지털 중심으로 탈바꿈한 기업은 많지 않다. 가장 큰 이유는 디지털로 일하는 방식을 제대로 알지 못하기 때문이다. 디지털로 전환하려면 업무 방식을 대대적으로 개혁해야만 한다.

업무의 효율성을 확보하지 못하면 디지털 전환으로 인한 혁신은 어렵다. 빅데이터, AI 등 다양한 ICT 기술을 융합해 플랫폼을 구축·활용함으로써 정확한 예측과 신속한 의사결정을 실현해야 한다. 이러한 환경 변화에 따라 IT 서비스 기업의 가치가 새롭게 인식되고 있다. 단순히 전산 시스템을 구축·운영하는 역할에서 벗어나 디지털 신기술을 도입하는 중요한 임무를 담당하기 때문이다.

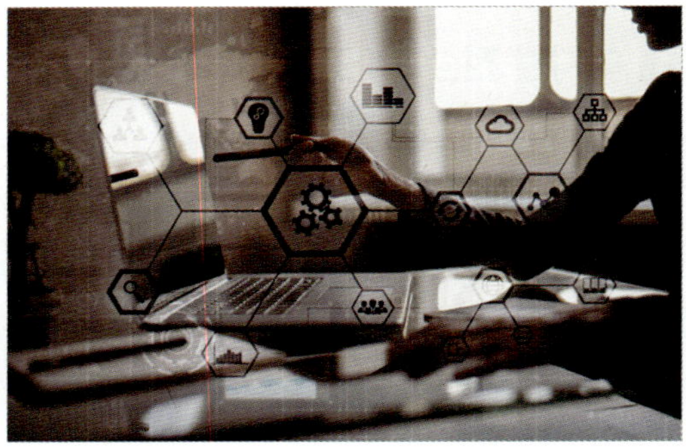

그림 1-6 기업의 업무 전반에 디지털 기술을 적용

클라우드 시스템

디지털 전환 사업을 본격적으로 추진하려면 클라우드 시스템에 적극적으로 투자해야 한다. 클라우드 시스템은 인터넷으로 연결된 고성능 컴퓨터의 공용 저장 공간에 데이터와 응용프로그램을 저장하고 빠르게 처리한다. 데이터 활용도를 높이고 AI, IoT, 블록체인 등 디지털 신기술을 신속하게 적용할 수 있어 디지털 전환의 토대가 된다.

ICT 신기술을 기반으로 하는 스마트팩토리는 현장의 모든 정보를 실시간으로 수집·분석·공유하고 스스로 안전하게 제어하여 최적화 상태를 유지해야 하므로 클라우드 시스템 구축이 필수이다. 최근에는 5G와 엣지 컴퓨팅edge computing을 결합해 성능이 더욱 향상되고 있다. 엣지 컴퓨팅이란 연산과 저장 공간을 데이터 소스와 가까운 곳에 두는 분산 컴퓨팅 프레임워크로, 처리 속도를 높이고 용량 및 보안 문제에 효과적으로 대응함으로써 클라우드 시스템의 단점을 보완할 수 있다.

그림 1-7 정확한 예측과 신속한 의사결정을 위해 필요한 디지털 전환

ICT 업체의 변화

다양한 산업 분야에서 기존의 전통적인 운영 방식과 서비스 등을 혁신하는 디지털 전환을 추진하고 있다. 특히 코로나19 사태로 인한 언택트 트렌드는 초연결성을 제공하는 ICT 기업에 위기이자 새로운 기회를 제공하고 있다. 이에 성공적으로 대응한 기업의 예로 디즈니를 들 수 있다. 디즈니는 코로나19의 대유행으로 테마파크가 문을 닫는 등 큰 어려움을 겪었지만 스트리밍 서비스인 디즈니+를 출시해 넷플릭스 등 디지털 기술의 강자들과 경쟁을 시작했다.

2 비즈니스 환경의 변화

디지털 기술이 발달하면서 소비자는 지식의 생산자로 참여하는 동시에 전문적인 지식을 쉽게 획득할 수 있게 되었다. 과거에는 전문가가 되려면 교육 기관에서 장기간의 학습을 거쳐야 했다. 그러나 디지털 사회에서는 인터넷을 통한 정보 검색과 자유롭고 폭넓은 학습을 통해 누구나 전문가와 같은 지식을 습득할 수 있다. 빅데이터, AI 기반의 맞춤형 지식 콘텐츠 서비스의 제공으로 전문성은 더욱 대중화되고 있다. 이처럼 디지털 기술의 발달은 모든 사람에게 동등하게 지식을 제공하고 다양한 방면에서 전문성을 대중화시키면서 사회를 변화시키고 있다. 각 분야의 변화 양상을 간단히 살펴보면 다음과 같다.

그림 1-8 디지털 기술을 기반으로 하는 일상생활의 다양한 서비스

개인의 영향력 증대

디지털 사회가 되면서 개인의 영향력이 커졌다. 경제생활의 측면에서 보면 소비자들이 서로 교류하고 정보를 공유하면서 영향력을 쉽게 행사할 수 있게 되었다. 크라우드 소싱Crowd Sourcing, 집단지성Collective Intelligence의 활용이 그 흐름이다.

하나 더 알기 **개인의 역량이 중요한 인플루언서**

비용을 지불하지 않고도 자신을 알리고 콘텐츠를 제공할 수 있는 환경이 되면서 개인의 재능과 능력이 중요한 시대가 되었다. 전문성을 습득한 개인은 SNS, 유튜브, 아프리카TV 등의 플랫폼에서 개인 미디어를 통해 강력한 영향력을 행사할 수 있다. 인플루언서 마케팅Influencer Marketing이 대표적인 사례이다. 인플루언서의 영향력이 크다는 것은 소비자의 일상에도 그만큼 많은 영향을 끼친다는 의미이다. 특히 어린 시절부터 디지털 환경에서 살았던 디지털 네이티브Digital Native와 1990년대 중반~2000년대 중반에 태어난 Z세대는 연예인보다 셀럽Celebrity 인플루언서의 영향을 더 많이 받는다.

그림 1-9 온라인 환경에서 개개인의 역량을 발휘하는 인플루언서 마케팅

전자상거래와 핀테크

온라인 비즈니스 환경에서 전통적인 수익 창출 수단은 검색과 게임이었다. 이후 ICT 환경이 발전하면서 현재는 쇼핑과 전자상거래가 시장을 이끌고 있다. 무료 인터넷 환경에서는 수익을 창출할 수 있는 아이템이 광고와 쇼핑이다.

인터넷이 상용화된 초반에는 비즈니스가 인터넷 플랫폼 기반으로 이루어졌지만 모바일 시대가 열리면서 온라인과 오프라인을 연결하는 O2O Online to Offline 서비스가 시작됐다. O2O는 온·오프라인 시장을 연계해 온라인과 오프라인 영역의 동반성장을 견인하며 시장을 확장하고 있다. 그리고 모바일 기반의 O2O 전자상거래를 지원하기 위한 핀테크Fintech 기술도 급속하게 발전하고 있다.

핀테크는 금융Financial과 기술Technology의 합성어로, 첨단 정보기술을 기반으로 한 금융 서비스 및 산업을 일컫는 말이다. 핀테크를 활용한 금융 서비스 영역은 모바일 결제, 전자 결제를 기본으로 모바일 송금, 온라인 개인 재정 관리, 개인 간(P2P) 대출, 크라우드 펀딩 등의 분야에서 비트코인 분야까지 확장되고 있다.

현재 국내 핀테크 산업은 초기 단계이며 아직 발전해야 하는 측면이 많다. 2014년 천송이 코트가 선풍적인 인기를 끌었을 때 해외에서 결제할 수 없는 문제가 발생하면서 기존의 결제 수단이었던 공인인증서가 개혁의 대상이 되었다. 이를 계기로 공인인증서는 21년 만에 폐지되고 공동인증서로 새롭게 등장했으며, 생체인증, 블록체인 등 다양한 인증 기술을 활용해 결제하는 간편결제가 상용화되고 있다. 은행권은 블록체인 기반의 은행 공동인증서비스인 뱅크사인을 출시하기도 했다. 대부분의 카드사는 온라인 쇼핑몰에서 인증 절차를 거치지 않는 간편결제 서비스를 운영한다.

전 세계 IT 업체들이 핀테크 시장에 빠르게 뛰어들고 있다. 핀테크 시장을 선점하기 위해 메신저 및 SNS 사업자, 기존 금융권 및 결제대행PG Payment Gateway사, 오프라인 소매상들이 각축전을 벌이고 있다. 하지만 국내에는 아직도 충분히 활성화되지 않고 있다. 핀테크 산업을 활성화하려면 기존의 규제를 점검하고 새로운 틀 안에서 인프라를 확충해야 한다.

플랫폼 비즈니스

소비자와 생산자가 만나는 플랫폼 비즈니스Platform Business가 급부상하고 있다. 플랫폼 비즈니스는 사업자가 구축한 네트워크에 소비자가 시간과 공간의 제약 없이 언제 어디서나 참여할 수 있도록 함으로써 가치를 창출하는 비즈니스이다. 플랫폼 비즈니스는 각종 제품·서비스를 중개하고 수수료로 수익을 창출하며, 경제·사회·문화·정치 등 다양한 분야로 확대되면서 전통적인 산업 구조를 변화시키고 있다.

애플, 아마존, 페이스북, 구글 등은 모두 플랫폼형 비즈니스 모델을 구축했다는 공통점이 있다. 플랫폼형 기업들은 사람들과 그들이 원하는 정보를 연결하는 매개체 역할을 하며 폭발적으로 성장했다. 플랫폼 비즈니스의 다양한 유형을 알아보고 그 차이점을 비교해보자.

■ 중개수수료 모델

플랫폼 비즈니스로 수익을 창출하는 가장 대표적인 모델로 중개수수료 모델이 있다. 공급자와 소비자를 연결해주고 수수료를 받는 에어비앤비, 유튜브, 앱스토어 등이 있다. 에어비앤비와 유튜브의 공통점은 자신들이 소유하지 않은 자원(호텔, 콘텐츠)을 사업에 활용한다는 것이다.

■ 구독료 모델

구독료 모델은 제품·서비스 사용에 대한 비용을 1회 혹은 월정액으로 부과하며 고객을 확보하는 수익 모델이다. 구독료에 기반한 수익 모델은 음악, 영화, 도서, 소프트웨어 판매에 이르기까지 많은 산업 분야로 확산되고 있다.

■ 광고료 모델

광고료 모델의 대표적인 사례는 구글, 페이스북처럼 많은 사용자를 확보한 플랫폼 기업이다. 이 기업들의 매출은 대부분 동영상, 배너광고 등에 의한 광고 수익이다. 그밖에도 제품·서비스를 사용할 권리를 판매하는 라이선싱 모델Licensing Model과 게임 아이템, 캐릭터, 기프티콘 등 플랫폼 내에서 사용하는 기능을 판매해 수익을 창출한다.

3 일상생활의 변화

점진적이고 연속적인 기술 혁신의 과정을 거치면서 지금의 인류는 석기 대신 손안의 스마트폰으로 정보·지식혁명을 이루고 개인의 일상생활까지 혁명적으로 변화시켰다. 휴대폰은 고유 기능인 음성통화와 문자메시지를 넘어서 실생활에 필요한 실용적인 다양한 다른 기능에 초점을 맞춘 '손안의 컴퓨터'로 진화했다. 이제 현대인은 원하는 기능을 거의 무한대로 담을 수 있는 스마트폰 하나로 일상생활을 해결하고 있다.

그림 1-10 손안의 컴퓨터로 진화한 스마트폰

단일화된 디바이스

예전에는 피처폰, 노트북, MP3 플레이어, PMP, 캠코더, 게임기, 디지털 카메라 등 다양한 디바이스가 필요했지만 요즘은 PC 성능의 스마트폰 하나에 모든 것이 집약되어 있다. 시간과 장소에 구애받지 않고 검색, 쇼핑, 학습을 하고, 영화를 관람하거나 게임을 즐긴다. 여행지에서 숙박할 곳을 실시간으로 예약하고, 카카오톡을 이용해 상대방이 어디에 있든 무료로 통화할 수도 있다. 스마트폰, 태블릿 PC 등과 기존의 모바일, 노트북 등 ICT 디바이스의 등장으로 우리의 삶은 보다 편리해지고 윤택해졌다.

TIP 모바일 디바이스를 중심으로 정보통신과 컴퓨터를 결합한 시스템을 텔레매틱스라고 한다.

다양한 애플리케이션

스마트폰 시장의 성장과 함께 앱 관련 시장도 비약적으로 성장했다. 스마트폰이 본격적으로 보급된 이후, 앱 서비스는 우리 생활에 없어서는 안될 만큼 깊숙이 파고들었다. 모바일 앱의 놀라운 발전과 성장을 통해 소프트웨어와 콘텐츠의 중요성이 부각된 것도 모바일 혁명이 가져온 변화이다. 일상적인 배달부터 업무, 재테크, 취미 생활에 이르기까지 거의 모든 영역이 앱으로 통하면서 앱 서비스 업체 간 경쟁도 치열해졌다. 앱 시장이 사용자의 일상생활과 기업의 성장에 필수 요소로 자리매김하면서 모바일과 실생활을 연결해주는 O2O 서비스도 점점 영역을 넓히고 있다.

그림 1-11 스마트폰의 도입으로 모바일과 실생활의 연결

스마트폰 도입 이후 앱스토어App Store, 플레이스토어PLAY Store와 같은 오픈마켓이 등장하면서 콘텐츠 선택의 주도권이 네트워크 사업자로부터 소비자와 콘텐츠 개발자에게 넘어갔다. 중간 단계 없이 생산자와 소비자의 직거래가 가능해진 것이다. 이러한 신개념의 장터가 생기면서 누구나 좋은 프로그램만 제작하면 수익을 창출할 수 있는 기회가 생겼고, 자본과 인력을 갖추지 않고도 창업을 할 수 있게 되었다. 스마트폰 시장은 개발자에게는 새로운 기회의 땅이다. 삶의 질을 높이는 생활밀착형 아이디어와 같은 발상과 앱 구현 능력만 갖춘다면 누구나 무한한 가능성의 세계로 진입할 수 있다.

높아지는 모바일 의존도

스마트폰 사용자는 자신도 모르는 사이에 계속 스마트폰 화면을 들여다보면서 SNS에 새로운 소식이 올라왔는지 확인하는 등의 행동을 반복한다. CNN은 보고서를 통해 사람들이 하루 평균 34번 정도 스마트폰을 확인한다고 보도했다. 스마트폰 사용을 금지시키면 불안함을 호소하거나 짜증을 내는 금단현상을 보이는 사람도 있다. 이들에게는 스마트폰이 생활을 편리하게 하는 도구를 넘어 세상과 연결하는 통로이고 자기 자신이기 때문이다.

스마트폰과 같은 디지털 디바이스에 대한 의존도가 높아지면 기억력, 집중력, 계산 능력, 방향감각이 떨어진다. 디지털 기술 의존에 따른 기억력 감퇴, 이른바 디지털 치매 현상도 나타난다. 스마트폰이 주변에 없으면 불안감을 호소하는 노모포비아No mobile-phone phobia도 많다. 이를 방지하려면 디지털 디바이스 사용을 줄이고 두뇌를 활성화시키는 노력이 필요하다.

SECTION
03 ICT 산업의 핵심 요소

1 SW의 경쟁력

오늘날 산업 현장에는 SW 인력의 양성이 매우 중요하다. ICT 기업이 많아지고 다양한 분야에서 SW 기술을 기반으로 영역을 개편하고 있기 때문이다. 그런데 국내 중소기업은 심각한 SW 인력난에 시달리고 있다. AI 분야에서는 2023년까지 25,000명 정도의 인력이 부족한 상태라고 한다. 그런데도 SW 인력에 대한 열악한 처우와 같은 환경적 문제는 그리 개선되지 않고 있다. 승자독식의 SW 플랫폼 시장에서 후발 주자는 생존하기가 쉽지 않다. 다양한 기능이나 우수한 성능을 내세울 수도 없고 가치를 입증할 자료도 부족하기 때문이다. 결국 기술과 소비자의 편파성 지원으로 초기 난관을 극복해야만 진입할 수 있는 시장이다.

SW 산업에서는 급변하는 시장 환경의 변화를 따라잡거나 앞장서면 살아남고, 그러지 못하면 도태된다. 국내 SW 산업의 경쟁력을 높이려면 전문 인력 양성과 함께 시장 체질 개선을 위한 다음과 같은 노력이 필요하다.

- 프로젝트 과제 중심 사업에서 탈피해 사용료 지불 형태로 전환해야 한다. 사회는 이미 플랫폼 중심으로 개편되고 있는데 여전히 조달청 입찰과 프로젝트에 매달린다면 유능한 SW 기업의 성장이 불가능하다. 전문가들은 SW 산업이 자생력을 갖추지 못하는 3대 원인으로 공공기관의 비상식적인 발주 관행, 불법 복제 만연, 인력 양성 실패를 지목했다.
- 국내 기업이 해외에 쉽게 진출할 수 있는 환경을 조성해야 한다. 기업에 대한 규제를 혁신해 근본을 바꿔야 한다.

4차 산업혁명 시대에는 SW 경쟁력이 국가경제의 미래를 좌우할 것이다. 따라서 SW 기술과 인력 확보에 집중하고, 제조·의료·금융 등 전 산업 분야에서 SW를 빠르게 접목해 새로운 가치를 창출하는 데 주력해야 한다.

2 ICT와 이종 산업의 융합

우리가 아침부터 잠들 때까지 접하는 ICT 환경 속에는 ICT와 다양한 분야를 융합Convergence해 만든 서비스와 제품이 이미 생활의 일부라 할 정도로 많다. 1차 산업인 농·어업에서도 첨단 ICT 환경과 융합을 통해 생산성과 편리성을 증가시키고 있다. ICBMSA(IoT, 클라우드, 빅데이터, 모바일, 정보보호, AI) 기술을 기반으로 기존 방식과 차별화되고 효용 가치가 있는 혁신적인 플랫폼이 등장하면서 곳곳에서 파괴적 혁신이 이루어지고 있다. 파괴적 혁신은 각기 다른 영역의 융합에서 나오며, 그 영역은 더욱 확대될 것이다.

그림 1-12 ICT 환경과 이종 산업의 융합

ICT와 이종 산업의 융합은 다양한 산업 분야에서 활발하게 이루어지고 있다. 다음은 그중 대표적인 몇 가지 예시이다.

- **금융 분야 :** 컨버전스가 가장 활발한 분야로, 빅데이터와 알고리즘을 기반으로 AI를 활용한 다양한 상품이 출시되었다. 향후에는 헬스케어, 여행·자동차 등 생활밀접형 콘텐츠가 금융 플랫폼과 결합될 것이다.
- **상공 분야 :** 무인 주문결제기기 키오스크가 음식점, 병원, 공항, 공공기관까지 빠르게 확산되고 있다. 무인기기가 사람을 대신해 주문, 결제 등 단순한 작업을 수행한다.
- **교육 분야 :** 비콘과 NFC를 기반으로 야외활동, 등하원 정보 등을 어린이집과 부모에게 실시간으로 제공하고 있다.
- **제조 분야 :** 제조공장의 생산량을 극대화하기 위해 5G를 접목해 스마트팩토리를 구축하고 있다. 제조업 기반의 자동차 산업에서도 융합이 가속화되면서 스마트카 시대가 눈앞에 다가오고 있다. 구글, 애플, 테슬라 등이 자율주행차를 개발하고 있으며 다른 국가의 기업들도 진출을 준비하고 있다.

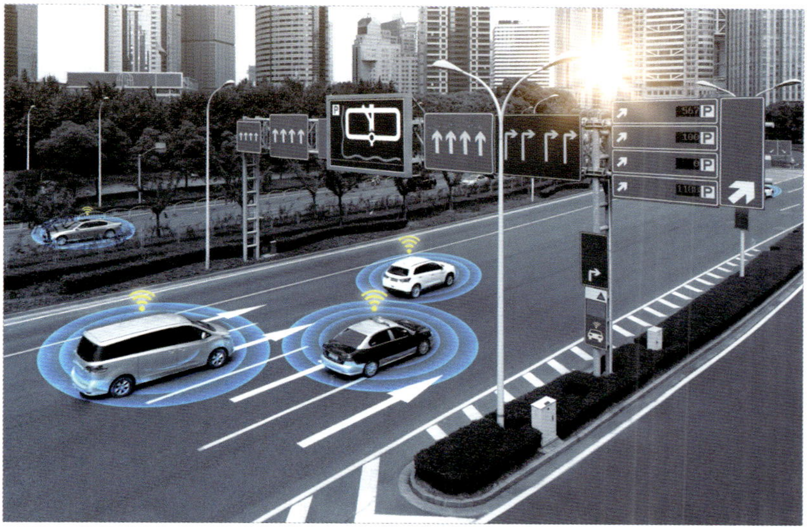

그림 1-13 ICT와 자동차의 융합 자율주행 자동차

ICT는 일상 깊숙이 파고들었다. 모든 것이 연결된 오늘날 우리는 터치 한 번으로 택시를 부르고, 집안의 가스밸브를 잠그고, 각종 비용을 결제할 수 있다. 또 간편결제 서비스인 각종 '페이'들이 카드와 현금을 대신하면서 지갑 없는 세상이 되고 있다. 이와 같은 혁신의 바탕에는 하드웨어의 발전이 자리 잡고 있다. 고밀도로 집적된 반도체가 등장하고, 컴퓨터는 이제 손안에서 조작할 만한 크기로 작아졌다. 더 나아가 하드웨어는 하나의 플랫폼으로 진화하면서 우리 삶에 다양한 영향을 끼치고 있다. 플랫폼이 변화하면 다양한 콘텐츠가 채워지고 꽃을 피운다. 이러한 ICT 환경에서 융합을 통한 기술혁신은 AI, IoT, 빅데이터 등의 신기술 발전과 더불어 향후 모든 사물과 인간이 연결되는 초연결사회를 앞당길 것이다.

3 콘텐츠 경쟁

ICT 생태계를 구성하는 핵심 요소는 C-P-N-D(콘텐츠-플랫폼-네트워크-디바이스)이다. C-P-N-D는 ICT 환경을 총괄하는 융합 생태계를 통해 한 단계 더 도약할 동력을 얻을 것이다. 글로벌 ICT 시장의 핵심 요소는 시대 변화에 따라 달라진다. 스마트폰 대중화 시대에는 디바이스가, 이후에는 플랫폼이 주목을 받았다. 최근에는 5세대 이동통신이 등장하면서 네트워크의 존재감이 높아지고 있으며, 정부와 기업에서는 5G 융합 솔루션 활성화에 박차를 가하고 있다.

그러나 현재까지 글로벌 ICT 시장에서 핵심 자리를 차지하고 있는 것은 콘텐츠다. 똘똘한 콘텐츠는 끝없이 가치를 생성하고 회사에 수익을 안겨주기 때문이다. 좋은 콘텐츠는 국경이나 문화의 경계라는 장벽이 거의 없다.

그림 1-14 끝없는 가치를 생성하는 콘텐츠 산업

플랫폼 사업자들의 콘텐츠 확보 노력

네이버, 카카오, 글로벌 업체 등 플랫폼 사업자들은 좋은 콘텐츠를 확보하기 위해 회사의 역량을 집중시키고 있다. 콘텐츠를 확보하는 방법은 플랫폼에 따라 차이가 있다. 예를 들어 네이버는 다양한 협력사와의 협업을 통해 영역을 확장하고, 카카오는 인수와 합병 등으로 관련 기업을 흡수해 콘텐츠를 직접 제작한다. 네이버는 자사의 브이라이브 커뮤니티 플랫폼과 엔터테인먼트 업체의 협력을 통해 K팝 팬덤 플랫폼이라는 새로운 시장을 창출하고 있다. 카카오는 다양한 '1차 콘텐츠' 확보에 집중하면서 자회사 합병을 통해 IP·플랫폼·제작역량 등 3박자를 모두 확보하고 글로벌 공략을 시작했다.

하나 더 알기 **코드커터족**

코드커터족은 콘텐츠를 감상하기 위해 기존의 TV를 끊고 스마트폰·태블릿으로 OTT 서비스를 이용하는 집단을 말한다. 새로운 콘텐츠를 선호하는 젊은 세대에서 특히 많다.

하나 더 알기 **넷플릭스의 콘텐츠 생산 방법**

넷플릭스는 현지의 스튜디오를 통해 전 세계에서 독점 콘텐츠Original Content를 생산한다. 현지 제작 산업을 육성함으로써 지역 소비자의 거부감을 극복하고 여러 지역에서 제작한 콘텐츠를 크로스보더(한 지역의 콘텐츠를 여러 국가로 연결) 방식으로 유통해 더 많은 소비자를 확보한다. 이런 전략은 다양한 소비자의 욕구를 충족시키면서 기업의 성과로 연결된다.

네트워크 사업자들의 콘텐츠 확보 경쟁

TV가 스마트폰에 들어오면서 영상 콘텐츠 사업의 중요성이 강조되고 있다. 영상 콘텐츠가 5G 시대를 이끌 킬러 서비스로 주목받고 있기 때문에 여러 기업이 콘텐츠 시장으로 영역을 넓히고 있다.

SK텔레콤은 지금이 K팝 등의 한국 콘텐츠 산업에 자본을 제대로 투하해야 할 시점으로 인식하고

5G 기반의 AI, VR 콘텐츠를 선보였다. 단순하게 남의 콘텐츠를 전송하는 덤 파이프Dumb Pipe에서 벗어나 5G 시대에 걸맞은 콘텐츠와 서비스를 직접 창출하겠다는 것이다. KT는 웹툰 플랫폼인 '케이툰'을 통해 기업의 마케팅을 돕는 콘텐츠 제작을 지원하고, LG유플러스는 콘텐츠 확보를 위해 경쟁사 KT의 자회사인 KT뮤직에 지분을 투자했다.

이처럼 이동통신사들이 콘텐츠 투자에 적극적으로 나서는 것은 원소스멀티유즈One-Source Multi-Use의 영향력 때문이다. 우수한 기획을 통해 제작한 오리지널 콘텐츠를 드라마, 영화, 게임 등의 2차, 3차 콘텐츠로 확장시키는 전략이다. 이러한 콘텐츠는 다양한 플랫폼을 타고 국내는 물론 해외 수익도 창출할 수 있다. 메신저, OTT 등의 플랫폼을 보유한 ICT 기업이라면 그 위에 콘텐츠를 얹어 시너지를 극대화할 수도 있다. 유료 콘텐츠에 대한 소비자의 거부감이 감소하고 있다는 점도 시장을 키우는 요소이다.

디바이스 제조업체의 콘텐츠 경쟁

삼성전자는 VR 분야에 투자를 늘리고 있으며, 자사 스마트 TV에서 제공하는 '삼성 TV 플러스' 서비스를 전 세계 12개국에서 시행하며 글로벌 콘텐트 플랫폼으로 도약할 준비를 하고 있다. 최근 TV 구매 요소로 화질과 크기뿐 아니라 콘텐츠도 중요한 요소로 부상하고 있기 때문이다.

ICT 생태계 구성 요소인 C-P-N-D 중 P-N-D는 상위 사업자들의 독과점 형태이지만, C 즉 콘텐츠는 수많은 업체들이 경쟁하는 시장이다. 따라서 제휴·인수합병을 통한 시장 지배력 향상 전략이 계속될 것이다. 넷플릭스와 같은 막강한 경쟁자의 존재가 다른 경쟁자들의 잠재력을 끌어올리는 미디어 생태계의 메기 효과를 유발하면서 생존을 위한 시장 참여자가 증가하고, 콘텐츠 생태계는 더욱 확장되고 있다. 플랫폼 간의 경쟁이 치열해지고 오리지널 콘텐츠의 품질과 양이 곧 경쟁력이 되면서 제작사의 수익 모델이 확대되고 콘텐츠의 가치가 더 높아질 것이다.

요약

01 IT는 정보화 시스템 구축에 필요한 기술을 의미하며, 정보통신기술(ICT) 산업의 발전과 함께 정보혁명을 주도하는 기술로 부각되었다.

02 정보기술은 19세기부터 발전한 통신기술과 1946년 이후의 컴퓨터 기술이 결합된 기술이다.

03 정보통신기술은 기존의 정보기술 환경과 통신기술의 융합을 통해 새롭게 발전하는 기술로, 정보를 수집, 생산, 가공, 보존, 전달, 활용하는 모든 방법을 총칭하는 개념이다.

04 1차 IT 빅뱅은 개인용 컴퓨터의 보급과 인터넷의 대중화 시대를 열었다.

05 2차 IT 빅뱅의 시대에는 안드로이드와 iOS로 대표되는 모바일 생태계가 형성되었다.

06 3차 IT 빅뱅의 시대에는 5세대 이동통신을 기반으로 스마트폰과 클라우드 서비스가 중심이 되어 모든 디바이스를 연결할 수 있다.

07 클라우드 시스템은 인터넷으로 연결된 고성능 컴퓨터의 공용 저장 공간에 데이터와 응용프로그램을 저장하고 빠르게 처리한다.

08 핀테크를 활용한 금융 서비스 영역은 모바일 결제, 전자 결제를 기본으로 모바일 송금, 온라인 개인 재정 관리, 개인 간(P2P) 대출, 크라우드 펀딩 등의 분야에서 비트코인 분야까지 확장되고 있다.

09 플랫폼 비즈니스는 사업자가 구축한 네트워크에 소비자가 시간과 공간의 제약 없이 언제 어디서나 참여할 수 있도록 함으로써 가치를 창출하는 비즈니스이다.

10 ICT 생태계를 구성하는 핵심 요소는 C–P–N–D(콘텐츠–플랫폼–네트워크–디바이스)이다.

연습 문제

객관식 문제

01 정보기술에 대한 설명으로 알맞지 않은 것은?

① 산업이나 일상생활 전반에 걸쳐 사용 ② 통신기술과 컴퓨터 기술이 결합
③ 정보사회를 위해 필요한 모든 기술 ④ 정보혁명을 주도하는 기술

02 정보화 사회와 관계가 없는 것은?

① 직접적인 유형의 가치를 창출 ② 정보가 사회, 경제의 중심
③ 정보가 새로운 문명의 키워드 ④ 정보기술의 고도화와 대중화

03 스마토피아 시대의 핵심기술 중 적합하지 않은 것은?

① 정보기술(IT) ② 바이오기술(BT)
③ 문화기술(CT) ④ 나노기술(NT)

04 디지털 전환 사업을 추진하기 위한 투자 산업으로 가장 적절한 것은?

① 클라우드 산업 ② 모빌리티 산업
③ 정보보호 산업 ④ 문화콘텐츠 산업

05 클라우드 시스템의 디지털 신기술의 적용방안으로 적합하지 않은 것은?

① AI ② 임베디드
③ 블록체인 ④ IoT

06 ICT 생태계의 변화요인으로 적절하지 않은 것은?

① 디지털 전환과 ICT 업체의 변화 ② 비즈니스 환경의 변화
③ 사회적 관계망의 변화 ④ 일상생활의 변화

07 1인 미디어 플랫폼을 활용한 개인 역량 강화의 대표적인 마케팅 방법은?

① 바이럴 마케팅 ② 인플루언서 마케팅
③ 노이즈 마케팅 ④ 코즈 마케팅

연습 문제

08 ICT 환경의 발전으로 인해 생긴 일상생활의 변화 중 알맞지 않은 것은?

① 단일화된 디바이스　　② 사회적 갈등 증가
③ 다양한 앱　　④ 높아지는 모바일 의존도

09 국내 핀테크 사업 중 기존의 결제 수단의 불편함을 느껴 서비스가 폐지된 전자상거래 인증 서비스는?

① 민간인증서　　② 금융인증서
③ 공인인증서　　④ 공동인증서

10 플랫폼형 비즈니스 모델을 구축한 기업 중 대표적인 실패 사례로 남아 있는 기업은?

① 싸이월드　　② 애플　　③ 아마존　　④ 페이스북

11 ICBMS기술 중 이에 해당하지 않는 것은?

① IoT　　② AI
③ 클라우드　　④ 빅데이터

12 ICT 생태계를 구성하는 C·N·D·P의 핵심 요소 중 적절하지 않은 것은?

① 콘텐츠　　② 제공자
③ 네트워크　　④ 플랫폼

13 핀테크 산업의 활성화를 위한 방안으로 가장 적절한 것은?

① 기존 규제를 유지　　② 기존 틀을 유지한 채 인프라 확충
③ 법적 규제 강화　　④ 기업 간 지속적 협력

14 콘텐츠를 감상하기 위해 기존의 TV를 끊고 스마트폰·태블릿으로 OTT 서비스를 이용하는 집단을 무엇이라 부르는가?

① 스몸비족　　② 디지털 네이티브족
③ 코드커터족　　④ 디지털 노매드족

O, × 문제

01 ICT는 정보처리 디바이스의 하드웨어 기술과 소프트웨어 기술 등 필요한 모든 수단을 의미한다.

02 정보화시대의 대표적인 디바이스인 PC의 성능 향상과 대중화는 정보사회로의 진입을 촉진시켰다.

03 모바일 시대의 가장 큰 특징은 온라인과 오프라인의 경계가 허물어졌다는 점이다.

04 ICT 산업의 발전을 위해서는 반드시 디지털 정보격차, 대,중,소 기업 간의 양극화, 감소하는 일자리 문제를 해결해야 한다.

05 집단지성은 소수의 전문가보다 독립성을 가진 소비자 집단의 지식을 활용하는 방식을 말한다.

06 어린 시절부터 디지털 환경에서 살았던 세대를 디지털 네이티브 세대라고 부른다.

07 플랫폼 비즈니스의 수익창출 중 구독료 모델은 제품·서비스의 사용에 대한 비용을 주 1회 지급한다.

08 2세대 이동통신 등장 이후 휴대폰으로 인터넷 검색과 데이터 영상까지 주고받 새로운 이동통신 시대가 다가왔다.

09 단순히 남의 콘텐츠를 전송하는 단순 연결 통로 전송수단을 덤 파이프라 부른다.

단답형 문제

01 정보기술은 19세기부터 발전한 (　　　　)과 1946년 이후의 컴퓨터 기술이 결합된 기술이다.

02 20세기 컴퓨터 혁명으로 시작된 (　　　　　)는 스마트폰, IoT, AI를 기반으로 모든 것이 연결되는 초연결사회·시대로 본격적으로 접어들었다.

연습문제

03 모바일 시대는 디바이스, 사람, 문화 등 모든 것이 (　　　　　　) 중심으로 연결되면서 손끝으로 공유와 소통이 가능해졌다.

04 (　　　　　　　　　　)는 서로 다른 영역을 융합하여 새로운 가치를 창출하는 시대를 말한다.

05 기업활동 일부 과정에 대중을 참여시켜 다수의 소비자에게 아이디어를 얻는 활동을 (　　　　) 이라 말한다.

06 소비자와 생산자의 수요와 공급이 만나는 (　　　　　　　　)은 각종 제품·서비스를 중개하고 수수료로 수익을 창출하며 경제·사회·문화·정치 등 다양한 분야로 확대되고 있다.

07 스마트폰이 주변에 없으면 불안감을 호소하는 현상을 (　　　　　　)증후군이라 부른다.

08 플랫폼 비즈니스의 수익창출 중 (　　　　　　　)은 구글, 페이스북처럼 많은 사용자를 확보한 플랫폼 기업이 동영상, 배너광고 등에 의해 수익을 창출하는 것을 말한다.

09 ICT와의 융합은 다양한 분야로 영역을 확장하고 있으며, 최근에는 주문, 결제 등 단순한 작업은 무인 주문결제기기인 (　　　　　　)가 이를 대신하고 있다.

10 오리지털 콘텐츠를 통해 드라마, 영화, 게임 등 2차, 3차 콘텐츠로 발전시키는 전략을 (　　) 라 부른다.

11 넷플릭스는 여러 지역에서 제작한 콘텐츠를 (　　　　　　) 유통방식을 통해 더 많은 소비자를 확보한다.

CHAPTER 02

다양성 사회, 디지털 시대

학습목표

- 디지털 시대의 흐름에 따라 어떤 세대가 형성됐는지 학습한다.
- 다양한 세대의 특징을 알아본다.
- 비대면 시대의 ICT 환경을 파악한다.

SECTION 01

ICT 환경의 개요

1 정보화와 뉴노멀 시대

디지털 이전의 세상에서는 수고와 기다림을 당연하게 받아들이고 불편을 감수해야 하는 경우가 많았다. 유통, 광고, 서비스, 출판업 등 거의 모든 분야가 마찬가지였다. 반면 컴퓨터의 등장과 대중화로 열린 디지털 사회에서는 온라인이라는 가상공간에서 디지털 정보들이 빠르게 처리되고 안정적으로 서비스가 제공된다. 디지털은 이제 일상생활에 깊숙하게 파고들어 편리를 제공하는 범용기술General Purpose Technology이며 미래를 개척하는 지식 기술이다.

범용기술은 개인·산업·경제 분야에 많은 영향을 주며 사회 변혁의 원동력으로 큰 변화를 가져오는 모태 기술이자 근본적인 기술이다. 디지털은 현대사회의 범용기술로, 컴퓨터와 인터넷은 디지털 사회·시대를 주도하며 정보화 시대를 열었다. 정보화는 예전부터 진행되었지만 아직 진행형이다. ICT 환경이 끊임없이 발전하고 혁신을 계속하고 있지만 정보화가 마무리되었다고 할 수는 없다. 정보화 사회에서는 정보의 저장, 가공, 처리, 유통이 활발하게 이루어지면서 사회, 경제, 산업 등 모든 분야에서 ICT가 중요한 역할을 한다.

그림 2-1 정보화 사회와 정보기술

최근 ICT 환경에서 나타나는 세상의 변화는 정보화라는 간단한 용어로 표현하기에는 불충분하다. 4차 산업혁명, 초연결사회, 지능정보사회, 빅데이터, AI 등 새로운 개념들이 광범위하고 빠르게 확장되고 있기 때문이다. 따라서 변화가 일상인 뉴노멀New-Normal 시대에서는 정보화가 계속될 수밖에 없다.

뉴노멀

뉴노멀이란 시대에 따라 새롭게 생겨나는 표준을 의미한다. 세상은 끊임없이 변하기 때문에 그에 알맞은 규범과 기준이 새롭게 만들어진다. 이전까지 기업의 성장을 이끌면서 검증된 비즈니스 모델은 낡은 모델로 취급받는다. 클라우드 서비스가 보편화되면서 그동안 기업에서 중요하게 여겼던 ICT 인프라들은 높은 관리비용, 큰 규모, 많은 인력, 유연성이 떨어지는 문제 등으로 애물단지가 되었다. 뉴노멀 시대의 소비자는 장소·시간·방법 등 모든 면에서 개인화된 맞춤 서비스를 제공받고 싶어 한다. 개인별 맞춤 서비스가 가능해진 이유는 빅데이터 기반으로 소비자에게 필요한 것을 찾아주고, 컴퓨터가 스스로 학습하고, 새로운 작업을 할 수 있기 때문이다. 이제는 정보화 시대를 지나 새로운 디지털 전환Digital Transformation의 시대로 가고 있다.

그림 2-2 뉴노멀 시대와 디지털 전환 시대

디지털 전환

디지털 전환은 ICT 환경의 신기술을 도입해 구매·생산·판매 등 기업의 전체 구조와 사업 모델을 디지털 중심으로 새롭게 바꾸는 것을 말한다. 모바일, IoT 등을 기반으로 수집한 데이터를 클라우드, AI, 블록체인 등으로 관리하고 처리해 기업의 혁신역량을 향상시키는 것이 핵심이다.

디지털 전환을 통한 디지털 혁명의 물결은 일상생활을 포함해 우리의 삶 전체에 영향을 미치고 있다. 이제 컴퓨터는 단순 계산기가 아니라 우리 생활과 삶 자체가 되었다. 인터넷과 모바일을 통해 조직의 경계를 초월해 협력하는 작업 방식, 빠르고 저렴한 소통 형식에 이르기까지 우리 삶의 모든 방식이 변화했다.

2 디지털 혁명 시대

아날로그Analogue는 연속적인 물리량으로 자료를 나타내는 개념이다. 반면 디지털은 이산적인 수치를 사용해 정보를 표현한다. 디지털 데이터는 아날로그 데이터와 달리 외부적인 영향이나 노이즈에 의한 정보의 변형이 없다. 따라서 복제, 삭제, 편집 등 데이터의 가공이 용이하며, 복제된 결과물은 원본과 동일하다.

디지털은 정보의 가장 작은 단위인 0과 1이라는 비트Bit, Binary digit로 표현하여 모든 정보와 처리 과정을 구성하는 기술이다. 0과 1의 디지털은 사고의 처리와 정보의 기본 단위가 되는 논리를 기반으로 한다. 디지털은 데이터Data와 정보Information를 표현하는 지식기술이면서 동시에 처리과정Process을 나타내는 프로그램Software Program을 위한 기술이기도 하다.

디지털 개념의 시초

디지털이라는 개념이 인류 역사에 등장한 것은 300년 전 라이프니츠가 선구적인 아이디어로 고안한 이론적인 컴퓨터였다. 그리고 형태가 있는 실제 시스템으로 개발된 것은 1946년에 군사용으로 제작된 에니악ENIAC, Electronic Numerical Integrator And Computer이다. 에니악은 무게가 30톤에 달하고 제작 비용은 50만 달러(2021년 기준, 현재 가치로 645만 달러)였다. 성능은 오늘날의 공학용 계산기 수준에 불과했다. 이후 컴퓨터 사이의 통신을 위해 고안된 ARPANET로 시작한 네트워크는 전 세계를 연결하는 통신망인 인터넷으로 진화했다. 그리고 1980년에 개인용 컴퓨터까지 인터넷에 연결할 수 있게 되면서 컴퓨터 역사에 새로운 장이 열렸다.

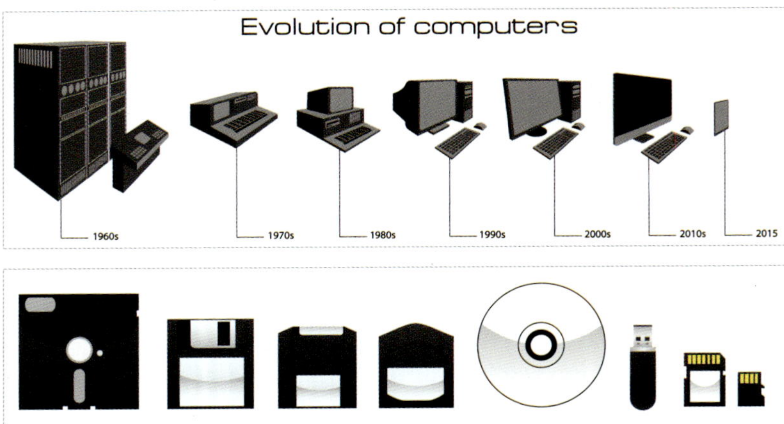

그림 2-3 컴퓨터와 저장장치의 진화

웹과 하이퍼텍스트

1993년에 웹브라우저 모자이크Mosaic가 등장하면서 전문가들의 영역이었던 통신은 일반 사용자를 위한 멀티미디어 환경으로 변화했다. 인터넷의 웹과 하이퍼텍스트는 책과 같이 순차적으로 정보를 저장하는 기존의 방식과 다르게 관련 정보를 연결하는 링크Link로 구성된 새로운 정보 저장 방식이다.

웹과 하이퍼텍스트는 1980년대에 팀 버너스 리Tim Berners Lee가 개발했다. 그러나 인터넷과 하이퍼텍스트 개념을 처음 제시한 사람은 바니바 부시Vannevar Bush이다. 그는 1939년에 가상의 기계 개념을 발표해 정보를 효율적으로 저장, 검색, 연결하는 웹과 하이퍼텍스트 발전의 토대를 만들었다. 이후 디지털 논리를 기반으로 하는 컴퓨터들이 네트워크에 연결되면서 오늘날과 같은 인터넷과 웹, 하이퍼미디어, 모바일 시대로 진화했다.

현재의 디지털 기술

ICT 융합을 바탕으로 하는 혁신 기술이 세상을 초고속으로 변화시키고, 향후 모든 사물과 인간이 연결되는 초연결사회가 도래할 것이다. 기존의 기술들은 단계적인 산업혁명을 통해 발전했지만 1990년대 중반에 보급된 인터넷은 사회의 모든 분야에 작용하는 기반시설이 되었다. 그리고 2008년에 등장한 스마트폰은 불과 10여 년 만에 생활에 없어서는 안 되는 필수품이 되었다. 디지털 혁명으로 사회 구조도 중앙 집중의 닫힌 사회에서 분산된 열린 네트워크 사회로 전환되었다. 이로 인해 중앙 통제가 약화되고 민주적인 자발적 참여가 강화되는 등의 변화가 이어지고 있다.

현재 우리는 어제와 오늘이 다른 초연결사회로 이동하고 있다. ICT 혁신 기술은 5세대 이동통신, 10기가 인터넷, 클라우드, 빅데이터, AI, IoT 등 모든 것을 초고속으로 융합하면서 새로운 가치를 끊임없이 생산한다. 이 과정을 우리 생활에 밀접한 분야인 미디어 산업과 연계해보면 쉽게 체감할 수 있다. TV에서도 인터넷 동영상 서비스(OTTOver The Top)를 즐길 수 있는 등 양방향 미디어 서비스가 확산되면서 콘텐츠와 ICT 환경이 융합된 미디어 소비환경이 빠르게 재편되며 변화하고 있다.

SECTION
02
디지털 시대의 사회 변화

1 소비자의 변화

기술의 발달은 항상 전문성의 대중화를 가져오지만, 특히 디지털은 모든 사람에게 유용한 다양한 방면의 전문성을 대중화시키면서 다음과 같이 사회를 변화시키고 있다.

전문성의 대중화

일반 소비자가 전문적인 지식을 쌓고 소통할 수 있게 되면서 생각을 표현하고 서로의 지식·지혜를 공유하며 소비자로의 권리와 영향력을 행사하기가 쉬워졌다. 크라우드 소싱Crowd Sourcing, 집단지성Collective Intelligence이 대표적이다.

크라우드 소싱은 대중Crowd과 아웃소싱Outsourcing의 합성어이다. 기업 활동의 일부 과정에 대중을 참여시켜 다수의 소비자로부터 아이디어를 얻는 활동으로, 지식의 수요·공급을 효과적으로 연결한다. 집단지성이란 다양한 의견을 가진 독립적인 개인이 자발적으로 참여해 지식을 모으면 특정 전문가나 기업의 전문 지식보다 더 우수한 집단적 능력을 갖게 됨을 일컫는 말로, 기업에서는 이 개념을 적용해 소비자 집단의 지식을 활용함으로써 시장 실패 가능성을 줄일 수 있다.

그림 2-4 집단지성과 크라우드 소싱

개인 미디어의 강화

SNS, 유튜브, 아프리카TV와 같은 개인 미디어가 발달하면서 개인이 온라인 환경과 플랫폼에서 사람들에게 영향력을 행사할 수 있게 되었다. 누구나 큰 비용을 들이지 않고도 매우 빠른 속도로 자신을 알리고 콘텐츠를 전파할 수 있는 구조가 만들어진 것이다. 개인의 영향력이 커졌다는 것은 점점 개인의 전문성과 개성, 재능과 능력이 중요해지고 있다는 의미이다.

소셜 러닝

소셜 러닝은 학습에 SNS를 결합한 교육 방식이다. SNS와 온라인에서 수많은 콘텐츠를 접하는 소비자는 자신의 라이프스타일에 맞게 좋아하고 필요한 것을 수집하면서 소셜 러닝Social Learning을 반복적으로 경험한다. 소셜 러닝의 가장 중요한 3가지 요소는 사회적 상황, 타인의 행동, 나의 모방과 학습이다.

그림 2-5 디지털 시대에 인터넷을 통한 온라인 교육

국내 SNS 생태계에서는 소셜 러닝 사용자 경험이 그 어느 때보다 급속히 증가하는 추세다. 학생과 학부모는 클래스팅 앱을 활용해 소셜 러닝 서비스를 경험하고 있으며, 성인 사이에서는 원데이 클래스와 정규 클래스 등이 빠르게 확산되었다. 소비자가 비용과 시간을 지불하고 소셜 러닝 클래스에 참석하는 것이 이제는 자연스러운 일상이 되고 있다.

하나 더 알기 **TED와 무크**

소셜 러닝의 가장 성공적인 초기 모델로는 1990년부터 시작한 TEDTechnology, Entertainment, Design가 있다. TED는 자신의 지식을 대중에게 전달하는 강의 기반의 지식 컨퍼런스이다. 그리고 2012년부터 시작한 대학의 온라인 공개 수업인 무크MOOC, Massive Open Online Course가 소셜 러닝의 새로운 사례로 대두되었다. 소셜 러닝이 커다란 인기를 누리기 시작하면서 2세대 무크는 아시아와 유럽으로 확대되었다.

2 소통 방식의 변화

인간이 소통하는 방식은 말에서 시작해 문자, 필사, 인쇄, 통신, 인터넷, 스마트폰 등으로 진화하고 있다. 새로운 소통 미디어Communication Media의 등장은 지식에 대한 인식 체계Paradigm와 사회 변화를 촉진시켰다. 새로운 미디어의 등장은 그 시대의 문명과 밀접하게 연결되어 있다. 지식을 저장하고 전달하는 소통 미디어의 변화는 사회와 문명을 변화시키는 중요한 동력이다.

언어

말은 오랫동안 지식을 저장하고 전달하는 유일한 도구였다. 전달된 지식은 사람의 기억에만 저장되었다. 개인의 기억을 통해 다른 사람에게 전달되고 세대를 넘어 전달되었다. 말은 실시간으로 전달되는 가장 즉각적이고 효과적인 소통 방식이지만 시공간을 넘어 정확하게 저장(기록)되고 전달되는 데는 한계가 있다.

문자

기억을 온전하게 남기는 방법은 그림, 기호, 문자 등으로 기록하는 것이다. 문자는 오래전에 발명되었지만, 초기에는 제한적인 영역에만 사용되었다. 문자가 사용되면서 사람들의 교류 방식이 다양해졌고, 특히 교환, 상거래, 농업 등에서는 기록이 중요한 역할을 했다. 문자는 농업과 사회를 유지하는 중요한 수단이었다. 말은 전달과 기억 과정에서 왜곡이나 오해가 발생할 수 있지만, 글은 변하지 않기 때문에 지켜야 할 규칙이나 율법을 기록하는 데 유용하게 사용되었다.

1500년대까지는 글이나 책을 손으로 직접 써서 작성했다. 따라서 필사 과정에서 오류나 왜곡이 발생할 수 있지만 책은 그 가치가 매우 높았다. 인쇄술이 발명되기 전까지 지식은 일부 계층의 전유물이었다. 인쇄술은 지식의 확산을 가져왔고, 유럽 사회를 크게 혁신시켰다. 르네상스, 종교개혁, 과학혁명에 의한 발명과 발견은 인쇄술의 힘을 입어 빠르게 전파되면서 산업혁명의 토대가 되었다.

그림 2-6 **인쇄술의 발명과 지식의 확산**

디지털 기술

디지털 기술이 적용되면서 지식의 생산과 유통 방식이 아날로그에서 디지털로 전환되었다. 그리고 네트워크라는 새로운 매체의 탄생으로 누구나 쉽게 지식과 정보를 생산하고 공유할 수 있는 지식의 대중화 시대가 열렸다. AI, 빅데이터, IoT 등의 신기술은 정보와 지식을 생산하고 처리하는 주체를 인간에서 기계로 확장시키면서 지식의 개념을 바꾸고 있다. 지식의 생산, 유통, 활용이라는 새로운 지식 기술이 등장한 것도 중요한 변화이다. 생산의 자동화와 콘텐츠, 문화, 서비스 등의 분야에 걸쳐 지식 산업이라는 새로운 경제 구조가 탄생했다.

소통 방식을 변화시킨 대표적인 기술은 자동차, 전화기, 인터넷과 같은 교통과 통신기술이다. 이 기술들은 ICT의 발전과 함께 사회의 모든 분야를 변화시키면서 생활 전반에 활용되는 일상의 도구가 되었다. PC 통신을 거쳐 인터넷이 상용화되었고, 온라인의 익명성을 기반으로 새로운 형태의 사회관계가 형성되었다.

3 소통 방식의 발전

ICT 기반의 소통 방식 변화는 사람들 간의 커뮤니케이션 방법에 대대적인 혁신을 가져왔다.

웹 1.0

일반적으로 웹 1.0은 1993년 인터넷이 상업화를 시작한 초기의 서비스를 말한다. 웹 1.0은 서버·클라이언트 기반의 일방적인 정보전달 방식을 의미한다. 모든 자료가 체계적으로 정리되어 있고, 사용자들은 분류된 카테고리를 통해 자료를 검색하고 지식을 전달받는다. 웹 1.0을 가리키는 대표적인 용어는 포탈Portal이다.

웹 2.0

2000년대 초에 인터넷이 폭발적으로 성장하면서 웹을 사용하는 방식에 변화가 생겼다. 사용자가 자발적이고 적극적인 콘텐츠 작성자로 등장한 것이다. 웹 2.0의 소통 방식은 참여와 열린 플랫폼Open Platform으로 대변된다. 웹 1.0에서는 토론방, 포털 등 한정된 공간에서만 정보 소통이 가능했지만, 웹 2.0에서는 다수의 사용자가 플랫폼에 자발적으로 참여해 상호작용하면서 많은 정보를 생산하고 공유하며 소통한다. 또한 소비자에 의해 진화하는 소통 능력, 협력, 그리고 콘텐츠를 유통하고 소비하는 기능이 강화되었다.

인터넷은 다수의 사용자가 정보를 교환하고 서로 영향을 미칠 수 있는 사이버 공간을 형성했다. 사이버 공간은 크게 확장되었고, 모바일 시대의 키워드인 스마트폰이 대중화되면서 소셜 미디어,

SNS가 미디어 환경의 변화를 이끌었다. 미디어의 변화는 도구의 변화에 그치지 않는다. 소통 방식의 변화는 생활양식과 사고방식 등에 이르기까지 총체적인 변화를 가져왔다.

이처럼 소통 미디어와 소통 방식이 변화함으로써 웹은 공적인 소통 기능을 수행하는 한편 사이버 공론장으로 진화했고, 이전까지 공적인 여론 형성 과정에서 소외됐던 일반 시민이 자신들의 목소리를 내기 시작했다.

그림 2-7 일반 시민이 여론형성 과정을 주도하는 소셜 미디어

웹 3.0

웹 3.0은 사람 대신 정보를 읽고 이해하고 가공해 맞춤형 콘텐츠와 서비스를 제공하는 차세대 지능형 웹으로, 시맨틱 웹Semantic Web이라고 한다. 상황 인식을 통해 사용자가 원하는 정보와 직관적인 경험을 제공하는 웹 3.0은 모바일 환경에서 더욱 핵심적인 역할을 할 것이다.

기계가 사람처럼 이해해 자료를 찾게 하려면 검색엔진의 구조가 완전히 달라져야 한다. 또한 사용자가 원하는 정보를 정확하게 제공하려면 수많은 정보 중에서 가장 적합한 정보를 효율적으로 걸러낼 수 있어야 한다.

그림 2-8 소통미디어 환경과 소통 방식의 변화

SECTION
03 비대면 시대의 ICT 환경과 문화

코로나19가 세계적으로 확산되면서 팬데믹, 사회적 거리두기, 비대면이 세계를 관통하는 화두로 부상했다. 일상의 용어가 된 언택트는 콘택트의 반대 의미로 사람과 접촉을 최소화한다는 신조어이다. 비대면 시대에 변화하는 ICT 환경에 대해 알아보자.

1 비대면 시대의 경제구조 변화

코로나19 사태로 촉발된 비대면 사회의 장기화로 전 세계가 어려움을 겪으며 경제 구조가 변화하고 있다. 이는 거대하고 급격한 변화 속에서 뉴노멀 2.0 시대의 생존전략을 준비하는 계기가 되었다. ICT 환경은 비대면 산업의 중요성을 크게 부각시키면서 강력한 존재감을 드러냈다.

그림 2-9 비대면 사회, 생활방식의 변화

- **학교 :** 온라인 플랫폼을 기반으로 비대면 교육을 시작했고 비대면 의료도 등장했다.
- **기업 :** 쉽사리 실행하지 못했던 원격(재택) 근무를 본격적으로 실행하며 화상회의 시스템, 기업용 통합형 온라인 메신저가 주목을 받고, 보안의 중요성도 대두됐다. 원활한 서비스 지원을 위한 통신 인프라의 중요성이 커졌고, 어느 때보다 가파른 디지털 전환을 경험하며 가상세계에서의 세계화도 경험했다. 각국은 포스트 코로나 시대를 대비해 AI, 원격기술, 빅데이터 등의 기술 발전을 위해 노력하고 있다.
- **영업 및 마케팅 :** 무인 정보 단말기인 키오스크를 이용한 무인주문 시스템, 위치 정보 안내, 온라인 쇼핑은 언택트 서비스의 대표적인 사례이다. 최근에는 가상현실을 이용해 옷이나 신

발을 신어보고 구매하거나 고객상담센터에서 AI 챗봇을 통해 ARS 수준을 넘은 각종 상담을 하는 등 ICT 첨단 기술과 결합한 다양한 언택트 서비스가 등장하고 있다.

하나 더 알기 **언택트 트렌드에 빠르게 적응하는 기업들**

최근에는 언택트 트렌드에 빠르게 적응하고 언택트 기술을 활용하는 기업이 빠르게 성장하고 있다. 언택트 트렌드는 제조·유통·운송 등 전통적인 기존 산업에 큰 타격을 주었다. 특히 제조업은 매출이 폭락했다. 그러나 이전부터 비대면 업무 방식을 적용했던 글로벌 테크 기업들은 무리 없이 체질을 전환했고, 시장의 예상을 뛰어넘는 실적을 달성했다. 테크 공룡들은 막대한 자금을 투입해 위기를 기회로 바꾸며 우량 기술 기업 인수 · 합병(M&A)으로 덩치를 더 키우고 있다.

2 비대면 시대의 생활양식 변화

코로나19는 전세계로 빠르게 확산되어 감염의 불안감을 키웠다. 사람들은 모든 형태의 접촉을 가능한 피하게 되었다. 언택트 시대의 가장 큰 변화는 사회적 존재인 사람들이 감염을 차단하기 위해 서로를 피하게 되었다는 것이다.

모빌리티와 임모빌리티

이동수단에서도 일상의 변화가 두드러지게 나타났다. 모빌리티, 소비·유통, 스마트 워크, 교육 등 생활과 산업 전반에서 격변을 경험하고 있다. 감염 우려로 대중교통과 공유차량은 이용자가 감소한 반면 자차, 일반 차량의 공유, 마이크로 모빌리티 사용은 증가했다. 불특정 다수가 이용하는 대중교통 대신 킥보드와 같은 1인 교통수단을 이용하는 현상도 나타났다.

그림 2-10 비대면 시대 다양한 분야를 파고드는 언택트 서비스

장기적으로 재택근무와 온라인 서비스가 확장될 것으로 예상되면서 모빌리티 산업의 반대 측면에 있는 임모빌리티Immobility 산업도 새로운 기회를 맞게 됐다. 실제 다양한 분야에서 이동을 최소화한 산업과 시장으로 수요가 전환되며 글로벌 모빌리티 기업들은 이미 직격탄을 맞았다. 대표적인 승차공유업체인 우버는 수천 명의 직원을 감원했다. 하지만 음식 배달 사업인 우버이츠 매출이 차량호출 사업 매출을 넘어서면서 우버의 주력사업도 바뀌었다.

엔터테인먼트 산업의 변화

엔터테인먼트업계에서는 페이스북, 트위터, 카카오톡, 인스타그램과 같은 소셜 플랫폼은 물론 유튜브, V라이브, 틱톡 등의 동영상 플랫폼을 적극적으로 활용해 비대면 시대의 돌파구를 찾고 있다. 라이브 소통을 통해 스타를 가깝게 만나는 기회를 제공하고, 문화예술의 갈증을 해소할 수단으로 온라인 공연과 같은 접근법을 찾은 것이다. 코로나19의 여파로 공연 산업이 침체된 상황에서 동영상 스트리밍 방식의 중계는 오프라인 공연의 대안으로 자리 잡고 있다. 실시간 댓글을 통해 관객들과 대화를 진행하고, 디지털 응원봉 등의 다양한 서비스를 제공하기도 한다.

그림 2-11 온라인으로 하는 투어

재택 활동의 발달

코로나19 장기화로 사회적 거리 두기와 재택근무로 언택트 문화가 등장하며 집에서 모든 것을 해결하는 홈족 라이프가 대세가 되었다. 집에서 생활하는 시간이 늘면서 인테리어 트렌드도 변화했다. 공간을 재배치해 주거 공간의 활용도를 향상시키고, 건강을 위한 친환경 소재에도 관심이 증가하고 있다. 집에서 운동한다는 의미의 홈트레이닝(홈트)도 어느덧 익숙한 단어가 되었다. 기술의 발달로 집에서도 바깥에서 운동하는 것과 비슷한 효과를 얻을 수 있게 되면서 홈트는 새로운 일상으로 자리를 잡았다.

그림 2-12 **홈트 열풍**

하나 더 알기 **언택트 문화의 역기능**

코로나19의 대유행으로 언택트 서비스 도입이 빠르게 진행되면서고 투자도 확대되고 시행착오나 보완점도 빨리 발견되고 있다. 언택트 문화가 디지털 시대에서 확산되고 있는 트렌드이지만 기존 방식의 관성 때문에 대세가 되기에는 시간이 걸릴 수도 있다. 그러나 언택트에 순기능만 있는 것은 아니다. 패스트푸드 매장에서 무인주문 시스템을 사용하지 못해 주문을 포기하는 경우처럼, 기술이나 온라인에 대한 의존도가 지나치게 높아져 언택트 디바이드가 발생할 우려도 있다. 언택트 서비스의 다양성과 품질 개선도 중요하지만, 소외 계층에 대한 배려와 사회적인 부작용에 대한 해결도 함께 이루어져야 한다.

SECTION

04 디지털 시대의 세대 분류

1 다양한 세대의 특징

세대를 구분하는 기준이나 명칭은 굉장히 다양하지만 여기서는 디지털 환경에 대한 경험치를 기준으로 가장 보편적인 분류를 소개한다. 각 세대는 성장 배경과 경험이 확연히 다른 만큼 가치관과 생활 방식, 소비 패턴 등도 다르다. 특히 베이비붐 세대의 부모와 밀레니얼 세대인 자식 간에는 그 간극이 극명하게 나타난다. 생활에 많은 변화가 일어난 디지털 환경에 놓인 스마트폰 세대와 그 이전 세대는 가치관과 문화 등 다양한 영역에서 크게 다른 특징을 지니고 있다.

표 2-1 미디어 경험에 따른 세대 구분

세대	출생 시기	미디어 경험에 따른 세대 구분	특징
베이비붐 세대	1955~1964년	아날로그 중심	안정 중시, 아날로그 미디어를 주로 이용
X세대	1965~1980년	디지털 이주민	자기중심적 가치관, 개성 중시 아날로그 환경에서 성장해 디지털 습득
밀레니얼 세대(Y세대)	1981~2000년	디지털 유목민	세계화, 가치 중심 소비 ICT를 자유롭게 활용
Z세대(I세대)	1995년 이후	디지털 네이티브	유년기부터 디지털 환경에서 성장 소셜 세대, 동영상 세대, 사이버 세대

베이비붐 세대

베이비붐 세대는 6·25 전쟁 이후에 출생한 세대를 일컫는다. 한국의 경제 성장을 이끌며 급속도의 발전을 체감한 기성세대를 의미한다. 성장기에 가난을 겪었으며 소비보다 저축을 중요하게 여기고 안정 위주의 재테크 패턴을 보인다. 아날로그 미디어를 주로 이용해온 세대로, 디지털 환경에 적응하기 힘들어하거나 외면하는 경향을 보인다.

X세대

80년대 중반부터 90년대 중반까지의 호황기에 성장기를 보냈으며 청년기에는 IMF 외환위기를 겪은 세대이다. 물질적인 풍요 속에서 자기중심적인 가치관을 형성했고 유행에 민감하며 대중문화에 열광한다. X세대라는 표현은 1990년대 중반에 자기주장이 강한 신세대를 이르던 말이다.

컴퓨터와 인터넷 사용이 가능한 가장 나이가 많은 세대로, 첫 번째 디지털 세대라고 할 수 있다. 아날로그 문화에서 성장해 나중에 디지털 문화를 접했으므로 아날로그 취향을 떨치지 못한다. 아날로그 세계에서 디지털 세계로 건너왔다는 의미로 '디지털 이주민Digital Immigrant'이라고 한다.

밀레니얼 세대

밀레니얼 세대는 세기말인 2000년 무렵까지 태어난 세대로, Y세대라고도 한다. 주로 베이비붐 세대의 자녀로, 빈곤에서 해방된 유년기를 보냈다. 개인생활을 중시하고 자신을 위한 투자를 아끼지 않는 특성이 있다. 일과 개인적인 삶의 균형을 맞추는 워라밸Work and Life Balance 문화, 가격 대비 높은 만족을 추구하는 소비 형태인 가심비, 맞춤형 소비 등이 이들의 대표적인 키워드이다. 자신의 감정과 생각을 솔직하게 표현하며, 다른 나라 문화나 다른 인종에 대한 거부감도 적다.

밀레니얼 세대는 디지털 기술을 장소에 구애받지 않고 언제 어디서든 적극적으로 활용하는 첫 세대이다. 대부분 어릴 때부터 컴퓨터를 자유롭게 활용하고 게임을 즐겼다. 이러한 배경에는 인터넷과 휴대폰 등 통신기술의 발달이 있다.

TIP 밀레니얼 세대는 Z세대와 소비 패턴이나 미디어 접근 방식 등에서 겹치는 면이 많아 합쳐서 MZ세대로 구분하기도 한다. 디지털 환경에서 태어나고 성장해 '디지털 원주민'으로 불리는 Z세대와 구별해 밀레니얼 세대를 '디지털 유목민Digital Nomad' 이라고도 한다.

그림 2-13 X세대, 밀레니얼 세대, Z세대의 특징

Z세대

Z세대는 인터넷이 보편화되기 시작한 1995년 이후에 출생한 이들을 일컫는다. 인터넷 세대라는 의미로 I세대라고도 한다.

TIP 일반적으로 인구통계학자들은 1995~2005년에 출생한 10대와 20대 초반(2019년 기준) 청소년을 Z세대라고 한다.

Z세대의 키워드는 인터넷과 스마트폰이다. 인터넷이 보편화된 환경에서 태어나 어려서부터 ICT 환경에서 사는 것을 당연하게 여기게 된 세대로, 디지털 문화에서 많은 영향을 받고 스마트폰을

자연스럽게 다루며 성장했다. 풍족한 정보와 검색의 자유를 경험하며 성장한 온전한 디지털 세대이다.

이들은 의사소통에 SNS를 당연하게 사용하는 소셜 세대이자 사이버공간도 현실 세계처럼 중요한 삶의 터전으로 여기는 사이버 세대이다. Z세대에게는 온라인 친구도 똑같은 친구이며, 채팅도 진짜 삶이고, 온라인 데이팅도 온전한 데이팅이다. 이들에게 물리적 삶과 디지털 삶은 처음부터 이어져 있었고, 그만큼 디지털 경험Digital Experience을 자연스럽게 진짜 삶으로 인식한다. 테크노홀릭Technoholic이라 불릴 정도로 디지털 환경에 익숙해 디지털 기술에서 멀어지는 것을 두려워한다. 어려서부터 디지털 환경에서 성장했다 하여 '디지털 원주민', '디지털 네이티브'라는 별칭으로 많이 불린다.

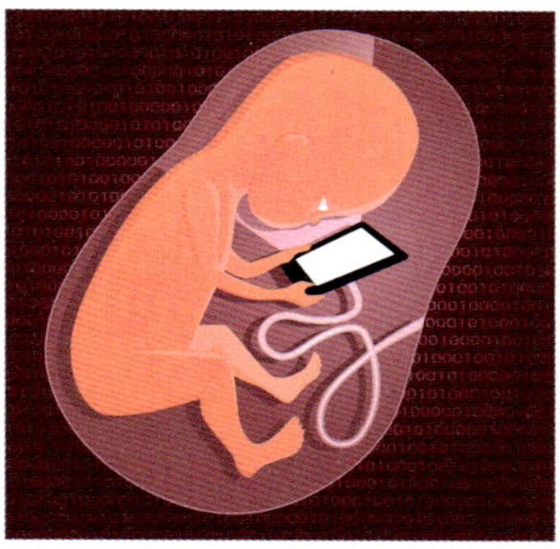

그림 2-14 태생부터 디지털 원주민인 Z세대

2 파이 세대와 뉴트로 문화

파이 세대

파이P·I·E 세대는 개성Personality, 자기계발에 대한 투자Invest in myself, 경험Experience에 중점을 두고 소비하는 20~30대 청년층을 의미한다. 불확실한 미래를 위해 저축보다는 현재의 행복한 경험을 위해 소비하는 '욜로 세대'와 유사한 특징을 나타낸다. 이들은 소유보다는 합리적인 공유나 구독을 지향한다. 경험을 중시하고, 즉흥적인 소비에 집중하지만 나름대로 합리적이고 실속 있는 소비를 하는 특징을 갖고 있다.

파이 세대의 증가는 취업난, 불안정한 일자리, 계속 치솟는 집값, 물가 상승 등의 원인이 복합적으로 작용했기 때문이다. 파이 세대는 현재 국내 인구의 약 40%를 차지하며, 절반 이상이 경제활동을 하며 곧 기성세대를 넘어서는 소비 주체로 떠오를 전망이다.

하나 더 알기 **파이 세대를 겨냥한 여행사의 마케팅**

파이 세대는 혼행(혼자서 여행)에서 진화된 '따로 또 같이' 여행이라는 새로운 여행 문화를 만들고 있다. 목적지가 같은 모르는 사람과 만나 함께 여행을 떠나는 것이다. 온라인 카페, 여행 커뮤니티 등에서 동행자를 찾은 후 혼자 가기 어려운 여행지를 함께 가거나 단체 또는 여러 명이 예약 가능한 프로그램을 함께 체험한다.

그림 2-15 여행 경험의 공유

뉴트로

파이 세대는 뉴트로New-Tro라는 새로운 문화 트렌드를 만들었다. 뉴트로는 새로움New과 복고·회상·추억 등을 의미하는 레트로Retro를 합친 신조어다. 레트로는 30~50대가 이미 경험했던 과거의 그리움에 대한 복고문화 현상이다. 뉴트로는 현대적인 감성으로 복고를 새롭게 즐기는 경향으로, '유행은 돌고 돈다'는 말과 연관이 있다. 중장년층에게는 과거에 대한 추억을, 신세대에게는 새로움과 재미를 제공하는 다양한 이벤트, 콘텐츠들이 등장했다.

뉴트로의 주체는 10~20대 세대로, 겪어보지 못한 과거를 바라보는 새로운 복고의 신선함이 포인트이다. 경험하지 못한 과거에 유행한 디자인이나 제품 등에서 새로움을 느껴 복고에 열광하는 현상이 뉴트로이다. 다시 인기를 끄는 복고와 달리 옛것을 새로운 방식으로 재해석하고 소비하는 문화를 뜻한다. 향수는 과거의 경험과 기억에 밀접하지만 뉴트로는 반드시 일치하지 않는다.

그림 2-16 뉴트로 트렌드의 대표적인 어글리디자인

뉴트로가 급부상하면서 ICT 업계, 패션, 인테리어, 식음료업계, 제약업계도 아날로그 감성을 덧입힌 관련 제품과 다양한 마케팅을 선보이며 소비자를 공략하고 있다. 2G 시대의 문자 감성을 느끼는 40자(80byte) 분량의 시를 작성하는 백일장이 열리고, 장편 애니메이션 《라이온 킹》이 실사로 리메이크되었으며, 과거 인기 시리즈의 주문형 비디오VOD를 제공하는 명작관이 등장했다. 20~30년 전에 출시되었다가 사라진 라면, 빵, 음료까지 다시 등장했다.

뉴트로 문화와 콘텐츠는 구매력을 갖춘 장년층에게는 추억을 재소비하는 즐거움을 주고 Z세대에게는 신선함을 제공함으로써 좋은 반응을 얻고 있다. 뉴트로 형태의 서비스와 이벤트는 계속 증가할 것으로 전망된다. 자기 취향을 위해 아낌없이 투자하는 파이 세대의 취향과 복고에 열광하는 특성을 꿰뚫어보는 기업이 성공을 거둘 것이다.

하나 더 알기 빈트로

최근에는 레트로, 뉴트로에 이어 빈트로VinTro라는 신조어도 등장했다. 빈트로는 레트로Retro와 빈티지Vintage의 합성어로, 새롭고 독특함을 추구하는 성향을 말한다. 빈트로 유행의 대표적인 업체는 카페이다. 옛날 느낌의 간판과 촌스러운 폰트를 감각적인 색채로 표현하고, 빈티지한 찻잔과 테이블 등으로 SNS에서 핫플레이스로 공유된다. 복고풍에 새로움이 더해진 빈트로 열풍으로 '패피(패션피플)'의 성지인 동묘 구제시장이 다시 두각을 나타냈다. 70~80년대 골목시장처럼 낡고 촌스럽지만 화려한 패션의 젊은이들이 활보한다.

그림 2-17 익선동 한옥마을, 홍대 카페 거리

SECTION

05 디지털 시대의 비즈니스

1 MZ세대의 소비 패턴

최근의 소비문화는 상품이나 서비스 자체보다 기업이 제공하는 경험에 의해 소비하는 경험경제 경향이 갈수록 뚜렷해지고 있다. 젊은 소비자일수록 기업이 제공하는 경험을 중시하기 때문이다. 온라인에서 부정적인 고객 경험을 마주하면 이를 주변에 전달하거나 해당 제품의 구매를 중단하고 소셜 미디어에 적극적으로 후기를 남긴다. 이러한 MZ세대의 특징을 겨냥해 적극적인 전략을 펼치는 기업이 많다. 전통적인 디자인을 탈피하고 젊은 소비자를 겨냥해 과감한 색상을 사용하고 로고를 키우는 등 파격적인 디자인을 적용한다.

그림 2-18 **적극적으로 후기를 남기고 서로의 경험을 공유하는 소비 패턴**

MZ세대가 소비 시장에서 대세가 되면서 금융업계에서도 이들을 위한 다양한 서비스를 출시하고 있다. 이들은 모바일에 익숙하기 때문에 모든 계좌나 카드를 한눈에 보며 관리할 수 있는 핀테크 서비스도 적극적으로 활용한다. 인터넷은행이나 핀테크 업체 등 새로운 금융기관에 대한 거부감도 없으므로 전통 금융권에서도 이탈을 막기 위해 이들에게 고금리를 제공하고 있다.

MZ세대는 현재 삶에 대한 니즈가 크고 유행에 아주 민감한 특징을 보인다. 아직은 구매력이 강하지 않지만 미래의 소비 주역이며 현재 부모의 상품 구매에 상당한 영향력을 행사해 기성세대의 소비 패턴에도 영향을 끼치고 있다. MZ세대를 읽는 여러 가지 코드 중에 플렉스Flex가 있다. 팔을 구부려 힘을 과시한다는 뜻으로, 자기 자신을 드러내고 자랑하는 행위를 일컫는 신조어다.

2 디지털 시대의 비즈니스와 마케팅

디지털 시대의 비즈니스

ICT 환경이 빠르게 변화함에 따라 기업과 소비자의 접점이 다양해지고 있다. 스마트폰과 SNS가 일상화되면서 혁신적인 새로운 융합 비즈니스가 폭발적으로 생성되고 있다. 이미 쇼핑, 금융거래, 공공서비스, 여행, 교육 등 모든 일상적인 서비스가 모바일 환경에서 다양한 형태로 제공되고 있다.

주요 기업들은 모바일 중심의 업무 환경으로 전환하고 있으며, 금융, 공공, 물류, 통신 등의 분야에 모바일 업무 환경을 도입하기 시작했다. 빠른 속도와 유연성은 이제 모든 기업의 핵심 비즈니스 과제이자 성공요소가 되었다.

디지털 시대의 마케팅

디지털과 데이터 기술의 혁신적인 발전으로 마케팅 환경도 달라졌다. 그런데 아직 많은 기업이 예전의 마케팅 관행에 의존하면서 본질을 무시하고 현란한 신기술과 추세에만 매달리는 경향이 있다. 고객의 요구는 복잡하고 다양해졌는데 여전히 아날로그적 사고로 고객을 예측하고 마케팅을 진행한다. 이제 소통이라는 본질을 중심으로 데이터 기반의 디지털 시대에 맞게 수정·확장한 마케팅 법칙이 필요하다.

그림 2-19 시·공간 장벽을 벗어나 기업·고객이 상호연결하는 디지털 마케팅

디지털 세상에서는 데이터가 가장 중요한 자원이다. 모바일, 클라우드, IoT 기술의 발달로 모든 일상생활이 데이터로 저장되고, 혁신을 이끄는 원동력이 된다. 이미 글로벌 기업들은 데이터를 수집·저장·처리하는 전문적인 기업으로 탈바꿈하고 있다. 아마존은 고객 데이터를 기반으로 막강한 컴퓨팅 능력과 알고리즘을 이용해 세계 최대 전자상거래 기업으로 성장했다.

또한 AI가 사람의 간섭 없이 최적의 서비스를 제공하면서 세상은 정보화, 자동화를 넘어 지능화 시대로 변화하고 있다.

■ 마이크로 마케팅

마이크로 마케팅Micro Marketing이란 고객의 라이프스타일을 작은 단위까지 분석해 맞춤형 서비스를 제공하는 마케팅 방법을 말한다. 대표적인 사례로 스타벅스 매장에는 흔한 진동벨이 없다. 직원이 직접 고객 이름을 부르고 주문한 커피를 건네는 일을 중요한 가치로 생각하기 때문이다.

■ 바이럴 마케팅

최근에는 기업들이 바이럴 마케팅Viral Marketing을 비즈니스에 활용하고 있다. 바이럴 마케팅이란 바이럴Viral에서 파생된 용어로, 블로그나 SNS 위주의 입소문을 이용해 인지도를 넓히는 마케팅을 말한다. 기존의 광고 방식보다 비용이 훨씬 저렴하고 성공하면 짧은 시간에 폭발적으로 효과를 발휘한다. 소비자들이 흥미를 갖는 신선한 내용의 애니메이션, 동영상 등의 콘텐츠를 제작해 유튜브와 같은 온라인 채널에 게재하는 방법이 많이 사용된다. 기업의 이름과 제품을 자연스럽게 삽입하면 간접광고가 되며, 콘텐츠를 재미있게 본 소비자의 공유가 반복되면 자연스럽게 마케팅이 이루어진다.

TIP SNS 상에서 짧은 메시지로 소통하는 방식을 마이크로블로그라고 한다.

■ 인플루언서 마케팅

인스타그램, 유튜브 등의 소셜 미디어에서 수많은 구독자를 통해 대중에게 영향력을 행사하는 인플루언서를 활용한 마케팅이다. 인플루언서는 보통 구독자를 바탕으로 비용, 제품 등 대가를 받고, 장소, 제품, 음식 등의 사진, 영상을 자신의 계정에 올린다. 광고주는 해시태그의 단어·문장, 사진·영상의 구도, 노출 기간, 메시지 등 다양한 조건을 제시하는데, 조건이 까다롭고 많으면 광고 단가가 높아진다. 최근에는 인플루언서를 관리하며 광고주와 연결하는 전문 마케팅 업체까지 등장했다.

그림 2-20 미디어 넘어 산업 전반에 영향력 발휘하는 인플루언서 마케팅

SECTION 06

디지털 시대의 명암

1 스마트 미디어 환경의 순기능

스마트 미디어는 현대인의 대표적인 소통창구가 되었다. 많은 이들이 사생활뿐 아니라 각종 관심사까지 공유하며 정보를 얻고 소통한다. 그리고 각자의 관심사를 사진, 동영상 등의 형태로 표현하고 다양한 활동을 시도하고 있다. 스마트 미디어 환경이 어느 정도 정착되면 여러 가지 순기능과 역기능이 나타난다. 순기능부터 살펴보자.

빠른 정보 수집

스마트폰의 대중화로 SNS를 통해 시공간의 제약 없이 빠르게 정보를 수집하고, 실시간 소통이 가능해졌다. 특히 재난이 발생했을 때 SNS는 큰 힘을 발휘한다. 하지만 무서운 전파력은 양날의 칼이다. 빠른 전파력은 한번 공유되기 시작하면 가속도가 붙어 제어하기 힘들다는 단점도 있다.

그림 2-21 **스마트 미디어의 순기능**

TIP SNS의 특성인 신속성, 이동성으로 네팔 카투만두의 지진 참사, 중국 쓰촨성 지진 등의 뉴스가 언론보다 빠르게 전파되었다.

사회적 영향력

SNS는 빠르게 정보를 확산하는 신속성과 이동성으로 인해 여론 형성, 광고, 홍보 등에 큰 효과를 발휘한다. 정부에서도 주목해 사용할 정도로 SNS는 여론을 형성하고 주도한다. SNS을 통해 서로 의견을 공유하고 토론하는 SNS의 효과적인 여론 형성 기능으로 인해 정치권에서도 SNS를 통해 꾸준히 정책과 방향성을 알리고 있다.

개인의 콘텐츠 생산

스마트 미디어 환경에서는 개인이 영리를 목적으로 하는 사업자의 콘텐츠를 사용하는 데서 벗어나 스스로 UCC(User Created Contents)와 같은 콘텐츠를 생산·배급할 수 있다. 소비자이면서 생산자로 역할이 변화하는 것이다. SNS에서는 각자 자신의 관심사에 맞추어 새로운 사람과 관계를 형성하고, 공통의 관심사를 중심으로 거대한 공동체가 형성된다. 현대인은 스마트폰을 일반적인 소통 도구를 넘어선 표현의 매체로 사용한다.

그림 2-22 UCC, 개인이 콘텐츠를 생산·배급, 스마트폰의 이용 형태

2 스마트 미디어 환경의 역기능

SNS는 우리 일상생활에 밀접하게 관련되어 있고 새로운 인맥 형성을 돕는 등의 순기능이 있지만 항상 좋은 영향을 주지는 않는다. SNS의 강한 파급력을 악용한 이들로 인한 역기능 문제가 심각해지고 있다. 역기능의 양상은 인터넷 사기, 익명성, 개인정보 유출, 폭력성, 과도한 광고, 중독, 청소년 유해정보 노출 등으로 무척 다양하다. 또 최근에는 스마트 디바이스 중독으로 인한 디지털 피로감이 커지고 있다. 젊은 세대는 소셜 미디어 단절에 따른 불안과 좌절감, 고립감 등을 심각하게 호소한다.

정보의 신뢰성 하락

SNS에서는 누구나 정보를 게시하고 퍼트리므로 모든 정보를 신뢰할 수는 없다. SNS의 장점인 빠른 전달력은 불확실한 정보도 순식간에 퍼지게 한다. 불확실한 정보가 확산되면 많은 사람이 피해를 볼 수 있다. 모두가 쉽게 접근하고 열람하는 특징을 이용해 날조되거나 출처가 불분명한 정보들이 유포되고, 거짓된 정보로 인해 개인이 대중으로부터 마녀사냥을 당하는 억울한 상황도 발생한다.

프라이버시 문제

SNS에서는 다른 사람의 개인적인 정보를 볼 수 있고 자신의 개인정보도 노출된다. 예를 들어 페이스북에서 지인과 소통하기 위해 사생활을 SNS에 게시하면 글을 올린 위치와 장소가 노출된다. 모르는 사이에 위치정보가 노출되므로 정보를 악용해 사생활을 침해하는 문제가 언제든 발생할 수 있다. 또한 마케팅 및 광고업체들이 원하는 고객정보를 얻기 위해 SNS를 상업적으로 이용하면서 불법·과장광고가 증가하고 있다.

다음 표는 소셜 미디어의 피해 종류를 정리한 것이다. 이 중에서도 사생활 침해로 인한 정신적 피해의 비중이 가장 크다. 열등감, 질투심, 상대적 박탈감을 해소하기 위해 불특정인에 대해 악의적인 흠집내기로 대리만족을 느끼는 사람들이 있기 때문이다.

표 2-2 소셜 미디어의 피해 종류

피해 종류	피해 내용	피해 사례
사생활 침해	개인에 관련된 여러 정보(성별, 주소, 나이, 학력 등)가 다른 사람에게 노출되거나 악용된다.	소셜 미디어를 통한 개인 신상 털기
정보 격차	정보 격차로 인한 접속의 배제는 개인에게는 단절과 고립을 의미하기 때문에 더욱 심각한 문제이다.	연령별, 지역별, 성별에 따른 접근 격차, 활용 격차
악성 댓글	고의적으로 특정·불특정 당사자에게 피해를 주거나 부정적인 영향을 미치는 글을 게시판 등에 올리는 것을 의미한다.	악플, 욕설, 허위사실 유포, 모욕, 비방, 언어폭력, 인신공격, 명예훼손
사이버 중독	사이버 공간에서 일상생활에 장애가 유발될 만큼 특정 행위나 내용에 빠져있는 상태를 의미한다.	게임 중독, 인터넷 중독, 스마트 기기 중독, 소셜 미디어 중독
바이러스/해킹	사이버 상에서 누가, 어떻게 공격했는지도 알 수 없이 개인 및 조직 전체를 망가뜨릴 수도 있는 대담한 공격이 자행된다.	신고되지 않는 것을 포함하면 상당한 양의 피해가 발생
사이버 스트레스	과거에는 경험하지 못한 새로운 사이버 공간, 인터넷에 의해 정신적, 물리적 스트레스를 받는 사례가 증가하고 있다.	개인정보 유출, 과다한 정보에 대한 번거로움, 관계에 대한 부담감 등 이용자의 불안과 스트레스 증가
저작권 침해	문학, 학술, 예술의 범위에 속하는 창작물인 저작물에 대한 배타적, 독점적 권리를 침해하는 행위이다.	음악의 경우 작곡한 사람(저작권자), 가수(저작인접권자), 음반 제작자(저작판매권자)
SNS 증후군	SNS 사용에 따른 육체적·정신적 부담과 피로를 느끼는 현상이다.	상대적 박탈감, 페이스북 우울증

정보격차 현상

스마트 미디어 환경에서는 연령별·지역별·성별에 따른 정보의 불평등한 접근으로 정보 격차가 발생한다. 한 예로 스마트폰을 적극적으로 활용하는 사람과 소극적으로 활용하는 사람 사이에는 정보를 습득하는 능력에 차이가 발생한다. 또 코로나19 사태로 온라인 개학이 현실화하자 초등학교 저학년과 맞벌이 학부모, 소외계층의 시름도 깊어졌다. 집에 컴퓨터가 없는 소외계층 학생이 13만 명에 달하고, 학교에 와이파이 시설이 제대로 갖춰져 있지 않은 경우도 많았다.

우리 주변을 둘러보면 스마트폰, 인터넷, 소셜 미디어와 같은 디지털 기술을 자유자재로 활용하는 사람들이 넘쳐난다. 시·공간의 장벽이 허물어지면서 기술 마니아가 지배하는 세상이 점점 현실화되고 있다.

사이버 명예훼손과 소셜 미디어 스트레스

SNS에서 이루어지는 왕따, 따돌림, 명예훼손 등은 인격살인과도 같다. 어떤 이들은 SNS를 이용해 자신의 정신적인 피해의식이나 열등의식을 악의적으로 표출한다. 유명인뿐 아니라 크리에이터, 인플루엔서를 향한 명예훼손도 점점 심해지고 있다.

그림 2-23 사생활 침해, 개인정보 노출, SNS의 부작용의 심각성

또 다른 문제로는 소셜 미디어 스트레스가 있다. 소셜 미디어는 인간의 본성과 원초적 외로움, 욕구 등을 이용해 어느새 현대인의 삶의 양식을 바꿔 놓았다. 눈을 떠 잠들기까지 다른 사람들의 일상생활을 훔쳐보고 자신의 상태를 공유한다. 이러한 과정에서 생성된 데이터는 알고리즘을 통해 나도 모르는 사이에 나에게 영향을 미친다. 기업과 기존의 미디어도 격변하는 흐름에 맞춰 변화했고, 소셜 미디어에서의 파급력이 강한 개인도 탄생했다. 동시에 SNS에 대한 과도한 집중으로 불안감, 박탈감, 우울감, 외로움과 같은 부정적 감정을 느끼는 사람도 많아졌다.

하나 더 알기 **인플루언서 광고의 단점**

소비자가 인플루언서와 강력한 동질감을 느끼는 만큼 제품에 문제가 생기면 바로 배신감과 불만으로 이어질 수 있다. 국내에서도 유명 유튜버가 허위광고로 벌금형을 선고받은 사례가 있다. 소비자와의 가까운 거리감을 기반으로 커머스 분야에서 연예인보다 더 큰 파급력을 가졌지만, 허위·과장광고와 같은 문제는 해결해야 할 과제이다. 인플루언서 마케팅은 광고 표시 없이 제품을 홍보하는 것이기 때문에 소비자인 구독자를 기만하는 행위가 될 소지가 있다.

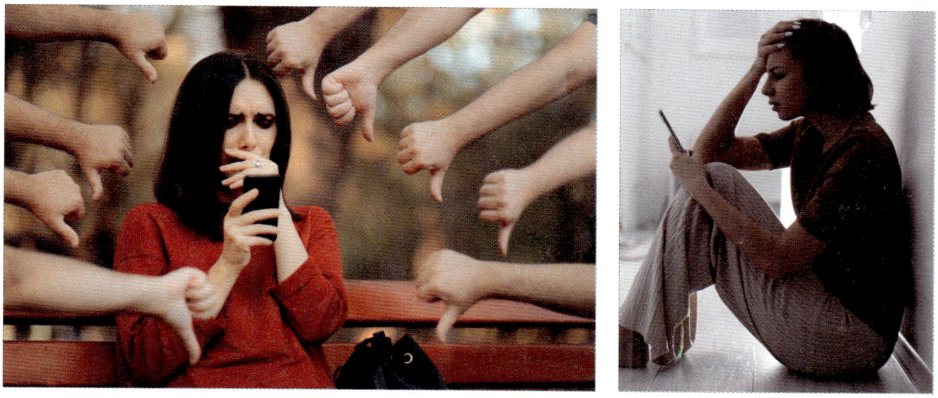

그림 2-24 **소셜 미디어 스트레스**

최근 소셜 미디어 중독이 술, 마약 중독과 유사한 중독증상을 나타낸다는 연구결과가 발표되면서 SNS 중독현상은 사회적으로 더욱 주목받고 있다. SNS와 스마트폰에 과몰입하는 사람들이 증가하면서 디지털 기술에 의해 쌓인 체내에 독성을 빼내는 디지털 디톡스Digital Detox가 주목받을 정도이다.

그림 2-25 **디지털 디톡스, 디지털 중독 치유를 위해 심신을 치유하는 일**

3 스마트폰 증후군

현대인의 일상은 스마트폰과 함께한다. 일상의 사소한 일에까지 사용하게 되어 중요한 삶의 수단으로 깊숙이 자리를 잡았다. 하지만 사용 시간이 길어진 만큼 부작용도 커진다.

노모포비아

노모포비아No Mobile Phone phoBia는 휴대폰을 내려놓는 순간부터 발생하는 심리적 불안과 공포감을 의미한다. 심각한 스마트폰 의존성을 나타내며, 스마트폰 사용이 보편화되어 전 연령대에서 고르게 나타난다.

그림 2-26 소통단절로 가족관계와 인간의 감정을 병들게 하는 노모포비아

스마트폰 과의존 현상

스마트폰 과의존 현상으로 스마트폰에 대한 현저성이 증가하고, 이용을 자율적으로 조절하는 데 실패하여 신체적, 심리적, 사회적 문제가 있는 결과를 경험함에도 불구하고 스마트폰을 지속적으로 이용하는 상태이다. 현저성이 증가했다는 것은 개인의 삶에서 스마트폰을 이용하는 생활 패턴이 두드러지고 가장 중요한 활동이 된다는 의미이다. 과의존 위험군의 스마트폰 주 이용 콘텐츠는 SNS, 게임, 뉴스검색, 음악 등의 순으로 나타난다. 특히 유아동과 청소년에서는 게임 과의존에 대한 우려가 크다.

스마트폰 과의존으로 인한 폐해는 안구건조증 등의 눈 질환, 나쁜 자세로 인한 거북목 증후군 등의 신체적 문제는 물론 주의력 장애, 불안증세 등 정신적 문제로 이어진다. 가장 큰 위험은 스마트폰의 노예가 된 현상을 보여주는 스몸비다. 길에서 스마트폰을 보기 위해 고개를 숙이고 걷는 사람을 좀비에 비유한 용어로, 스몸비의 교통사고 발생이 매년 증가하고 있다.

표 2-3 스마트폰 과의존으로 인한 폐해

폐해 사례	원인
거북목 증후군	나쁜 자세
VDT 증후군	전자기파가 인체에 일으키는 육체적·심리적 각종 장해
안구 건조증	눈 질환, 시력 저하
스몸비	스마트폰을 보기 위해 고개를 숙이고 걷는 사람, 좀비에 비유
정신적 질환	주의력 장애, 불안증세
카페인 우울증	카카오스토리, 페이스북, 인스타그램에 대한 과한 몰입, 상대적 박탈감과 상실감
사이버불링 문제	특정인을 사이버상에서 집단적으로 따돌리거나 괴롭히는 행위
손목 터널 증후군	잦은 클릭으로 손목이 찌릿찌릿하고 뻐근한 증상
유아 스마트폰 증후군	엄마 품보다 스마트 기기를 가지고 놀 때 더 편하게 느끼는 현상

스마트폰의 의존도는 성인의 경우에도 높게 나타나고 중독에 빠지면 탈출하기 쉽지 않지만, 특히 자기 통제력이 약한 아이들이 스마트폰 의존도가 높아지면 자제하기 무척 어렵다. 최근에는 과의존 위험군의 유아와 아동이 증가하면서 개인의 문제를 넘어 사회적 문제가 되고 있다. 영·유아기에 전자미디어 노출 빈도가 높을수록 추후 삶의 질(또래 관계, 정서, 자존감 등)이 낮아진다는 보고도 있다. 만 2살 미만 유아에게는 디지털 기기를 보여주지 않아야 한다.

디지털 기기를 통해 시간과 공간의 제약을 받지 않고 원하는 정보를 쉽게 얻을 수 있는 환경에 살면 스스로 기억하려는 습관도 사라진다. 이렇게 얻은 정보는 간접적인 정보 획득이기 때문에 두뇌 활동과는 직접적인 연관이 없다. 따라서 두뇌 활동이 자꾸 한쪽으로 쏠리는 경향이 나타난다. 이런 과정이 지속되면 일상생활에서 자신의 판단으로 복잡한 추론과정을 수행하는 것이 어려워진다.

요약

01 디지털은 정보의 가장 작은 단위인 0과 1이라는 비트Bit, Binary digit로 표현하여 모든 정보와 처리 과정을 구성하는 기술이다.

02 디지털 혁명으로 사회 구조도 중앙 집중의 닫힌 사회에서 분산된 열린 네트워크 사회로 전환되었다.

03 일반 소비자가 전문적인 지식을 쌓고 소통할 수 있게 되면서 생각을 표현하고 서로의 지식·지혜를 공유하며 소비자로의 권리와 영향력을 행사하기가 쉬워졌다.

04 소셜 러닝은 학습에 SNS를 결합한 교육 방식이다.

05 새로운 소통 미디어Communication Media의 등장은 지식에 대한 인식 체계Paradigm와 사회 변화를 촉진시켰다.

06 웹 1.0은 서버·클라이언트 기반의 일방적인 정보전달 방식을 의미한다.

07 웹 2.0에서는 다수의 사용자가 플랫폼에 자발적으로 참여해 상호작용하면서 많은 정보를 생산하고 공유하며 소통한다.

08 웹 3.0은 사람 대신 정보를 읽고 이해하고 가공해 맞춤형 콘텐츠와 서비스를 제공하는 차세대 지능형 웹으로, 시맨틱 웹Semantic Web이라고 한다.

09 파이P·I·E 세대는 개성Personality, 자기계발에 대한 투자Invest in myself, 경험Experience에 중점을 두고 소비하는 20~30대 청년층을 의미한다.

10 노모포비아는 No Mobile Phone phoBia의 줄임말로, 휴대폰을 내려놓는 순간부터 발생하는 심리적 불안과 공포감을 말한다.

연습 문제

객관식 문제

01 디지털을 나타내는 특징이 아닌 것은?

① 연속적인 물리량 ② 이산적인 수치를 사용

③ 노이즈에 의한 정보의 변형이 없음 ④ 데이터의 가공이 용이

02 범용기술의 특징으로 알맞지 않은 것은?

① 기업, 사회 변혁의 원동력으로 큰 변화를 가져오는 근본적인 기술

② 산업·경제 분야에 많은 영향을 주는 모태 기술

③ 개인의 삶의 방식에 큰 변화를 가져오는 기술

④ 미래를 개척하는 지식 기술

03 디지털 전환 시대의 특징과 관계가 없는 것은?

① 디지털 중심으로 새롭게 바꾸는 것 ② 대외 의존형 산업구조 지향

③ 클라우드, AI, 블록체인 ④ 전통 방식의 사회를 혁신

04 최근 기업들의 디지털 전환의 핵심 기술과 가장 관계없는 것은?

① 자동화 ② 보안 ③ 클라우드 ④ IoT

05 ICT 융합 기반의 혁신 기술들이 변화시키는 디지털 혁명이 아닌 것은?

① 모든 것이 연결되는 초연결 사회로 변화 ② 민주적인 자발적 참여

③ 중앙집중의 사회로 전환 ④ 분산된 열린 네트워크 사회로 전환

06 일반 소비자들의 전문성 대중화와 관계가 없는 것은?

① 인터넷을 통한 정보검색과 학습 ② 인플루언서 마케팅

③ 크라우드 소싱 ④ 아웃 소싱

연습 문제

07 컴퓨터와 인터넷으로 대표되는 디지털 기술에 의해 나타나는 변화가 아닌 것은?

① 인간은 지식의 생산과 처리를 담당 ② 지식의 생산과 유통방식의 변화

③ 새로운 지식 기술의 등장 ④ 새로운 경제 구조의 탄생

08 ICT 기반의 소통방식인 웹 2.0과 관계가 없는 것은?

① 웹의 연속성과 진화의 결과 ② 참여, 개방, 공유의 모델

③ 대표적인 용어는 포탈 ④ 열린 플랫폼

09 ICT 기반의 소통미디어 환경과 소통방식의 중요한 전환점이 아닌 것은?

① 시맨틱 웹의 등장 ② SNS의 등장

③ 웹 2.0으로 진화 ④ 소셜 미디어의 등장

10 웹 3.0 시대의 서비스와 관계가 있는 것은?

① 참여, 개방, 공유의 모델 ② 열린 플랫폼으로 진화

③ 극단적인 개인화가 예상 ④ 집단 정보 공유의 공간을 형성

11 모빌리티 산업을 위협하는 요소가 아닌 것은?

① 재택근무 ② 대중교통, 공유차량

③ 다양한 언택트 서비스 ④ VOD와 게임 이용률이 증가

12 밀레니얼 세대의 특징과 관계가 없는 것은?

① 베이비붐 세대의 자녀 ② 워라밸 문화

③ 자신을 위한 투자 ④ 안정 위주의 재테크

13 밀레니얼 세대와 Z세대의 특징과 관계가 없는 것은?

① 무인계산대 확산 ② 음성보다 텍스트를 선호

③ 동기식 소통 선호 ④ 디지털 원주민

14 Z세대를 나타내는 특징과 관계가 없는 것은?

① 물리적 삶과 디지털 삶을 구분 ② 소셜 네이티브

③ 경험, 취향, 성장, 소통에 높은 관심 ④ 비게임 분야의 모바일 앱도 활발하게 사용

15 파이(P·I·E) 세대를 나타내는 특징과 관계가 없는 것은?

① 욜로(YOLO) 세대와 유사한 특징 ② 소유 소비문화를 지향

③ 공유나 구독을 지향하는 세대 ④ 새로운 여행 문화

16 뉴트로 문화트랜드와 관계가 없는 것은?

① 30·50대가 경험한 과거의 그리움에 대한 복고 현상

② 현대적인 감성으로 복고를 새롭게 즐기는 경향

③ 옛것을 새로운 방식으로 재해석하고 소비하는 문화

④ 뉴트로는 과거의 경험과 기억과 일치

17 스마트 미디어 환경의 역기능으로 적절하지 않은 것은?

① 정보의 신뢰성 하락 ② 사회의 영향력 행사

③ 프라이버시 문제 ④ 정보격차 현상

18 소셜러닝을 위해 가장 중요한 3가지 요소 중 알맞지 않은 것은?

① 사회적 상황 ② 타인의 행동

③ 나의 모방과 학습 ④ 규칙과 율법

O, × 문제

01 아날로그 자료를 디지털로 변환과정에서 원본과 획득된 정보 사이에 차이가 발생한다.

02 뉴노멀 시대에서는 기업의 중요한 ICT 인프라들의 가치가 더욱 커졌다.

03 정보화 시대에서 정보기술은 반드시 필요한 범용기술이다.

연습 문제

04 인터넷과 하이퍼텍스트 개념을 처음 제시한 사람은 팀 버너스 리이다.

05 새로운 소통미디어의 등장은 사회의 변화를 촉진시킨다.

06 인간의 말(언어)은 실시간의 정확성, 즉시성, 시공간을 넘어 정확하게 전달된다.

07 컴퓨터와 인터넷으로 대표되는 디지털 기술은 새로운 지식 기술을 등장시켰다.

08 인터넷의 보급으로 온라인의 익명성을 기반으로 새로운 사회관계가 등장했다.

09 웹 2.0은 닷컴버블 붕괴 이후 새롭게 나타나는 기술의 변화를 의미하는 용어이다.

10 언택트라는 용어는 코로나19가 확산되면서 새롭게 등장한 개념이다.

11 Y세대는 베이비붐 세대가 낳은 2세들을 말한다.

12 밀레니얼 세대와 Z세대는 동기식 소통방식을 선호한다.

13 일반적으로 신세대라고 하면 대체로 밀레니얼 세대와 Z세대를 의미한다.

14 Z세대는 신속함, 간결함, 직감을 중시하는 소통을 선호하는 세대이다.

15 뉴트로는 현대적인 감성으로 복고를 새롭게 즐기는 문화 현상이다.

16 마케팅 환경은 디지털과 데이터 기술의 혁신적으로 발전하면서 마케팅 본질을 활용한 현란한 신기술 마케팅에 의존하고 있는 추세이다.

17 마이크로 마케팅이랑 소비자들이 흥미를 갖는 신선한 내용들을 콘텐츠로 제작해 온라인으로 유통하는 것을 말한다.

18 소셜 미디어의 피해 종류 중 사이버 스트레스는 과거에는 경험하지 못한 새로운 사이버 공간으로 인해 정신적, 물리적 스트레스가 증가하는 것을 말한다.

19 스마트폰에 대한 현저성이 증가해 자율적인 조절력이 감소하여 신체적, 심리적, 사회적 문제가 일어나는 것을 노모포비아 증후군이라 말한다.

20 스마트폰 과의존 현상은 유아와 아동에게 더욱 치명적이며, 노출 빈도가 낮을수록 추후 삶의 질이 높아지기 때문에 각별한 주의가 필요하다.

단답형 문제

01 디지털은 일상생활에 깊숙하게 파고들어 생활의 편리를 누리게 하는 (   )이다.

02 세상은 끊임없이 변하기 때문에 시대에 따라 새롭게 생겨나는 표준을 (   )이라 한다.

03 4차 산업혁명은 새로운 혁신기술이 등장한 것이 아니라 (   )이 우리의 일상생활에 접목되면서 나타나는 산업구조의 변화를 의미한다.

04 웹과 하이퍼텍스트는 관련 정보를 연결하는 (   )로 구성된 새로운 정보 저장방식이다.

05 (   )은 기업 활동의 일부 과정에 대중을 참여시켜 불특정 다수의 소비자들로부터 아이디어를 얻어내는 활동이다.

06 SNS 발달로 온라인 생태계에서 누구나 지식, 정보, 콘텐츠 등 다양한 경험과 지식을 습득하는 문화를 (   )이라고 한다.

07 웹 2.0의 소통방식은 참여와 (   )을 강조하며 소비자가 정보를 능동적으로 생산한다.

08 웹 3.0은 새로운 정보를 서비스하는 차세대 지능형 웹으로 (   )이라고 한다.

연습문제

09 미디어의 변화에 의한 ( )의 변화는 생활양식과 사고방식 등 총체적인 변화를 가져온다.

10 SNS는 한두 문장의 짧은 메시지로 여러 사람과 소통하는 ( )이다.

11 코로나19 장기화에 따라 재택근무, 온라인 서비스가 확장되면서 모빌리티 산업이 개화를 시작하는 현재 정반대 전망으로 ( )도 배제할 수 없다.

12 ( )는 베이비붐 세대와 밀레니얼 세대의 중간적인 성향을 나타낸다.

13 Z세대는 ICT 환경에 익숙하고, 의사소통에 SNS를 자유롭게 사용하는 ( ) 세대이다.

14 파이(P·I·E) 세대는 현재의 행복경험을 위해 소비하는 ( ) 세대와 유사한 특징을 나타낸다.

15 젊은 세대가 뉴트로에 열광하는 이유는 ( )에 있다.

16 ( )는 인스타그램·유튜브 등 소셜 미디어에서 수많은 구독자를 통해 대중에게 영향력을 행사하는 사람을 말한다.

17 ( )은 스마트 미디어 환경에서의 연령별·지역별·성별에 따른 정보의 불평등한 접근으로 발생하는 현상을 말한다.

18 스마트폰 과의존으로 인한 폐해 중 ( )는 스마트폰을 보기 위해 고개를 숙이고 걷는 사람을 말한다.

CHAPTER 03

사용자 환경의 발전

학습목표

- 아날로그와 디지털 방식의 인터페이스 차이점을 알아본다.
- UI, UX, HCI의 특징을 학습한다.
- 사용자 인터페이스의 발전 과정을 알아본다.

SECTION 01

멀티미디어 환경 속 인터페이스

1 아날로그 방식의 인터페이스

멀티미디어 환경에서 동영상, 게임 등의 콘텐츠를 재생하려면 다음과 같은 3가지 요소가 필요하다.

- **영상·음향 출력장치 :** TV, 모니터, 스피커
- **재생장치 :** PC, 스마트폰, DVD 플레이어, 비디오 게임기
- **인터페이스 :** 재생장치와 출력장치 사이에 동영상·음향 신호를 전송하기 위한 케이블 및 단자(포트, 커넥터)

이 중 가장 중요한 것은 인터페이스다. 출력장치와 재생장치의 성능이 아무리 좋아도 인터페이스의 품질이 떨어지면 신호전달이 불안정해 화질과 음질이 저하되기 때문이다. 이러한 문제는 멀티미디어 콘텐츠가 아날로그에서 디지털로 전환되어 품질이 향상되면서 주목받기 시작했다.

특히 동영상의 경우, 예전에 사용하던 컴포지트Composite나 S_비디오Separate Video 방식의 아날로그 인터페이스는 고화질 멀티미디어 신호를 제대로 전달할 수 없다. 아날로그 방식이면서도 HD급 영상 전달이 가능한 컴포넌트Component 인터페이스도 있다. 하지만 영상신호를 전달하기 위해 3개의 케이블이 필요하다는 단점이 있고, 디바이스에서 발생하는 잡음, 케이블의 길이나 굵기 등의 외부 요소에 의해 품질이 변하는 아날로그 인터페이스의 근본적인 문제도 그대로 있다. 아날로그 방식의 인터페이스 종류를 자세히 살펴본 후 어떻게 디지털 방식으로 변천했는지 알아보자.

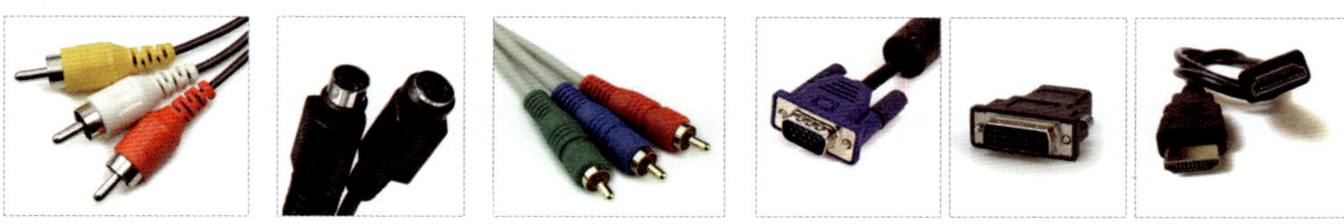

(a) 컴포지트 (b) S_비디오 (c) 컴포넌트 (d) 변환 케이블(DVI, HDMI, VGA)

그림 3-1 비디오 신호에 따른 케이블의 종류

컴포지트

컴포지트는 비디오 영상을 생성하는 데 필요한 여러 신호를 합쳐 하나의 신호를 생성해 3개의 케이블로 전송하는 방식이다. 녹화, 재생 등에 필요한 비디오 신호를 모두 가지고 있다. 흰색과 빨간색 선은 사운드, 노란색 선은 동영상을 입 · 출력한다.

S_비디오

S_비디오는 영상 데이터를 2개의 구분된 신호(빛의 밝기를 위한 휘도 신호, 색상 신호)로 전달하는 아날로그 영상 신호이다. 신호 혼합 후 분리 손실을 최소화하기 위해 S_비디오 방식을 사용한다. 컴포지트보다는 화질이 우수하고 컴포넌트보다는 떨어진다.

컴포넌트

컴포넌트는 동영상을 구성하는 신호를 여러 개로 나눠 각각 전송하는 방식으로, 케이블 3개를 사용한다. 컴포지트에 비해 명도 신호와 색상 신호 간의 상호교섭에 의한 화질 변형이 작게 나타난다. 일반적으로 아날로그 방식 중에 화질이 가장 우수해 많이 사용된다.

2 디지털 방식의 인터페이스

아날로그 인터페이스의 여러 한계가 드러나면서 디지털 방식으로 영상 데이터를 처리하는 방법들이 등장했다. 대표적인 디지털 방식 인터페이스는 다음과 같다.

DVI와 S/PDIF

초기에 등장한 디지털 방식 인터페이스 중에는 동영상을 위한 DVI[Digital Visual Interface]와 음향을 위한 S/PDIF[Sony Philips Digital InterFace]가 대표적이다. 외부 요소의 영향을 받지 않고 대용량의 데이터 전달이 가능하며 고품질의 동영상에 적합하다는 장점이 있다.

하지만 DVI는 PC 관련 업체들이 개발한 것이라서 일반용 AV 기기에 적용하기에는 부적합한 면이 있었다. 따라서 AV 기기에서는 불편해도 한동안 아날로그 인터페이스를 사용했다.

HDMI

2003년에 AV 가전 업체들은 DVI의 케이블 연결이 불편한 점을 해결하기 위해 고선명 멀티미디어 인터페이스인 HDMI[High Definition Multimedia Interface]를 공동 개발했다. 이로써 HDMI 케이블 하나만 연결하면 간편하게 영상과 음향을 동시에 즐길 수 있게 되었다. HDMI는 품질 저하가 없는 디지털 방식이므로 화질과 음질이 우수하다는 장점도 있다. Full HD급, UHD급의 고화질 영상, 5.1 채널, 7.1 채널의 입체음향도 전송 가능하다.

HDMI는 압축되지 않은 디지털 오디오·비디오 신호를 통합 전송하는 프로토콜이기도 하다. HDMI 인터페이스로 전달되는 디지털 신호는 기본적으로 DVI의 영상신호와 S/PDIF의 음향신호를 합친 것이다. 따라서 젠더나 변환 케이블을 사용하면 HDMI 방식과 DVI 방식 사이의 전환이 가능하다.

HDMI 2.1은 8K · 10K 등 고해상도 영상을 전송하는 규격으로, 2019년 이후 8K TV 생태계 확산의 기반이 되었다. 전송 용량은 48Gbps로, 18Gbps였던 HDMI 2.0에 비하면 2배 이상의 고용량 콘텐츠를 전송할 수 있다. HDMI 2.1은 신규 비디오 전송 포맷으로, 4K/120㎐는 물론 8K/60㎐도 포함한다. 최근 HDMI는 PC, 셋톱박스, 블루레이 플레이어, TV 등 다양한 기기에서 쓰이고 있어 사실상의 표준 인터페이스다.

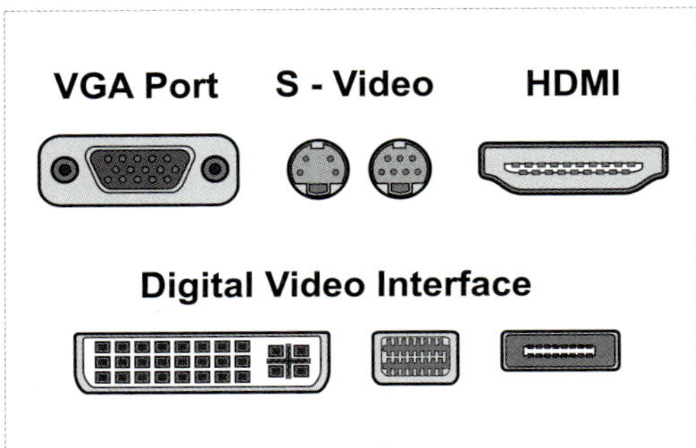

그림 3-2 다양한 유형의 케이블과 인터페이스

3 USB와 선더볼트 프로토콜

현대인에게 USB^Universal Serial Bus^는 필수품과도 같다. 과거에 사용하던 이동식 저장매체인 디스켓이나 CD의 역할을 작고 편리한 USB 메모리가 대체한 지 오래다. USB는 스마트폰, PC의 다양한 주변기기, 태블릿, TV, 오디오, 게임기 등 전자기기에서 일반적으로 사용하는 범용 인터페이스다.

IBM, 인텔 등 7개 업체가 공동 개발하고 표준화하면서 1996년에 USB 1.0이 출시되었다. 새로운 프로토콜 버전이 출시될 때마다 데이터 전송속도가 빨라졌고, 2000년에 출시된 USB 2.0부터는 전원 공급이 가능해졌다. USB 4.0은 최대 데이터 전송속도가 40Gbps이다.

USB 2.0 마이크로 타입 B

마이크로 타입 B는 위가 좁고 아래는 넓은 타입의 단자로 마이크로 USB라고도 부른다. 충전과 데이터 전송에 사용된다. 아이폰을 제외한 모든 스마트폰에서 USB 2.0 마이크로 타입 B를 수년간 사용했다.

USB 타입 C

2013년에 배포된 USB 타입 C는 USB 3.1을 지원하는 통합단자이다. 크기가 작은 모바일 디바이스를 연결하기 위해 고안되었다. 데이터 전송속도는 10Gbps, 전력공급은 1,000mA로 증가되면서 충전 시간이 단축됐다. USB 타입 C의 가장 큰 특징은 향상된 속도와 위아래 구분이 없는 편리함이다. 2016년 8월 갤럭시 노트 7에 처음 적용한 이후 여러 모바일 기기에 적용되었다. USB 타입 C가 주로 프리미엄 폰에만 들어간 이유는 단가가 비싸기 때문이다. USB 연결 단자의 형태는 버전에 따라 [그림 3-3]과 같이 다르게 구성되어 있다.

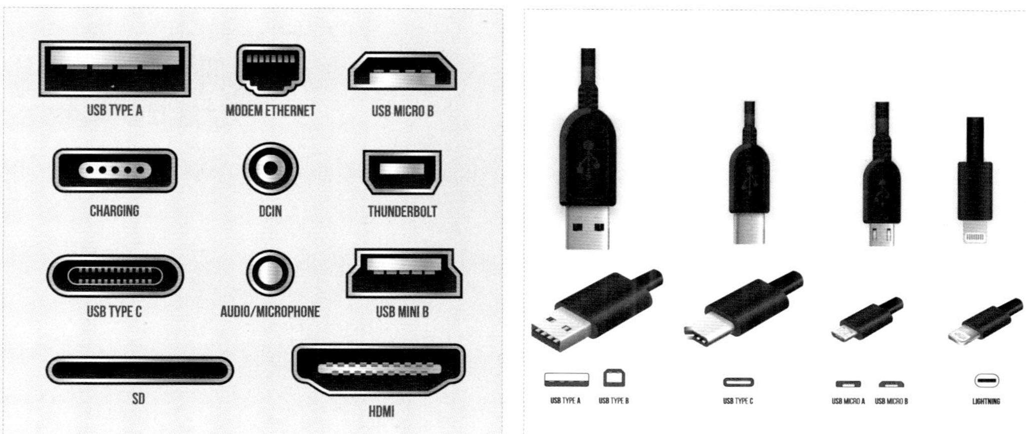

그림 3-3 USB 연결 단자와 케이블의 형태

선더볼트 3

일반적으로 사용되는 USB, HDMI, 랜 포트, 오디오 단자 등은 국제 표준화에 따라 입 · 출력 단자의 모양을 기준으로 쉽게 연결할 수 있다. 그러나 인터페이스가 다양해지면서 구분이 어려워지기 시작했다. 이에 모든 포트를 통합하려는 시도가 진행되면서 선더볼트Thunderbolt 인터페이스가 등장했다. 선더볼트는 애플과 인텔이 공동 개발한 인터페이스로 선더볼트 3에 USB 타입 C를 도입하면서 활용도가 더욱 높아졌다.

선더볼트 3는 복잡한 입·출력장치와 인터페이스를 통합하려는 시도로, USB와 경쟁하는 또 다른 차세대 데이터 전송 프로토콜이다. 데이터는 물론 영상과 음성까지 동시에 전송하며, USB와 멀티미디어용 HDMI를 합친 역할을 한다. 선더볼트 3는 USB 3.0보다 8배 빠른 40Gbps의 전송속도로 파일 송수신이 가능하다. 또한, 영상·음향 신호를 전송하는 HDMI 1.4의 4배에 달하는 비디오 대역폭을 제공한다.

선더볼트 3에 별도의 액세서리인 독[Dock]을 연결하면 단자 하나로 PC, 디스플레이, 저장장치 등 최대 6개의 디바이스를 연결할 수 있다. 대용량 파일을 전송하면서 100W 출력으로 노트북을 충전하고, UHD급(4K) 모니터 2대에 동영상을 끊김 없이 출력할 수 있다. 따라서 노트북에 빠른 전송속도의 선더볼트와 높은 사양의 외장 그래픽카드를 연결하면 노트북에서도 최신 게임을 즐길 수 있다.

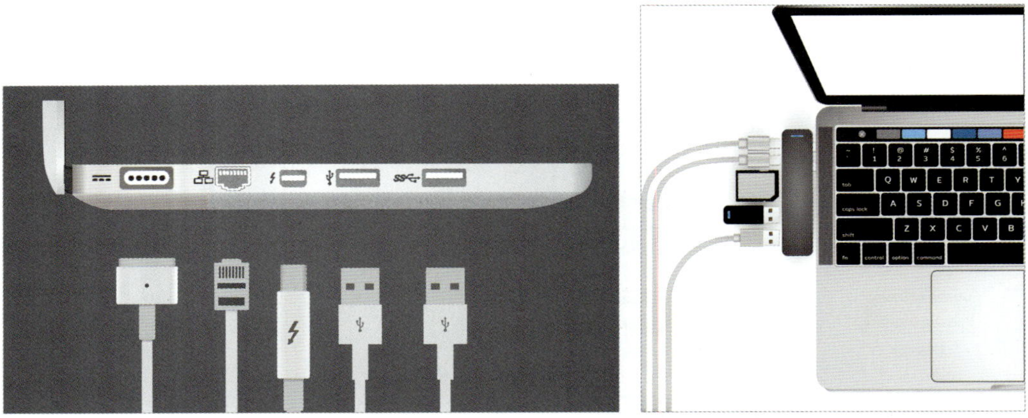

그림 3-4 **차세대 데이터 전송 프로토콜인 선더볼트 3**

USB4

선더볼트 3가 대중화되면 연결 가능한 디바이스가 대폭 증가한다. 이전까지는 경쟁사들이 이 기술을 채택하지 못했지만, 인텔이 USB 표준 기관인 USB-IF에 선더볼트 3 프로토콜을 기부하면서 USB4라는 이름으로 재탄생할 예정이다. 앞으로 USB4 시대에는 C 타입 포트에 모든 디바이스를 연결하고, 전원 케이블과 선더볼트 포트 하나면 모든 연결이 끝난다. 보급에는 시간이 걸리겠지만 활용 가치가 높아 빠르게 다른 기능들을 대체할 전망이다.

USB4의 전송속도는 40Gbps(5GB/sec)로 USB 3.2보다 2배(USB 3.1, 10Gbps) 빠르다. 8K 영상은 초당 60프레임, 4K는 120프레임으로 실시간 재생이 가능해 기존의 HDMI 등 디스플레이 포트를 대체할 수도 있다. 전력 공급도 USB 3.2가 100W의 전력을 공급하므로 최소 동일하거나 더 많은 전력을 함께 공급할 것이다. USB4는 케이블선 하나만으로 전력·영상·데이터 등을 모두 전송할 수 있기 때문이다. 적합한 디바이스 준비 문제가 있으므로 USB4가 시장에 안착하려면 다소 시간이 걸릴 것이다. 아직 정식 규격과 호칭도 정해지지 않았다. 2017년에 발표된 USB 3.2 디바이스도 아직 시장에 본격적으로 등장하지 않았다.

SECTION 02

UI, UX, HCI

인터페이스Interface는 얼굴을 마주보는 관계를 의미하는 용어로, IT에서는 컴퓨터와 사용자 간의 통신이 가능하도록 하는 장치나 프로그램을 의미한다. 예를 들어 사람과 컴퓨터는 모니터라는 인터페이스를 통해 마주본다.

기술이 발전하면서 인터페이스 영역도 크게 확장되었다. 모바일 기기뿐 아니라 자동차, 가전제품 등 다양한 디바이스가 인터페이스를 기반으로 동작한다. 애플, 구글, 마이크로소프트, 아마존, 페이스북 등 글로벌 ICT 기업의 성공 요인 중 하나는 사용자가 좋아하는 스토리와 라이프스타일을 깊이 이해한다는 점이다. 여기에는 UI/UX가 반드시 필요하다. 인터페이스를 기반으로 한 UI/UX에 대해 자세히 알아보자.

1 UI/UX의 개념

UI란

UIUser Interface 즉 사용자 인터페이스는 사용자가 가장 먼저 접하는 디바이스 화면의 전체적인 구성과 작동 방식을 말한다. UI는 사용자에게 편리한 기능을 제공하고 원활하게 소통할 수 있게 할 목적으로 만든 매개체이다. 스마트폰뿐 아니라 컴퓨터, 게임, TV와 같은 시스템은 UI 기반으로 동작한다. UI는 기기의 화면, 키보드, 마우스, 폰트, 아이콘, 도움말 등을 아우르며, 사용자가 기기를 쉽게 이용하도록 돕는다.

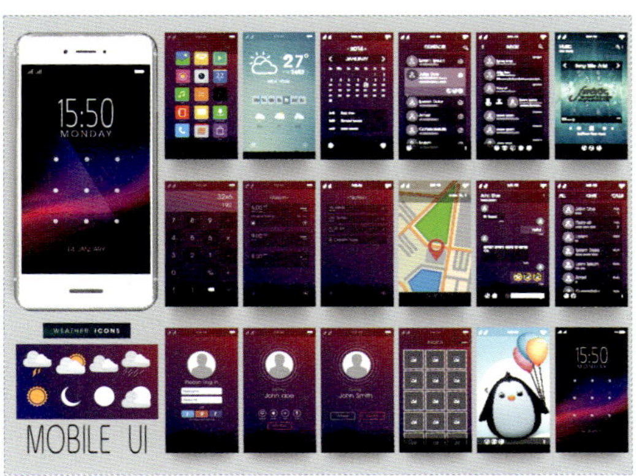

그림 3-5 다양한 UI의 사례

UI를 설계할 때 지켜야 하는 기본적인 4가지 원칙은 다음과 같다.

- 사용자가 필요한 요소를 쉽게 찾고 원하는 작업을 할 수 있도록 지원해야 한다.
- 사용법을 배우거나 기억하기 쉽고, 사용하면서 즐거워야 한다.
- 시각적인 소통을 통해 정보의 획득과 작업 수행을 도와야 한다.
- 사용자가 의도한 결과를 명확하게 얻어낼 수 있어야 한다.

UI는 사용의 편리성과 접근성이 가장 중요하다. 직관적이고 심리적으로 접근하기 좋은 UI는 어떤 기능을 선택해야 하는지 직관적으로 알 수 있고 의도한 결과를 쉽게 얻어낼 수 있다. 그래픽 기반의 사용자 인터페이스인 GUI[Graphical User Interface] 방식의 아이콘을 떠올리면 쉽게 이해할 수 있다. 스마트 미디어와 온라인 서비스가 대세가 되면서 UI의 역할이 더 중요하게 부각되고 있다.

하나 더 알기 **UI가 게임에 미치는 영향**

2019년 출시 초반 레트로 열풍을 일으켰던 '월드 오브 워크래프트(와우)' 클래식 서버의 인기가 이전 수준으로 떨어졌다. 2006년 기준의 초창기 모습을 재구현한 UI의 불편함이 원인이었다. 13년 전의 게임을 재현했기 때문에 UI가 사용자 친화적이지 못했던 것이다.

UX란

UX[User Experience]는 사용자 경험을 의미하는 용어로, 특정 제품이나 서비스를 직·간접적으로 이용하면서 느끼고 생각하는 총체적 경험과 감정을 말한다. 단순히 기능적인 만족만 의미하는 것이 아니라 사용자가 참여, 사용, 관찰, 상호교감을 통해서 체험하는 경험 전체를 일컫는다.

그림 3-6 UX, 사용자의 총체적 경험과 감정

2000년대 후반부터는 UI에 UX라는 개념을 더해 UI/UX와 같이 함께 사용하는 경우가 많아졌다. UI/UX는 디지털 환경에서 만들어진 제품의 성패를 좌우하는 중요한 요소이다. 아무리 좋은 콘셉트와 디자인도 사용자가 원하는 것이 아니라면 소용없다. 최적의 사용자 경험이란 쉽고 편리하며Ease of use, 유용하고Usefulness, 재미있는Enjoyment 새로운New 경험을 제공하는 것이 핵심이다.

■ UX 설계 성공 사례

긍정적인 사용자 경험은 사용자의 만족도와 브랜드 충성도를 높인다. 애플의 성공 배경에는 편리한 UX와 직관적이고 단순한 UI 설계가 있다. 복잡함을 배제하고 사용하기 쉽게 만든 애플 기기는 성공적인 UX 설계의 모델로 회자된다.

사용자 경험을 중요하게 여긴 핀테크 기업들은 실물 지갑의 역할을 모바일로 옮겨 터치 몇 번만으로 간편하게 금융 서비스를 경험하도록 구현했다. 이 역시 UX 성공 사례이다.

이제 사용자 경험을 혁신하는 것이 기업의 성공을 좌우하는 시대가 되었다. 과거에는 공급이 수요를 따르지 못해 기능 위주로 상품과 서비스를 선택했다. 그러나 지금은 다양한 상품과 서비스가 넘쳐나 사용자 선택의 폭이 넓어졌다. 이제 기업은 고객 만족도를 높일 수 있는 제품과 서비스를 내놓지 못하면 도태된다. 소비자는 UX의 완성도가 높을수록 구매한 경험이 혁신적이라고 인지한다. 따라서 디자인 중심 사고Design Thinking를 넘어 경험 중심 사고Experience Thinking를 할 수 있어야 한다.

■ UX 설계 실패 사례

최근 모바일 기반의 핀테크 열풍에 따라 전통적인 은행들도 새로운 서비스를 제공하고 있다. 하지만 여전히 은행 중심의 서비스를 제공하는 데 머물러 고객에게 최적의 사용자 경험을 제공하지 못하고 있다. 기존의 서비스를 모바일 뱅킹 앱에 그대로 옮겨놓은 것이 가장 큰 문제점이다. 마치 복잡한 설계도와 같은 화면은 손가락을 사용하는 사용자의 선택 정확도를 떨어뜨리고, 처리 단계가 까다로워 모바일 뱅킹이 불편하고 어렵다는 인식을 심어준다.

신문의 PDFPortable Document Format 서비스가 대표적인 실패 사례이다. 단순히 종이 신문을 스캔하여 이미지 문서로 서비스하는 방식으로, 작은 화면에서 확대·축소와 위치 이동을 계속하면서 읽어야 하므로 불편하다. 전자책도 마찬가지로 PDF 형태가 많이 이용된다. 전자책의 경우처럼 UX를 고려하지 않고 전달 매체만 전환하는 방식으로 제품을 출시하면 시장에서 성공하기 어렵다.

2 언택트 시대의 UI/UX 디자인

코로나19가 촉발한 언택트Untact 시대의 UI/UX는 사용자가 쉽고 빠르게 이용 목적을 달성할 수 있게 설계해야 한다. 불필요한 것은 과감히 제거하고 사용자 편의성을 최우선으로 고려해야만 한다.

언택트 시대에는 사용자가 서비스에 대한 인내심을 갖기 어렵다. 특별한 이유가 없다면 느리고 불편하고 복잡한 과정을 기다리지 않는다. 초기 언택트 서비스인 키오스크 주문, 은행 ATM 등의 경우 공급자는 인건비를 절감하고 사용자는 직원과 대면하기 위해 기다리지 않아도 되는 이점이 있었다. 이러한 이유로 사용법이 어렵고 불편해도 어느 정도는 인내했다.

하지만 코로나19 팬데믹 이후로 세상은 달라졌다. 바이러스의 확산으로 대면 행사나 모임이 위험해진 상황에서 비대면은 선택이 아닌 필수가 되었다. 이제 서비스 이용의 문제는 불편을 넘어 생활 전반에 지장을 주는 것으로 받아들여진다.

(a) 코로나 이전 시대 대면 결제　　(b) 언택트 시대 키오스크를 통한 비대면 결제

그림 3-7 **언택드 시대 전과 후의 사용자 환경 변화**

온라인 서비스를 구축하는 전통적인 업무 진행 방식은 기획, 설계, 디자인, 개발 단계를 순차적으로 처리하는 것이었다. 그러나 코로나19 이후로는 재택근무와 영상회의 등 비대면으로 일하는 기업이 많아졌다. 협업 툴을 잘 사용하면 대면 방식보다 훨씬 효율적으로 일할 수 있다. 실시간으로 이루어지는 공개 소통은 소통의 오류를 줄이고 빠른 의사결정을 지원해 최종안이 번복되거나 재작업을 해야 하는 문제를 감소시킨다. 포스트 코로나 시대에도 지속가능한 서비스를 제공하려면 시시각각 변화하는 사용자의 요구에 맞춰 서비스도 진화를 거듭해야 한다.

3 인터랙션과 HCI

사람과 기기 사이의 원활한 상호작용을 구현하려면 인터랙션과 HCI가 무엇인지 알아야 한다. 인터랙션과 HCI의 개념을 알아보자.

인터랙션이란

인터랙션Interaction은 사람들 사이의 상호작용뿐 아니라 컴퓨터, 휴대폰, 기타 디지털 디바이스와 같은 인공 매체와 사람 사이의 상호작용을 의미한다. 인터랙션은 적용 범위가 너무 광범위하기 때문에 간단하게 정의하기 쉽지 않다. 사용자 사이의 커뮤니케이션뿐 아니라 주어진 환경에서 사람과 사람, 사물 등과 행하는 모든 행동을 의미하기 때문이다.

(a) 모바일 환경에서의 인터랙션

(b) 얼굴인식에 의한 인터랙션

그림 3-8 현대의 인터랙션 사례

예전에는 인터페이스Interface라는 용어를 주로 사용했지만, 최근에는 포괄적인 의미의 인터랙션이라는 용어를 더 많이 사용한다. 인터랙션은 컴퓨터 시스템의 아이콘을 의미하는 인터페이스 개념에서 사람과 컴퓨터 사이의 동적인 상호작용을 강조하는 개념으로 발전했다.

■ 상호작용성

상호작용성Interactivity은 인터랙션의 정도를 나타내는 단위로, 가변적인 특성을 지닌 커뮤니케이션 과정의 구성물이라 할 수 있다. 상호작용성은 사용되는 분야에 따라 다양하게 정의된다. 공학 분야에서는 사용의 편의성, HCI 분야에서는 작업 능력의 향상, 교육 분야에서는 학습의 효율성 등으로 정의한다. 컴퓨터 기반의 상호작용성은 접근 형태에 따라 조작 가능성, 네트워크 연결성, 정보 교환성, 콘텐츠 인지성 등으로 정의한다.

상호작용성은 예전에는 시스템의 기능성에만 중점을 두었지만, 최근에는 스마트 미디어, SNS 등과 같은 기술의 출현으로 사용자 사이에 이루어지는 소통의 효율성에 집중하는 방향으로 개념이 확대되고 있다.

■ 인터랙션 디자인

인터랙션 디자인은 대화형 시스템에서 상호작용을 위한 디자인으로, 상호 소통뿐만 아니라 구조와 동작, 행동까지 전달하는 역할을 한다. 인터랙션 디자인의 목적은 사람과 객체 사이에 다양한 형태로 반응하는 소통이 일어나게 하는 것이다. 즉 사람 중심의 디자인을 통해 더 나은 방식으로 소통할 수 있게 한다.

인터랙션 디자인은 사용자의 경험을 따라 발전한다. 콘텐츠는 사용자가 직접 접촉하는 인터페이스이므로 인터페이스의 형태와 시스템의 사용에 초점을 맞추게 된다. 최근에는 사람의 시각, 청각, 촉각, 후각 등과 같은 정보에 반응하는 다중감각 인터랙션Multimodal Interaction이 발전하고 있다.

또한 인터랙션 디자이너는 컴퓨터에서 모바일 기기로 제품의 범위를 확대하고 사람, 제품, 서비스 사이에 의미 있는 관계를 만들기 위해 노력하고 있다.

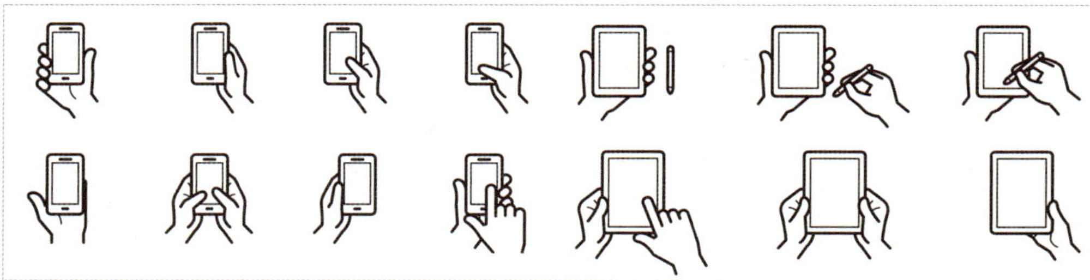

그림 3-9 모바일 기기의 다양한 인터랙션 디자인

HCI란

HCIHuman Computer Interaction 즉 인간 컴퓨터 상호작용은 사람들이 쉽고 편하게 시스템과 상호작용할 수 있는가를 연구하는 학문이다. 컴퓨터를 쉽고 유용하게 사용할 수 있도록 인간과 컴퓨터의 상호작용을 개선하는 데 목적이 있다. 사용자가 쉽고, 즐겁고, 편리한 경험을 할 수 있는 제품과 서비스를 만드는 것이다. 즉, 특정 상품이나 제품을 이용하는 사용자에게 최적의 경험Optimal experience을 제공하는 것이다. 더 나아가 HCI의 궁극적인 목표는 컴퓨터의 도구로서의 잠재력을 극대화해 인간을 더 자유롭게 하고, 인간 사이의 의사소통과 협력을 증진시키는 데 있다.

(a) 눈 추적 기술　(b) 몸짓 인식　(c) 감정 탐지

그림 3-10 HCI 사례

사용자 관점에서 HCI의 중요성이 커지고 있는 이유는 다음과 같다.

- **보편성 :** 컴퓨터와 디지털 디바이스가 전문가뿐 아니라 일반 사용자가 사용하는 도구로 바뀌면서 일반인도 흥미를 갖고 쉽게 사용할 수 있도록 만드는 것이 중요해졌다.

- **경량화 :** 각종 디바이스가 작아지고 가벼워지면서 디지털 기기와 디지털 서비스를 유용하게 사용할 수 있도록 설계하는 것이 중요해졌다.
- **HCI와 UI의 연계 :** 컴퓨터가 일상생활 곳곳에서 중요한 용도로 사용되고 있는 상황에서 UI 환경이 HCI 원칙을 만족하지 못한다면 매우 심각한 문제를 일으킬 수 있다. 진보된 HCI 기술을 디지털 디바이스와 서비스에 적용해 사용자에게 편리성 향상과 만족감을 주어야 하고, 비즈니스적으로도 향상된 성능을 보여야 한다.

HCI의 최종 목표는 사용자에게 최적의 경험을 제공하는 것이다. 사용자가 최적의 경험을 하려면 다음 3가지 조건을 만족해야 한다.

- **유용성 :** 사용자가 원하는 일을 효과적으로 달성하는 것을 말한다.
- **사용성 :** 사용자가 가능한 적은 노력으로 목적을 달성하는 것을 말한다.
- **감성 :** 사용자가 시스템을 사용하면서 해당 시스템이 자신이 추구하는 목적에 적합하다고 느끼는 것을 말한다.

이전의 HCI는 개인 사용자가 컴퓨터를 사용하는 환경에 초점을 맞추었고, 상호작용 역시 용이성, 유용성 등 제한적인 요인에 초점을 두었다. 그러나 IT 기술과 주변 환경의 급격한 변화에 따라 HCI의 정의가 바뀌고 있다. 스마트 혁명을 비롯한 컴퓨팅 환경의 변화는 HCI 영역의 확대 또는 파괴를 가져왔다. 대표적인 환경 변화는 다음과 같다.

- **보편적인 도구로 확대 :** 최근에는 유비쿼터스 컴퓨팅Ubiquitous Computing과 같이 눈에 보이지는 않지만 일상생활 곳곳에 디지털 기술이 침투해 발전하고 있다. 이러한 환경에서 HCI는 사용자와 컴퓨터 사이의 상호관계를 지원할 뿐 아니라, 사용자의 일상생활과 사용 맥락, 행동을 통해 전후 관계를 파악하려는 방향으로 변화하고 있다.

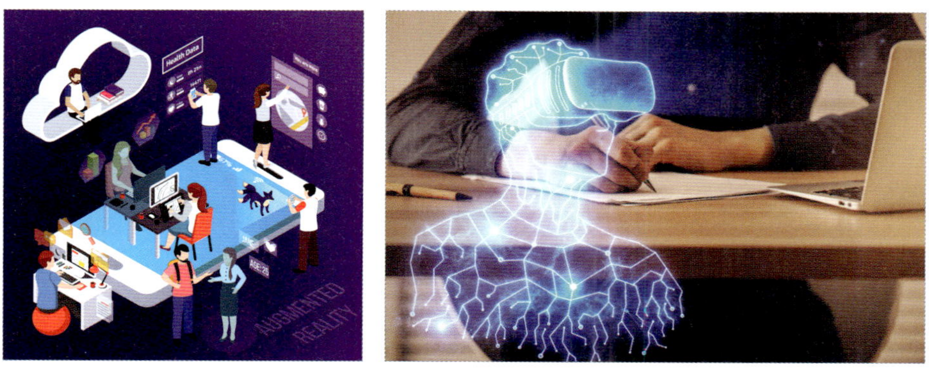

그림 3-11 쉽고 유용한 방향으로 진화하는 HCI

- **소셜 인터랙션 :** 최근에는 인터넷 또는 네트워크에 연결된 하나의 플랫폼에서 상호작용하는 소셜 인터랙션Social Interaction이 중요한 사회 현상으로 나타나고 있다. 이에 따라 HCI도 개인과 기기 사이의 상호작용에서 개인과 개인, 개인과 집단, 집단과 집단 사이의 상호작용으로 진화하고 있다.
- **영역의 경계 파괴 :** 기존의 HCI는 완전하게 정립된 학문 체계가 아니라 여러 분야를 융합하는 과정에 위치한 학문 체계였다. 융합 과정에서 UX, UI, 인터랙션 디자인, 용이성, 유용성 등과 같이 일정한 틀을 정해 놓고 접근해 시행착오도 많았다. 향후 HCI는 특정한 영역이 아니라 사용자의 총체적 경험에 초점을 두어 최적의 경험을 도출하려는 방향으로 진화할 것이다.

SECTION
03 사용자 인터페이스의 진화

UI는 사용자와 디바이스 사이에 작용하는 인터페이스로, 초기에는 키보드, 터미널에서 직접 명령어를 입력하는 명령어 기반의 CUI Command User Interface 방식에서 마우스를 사용하는 그래픽스 기반의 GUI 방식으로 변화했다. 그리고 최근에는 멀티터치 Multi-Touch, 감각터치의 햅틱 Haptic, 사람의 동작을 인식하는 3D 모션인식 Motion Recognition과 같이 사용자 신체를 활용하는 NUI Natural User Interface로 발전했다. 인터페이스의 진화 과정을 자세히 알아보자.

그림 3-12 사용자 인터페이스의 변화 과정

1 CUI 방식

CUI 방식은 컴퓨터가 개발되면서부터 사용하던 방식이다. 초기 컴퓨터의 인터페이스에는 명령줄 CLI, Command Line Interface만 있었다. 사용자는 문자를 사용해 사전에 약속된 명령어를 입력하여 컴퓨터를 작동시켰다. 따라서 사용자가 컴퓨터를 조작하기 위해 수많은 명령어를 암기해야 하므로 학습 용이성이 낮다. 최근의 자동완성 기능은 CUI 방식의 학습 용이성을 높이기 위해 제공되기 시작한 것이다. 웹브라우저, 엑셀 등은 대부분 자동완성 기능을 이용해 사용자가 명령어의 일부만 기억해도 쉽게 명령어를 입력하도록 도와준다.

2 GUI 방식

GUI 방식은 오늘날 가장 많이 사용하는 방식이다. 사용자가 조작 방법을 직관적으로 이해할 수 있어 배우기 쉽고 활용하기도 쉽다. 클릭, 드래그, 스크롤바 이동 등으로 다양한 작업을 할 수 있다. 메뉴 목록에서 작업을 선택하기 때문에 사전에 사용법을 학습하지 않고도 상호작용할 수 있는 인지방법으로, CUI 방식보다 학습 용이성이 훨씬 높다.

GUI 방식은 애플사의 매킨토시 컴퓨터에서 처음으로 대중에게 선보였다. 마우스는 포인터의 이동과 조작의 용이성을 위한 인터페이스를 제공해 키보드 환경을 개선했다. 클릭이나 드래그 등의 조작을 통해 모니터에 있는 객체와의 상호작용이 더욱 신속하고 원활해졌다. 이후 마우스는 노트북에 맞게 휴대하기 편한 트랙볼Track Ball, 트랙패드Track Pad 등으로 발전했다. 윈도우, Mac OS 등이 대표적인 GUI 방식의 운영체제이며, 리눅스와 유닉스 기반의 시스템도 CUI와 GUI를 함께 제공한다.

그림 3-13 위젯 및 아이콘으로 구현한 GUI 화면

3 NUI 방식

NUI 방식은 사람의 동작이나 음성 등으로 시스템을 조작하는 인터페이스이다. SF 영화를 보면 주인공이 손짓만으로 화면을 조종하고 마우스나 터치패드 같은 컨트롤러 없이 제스처만으로 기계를 움직인다. 쉽고 직관적인 다양한 동작만으로 컴퓨터가 원하는 대로 동작하는 NUI의 대표적인 사례이다. 앞으로의 기본 인터페이스는 키보드 중심인 CUI, 마우스 중심인 GUI에 이어 동작 인식 중심인 NUI로 전환될 것이다.

GUI는 그래픽이라는 시각적인 부분만 컴퓨터 환경에 구현했지만, NUI는 청각, 촉각, 미각, 후각과 같은 감각과 팔, 다리 등 몸 전체를 UI로 구현했다. 사용자의 움직임을 인식하고 생각하는 그대로 컴퓨터가 동작한다. 여기서 중요한 기술은 터치, 동작인식, 음성인식 등이다. 두 손가락으로 줌인/줌아웃하는 동작, 두 손가락의 형태를 예측하는 핀치인Pinch-In, 핀치아웃Pinch-Out, 손가락을 드래그하는 스크롤링Scrolling 등이 대표적인 멀티터치 사례이다.

NUI의 장점은 배우기 쉽다는 것이다. 사람의 자연스러운 행동을 기반으로 동작하기 때문에 학습 비용이 매우 낮다. CUI는 전문가가, GUI는 어느 정도 학습한 사람이 사용할 수 있었지만 NUI는 인터페이스가 보이지 않을 정도로 쉽고 자연스럽다. 신체를 입력장치로 사용하기 때문에 사용자는 출력되는 정보 외에 인터페이스의 존재를 인지할 수 없다. 사용자가 기술을 지배하는 경험을 주므로 사용자 경험의 만족도도 높다.

그림 3-14 생각(뇌파)을 읽을 수 있는 NUI 방식의 헤드셋

반면 NUI의 단점도 있다. GUI는 메뉴 또는 위젯을 탐색하면서 포인팅-클릭이라는 노동을 통해 작업하지만 사용자의 작업경로를 쉽게 추적하고 기억한다. 그러나 NUI는 입력장치와 조작을 위한 위젯이 없기 때문에 어떤 기능이 실행 가능한지 알 수 없다. 또한 입력을 위한 위젯이 없으므로 제스처에 의한 특정 동작들과 인식 가능한 음성 키워드 등을 사용자가 기억해야 한다. 동일한 제스처라도 문화적 배경이 다르면 그 의미가 달라지는 것도 문제이다. 그 밖에도 고개를 끄덕이는 것과 같이 입력이 짧은 순간에 이루어지면 시스템이 인지하지 못하거나, 의도하지 않은 행동을 시스템이 인지하는 등의 문제는 NUI가 해결해야 할 숙제이다.

그림 3-15 문화적 배경에 따른 의미의 상이함

지금까지 살펴본 CUI, GUI, NUI 방식의 특징을 정리하면 다음 표와 같다.

표 3-1 CUI, GUI, NUI 비교

	CUI	GUI	NUI
인터페이스 표현	텍스트 기반	그래픽 기반	오브젝트 기반
인터페이스 형태	정의된 용어	은유적인 아이콘	직접적인 동작
사용 방법	명령어 기억	UI를 인식	UI를 직감적으로 인식
작업 수행 방식	직접적	탐험적	맥락에 따라 직감적
사용 난이도	어려움	비교적 쉬움	쉬움
인터페이스 연결성	없음	간접적	직접적

SECTION
04

생체인식 UI

1 터치스크린과 인터페이스 방식의 변화

최근 대세를 이루고 있는 터치스크린Touch Screen은 사용자의 편의를 위해 화면의 터치로 입력하는 인터페이스이다. 단순해서 누구나 사용할 수 있는 입 · 출력장치이다. 터치 기능은 보고 즉시 느끼는 직관적인 조작 방식이다.

터치스크린의 발전

터치스크린은 모바일 디바이스와 현금자동인출기ATM, 공공장소의 키오스크Kiosk, 자동발권기 등을 통해 우리 일상에 깊숙이 자리를 잡았다. 터치 기반의 입력방식이 고도화될수록 텍스트 활용도는 낮아지고 있다. 스마트 디바이스에 사용되는 터치 기능은 향후 모든 디스플레이에 적용될 전망이다. 특정 입력 도구를 사용했던 과거를 지나 손가락으로 직접 터치하는 방식으로 변화했듯이, 미래에는 제스처를 통해 정보를 입력하는 방식이 대중화될 것이다.

(a) 스마트 냉장고의 디스플레이

(b) 키오스크 서비스

그림 3-16 터치스크린의 예

애플은 새로운 도구로 스타일러스 터치펜까지 출시하면서 스티브 잡스의 시대에서 벗어났다. 터치 다음으로 펜, 스타일러스가 대세인 시대가 되고 있다. 처음부터 S펜으로 시장을 지배한 갤럭시 노트, 서피스 등 스타일러스를 이용하는 디바이스가 많아지고 있다. 스타일러스는 정밀한 필기, 빠른 입력속도 등을 갖추어 아날로그 펜과 비슷한 수준으로 발전했다. 고급화된 스타일러스가 이처럼 각광받는 이유는 디바이스 자체의 발전으로 인해 디스플레이에서 가능한 작업이 고도화되었기 때문이다.

그림 3-17 **터치 펜**

일반적인 터치 인터페이스는 쉽고 간편한 사용이 특징이지만, 세밀한 작업을 처리하기에는 한계가 있다. 새로운 도구는 화면에 그림을 그리거나 스마트폰을 원격제어하는 등 지원하는 작업이 더 많아졌다. 화면에 펜으로 글씨를 쓰고 스케치를 하는 작업은 어릴 때부터 학습해 익숙하기 때문에 적응기간도 필요하지 않다. 스타일러스의 시대가 되면서 태블릿이 카탈로그와 교육용 서적을 대체하고, 펜으로 필기하며, 계약서를 작성하고, 서류에 사인하는 시대가 되었다.

음성인식 플랫폼의 등장

터치 중심의 인터페이스는 이제 목소리로 작동하는 음성인식 기반으로 변화하고 있다. 음성인식 기술은 인식된 음성을 이해하고 사용자와 대화하며 적절한 기능을 수행하는 수준까지 발전했다. 대표적인 음성인식 기기인 AI 스피커가 어느새 일상생활 속으로 깊숙이 들어오면서 본격적인 음성인식의 대중화 시대가 되었다.

그림 3-18 **AI 스피커와 AI 비서**

현재 음성인식 플랫폼 시장은 기술적, 산업적으로 질적인 변화가 시작되는 지점인 변곡점Tipping

Point을 지나고 있다. 최근 출시된 서비스의 자연어 인식 정확도는 96%에 근접해 사람이 실생활에서 인식하는 것과 큰 차이가 없어 자연어 인식 기술은 일단 변곡점에 도달했다. 이제 AI가 대화의 맥락과 의도를 얼마나 이해하고 정확한 답변을 하느냐가 문제이다.

아직은 날씨 같이 단편적인 정보를 제공하는 수준이기 때문에 대화의 맥락을 분석하고 유려하게 대답을 제공하는 기술에 이르자면 갈 길이 멀다. 음성인식 플랫폼이 본격적으로 시장성을 갖추려면 생태계 구축이 중요하다. 다양한 앱 생태계를 확보함으로써 이룬 스마트폰 운영체제의 경쟁력과 같은 맥락이다.

2 3D 인식과 생체인식

애플은 아이폰에 3D 터치라고도 불리는 포스터치Force Touch 기능을 도입해 많은 관심을 받았다. 포스터치는 터치 위치뿐 아니라 손가락이나 펜으로 누르는 힘의 강도를 감지해 콘텐츠에 접근하고 명령을 수행하는 기술이다. 터치의 위치로 명령을 입력하던 기존의 화면에 누르는 힘을 구분하는 센서를 탑재한 것으로, 터치 강도에 반응해 일반적인 터치 조작과 차별된 작업을 수행한다.

3D 터치의 원리

기존의 터치 기술은 X · Y축으로 구성된 2D 환경에 적용되었기 때문에 상·하·좌·우로 움직이는 것만 감지했다. 하지만 포스터치 기술이 탑재되면서 압력의 정도까지 인식하게 되었다. 애플의 iOS에서는 문자 입력을 쉽게 하는 제스처 입력 기능과 화면 터치 강도에 반응해 차별된 작업을 수행한다. 또한 터치스크린에 가해진 힘과 움직임의 방향을 감지하고 손으로 누르는 강도에 의해 편리하게 콘텐츠에 접근할 수 있다.

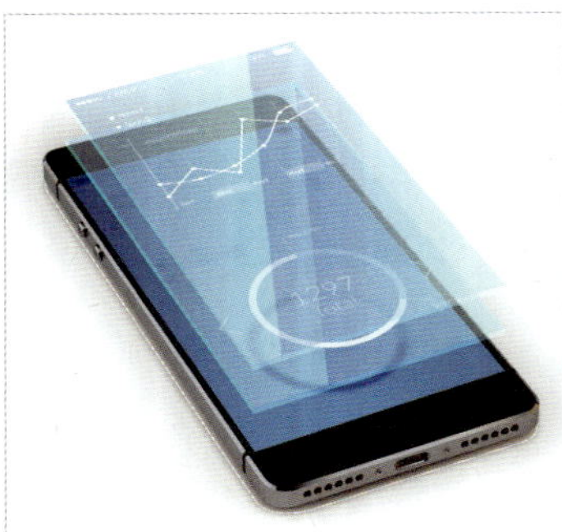

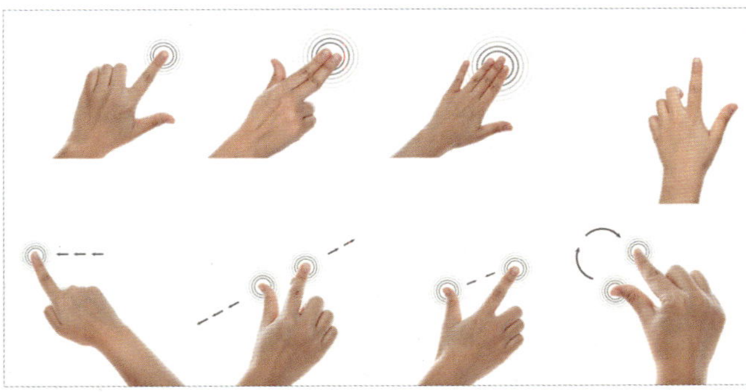

그림 3-19 터치스크린과 멀티터치 제스처

예를 들면 화면의 가벼운 터치로 사진, 이메일, 웹페이지 등 각종 콘텐츠를 열람하고, 더 깊게 누르면 원하는 콘텐츠를 띄워 상세 내용을 확인할 수 있다. 선을 그으면 스타일러스나 손가락으로 누른 강도에 따라 가는 선, 굵은 선이 그려진다. 최근에는 스마트폰의 물리적 버튼을 대체하는 포스터치 센서가 출시됐다. 센서는 외곽 프레임의 안쪽에 위치하기 때문에 외관상 돌출되는 부품이 없다. 물리적인 버튼이 없으므로 방수 기능을 구현하기도 쉬워졌다. 센서에 가해지는 힘의 강도에 따라 볼륨을 조절하고, 전원을 켜고 끄는 작업도 수행한다.

3D 터치의 현황

아이폰은 터치스크린에 가해진 힘과 움직임의 방향을 감지하며 탭한 손가락을 원하는 문자나 기능의 방향으로 움직여 문자를 입력하거나 기능을 실행한다. 키보드의 경우 자판을 살짝 누르면 소문자가, 세게 누르면 대문자가 입력된다. 3D 터치와 비교되는 햅틱 터치Haptic Touch는 화면을 누르는 시간을 인식해 햅틱 피드백을 제공한다. iOS 13 이후 3D 터치는 햅틱 터치로 대체되었다.

2019년 국내에서도 위치와 압력 정보를 동시에 인식하는 차세대 3D 터치 기술을 구현했다. 해당 시스템은 미세한 물결 모양의 터치 패널과 압력 센서를 하나의 센서에 조합한 것으로, 압력과 위치 정보를 간접적으로 측정한다. 투명하고 유연한 기판으로 곡면 디스플레이나 사람 피부 환경에서 센서를 사용할 수 있다. 투명하고 유연한 3D 터치는 추후에 웨어러블 전자기기의 혁신적인 입력장치로 활용될 것이다.

코로나19 여파로 기업들이 기존 서비스를 비대면으로 전환하고 있는 최근에는 시선으로 입력하거나 화면 응시 여부와 집중도 등을 판단하는 시선추적기술의 수요도 많아졌다. 그리고 터치하지 않고도 인식이 가능한 비접촉 고감도 습도센서도 개발되었다. 선택하려는 항목을 손가락으로 가리키기만 하면 AI가 제스처 추적 센서 등으로 파악하고 작업을 실행하는 노터치 터치스크린도 만들어졌다. 자동차 내비게이션, 스마트폰을 비롯한 모바일 기기, 식당이나 공항 등에 설치된 키오스크에 활용하면 바이러스 등에 의한 감염 위험을 줄일 수 있다.

3 생체인식과 인공지능

사람이 컴퓨터와 편리하게 상호작용하는 멀티 모달리티Multi Modality 인터페이스 기술이 진화하고 있다. 특히 맥박, 심박 수, 홍채, 지문 등의 생체신호를 활용한 특허출원이 급증하면서 새로운 시장으로 주목받고 있다. 생체인식은 사람의 신체 일부를 인증수단으로 활용하며 빠르게 성장하고 있다. 기존의 비밀번호 방식은 개인의 식별과 보안을 100% 보장하지 못하므로 분실 위험이 없고 위조가 거의 불가능한 신체 일부를 인증수단으로 활용하는 것이다. 최근에는 지문과 홍채인식 단계에서 나아가 안면인식, 손바닥 인식, 정맥인식 등 다양한 생체인증 시스템이 도입되고 있다. 특히 AI의 딥러닝을 이용한 인증의 정확도가 꾸준히 향상되면서, 스마트폰, 각종 보안 시스템에 적용하는 사례도 증가하고 있다.

지문인식

현재 가장 일반적인 생체인증 기술은 지문인식이다. 지문인식은 2013년 아이폰 5S에 처음으로 탑재되며 대중화되었다. 동일한 지문이 없고 쉽게 적용할 수 있다는 점 때문에 요즘은 웬만한 저가 스마트폰에도 지문인식 기능이 있다. 지문인식 시스템은 정전식, 광학식, 초음파식 3가지 방식으로 구분된다. 현재는 정전식 위주에서 광학식으로 전환되는 추세이다.

그림 3-20 지문인식

■ 정전식

정전식은 인디스플레이In-Display 방식으로, 구현하기가 까다롭다. 기술적으로 센서와 지문의 거리가 0.3mm를 초과하면 구현이 어렵다. 스마트폰 커버글라스의 두께는 0.45~0.7mm 정도이다. 센서가 외부에 있으므로 충격에 약하다는 단점이 있다.

■ 광학식

광학식은 지문을 촬영하고 반사된 빛의 음영에 따라 지문 굴곡을 수집한다. 카메라로 지문을 찍는 것과 유사하며, 저장된 지문과 비교하는 방식으로 인식한다. 그러나 이 방식은 별도의 인식 카메라를 탑재해야 하고 진짜 지문과 지문을 찍은 사진을 구별하지 못하는 약점이 있다. 이미지를 활용한 기술은 복제가 가능하다는 단점도 있다. 광학식은 기술숙련도가 많이 향상되어 점유율이 계속 증가하고 있다. 초음파식과 디스플레이 내장형(FoD) 지문센서로 구분된다.

■ 초음파식

초음파식은 물질을 뚫고 지나가는 초음파의 특성을 활용한 방식이다. 디스플레이에 탑재된 초음파 센서가 지문의 굴곡을 감지해 입체적으로 지문을 인식한다. 초음파 값을 토대로 지문의 모양을 판별하는 원리이다. 초음파 지문인식 센서는 광학식과 달리 디스플레이 아래에 탑재되므로 내구성이 높다. 화면을 크게 사용할 수 있어 최근 출시한 스마트폰에는 초음파식이 도입되고 있다.

인식 영역이 넓어지면서 두 손가락으로 인식할 수 있어 보안성도 강화되었다. 그러나 아직 수율 및 성능에서 부족하고 광학식보다 가격도 2배 비싸며 정전식, 광학식에 비해 인식 시간도 많이 필요하다.

홍채인식

서로 다른 사람의 홍채가 같을 확률은 10억분의 1이다. 홍채인식은 이 점에 착안한 인증 수단이다. 지문처럼 지워지지도 않고 고유 패턴이 266개나 되어 40개의 특징으로 식별하는 지문보다 훨씬 정교하다. 홍채는 사람이 죽으면 4초 이내에 풀려 사용하지 못하기 때문에 보안성이 뛰어나다.

홍채를 확인은 홍채 인식기에서 근적외선 LED를 쏘면 눈에 반사된 적외선이 카메라 렌즈로 돌아오는 원리를 이용한다. 반사된 빛에서 홍채의 명암 패턴을 분석해 인식하는 것으로, 안경이나 선글라스를 껴도 인식이 가능하다. 2016년 갤노트 7에 처음으로 홍채인식이 탑재되었지만 사용하는 사람은 적었다. 뛰어난 보안성에도 불구하고 편의성 등에서 지문인식이나 안면인식보다 불편해 활용도가 떨어졌다. 초음파 지문인식 기능이 등장하면서 홍채인식 기술은 소외되었다.

그림 3-21 홍채인식

안면인식

안면(얼굴)인식 기술은 홍채인식보다 먼저 나온 기술이지만 최근에 재부상했다. 인식의 정확도 측면과 보안에 취약한 약점이 있어 무시되다가 최근 AI를 활용한 딥러닝의 발전에 힘입어 부활했다. 안면인식 기능을 가장 먼저 상용화한 애플은 2017년 아이폰X에 페이스 ID를 탑재했다. 최근의 안면인식은 3D 인식을 기본으로 하며, 형태뿐 아니라 눈, 입, 콧구멍, 턱 사이의 각도와 거리, 광대뼈의 돌출 정도 등을 파악해 신원을 확인한다. 다른 사용자에 의해 잠금이 해제될 확률은 5만분의 1이다.

그림 3-22 스마트폰의 안면인식

최근에는 혈액의 흐름에 따라 발생하는 열점을 적외선 카메라를 통해 인식하는 안면인식 방법도 등장했다. 이로 인해 사용자가 모자, 안경, 콘택트 렌즈 등을 착용해도 정상적으로 작동할 정도로 발전했다. 아이폰의 경우 3만 개의 점을 초음파로 투사해 입체적인 얼굴과 정맥 데이터를 수집하고, 이를 통해 얼굴의 심도 맵을 제작하고 등록한다. 그리고 촬영한 얼굴의 적외선 이미지와 등록된 얼굴 데이터를 비교해 신원을 확인한다.

안면인식 기술은 범죄·테러의 예방 목적으로도 많이 사용한다. 공공장소에 안면인식 카메라만 설치하면 범죄자를 쉽게 파악할 수 있기 때문이다. 특히 중국은 13억 인구의 얼굴을 3초 안에 90% 정확도로 식별하는 안면인식 데이터베이스를 구축하고 있다.

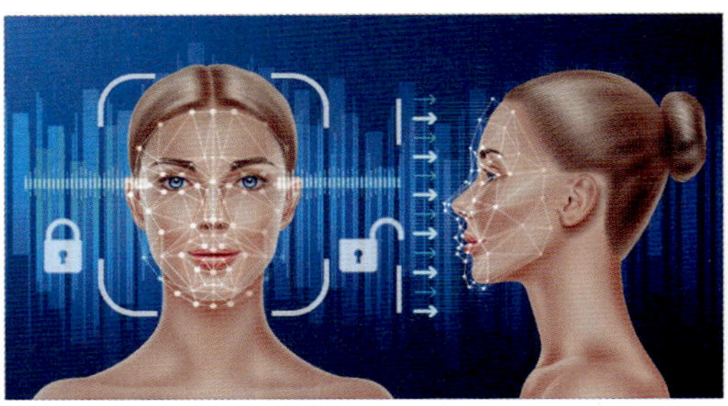

그림 3-23 안면인식과 감시카메라

반면 안면인식을 규제해야 한다는 주장도 만만치 않다. 딥페이크(얼굴 조작)나 안면인식 악용, 사생활 침해 등 부정적으로 쓰일 가능성이 있으므로 사용에 제한이 필요하다는 주장이다. 안면인식 기술 규제에 대해 구글과 마이크로소프트가 견해차를 드러냈고, EU에서도 금지 조치를 검토하면서 찬반 논쟁이 가열되고 있다.

정맥인식

지문 대신 손등이나 손바닥의 혈관을 측정하는 정맥인식 기술도 등장했다. 적외선을 손등에 비추면 혈관만 카메라에 찍히는데, 이를 바탕으로 신원을 확인한다. 적외선은 적혈구를 통과하지 못하기 때문이다. 복잡하게 얽혀 있는 정맥 분기점의 각도와 개수를 일일이 파악해 판독한다. 최근에는 손가락에 초음파를 쏘거나 손가락의 체지방을 분석해 신원을 확인하는 방법도 개발됐다. 사람마다 가지고 있는 고유한 목소리의 패턴을 분석하는 음성인식 기술도 최근 개발이 빠르게 진행 중이다.

하나 더 알기 **생체 인증 결함 사례**

생체인증은 위조 가능성이 낮아 비밀번호보다 안전하다는 인식이 일반적이다. 그러나 비밀번호는 유출되면 새로운 번호로 변경하면 되지만, 생체정보는 대체할 방법이 없다. 생체 인증 결함 사례도 나타났다. 갤럭시 S10과 갤노트 10의 경우 실리콘 케이스에 아무나 손가락을 대도 지문 잠금이 해제되는 스푸핑Spoofing 문제가 발생해 홍역을 치렀다. 구글 스마트폰의 경우, 눈을 감은 상태에서 안면인식 잠금이 해제되었다. 생체 인증은 개인의 사생활 문제와 연결된 사안인 만큼 무턱대고 상용화를 추진하면 자칫 개인정보 침해 문제로 번질 수도 있다.

SECTION
05 모바일 UI 디자인

1 모바일 UI의 진화

최근 출시되는 스마트폰 관련 기기에서는 물리적 버튼이 점차 사라지고 있다. 버튼이 담당하던 기능은 이제 소프트웨어와 UI가 대체하고 있다. 이런 추세에 따라 스마트폰 제조사들이 주기적으로 새로운 UI를 발표하지만, 모두를 만족시키는 UI는 아직 나타나지 않았다. 모바일 디바이스에서 하드웨어 버튼을 제거한 이유는 고정된 디스플레이에서 가용 화면의 크기를 넓히기 위해서이다. 디스플레이 전면도 부족해 상하좌우 측면까지 커브드 엣지 디스플레이로 채우는 상황에서 선택한 대안인 것이다.

모바일 UI와 PC UI의 차이

모바일 디바이스는 데스크톱에 비해 화면 크기가 작다. 데스크톱은 대개 실내에서 정보 탐색과 업무용으로 사용하므로 큰 화면이 적합하다. 이와 달리 모바일은 야외에서나 혹은 이동 중에 SNS, 뉴스, 게임 등 다양한 콘텐츠를 활용하는 데 사용한다. 따라서 모바일 앱과 웹은 PC 환경의 웹과 많은 부분을 다르게 디자인한다. 이는 디바이스의 특성과 사용성의 특성 차이 때문이다. 모바일의 뛰어난 이동성과 작은 화면은 집중을 방해하는 요소이기 때문에 데스크톱에 비해 콘텐츠에 대한 인지부하가 커져 집중성과 가독성이 떨어진다.

그림 3-24 스마트폰을 사용하는 다양한 모습

모바일 UI 디자인 사항

모바일은 별도의 입력도구 없이 손가락으로 스크롤, 선택, 입력 등의 작업을 한다. 따라서 스마트폰 개발자는 한 손으로 사용하는 다양한 시나리오를 분석해 UI 디자인 개발 과정에 반영해야 한다. 사용자가 실외에서 한 손으로 스마트폰을 사용하는 것을 감안해 디자인해야 한다는 의미다. 불필요하거나 중요도가 낮은 기능은 숨기거나 제거함으로써 기능을 최소화·단순화한다.

스마트폰, 태블릿 등의 모바일 디바이스는 물리적 특징에 따라 레이아웃과 터치 영역의 사용성이 다르게 나타난다. 스마트폰은 한 손으로만 사용하거나, 한 손으로 받치고 다른 손으로 조작하거나, 두 손으로 감싸고 양손의 엄지손가락을 사용한다. 엄지손가락으로 조작할 경우 일반적으로 화면의 1/3 정도만 편안하고 정확하게 터치할 수 있는 영역이다. 화면이 큰 태블릿은 화면 전체를 사용하기 위해 그립을 자주 바꾸거나 양손을 모두 사용한다. 양손으로 사용할 경우 주로 엄지손가락을 주로 활용하는데, 화면이 크기 때문에 편안하게 사용할 수 있는 영역은 더욱 작아진다.

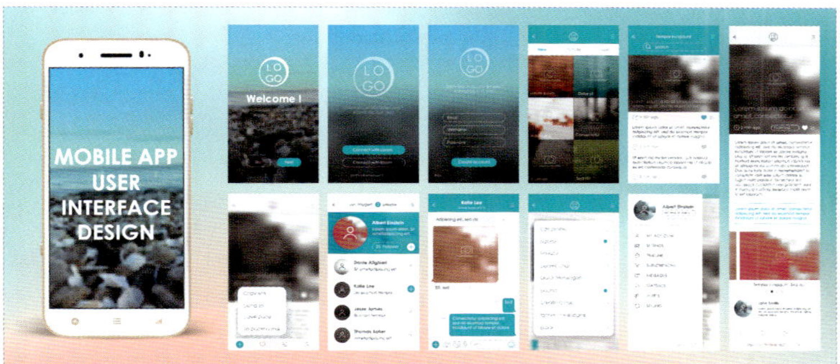

그림 3-25 모바일 UI 디자인 사례

예전에는 데스크톱용 UI를 먼저 디자인하고 모바일용으로 변경하는 순서로 작업했지만 모바일 퍼스트로 환경이 전환된 요즘은 모바일 디바이스의 특성을 고려해 디자인한다. 하지만 그 과정은 결코 쉽지 않다. 시행착오를 줄이려면 안드로이드와 iOS 가이드를 꼼꼼히 참고해야 한다. 디자인의 절대적인 원칙은 없지만 최적의 UX 디자인을 위한 고려 사항의 일부를 나열하면 다음과 같다.

- 경고 창(Alert) 우측 상단의 X 버튼 노출의 문제
- 정보 입력을 요청하는 풀 프레임 대화 창(Dialog)의 X 버튼 위치 문제
- 긍정적인 액션(확인) 버튼은 우측에 배치
- 입력을 완료하지 않은 상태의 완료 버튼(보내기·로그인)은 비활성화
- 입력 내용에 적합한 키보드(문자·숫자) 제공
- 검색 필드 우측의 검색 버튼 제공 문제

- 스크롤과 콘텐츠 그리드를 불일치하게 표현(정확한 정렬은 다음 콘텐츠 예상 못함)
- 시각적인 노이즈 최소화(콘텐츠 집중을 위한 충분한 여백 제공)
- 내비게이션 요소와 UI 요소가 콘텐츠보다 더 부각되지 않게 구성
- 하나의 화면에 뒤로 가기 버튼은 하나만 배치

모바일 UI의 발전

스마트폰 화면의 크기가 점점 커지면서 스마트폰 UI도 진화하고 있다.

■ 제스처 UI

하드웨어 버튼의 기능을 대신하는 제스처 UI의 시작은 애플의 아이폰 X와 아이패드 프로였다. 애플은 디바이스의 화면을 키우면서 상징과 같았던 홈 버튼을 과감히 제거했다. 최신 iOS 디바이스는 화면의 상·하단과 좌·우 구석을 쓸어올리거나 내리는 동작으로 홈 메뉴나 개인 최적화 스테이션인 독Dock을 불러낸다. 그리고 배터리 잔량을 띄우고, 이전 화면으로 돌아간다.

■ 굿락

삼성의 굿락Good Lock은 갤럭시 스마트폰 사용자라면 반드시 써야 하는 필수 앱이 되었다. 2016년부터 매년 기능을 추가해 UI에서 이용할 수 없는 다양한 기능을 제공하여 현재까지 2,000만 건 이상의 다운로드를 기록했다. 락스타Lockstar는 잠금 화면의 배경 이미지와 시계 스타일, 잠금 화면에 나타낼 정보의 종류를 선택한다. 고정된 시계 위치도 지정하고, 잠금 해제를 위해 화면을 미는 방향도 취향대로 선택할 수 있다. 퀵스타Quickstar는 화면 상단 퀵 패널의 아이콘 배치와 색상을 바꿀 수 있다. 루틴은 시간, 장소 등 특정 조건이 만족되면 사용자가 설정한 기능이 자동으로 실행되도록 한다. 집에 도착했을 때 자동으로 와이파이를 연결하고 특정 앱을 실행할 수 있다. 그리고 상태 표시줄의 알람 아이콘 재구성도 할 수 있다. 화면 상단의 통신사 로고 제거도 가능하다.

■ 원 UI

삼성이 2019년에 출시한 원 UIOne UI의 풀 스크린 제스처 UI는 한 손 조작이 간편하도록 제작해 인기를 끌고 있다. 최신 스마트폰은 화면이 커져 한 손으로 조작하기 불편하다. 원 UI는 스마트폰 화면 상단을 '보는 구간', 하단을 '터치 구간'으로 분리해 상단에는 시계, 텍스트 등을 배치하고 메뉴를 하단으로 내렸다. 잠금 화면에서도 시계 아래의 아이콘을 터치하면 잠금 해제 없이 바로 간단한 알림, 메시지를 확인할 수 있고, 하단 부분만 터치해도 편리하게 메시지, 연락처, 설정 등 기본 앱을 사용할 수 있다. 또한 팝업 화면(대다수의 콘텐츠)을 하단에 배치함으로써 손가락 이동을 최소화해 피로감을 줄이고 한 손 조작을 원활하게 하였다.

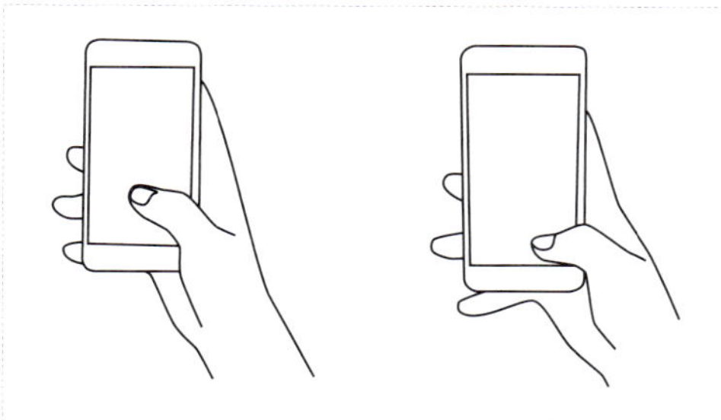

그림 3-26 한 손으로 화면을 조작

하나 더 알기 **퀵 패널의 동작과 편집하기**

퀵 패널Quick Panel의 경우 예전에는 손가락으로 스와이프하면 상단의 한 줄만 내려오고 한 번 더 스와이프해야 전체 퀵 패널이 내려왔다. 원 UI부터는 한 손가락 스와이프는 기존과 동일하지만 두 손가락으로 스와이프하면 한 번에 전체 퀵 패널이 내려온다. 전체 앱 상단의 휴대폰 검색도 파인더 검색으로 변경되었다. 공간의 낭비를 최소화하기 때문에 작은 화면에서도 쉽고 편하게 정보를 확인할 수 있다.

풀 스크린 제스처를 활성화하면 하단의 내비게이션 버튼이 숨겨진다. 모든 제스처는 화면 아래에서 이뤄진다. 화면 하단을 3등분하고, 화면 하단의 왼쪽을 쓸어올리면 돌아가기, 가운데를 쓸어올리면 메뉴로, 오른쪽을 쓸어올리면 실행 중인 앱 모두 보기 등이 가능하다.

2 모바일 UI 컨트롤

모바일 OS에서 컨트롤의 정의는 사용자가 앱과 소통하기 위해 필요한 화면 요소를 말한다. 즉 작업을 수행하기 위해 사용자가 터치해 조작할 수 있는 모든 그래픽 개체로, GUI를 구성하는 기본 단위이며 시각적인 모든 요소를 포함한다.

컨트롤은 사용자가 앱 화면에서 상호작용하는 UI 구성 요소로, 콘텐츠를 표현하거나 작동을 가능하게 한다. 간단한 버튼에서 그리드 표현처럼 강력한 데이터 컨트롤까지 45개 이상을 제공한다. 사용자가 정보를 입력하면 정보의 정확성 여부를 알려주고, 명령을 실행시키면 진행 상태를 시각적인 표현으로 나타내며, 명령이 제대로 실행되었는지 확인시키는 등 상호작용과 관련된 시각적인 요소를 제공한다. 버튼, 체크 박스, 라디오 버튼, 스위치, 뒤로 가기, 텍스트 필드, 좋아요 토글 등 다양한 종류가 있다.

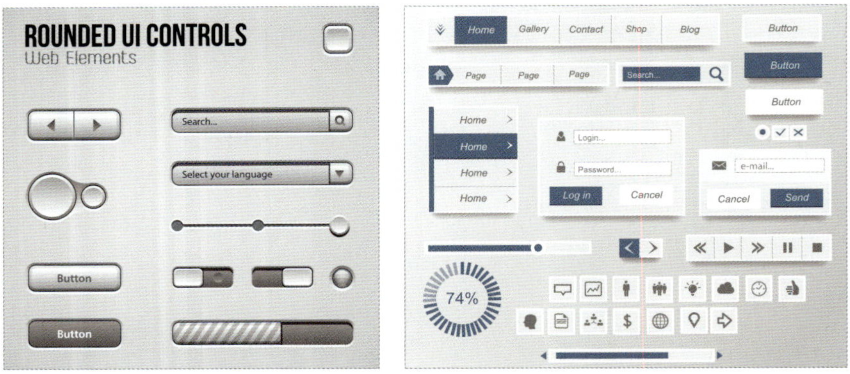

그림 3-27 다양한 모바일 UI 컨트롤

UI 컨트롤은 시각적인 요소뿐 아니라 사용자와 시스템 사이의 상호작용에 대해 미리 정의된 특정 기능 목록 전체를 말한다. 재생 버튼을 탭하면 음악, 동영상이 재생되고, 시각적인 모양은 멈춤 버튼으로 변경되는 등의 인터랙션을 기본 단위로 제공한다. 모바일 UI 디자인의 기본 요소는 텍스트 필드, 색상, 버튼, 폼 등 무척 다양하다. 여기에서는 일부만 기술한다.

텍스트 필드

텍스트 필드는 가장 대표적인 입력 컨트롤로, 앱과 웹사이트에 문자·숫자를 직접 입력할 수 있게 한다. 입력 창을 탭하면 텍스트 입력이 가능하도록 가상 키보드가 화면에 나타나고 커서가 표시된다. 사용자는 가상 키보드를 통해 이름, 이메일 주소, 전화번호 등 일반 정보부터 송금, 계좌이체 등 중요한 정보까지 입력한다. 모바일에서는 텍스트 필드의 인터랙션 개선이 비즈니스의 성패를 좌우한다. 사용자가 쉽고, 간단하고, 정확하게 정보를 입력할 수 있는 인터랙션을 설계하는 것이 비즈니스의 성공요인이다.

색상

색상은 사용자 인터페이스에서 시각적이고 기능적인 중요한 요소로, 즉각적이고 강력한 상호작용을 유도한다. 브랜드의 정체성과 스타일을 결정하는 가장 중요한 요소이다. 네이버의 녹색, 카카오의 노란색이 대표적인 사례이다. 색상은 사용자에게 상호작용 요소를 직관적으로 이해시키는 역할을 한다. 버튼의 경우 기능과 의미의 해석에 혼란이 발생하지 않도록 전체 화면에 일관성 있는 색상을 사용함으로써 시선을 집중시키고 적확한 행동을 유도할 수 있다. 스마트폰에서 초록/빨강 버튼이 통화/종료로 사용되는 것처럼 색채에 의미를 부여하고 일관성 있게 적용하면 사용자 인터페이스의 사용성이 높아진다. 지속적으로 일관되게 사용된 색상은 동일한 속성과 기능을 암시한다. 그러므로 색상을 잘못 사용하면 사용자에게 혼란을 주고 콘텐츠의 집중을 방해하는 요인이 된다.

버튼

버튼은 명령 컨트롤이며, 데이터를 전송하거나 기능을 실행하는 역할을 한다. 컨트롤 환경에서 가장 본질적인 요소로, 다양한 형태를 제공하며 사용자가 터치하면 연결된 명령을 즉시 실행한다. 버튼은 다른 컨트롤과는 다르게 누르는 행위가 필요하다. 입력 컨트롤을 사용해 정보를 입력하고, 선택 컨트롤로 항목을 선택한 후 버튼을 누르면 정보가 전송되거나 연결된 기능이 실행된다. 이와 같이 사용 환경이 크게 바뀌는 경우에 버튼이 사용되며, 시각적으로 버튼을 강조함으로써 누르는 행위를 유도한다.

예전에는 양각 형태로 입체적인 느낌으로 표현하는 것이 대부분이었지만 최근에는 시각적인 표현보다는 컬러와 레이블 등을 활용한 정교한 인터랙션 디자인으로 변화했다. 사용자는 실생활의 물리적 버튼을 조작한 경험을 기반으로 모바일 화면의 버튼을 탭하기 때문이다.

버튼은 한눈에 콘텐츠와 구별할 수 있어야 한다. 콘텐츠의 색과 대비를 이루는 색상을 통해 시각적으로 구분해 혼란을 초래하지 않게 한다.

요약

01 UI(User Interface) 즉 사용자 인터페이스는 사용자가 가장 먼저 접하는 디바이스 화면의 전체적인 구성과 작동 방식을 말한다.

02 UX(User Experience)는 사용자 경험을 의미하는 용어로, 특정 제품이나 서비스를 직·간접적으로 이용하면서 느끼고 생각하는 총체적 경험과 감정을 말한다.

03 언택트(Untact) 시대의 UI/UX는 사용자가 쉽고 빠르게 이용 목적을 달성할 수 있게 설계해야 한다.

04 인터랙션(Interaction)은 사람들 사이의 상호작용뿐 아니라 컴퓨터, 휴대폰, 기타 디지털 디바이스와 같은 인공 매체와 사람 사이의 상호작용을 의미한다.

05 상호작용성(Interactivity)은 인터랙션의 정도를 나타내는 단위로, 가변적인 특성을 지닌 커뮤니케이션 과정의 구성물이라 할 수 있다.

06 인터랙션 디자인은 대화형 시스템에서 상호작용을 위한 디자인으로, 상호 소통뿐만 아니라 구조와 동작, 행동까지 전달하는 역할을 한다.

07 HCI(Human Computer Interaction)는 인간 컴퓨터 상호작용은 사람들이 쉽고 편하게 시스템과 상호작용할 수 있는가를 연구하는 학문이다.

08 CUI 방식은 사전에 약속된 명령어를 입력하여 컴퓨터를 작동시킨다.

09 GUI 방식은 클릭, 드래그, 스크롤바 이동 등으로 다양한 작업을 할 수 있다.

10 NUI 방식은 사람의 동작이나 음성 등으로 시스템을 조작하는 인터페이스이다.

연습문제

객관식 문제

01 동영상, 게임 등의 콘텐츠를 재생하기 위해 가장 중요한 요소는 어느 것인가?

① 출력장치 ② 재생장치
③ 인터페이스 ④ 해상도

02 영상에 필요한 여러 가지 신호를 합친 후 하나의 신호를 생성하는 인터페이스는?

① 컴포지트 ② 컴포넌트 ③ S_비디오 ④ DVI

03 HDMI 인터페이스에 대한 특징이 아닌 것은?

① 영상과 음향을 동시에 재생 ② 고해상도 영상을 전송하는 규격
③ DVI 신호와 S/PDIF 신호를 합친 것 ④ PC 관련 업체들이 개발

04 썬더볼트 인터페이스에 대한 특징이 아닌 것은?

① 범용 인터페이스 ② 애플과 인텔이 공동 개발
③ USB 타입 C를 도입 ④ USB와 HDMI를 합친 역할

05 사용자 경험과 관계가 없는 것은?

① 브랜드의 충성도 향상 ② 직관적이고 단순한 UI
③ 핵심은 편의성과 접근성 ④ 은행들의 모바일 뱅킹 서비스

06 언택트 시대의 UI · UX 디자인을 위한 요소가 아닌 것은?

① 사용성 ② 유용성 ③ 편의성 ④ 신속성

07 인터랙션과 관계가 없는 것은?

① 사람들 사이의 상호작용 ② 인공 매체들과 사람 사이의 상호작용
③ 컴퓨터 환경의 아이콘 ④ 적용 범위가 광범위

연습문제

08 컴퓨터 기반의 접근 형태에 따라 상호작용성에 해당하지 않는 것은?

① 사용의 편의성 ② 조작 가능성

③ 네트워크 연결성 ④ 정보 교환성

09 인터랙션 디자인과 관계가 없는 것은?

① 대화형 시스템에서 상호작용을 위한 디자인

② 인터랙션 디자인은 사용자의 경험을 따라 발전

③ 인터페이스의 형태와 시스템의 사용에 초점

④ 사용성과 편의성을 향상

10 HCI의 설명 중에 적합하지 않은 것은?

① HCI는 시스템과 상호작용을 연구하는 학문

② HCI는 기술적인 상호작용을 의미한다

③ HCI는 집단과 디지털 기기, 서비스, 콘텐츠 등과 관계

④ 인간이 인간·기술의 관계에서 주축으로 부상

11 사용자 관점에서 HCI의 중요성이 증대되는 이유가 아닌 것은?

① 보편성 ② 경량화 ③ 신속성 ④ UI와 연계

12 사용자가 최적의 경험을 하기 위한 세 가지 조건이 아닌 것은?

① 접근성 ② 유용성 ③ 가용성 ④ 감성

13 CUI 방식과 관계가 없는 것은?

① 명령어로 컴퓨터 작동 ② 명령줄 인터페이스 방식

③ 명령어 기반으로 학습 용이성 좋음 ④ 자동완성 기능

14 NUI 방식과 관계가 없는 것은?

① 동작인식 ② 위젯 탐색 ③ 터치 ④ 음성인식

15 다음 중에서 성격이 다른 하나는?

① 포스터치 ② 스타일러스 ③ 터치펜 ④ 터치스크린

16 지문인식 기술 중에 복제가 가능한 경우는?

① 적외선식 ② 정전식 ③ 초음파식 ④ 광학식

17 모바일 UI의 특징이 아닌 것은?

① 다양한 콘텐츠들을 이동하며 사용 ② 웹과 많은 부분을 다르게 디자인

③ 콘텐츠에 대한 인지부하 감소 ④ 작은 화면

18 UI 컨트롤의 기능에 해당하지 않는 것은?

① 정보의 정확성 여부 제공 ② 명령의 실행 상태를 표현

③ 미리 정의된 특정 기능 목록 ④ UI 구성 요소는 10개 이하로 단순화

19 모바일 UI 디자인의 기본요소가 아닌 것은?

① 색상 ② 텍스트 필드 ③ 키보드 ④ 버튼

20 모바일 UI 디자인의 기본요소 중에 색상에 대한 특징이 아닌 것은?

① 기능과 의미의 해석에 혼란이 발생 ② 즉각적이면서 강력한 상호작용을 유도

③ 브랜드의 정체성과 스타일을 결정 ④ 일관성에 의해 UI의 사용성이 증가

O, × 문제

01 컴포넌트 인터페이스는 아날로그 인터페이스의 근본적인 문제를 해결했다.

02 S_비디오는 아날로그 방식 중에 화질이 우수하여 가장 많이 사용된다.

03 HDMI 방식과 DVI 방식 사이에 전환이 가능하다.

연습문제

04 USB는 과거 이동식 저장매체를 대체한 메모리를 말한다.

05 USB 인터페이는 충전과 데이터 전송이 가능하다.

06 썬더볼트 인터페이스는 다양한 인터페이스가 나타나면서 등장했다.

07 인터랙션은 컴퓨터 환경에서 아이콘을 의미한다.

08 상호작용성은 새로운 경제 패러다임을 확산시키며 롱테일 현상을 활성화시킨다.

09 인터랙션 디자인의 목적은 사용성과 편의성을 향상시키는 것이다.

10 HCI는 시스템과 상호작용을 연구하는 학문이다.

11 HCI와 관련된 중요한 개념은 사용자 인터페이스, 인터랙션, 사용자 경험이다.

12 GUI 방식은 컴퓨터 조작을 위해 사전에 사용법의 학습이 필요하다.

13 마우스를 사용하는 GUI 방식은 멀티터치 방삭으로 다양한 작업이 가능하다.

14 NUI는 쉽고 자연스럽기 때문에 해결해야 할 문제가 많이 존재한다.

15 NUI는 위젯의 탐색과 작업으로 사용자의 작업경로를 쉽게 추적하고 기억한다.

16 터치 인터페이스는 쉽고 간편한 사용과 세밀한 작업의 처리도 가능하다.

17 포스터치는 3D 터치라고도 불린다.

18 가장 많이 사용되는 지문인식 시스템은 초음파식이다.

19 모바일 UI는 기능에 따라 숨기거나 제거하여 기능을 최소화한다.

20 아이폰의 제스처 UI는 한손으로는 다룬다.

21 버튼은 데이터를 전송하거나 기능의 실행을 제공한다.

단답형 문제

01 (　　　　) 인터페이스는 아날로그 방식이면서도 HD급 영상의 전달이 가능하다.

02 S_비디오는 (　　) 신호와 색상 신호를 혼합하여 영상신호를 전송한다.

03 HDMI는 압축되지 않은 디지털 오디오 · 비디오 신호를 통합 전송하는 (　　　　)이다.

04 USB 타입 C의 가장 큰 특징은 향상된 속도와 (　　　　)이다.

05 (　　　　　　　　)는 디바이스 화면의 전체적인 구성과 작동 방식을 말한다.

06 (　　　　　)은 특정 제품, 서비스에 대한 직 · 간접적인 총체적 경험과 감정을 말한다.

07 언택트 시대의 UI · UX 디자인은 (　　　　)과 편의성을 향상시켜야 된다.

08 (　　　　)은 디지털 디바이스 등 인공 매체들과 사람 사이의 상호작용을 의미한다.

09 상호작용성의 중요성이 증가하면서 기업들이 (　　　　)에 대응하기 시작했다.

10 상호작용성은 새로운 경제 패러다임을 확산시키며 (　　　　) 현상을 활성화시킨다.

11 인터랙션 디자인은 (　　　　　　　　)에서 상호작용을 위한 디자인이다.

연습문제

12 초기 컴퓨팅 시대 HCI의 중심은 기술적인 (   )이었다.

13 HCI와 관련된 중요한 개념은 사용자 인터페이스, 인터랙션, (   )이다.

14 컴퓨터가 개발되면서부터 사용하던 인터페이스 방식은 (   )이다.

15 CUI 방식에서 (   ) 기능은 학습의 용이성 향상을 위해 제공되기 시작했다.

16 터치 기반의 입력방식이 고도화될수록 (   ) 활용도는 낮아지고 있다.

17 음성인식 플랫폼은 기술적, 산업적으로 질적인 변화가 시작되는 (   )을 지나고 있다.

18 (   )는 터치스크린을 누르는 힘의 강도를 감지하여 명령을 수행하는 기술이다.

19 (   ) 기술은 홍채인식보다 먼저 나온 기술이지만 최근에 재부상했다.

20 스마트폰 관련 기기에서 물리적 버튼의 기능은 소프트웨어와 (   )로 대체되고 있다.

21 (   )는 손가락을 화면을 상하좌우로 쓸어 넘기거나 정보를 입력하는 동작이다.

22 모바일 OS에서 (   )의 정의는 사용자가 앱과 소통하기 위해 조작 가능한 제품에 필요한 화면 요소를 말한다.

23 사용자 인터페이스에서 시각적이고 기능적인 중요한 요소는 (   )이다.

24 색채에 의미를 부여하고 (   )을 적용하면 UI의 사용성이 증가된다.

CHAPTER 04

인터넷과 웹 기술

학습목표

- 인터넷의 탄생과 역사를 학습한다.
- 웹의 구조를 알아본다.
- 인터넷을 구성하는 기반시설을 학습한다.

SECTION

01 인터넷의 등장과 발전

1 인터넷의 탄생

현재 우리가 이용하는 인터넷Internet의 시작은 1969년 미국 국방부의 지원으로 구축된 군사용 네트워크인 아파넷ARPANet이다. 이후 인터넷은 전 세계의 컴퓨터를 연결해 거리 제한 없이 대용량의 정보를 교환하는 거대한 통신망으로 발전했다. 인터넷은 정보를 패키지 단위로 나누어 전달하도록 설계된 TCP/IP 프로토콜을 사용하는 통신망의 집합이다.

연구 목적의 초기 인터넷

50년 전 인터넷 통신 규약인 TCP/IPTransmission Control Protocol/Internet Protocol가 고안됨에 따라 UCLA 대학과 500km 떨어진 스탠퍼드 대학의 컴퓨터 사이에 'LO'라는 두 문자의 전송이 이루어졌다. 'LOGIN'이라는 전체 메시지는 1시간 후 모두 수신되어 최초로 패킷 전송에 성공했다. 4개의 노드로 시작된 컴퓨터 연결망은 이후 점차 확장되었다. 이후 컴퓨터 자원의 공유, 상호 소통의 활성화로 공동연구 · 협업 등 다양한 목적에 사용하고자 하는 요구가 증가하면서 1983년 민간 전용 네트워크가 만들어졌다.

학술 연구용 네트워크인 NSFNETNational Science Foundation Network이 1986년 아르파넷을 흡수한 이후 본격적으로 인터넷이 운영되기 시작했다. 초기 인터넷의 주된 목적은 컴퓨터 연구자들의 소통이었지만, 1990년대부터는 일반인의 소통 도구로 확장되었다. 개인 · 기업들이 거대한 통신망으로 거미줄처럼 연결되어 서로 정보를 교환할 수 있는 경계 없는 가상의 온라인 세계가 구현된 것이다.

그림 4-1 인터넷, 전 세계 모든 컴퓨터들을 연결한 거대한 컴퓨터 통신망

범용성을 가진 현재 인터넷

인터넷이 탄생한 이후 50년 동안 인류 역사에서 가장 급속한 사회 변화가 일어났다. 오늘날 인터넷은 광범위하고 다양하게 활용되며, 스마트 모바일 환경을 기반으로 인터넷에 연결된 개인의 삶에는 새로운 차원의 변화가 일어났다.

인터넷 탄생 이후에도 월드와이드웹(WWW World Wide Web)의 탄생, 웹브라우저Web Browser의 발명 등으로 웹Web은 인터넷의 동일어로 인식되며 폭발적으로 확산됐다. 웹이 개발된 덕분에 인터넷은 발전을 거듭했고 인터넷 사용자도 전 세계적으로 폭증했다. 인터넷의 발전은 인류사회의 모든 분야에 혁신의 토양을 제공하며 세계 경제의 성장과 문화 발전을 이루고 있다.

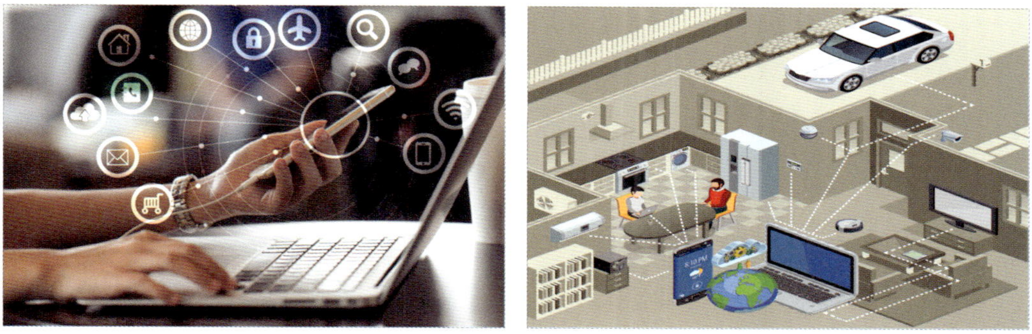

그림 4-2 인터넷을 활용하는 연결된 삶의 양식

인터넷 초기 설계자들은 모든 사람이 자유롭고 공평하게 정보에 접근할 수 있기를 원했고, 특허 등록 없이 기술을 개방했다. 그래서 무료와 개방이 인터넷의 기본 원칙이 되었으며, TCP/IP 통신 규약을 기반으로 모든 방식의 연결이 허용된다. 인터넷에는 정보 공유와 소통의 확대를 통한 이상향Utopia적 개념이 깔려 있다. 모든 사용자에 대한 신뢰를 바탕으로 설계되었기 때문에 보안에 취약한 구조이다. 인터넷이 상업적으로 이용되면서 놀라운 혁신과 편리를 가져왔지만, 역기능으로 범죄와 사기 피해가 확산되는 이유이기도 하다.

2 인터넷의 발전

현대사회는 인터넷의 혁신적인 발전을 기반으로 컴퓨터Computer, 커뮤니케이션Communication, 콘텐츠Contents의 중요성을 강조하는 3C 기반의 정보사회Information Society로 변화하고 있다. 인터넷은 ICT 환경의 혁명적인 발전에 힘입어 정치·경제·사회·문화 등 일상의 모든 분야에서 필수품이 되었고, 인류 문명에 엄청난 변화를 가져왔다. 인터넷의 특징을 세부적으로 보면 다음과 같다.

- **기술적 측면 :** 인터넷은 TCP/IP 프로토콜 기반의 네트워크이다. 각각의 컴퓨터 네트워크를 서로 접속시키는 글로벌 네트워크이다.

• **사회적 측면 :** 인터넷은 네트워크를 이용하고 발전시키는 사람들의 공동체이다. 진입, 탈퇴가 자유롭고 자율적이며 개방된 분권형 네트워크이다.

• **정보적 측면 :** 인터넷은 수많은 정보를 얻을 수 있는 자원의 집합이다. 방대한 정보의 실시간 소통이 가능하다.

• **소통 측면 :** 인터넷은 거리 제한 없이 소통이 가능한 지구촌 연결시대를 열었다. 관리 주체가 없고 익명성을 바탕으로 소통이 이루어지므로 전통적인 미디어와 달리 국가의 통제가 어렵다.

이러한 특성을 기반으로 하는 인터넷만의 장점을 살펴보면 다음과 같다.

• 간편하고 빠르게 최신 정보를 얻을 수 있다.
• 해당 분야의 전문가와 쉽게 의견을 교환할 수 있다.
• 자신의 정보를 다른 사용자에게 제공할 수 있다.
• 국가나 지역이 다른 사용자와도 공동 연구나 공동 작업을 진행할 수 있다.
• 전 세계의 정보를 제약 없이 얻을 수 있다.

그림 4-3 인터넷은 일상의 모든 분야에서 필수품

이와 같이 기술의 발전은 많은 사람의 삶을 편하고 윤택하게 한다. 인터넷의 경우 처음에는 군사용 기술로 만들어졌지만 오늘날 사람들은 스마트폰으로 접속해 다양한 정보에 쉽게 접근하고 콘텐츠를 소비한다. 이러한 환경에서 올바른 정보와 가짜 정보를 판단하는 것은 개인의 역량에 달려 있지만, 최소한 대부분의 사람이 격차 없이 정보에 접근할 수 있는 수단을 갖게 된 것이다.

표 4-1 국내 인터넷의 상용화

상용화 시기	상용 서비스	
1994년 6월 20일	PC 통신	KT, 최초로 코넷[KORNET] 서비스, 전화 모뎀 이용,10.6Kbps
1994년 10월		아이네트, 나우콤
1998년	두루넷, 최초로 케이블 모뎀 방식의 초고속인터넷 서비스	
1999년	전화망을 활용한 ADSL 방식의 서비스, 인터넷 시장이 폭발적으로 성장	

상용화 시기	상용 서비스
2014년	기가 인터넷(1Gbps) 상용화
2018년 11월	KT, 10기가 인터넷 전국 상용화 서비스
2019년 4월 3일	SKT, KT, LGU+, 세계 최초 5G 스마트폰 상용화

하지만 모든 사람이 이러한 혜택과 기술을 동일하게 누리는 것은 아니다. 디지털 격차에 따른 소외의 문제가 있다. 시각장애인은 PC 화면에 나타나는 텍스트, 사진 등 시각적인 정보를 파악하기 어렵다. 청각장애인은 자막이 없으면 콘텐츠를 이해하기 어렵다. 시니어는 기차표 예매, 은행업무 등 평생 하던 일을 처리하는 데 어려움을 겪을 수 있다.

모든 사람의 웹 접근성을 지원하는 정책은 아직 미흡하다. 특히 장애인, 고령자 등을 배려한 개선 노력이 시급하다. 최근에는 이러한 디지털 · 정보 격차를 해소하기 위해 사용자의 접근성을 향상시키는 소프트웨어와 서비스들이 등장하고 있다. 대표적인 예시로 음성명령 서비스를 들 수 있다. 앱 실행, 정보 검색, 작업 실행 등의 명령을 음성으로 내리고 그 결과도 음성으로 듣는 서비스이다. 음성인식 인터페이스와 AI의 발전으로 향후 더 많은 서비스를 제공할 수 있을 것이다.

3 4차 산업혁명의 필수 인프라, 인터넷

국내에서는 1999년 초고속인터넷 ADSL 서비스가 시작되면서 누구나 빠른 인터넷을 사용할 수 있게 되었다. 메일 발송, 데이터 전송, 자료 검색 등을 통해 업무를 더 효율적으로 진행하고, 온라인 쇼핑, 인터넷 뱅킹 등을 이용함으로써 시간과 노력을 절약할 수 있다. 1990년대 후반 이후 한국은 ICT 강국으로 불릴 정도로 훌륭한 디지털 기반시설을 갖춘 나라가 되었다.

그로부터 20년, 이제 인터넷이 없는 생활을 상상할 수 없을 정도로 인터넷은 우리 삶에 깊숙이 침투했다. 무선 인터넷인 와이파이Wi-Fi와 스마트폰 덕분에 모바일 환경에서 인터넷에 접속하는 것이 일상화되었다. 누구나 각종 온라인 서비스를 언제 어디서나 쉽게 제공받는다. 기존의 주요 기술들은 단계적인 산업혁명을 겪으면서 발전했지만, 1990년대 중반에 보급된 인터넷은 20년 만에 모든 사회 현상을 대변하는 사회 기반시설Infrastructure이 되었다.

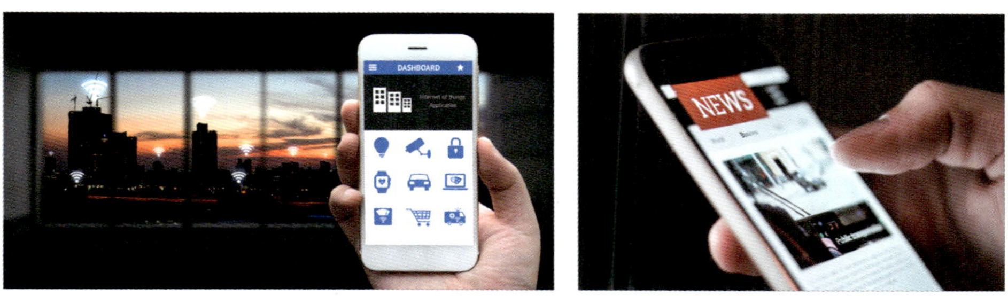

그림 4-4 사회 기반시설이 된 인터넷

IoT, 클라우드, 빅데이터, AI 등의 신기술이 빠르게 도입되면서 대규모 사업체를 중심으로 신기술 이용률이 급격히 증가했다. 초고속으로 연결된 최근의 인터넷은 ICT 관련 서비스를 한 번에 제공하는 혁신적 기술인 클라우드 컴퓨팅 환경을 제공한다. 클라우드 컴퓨팅 환경은 단순한 연결망의 의미를 넘어서는 개념으로, 데이터를 저장 · 처리하는 데이터센터, 데이터를 생산하고 전달하는 IoT가 포함된다. 특히 데이터를 생산 · 처리하는 단말부에서 지연 없이 송수신할 수 있는 5G 통신이 포함된다. 따라서 인터넷은 4차 산업혁명 시대의 중심이라고 할 수 있다.

모바일 환경에서는 모바일 플랫폼을 활용한 비즈니스 활동이 가속화되고, 모바일 앱을 활용한 서비스가 급속도로 증가한다. 동영상 서비스가 일상적인 서비스로 정착하는 등 개인의 생활 모습도 인터넷으로 인해 크게 변하고 있다. 특히 인터넷의 혁신성, 플랫폼적 특성, 글로벌적 특성은 산업 혁신을 통한 성장이라는 결실을 맺었다.

SECTION 02

웹 시대와 비즈니스 기회

1 웹의 탄생

웹은 1989년 유럽 원자핵 공동연구소 CERN의 팀 버너스 리Tim Berners-Lee가 고안한 개념이다. 팀 버너스 리는 인터넷을 이용하기 쉽게 만들어 활성화시킨 주역으로, 인터넷의 아버지로 불린다. 넷스케이프 웹브라우저가 출시되면서 그의 제안은 일상 속에 뿌리를 내렸고, 오늘날 세계인의 생활을 지배하는 정보 고속도로의 역할을 하고 있다. 이제 웹은 전 세계의 모든 정보를 연결하고 교환하는 강력한 도구가 되었다.

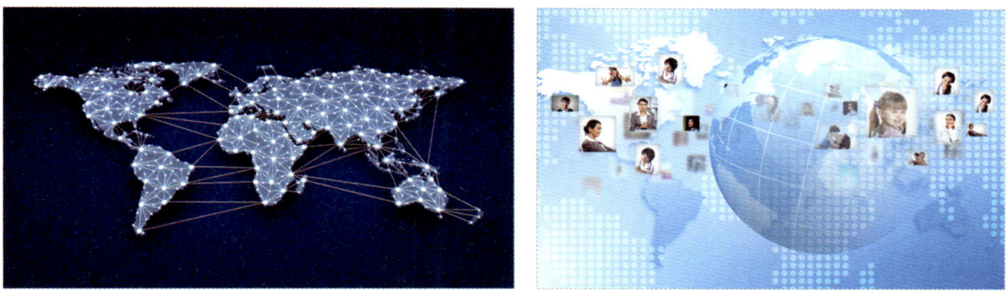

그림 4-5 웹, 인터넷과 동일어로 인식

하이퍼텍스트

웹은 하이퍼텍스트 이론을 구현한 플랫폼으로, HTML, URL, HTTP와 같은 기본 개념이 포함되어 있다. 이전까지의 통신은 문자로만 정보를 전달할 수 있었지만 웹이 구현되면서 문자, 이미지, 음성 등 다양한 형식의 공유가 가능해졌다. 팀 버너스 리의 웹은 단순히 저장된 문서를 수동적으로 읽는 것이 아니라 링크의 클릭을 통해 비선형으로 연결하는 하이퍼텍스트HyperText 개념을 기반으로 한다. 하이퍼텍스트는 다른 하이퍼텍스트를 연결하는 하이퍼링크를 포함하는 문서로, 정보가 권력에 독점되지 않도록 각 개인이 모든 지식에 접근하고 공유할 수 있도록 설계되어 있다.

다시 정리하자면, 웹은 고유의 웹 주소를 가진 문서들을 하이퍼링크Hyper Link로 연결하는 시스템이다. 텍스트, 이미지, 그래픽, 애니메이션, 사운드, 동영상 등 다양한 형태의 정보를 방대한 데이터베이스로 구축하고 하이퍼텍스트를 사용해 자유롭게 교환할 수 있도록 되어 있다. 또한 방대한 공유 정보를 구성하기 위해 하이퍼텍스트 기반 문서인 HTMLHyperText Markup Language을 도입했다.

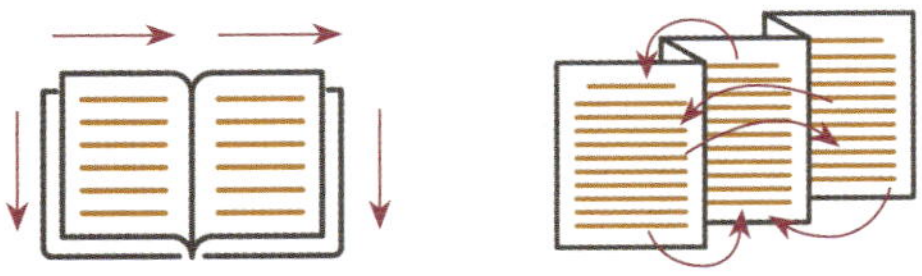

그림 4-6 하이퍼텍스트의 개념

하이퍼미디어

웹은 사용하기 쉬운 인터페이스를 앞세워 빠르게 대중화되었다. 하이퍼텍스트는 점차 여러 종류의 미디어로 구성된 정보를 하이퍼링크를 이용해 연결하는 하이퍼미디어Hyper Media 개념으로 발전했다. ICT 산업이 발전하는 데는 웹이 결정적인 역할을 했다. 홈페이지Home Page와 웹브라우저Web Browser라는 용어도 이때부터 등장했다. 웹브라우저는 HTML로 정의된 문서를 화면에 나타내는 소프트웨어이다.

웹은 검색엔진과 하이퍼텍스트를 통해 사용자가 지식과 경험을 체험하는 기회를 제공한다. 검색엔진을 통해 원하는 정보를 검색하고, 하이퍼텍스트 기능을 통해 인터넷에 분산된 다양한 종류의 페이지를 일관된 방법으로 이동하며 확인할 수 있다. 웹은 인터넷이 연결된 곳이라면 어디서든 접속해 정보를 교환할 수 있는 가장 널리 이용되는 공간이 되었다.

웹 서버

웹페이지는 하이퍼텍스트 생성 언어인 HTML을 사용해 작성하며, 웹 서버Web Server라는 컴퓨터에 저장·관리된다. 그리고 인터넷에 분산되어 있는 세계 각지의 문서에 링크Link 정보를 통해 연결할 수 있다. 클라이언트와 웹 서버의 통신은 하이퍼텍스트 전송 규약HTTP HyperText Transfer Protocol이라는 프로토콜을 사용해 이루어진다.

그림 4-7 웹사이트를 연결하여 정보를 확인

웹의 규칙

클라이언트와 웹 서버의 통신에 사용되는 HTTP는 하이퍼텍스트를 전송할 때 지켜야 하는 통신 규칙 즉 프로토콜의 일종이다. 프로토콜이란 컴퓨터들 간에 원활하게 통신할 수 있도록 하기 위해 약속한 규칙으로, 신호 처리 방법, 오류 처리 방법, 암호, 인증 방법, 주소 등에 대한 약속이 포함되어 있다.

웹페이지는 글자, 사진, 영상 등의 정보 자원으로 구성되는데, 이러한 정보 자원을 웹의 규칙에 따라 하나의 하이퍼텍스트로 연결해 화면에 나타나도록 한다. 하이퍼텍스트를 가상의 화면에 2차원으로 배치한 것이 웹페이지이고, 웹페이지들을 저장한 장소가 웹사이트이다. 이런 과정을 통해 우리는 사파리, 크롬, 익스플로러 등의 웹브라우저를 이용해 웹페이지나 웹사이트에 연결해 정보를 확인할 수 있다.

2 웹의 발전

웹은 국경을 초월한 전 세계적인 정보의 공유 및 공개로 모든 사람이 쉽게 인터넷에 접근할 수 있는 통로를 열었다. 웹은 다양한 목적으로 사용할 수 있는 가상공간이다. 가상공간을 활용하는 대표적인 산업에는 아마존, 이베이 등의 e-커머스(전자상거래), ICT 기업 등이 있다. 온라인 게임시장도 웹이 있어 탄생할 수 있었다. 특히 전자상거래는 창업비용이 저렴하고 진입장벽이 높지 않아 앞으로도 계속 증가할 것으로 전망된다.

표 4-2 웹 1.0, 웹 2.0, 웹 3.0의 비교

	웹 1.0	웹 2.0	웹 3.0
사용자	일반 소비자	생산 소비자(프로슈머)	시니어를 포함한 모든 계층
정보의 유형과 생산	대부분 읽기 전용 검색엔진 사용	읽고 쓰기 가능 자유로운 정보 제공	휴대용 & 개인적인 정보 정보의 재생산 가능
콘텐츠 제작	회사 관점	커뮤니티 관점	개인적인 관점
콘텐츠의 성격	소유하는 콘텐츠	공유하는 콘텐츠	통합하는 콘텐츠
정보 제공 형태	웹 양식	웹 애플리케이션	스마트 애플리케이션
의사소통 유형	디렉터리	검색용 키워드	사용자 행위
광고의 표현	페이지 뷰	종량제 광고	사용자 참여
광고의 형태	배너 광고	상호작용 광고	행위 맞춤형 광고
대표적인 미디어	온라인 브리태니커	위키피디아	시맨틱 웹
기술적인 특성	HTML/포털	XML/RSS	RDF/RDFS/OWL

웹 2.0의 개념은 2004년 팀 오라일리에 의해 등장했다. 그동안 인터넷은 정보를 보여주는 역할만

했지만 웹 2.0은 정보를 공유하고 함께 만드는 열린 플랫폼 역할을 할 것이라는 내용이다. 웹 2.0의 대표적 사례로는 유튜브, 위키피디아 등이 있다. 모바일 환경으로 변하면서 등장한 SNS, 플리커 등의 정보 공유 서비스도 웹 2.0의 사례이다. 웹은 인터넷 그 자체로 불리던 야후 시대를 거치고 구글을 지나 페이스북과 트위터로 이어지는 새로운 시대를 맞이했다.

최근에는 웹 2.0을 기반으로 웹 3.0까지 개념이 확장되고 있다. 웹 3.0은 웹이 계속 발전할 것이라는 기대감이 담긴 표현으로, 아직은 개념이 정확히 정리되지 않았다.

웹이 빠르게 보급되면서 이전의 아날로그 지식들이 디지털 환경을 만나 손쉽게 검색할 수 있도록 축적되었으며, 융합 및 재생산이 이어지면서 정보의 양이 급격히 증가하고 있다. 그 결과 여러 방면에서 혁신이 이루어졌다. 혁신을 지속하려면 새로운 지식이 끊임없이 공급되어야 한다. 그러나 지식의 생산 속도는 그에 미치지 못하고, 기업들은 단기간에 활용할 수 있는 기술 개발에 매달리고 있다. 따라서 국가 차원의 투자가 과거보다 더 중요해졌다.

3 웹브라우저의 발전

웹브라우저는 문자, 사진, 동영상, 사운드 등이 조합된 데이터베이스인 사이트의 정보를 읽어오는 전용 소프트웨어이다. 다양한 종류의 웹 서버에 저장된 웹페이지를 화면에 보여주는 역할을 한다. 최초의 웹브라우저는 1993년 미국 일리노이 대학의 NCSA에서 개발한 모자이크Mosaic이며, 최초로 상용화를 목적으로 출시된 웹브라우저는 1994년 넷스케이프에서 개발한 넷스케이프 내비게이터Netscape Navigator이다. 넷스케이프는 단기간에 웹의 이용을 폭발적으로 증가시키고 인터넷을 활성화한 주역으로 평가된다. 이후 윈도우 95 운영체제에 탑재된 마이크로소프트의 인터넷 익스플로러Internet Explorer, 모질라의 파이어폭스Firefox, 구글의 크롬Chrome, 오페라 소프트웨어의 오페라Opera, 애플의 사파리Safari 등이 등장했다. 이들은 현재도 계속 새로운 기능을 제공하며 지속적으로 업그레이드를 하고 있다.

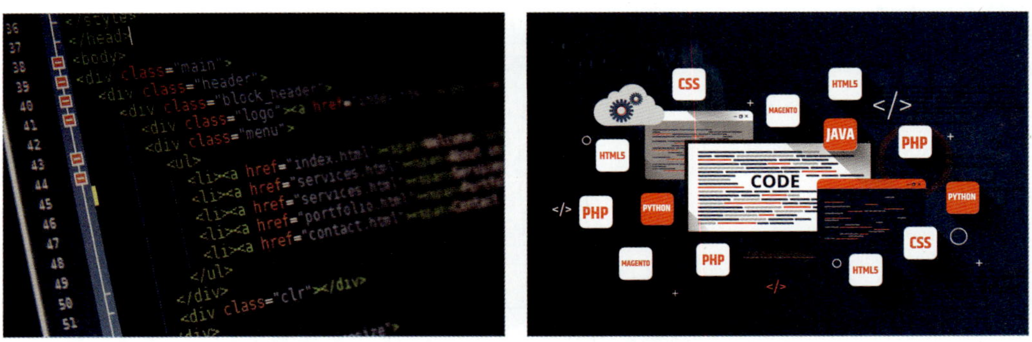

그림 4-8 HTML과 웹사이트를 만들기 위한 프로그래밍 언어

인터넷 익스플로러(IE)는 1995년 출시 이후 25년 이상 가장 많이 사용하는 웹브라우저의 위치를 유지해왔다. 윈도우 OS의 기본 웹브라우저이기 때문에 접근성이 좋았기 때문인데, 사실 그동안 PC 이용자들에게는 애증의 대상이었다. 속도, 보안성 등 다양한 분야에서 문제점을 나타냈고, 액티브 X로 대표되는 비표준 기술의 남발로 웹 표준 확립에 악영향을 끼쳤다. 인터넷 익스플로러 외의 환경에서는 제대로 표시되지 않는 사이트도 많았다.

그러나 최근 PC, 스마트폰, 태블릿 등 모든 플랫폼을 합산해 국내 점유율 1위를 차지하고 있는 웹브라우저는 구글의 크롬(55.71%)이다. 익스플로러(7.57%)는 4위로, 삼성 인터넷 브라우저(12.1%), 애플 사파리(12.09%)보다도 인기가 없다. 전 세계로 확대해보면 시장 점유율은 더욱 낮다. 사실상 익스플로러의 퇴출 단계가 다가온 것으로 전망된다. 이렇게 예측할 수 있는 배경은 다음과 같다.

■ 모바일의 등장

웹 플랫폼의 중심이 PC(윈도우)에서 모바일 디바이스(안드로이드, iOS)로 이동했다. 특히 이용 빈도에서 스마트폰이 PC를 추월하면서 안드로이드폰과 아이폰의 기본 웹브라우저인 크롬, 사파리의 이용량이 급격히 증가했다.

■ 개발사의 지원 축소

개발사인 마이크로소프트의 인터넷 익스플로러에 대한 지원이 축소되고 있다. 인터넷 익스플로러는 윈도우95 이후 모든 운영체제에 기본적으로 탑재되었지만 2015년에 출시된 윈도우10부터는 엣지Edge로 교체되었다. 엣지는 사용자 인터페이스 및 구동엔진이 완전히 다른 별개의 소프트웨어이다.

그림 4-9 웹 디자인과 웹브라우저

■ 기능의 약화

윈도우 익스플로러는 현재 다른 웹브라우저에 비해 기능적인 측면에서 취약하다. 현재의 익스플로러 11 버전은 2013년 출시 이후 대규모 업그레이드가 이루어지지 않아 소프트웨어의 결함이 개선되지 않고 기능, 성능, 보안 등에서 뒤떨어지고 있다.

■ 웹서비스 업체의 지원 축소

인터넷 익스플로러의 불안정성이 지속되면서 다양한 웹서비스 업체에서도 지원을 점차 축소하고 있다. 최근 유튜브, 네이버는 인터넷 익스플로러로 접속하는 사용자에게 최적의 환경을 위해 브라우저를 업데이트하라는 메시지와 함께 크롬, 엣지, 파이어폭스, 오페라, 웨일 등 다른 웹브라우저의 최신 버전 다운로드 링크를 제공하고 있을 정도다.

인터넷 익스플로러는 한때 웹브라우저의 대명사로 통했지만 모바일 플랫폼의 이용 증가와 웹서비스의 고도화 진행으로 퇴출 움직임이 한층 가속화될 것이다.

4 웹의 변화

웹의 기본 원칙이자 본질은 개인의 자유로운 참여와 공유, 개방 정신이다. 그런데 일부 국가에서는 폐쇄적 집중 네트워크를 개발해 정보 통제를 강화하면서 웹의 근본을 훼손하고 있다. 망 중립성, 자유로운 의사 표현, 프라이버시, 개인이 소유한 데이터에 대한 통제권이 위협받고 있다. 따라서 웹의 가치를 지키기 위해 팀 버너스 리는 연결성을 높인 링크드 데이터를 이용해 웹을 특정한 기업이나 국가가 독점하지 못하도록 만드는 프로젝트를 진행하고 있다.

거대 플랫폼의 등장

2019년에 탄생 30주년을 맞은 웹은 새로운 인터넷 환경 속에서 위기와 마주하고 있다. 웹 환경을 위협하는 대표적인 요소는 기존의 질서를 무너뜨리고 불공정 행위로 경쟁자들을 무력화시키는 플랫폼Platform 제국의 막강한 세력 확장이다. 그동안 ICT 산업이 콘텐츠(C)-네트워크(N)-디바이스(D)-플랫폼(P)의 연결을 지향하면서 디지털 생태계는 플랫폼 중심으로 재편되었다. 글로벌 기업인 구글, 페이스북, 유튜브 등과 국내의 네이버, 카카오 등 거대 플랫폼이 등장하면서 정보가 해당 플랫폼에 종속되는 상황이 발생했다.

그림 4-10 플랫폼 기업의 막강한 세력의 확장

인터넷 플랫폼이 미디어, 금융, 전자상거래, 교육 등의 전통산업 영역에 진출하면서 기존의 산업 생태계를 파괴하며 갈등을 빚고 있다. 또한 혁신적인 기술력과 네트워크 효과로 인한 플랫폼 독점현상으로 전통산업이 흔들리고 있다. 따라서 개방성, 다양성의 특성을 기반으로 하는 역동적 생태계인 인터넷의 장점이 훼손되고 있다. 더욱이 인터넷의 개방성은 글로벌 인터넷 기업의 국경을 초월한 세계적인 독과점이라는 폐해를 발생시키면서 디지털 제국주의의 흐름도 나타나고 있다.

웹과 플랫폼의 차이

플랫폼은 웹과 지향점이 다르다. 웹은 검색엔진과 하이퍼텍스트를 통한 자유로운 이동을 추구하지만 플랫폼의 관심사는 사용자를 플랫폼 안에 붙잡아두는 것이다. 플랫폼 기업은 기존의 미디어들을 수직적으로 통합 · 흡수해 자사의 미디어와 콘텐츠에 독점적인 영향력을 행사한다. 예를 들어 카카오의 경우 SNS부터 게임, 뉴스, 결제, 쇼핑, 음악까지 다양한 영역의 서비스를 통합해 제공한다. 플랫폼을 자사의 서비스와 사람들을 연결하는 매개체로 삼고 중개 수수료 수익을 추구하는 비즈니스 모델을 구축하기 때문에 웹과 지향점이 다르다.

그림 4-11 플랫폼 안에서 제공하는 다양한 서비스

웹은 국경을 초월한 정보의 공유 및 공개를 기반으로 아이디어의 융합과 협력을 추구한다. 그러나 플랫폼은 자유롭고 개방적인 공간인 웹을 닫힌 공간으로 만들고 사용자를 플랫폼 안에 계속 붙잡아두려 한다. 외부 링크를 차단하거나 플랫폼 내부에서 열리게 해 사용자의 이탈을 막고, 맞춤 콘텐츠, 인기 콘텐츠 등을 빈번하게 노출해 새로운 콘텐츠에 대한 필요를 끊임없이 느끼게 한다. 플랫폼이 다양한 미디어와 서비스를 제공하기 때문에 사용자는 웹 서핑Web Surfing의 필요성을 잃고 계속 체류하게 된다.

플랫폼의 문제점

플랫폼이 영역을 다양하게 확장하고 통합해 제공하면 무척 편리할 것 같지만, 그 폐쇄적인 특성으로 인해 다양한 문제가 발생한다. 플랫폼의 알고리즘은 사용자의 관심사와 취향에 따라 맞춤형 정보를 제공하므로 다른 정보는 자주 배제된다. 따라서 사용자가 편향된 정보나 허위 정보에 노출되는 부작용이 발생한다. 정보의 편향성은 각 사용자가 나만의 세계에 갇히는 인터넷 극단주의로 이어진다. 극단주의에 빠진 사용자는 거짓 정보와 편견, 혐오, 증오가 담긴 언어를 실어 나르며 타인의 권리를 침해하거나 불평등을 심화시킬 수 있다. 개방된 웹과 폐쇄된 플랫폼이 상충하는 순간이다.

그림 4-12 사용자들의 플랫폼 종속

또 다른 문제는 정보를 독점해 마음대로 사용하는 플랫폼 기업의 구조이다. 현재 인터넷 사용자는 40억 명 정도이지만 이들이 사용하는 플랫폼은 한정적이다. 페이스북의 전 세계 가입자는 22억 명, 유튜브는 13억 명, 인스타그램은 10억 명이다. 거대 기업들은 정보를 독점하고 개인의 인간관계, 구매내역 등의 데이터를 바탕으로 추천 광고를 제공해 막대한 수입을 올리며, 수많은 사진을 분석하고 안면인식기술 등을 적용해 개개인을 구분하려 하고 있다. 소수의 플랫폼에 의한 정보 독점은 막대한 영향력 행사와 정보 남용으로 이어지며, 심지어 특정 정당이나 정치인을 지지하도록 유도하는 목적 등에도 이용할 수 있다.

팀 버너스 리가 웹 기술을 개방한 이유는 방대한 자료를 효율적으로 공유할 수 있게 하고 웹이 민주주의와 휴머니즘을 위한 도구가 되기를 원했기 때문이었다. 그로 인해 웹은 유용한 정보가 축적·공유되는 디지털 기록을 통해 기억의 무한 확장을 이루었고, 누구나 정보에 빠르게 접근할 수 있게 함으로써 민주주의의 발전에도 크게 기여했다. 그러나 최근 인터넷은 인권을 침해하고 혐오를 표출하는 공간이 되어 집단 간의 갈등이 첨예하게 대립하는 현상이 발생하고 있다.

불법의 세계 딥 웹

디지털 세상에서는 모든 대상과 온라인으로 관계를 맺고 24시간 소통할 수 있다. 그러나 연결성에 의한 상호관계는 보안 위협으로 이어진다. 언제 어디서든 공격받을 수 있는 위험도 커진 것이다. 이런 현상의 배후에는 불법거래 시장이 형성된 다크 웹Dark Web이 있다. 다크 웹은 사이버 보안을 심각하게 위협하는 주요한 요소로 등장했다. 익명성이 보장되는 어둠의 경로를 통해 일반인도 쉽게 악성코드, 해킹 툴Hacking Tool 등 디지털 범죄를 위한 소프트웨어를 확보하거나 거래할 수 있기 때문이다.

인터넷 공간은 크게 표면 웹Surface Web과 딥 웹Deep Web으로 구분된다. 표면 웹은 구글, 네이버 등 공개된 일반적인 인터넷을 의미한다. 표면 웹에 존재하는 정보는 전체 인터넷 자료의 4~5% 수준에 불과하다. 딥 웹은 보안을 목적으로 숨겨놓은 웹사이트로 시작되었는데 최근 사이버 범죄의 온상으로 변질되어 완전 무법지대, 인터넷의 은밀한 미지의 3세계로 인식되고 있다. 다크 웹은 딥 웹의 일부분으로, 특정한 IP 우회 접속 방식을 통해서만 접근할 수 있다. 일반적인 검색엔진·브라우저를 통해서는 접근이 불가능하고 IP 추적이 매우 힘들다.

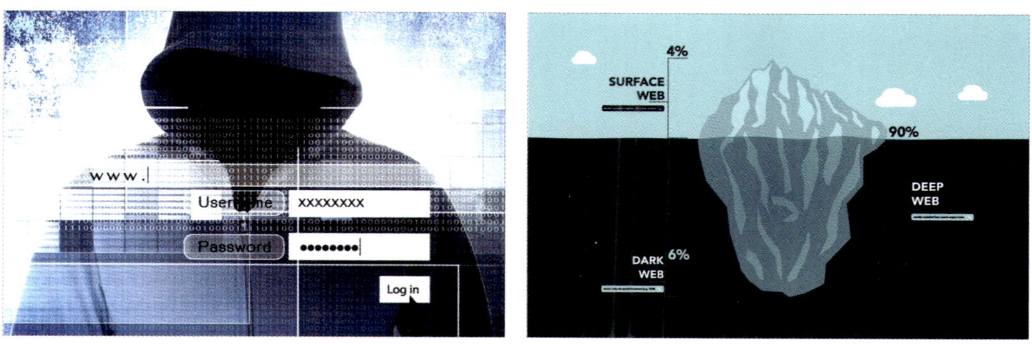

그림 4-13 다크 웹, 익명성을 악용한 사이버 범죄의 온상

다크 웹에서는 익명성이 보장되고 접속자의 IP 추적이 어렵다는 점을 악용해 불법행위가 이루어지지만 범죄행위를 적발하기가 쉽지 않다. 최근에는 마약·무기거래, 살인청부, 아동음란물 유포, 불법 도박, 해킹 등 각종 사이버 범죄에 악용되고 있다. 그러나 인터넷 검열이 심한 독재국가에서는 개인 사생활과 언론 자유를 사수하는 지식인들의 저항 수단으로 쓰이고, 내부 고발자 제보, 반체제 인사와의 접촉 등의 목적으로도 활용된다.

다크 웹은 고도로 익명화된 사설 네트워크Private Network로서 특수한 브라우저를 통해서만 접속할 수 있다. 접속과 동시에 암호화가 이루어지므로 추적하기 힘들다. 해킹으로 획득한 개인정보 등 주로 불법적인 정보가 온라인 암거래 시장에서 거래되고, 유출된 정보와 자금이 마약이나 총기 거래 등의 다른 범죄에 이용되는 악순환이 이어진다. 최근에는 텔레그램과 긴밀하게 연관되어 마땅한 대처가 힘든 실정이며, 기술이 발전할수록 더 추적하기 어려워질 것이다.

SECTION 03

네트워크 전송 프로토콜

1 TCP/IP 프로토콜

프로토콜Protocol은 규칙·약속을 의미한다. 네트워크 장비를 통해 각각의 컴퓨터·전자기기 또는 네트워크들 사이의 오류를 최소화하고 데이터를 원활하게 교환하기 위한 규칙이나 절차를 정의한 통신상의 전송 규약이다. TCP/IPTransfer Control Protocol/Internet Protocol는 네트워크 환경에서의 정보 전송을 위해 1960년대 말에 미국 국방부가 개발한 표준 프로토콜이다.

인터넷을 통해 교환되는 정보들은 일정한 크기의 패킷Packet으로 분해되고 네트워크에서 생성된 다수의 경로를 따라 분산적으로 전송된다. 수신지에 도착한 패킷들은 원래의 정보·파일로 다시 조립된다. TCP/IP는 이러한 패킷 교환 방식을 통제하는 통신 규약이다. TCP와 IP는 각각 인터넷 환경에서 데이터의 흐름 관리, 데이터의 정확성 확인, 패킷을 목적지까지 전송하는 역할을 담당한다.

그림 4–14 인터넷 케이블의 연결

TCP/IP의 가장 큰 특징은 서로 다른 기종의 컴퓨터 사이에도 정보 전송이 가능하다는 것이다. 특정 하드웨어나 운영체제에 상관없이 독립적으로 사용할 수 있으며, 다른 네트워크 프로토콜보다 신뢰성과 호환성이 뛰어나다. 이러한 장점 때문에 유닉스, 리눅스는 초기부터 운영체제에 TCP/IP를 표준 프로토콜로 내장했으며 최근에는 모든 운영체제에 구현되면서 널리 보급되었다.

TCP/IP 프로토콜은 데이터를 전송하기 위해 응용 계층, 전송 계층, 인터넷 계층, 네트워크 인터페이스 계층의 4개 계층으로 구성되어 있다. 각 계층은 데이터 전송에 필요한 기능을 분담·처리한다. OSI 참조 모델과 비교하면 응용 계층은 표현 계층과 세션 계층을 포함하며, 인터넷 계층은 네트워크 계층과 호환된다. 그리고 네트워크 인터페이스 계층은 물리 계층과 데이터 링크 계층을 하나로 취급한 것이다.

- **응용 계층 :** 인터넷 응용 프로그램을 지원한다. 사용자가 요청한 송신 명령 · 데이터를 수신해 적절한 메시지로 변환하고 하위 계층으로 전달한다. 수신된 데이터를 보기 위해 필요한 HTTP, FTP, TELNET, SMPT, POP3 등의 과정을 처리한다.
- **전송 계층 :** 응용 계층으로부터 받은 데이터를 패킷으로 분할하고 각 패킷별로 순서에 따라 번호를 부여하고 전송한다. 데이터의 흐름을 조절해 데이터가 목적지까지 안전하게 전송될 수 있도록 제어한다. 패킷 오류 검사를 통해 잘못된 패킷은 다시 전송받으며, 수신된 패킷을 올바른 순서로 재조립한다. TCP와 UDP 두 종류의 프로토콜이 사용된다.
- **인터넷 계층 :** 전송 계층에서 전달한 패킷을 목적지까지 효율적으로 전달하는 역할을 담당한다. 패킷의 주소를 판독하고 인터넷에서 주소에 해당하는 네트워크를 탐색해 목적지 호스트가 수신할 수 있도록 전송한다.
- **네트워크 인터페이스 계층 :** 특정 프로토콜을 규정하지 않고 모든 표준과 기술적인 프로토콜을 지원하는 계층이다. 프레임을 물리적인 인터넷 전송선에 올리고 내리는 역할을 한다.

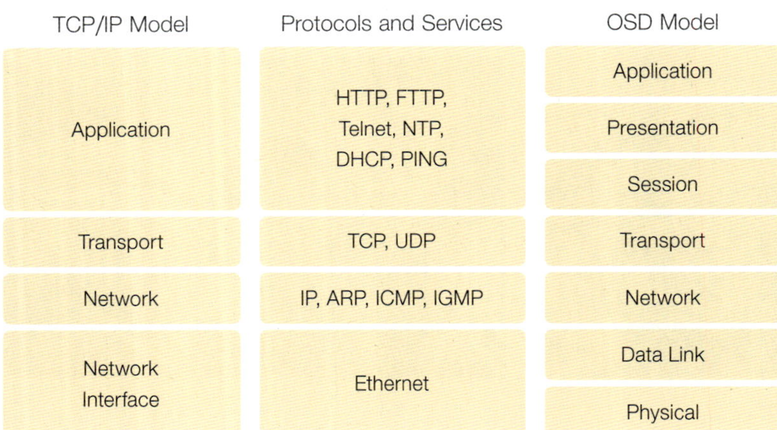

그림 4-15 **TCP/IP와 OSI 참조 모델의 비교**

TCP는 전송 파일을 일정 단위의 패킷으로 나누고 주소와 기타 정보를 실어 하나의 프레임으로 네트워크를 통해 전송하며, 수신된 패킷을 원래의 메시지로 조립하는 일을 담당한다. IP는 데이터의 송수신에 관한 규약이다. 각 패킷의 주소 부분 헤더를 참조해 데이터를 목적지에 전달한다. 이와 같은 전송 과정에서 데이터의 분실, 전달 착오, 오류 발생, 전송 순서와 다른 데이터 수신 등의 문제가 생길 수 있는데 이것은 TCP가 해결한다. TCP는 IP가 데이터 패킷을 분실하거나 파손할 경우 문제가 발생된 것을 전달하고 데이터를 알맞게 재전송하는 역할을 한다. 오류 복구 과정에 의해 데이터를 수신하는 호스트에서는 언제나 에러 없이 순서대로 데이터를 수신한다.

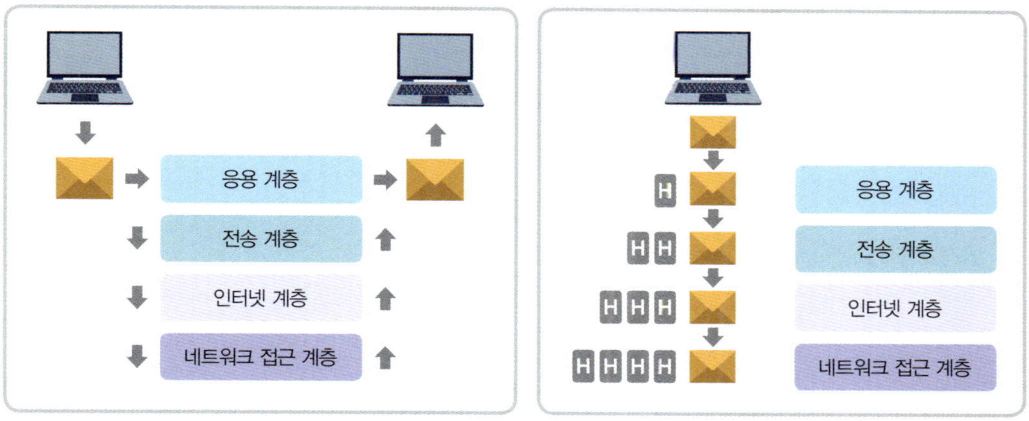

그림 4-16 TCP/IP의 실행 과정

2 IPv4와 IPv6 주소체계

모든 컴퓨터와 네트워크 디바이스는 인터넷에서 상호충돌을 방지하기 위해 중복되지 않는 유일한 주소를 가지고 있다. IP 주소IP address는 전 세계의 모든 컴퓨터를 구분하기 위해 부여된 고유한 식별 주소이다. 휴대폰 번호가 중복되지 않고 하나씩 배정되어 있듯이 IP 주소도 컴퓨터 사이의 통신을 위해 하나씩 배정된 유일한 번호라고 생각하면 된다. IP 주소를 표현하는 체계에는 IPv4 주소체계와 IPv6 주소체계가 있다.

IPv4 주소체계

IPv4 주소는 32비트로 구성된다. 32비트 전체를 8비트 단위로 4개의 영역으로 구분하고, 3개의 마침표로 구분하여 표현한다. 8비트로 구분된 단위를 옥텟 단위라고 하며, 각각 0~255의 숫자로 표현된다. 예를 들면 203.247.123.231과 같이 표현할 수 있다. IPv4 주소체계에서는 42억 9,496만 7,296개의 주소를 사용할 수 있다. 그러나 각 옥텟에서 0과 255는 특별한 용도로 사용하므로 실제 사용 가능한 IP 주소는 254×254×254×254=4,162,314,256(약 41억 개)이다.

IPv4 주소체계는 네트워크 아이디Netid와 호스트 아이디Hostid의 대역에 따라 다음과 같이 5가지 클래스Class로 분류된다.

- **클래스 A** : 국가 또는 대규모 네트워크 환경에 할당된다. 네트워크 아이디는 8비트로 구성되고 처음의 한 비트는 '0'이다. 나머지 24비트는 호스트 아이디이며, 약 1,600만 개의 IP 주소

를 사용할 수 있다.

- **클래스 B :** 대학 또는 중규모 네트워크 환경에 할당된다. 네트워크 아이디는 16비트로 구성되고 처음의 두 비트는 '10'이다. 나머지 16비트는 호스트 아이디이며, 약 65,000개의 IP 주소를 사용할 수 있다.
- **클래스 C :** 소규모 네트워크 환경에 사용된다. 네트워크 아이디는 24비트로 구성되고 처음의 세 비트는 '110'이다. 나머지 8비트는 호스트 아이디이며, 약 254개의 IP 주소를 사용할 수 있다.
- **클래스 D와 클래스 E :** 224.xxx.xxx.xxx와 같이 첫 번째 주소가 223 이후 숫자로 구성된다. 클래스 D는 처음 네 비트의 값이 '1110'이며, 네트워크 아이디와 호스트 아이디의 구분이 없고 전체 주소가 멀티캐스팅용으로 사용된다. 클래스 E는 연구/개발용 IP 주소이므로 일반적인 용도로는 활용되지 않는다.

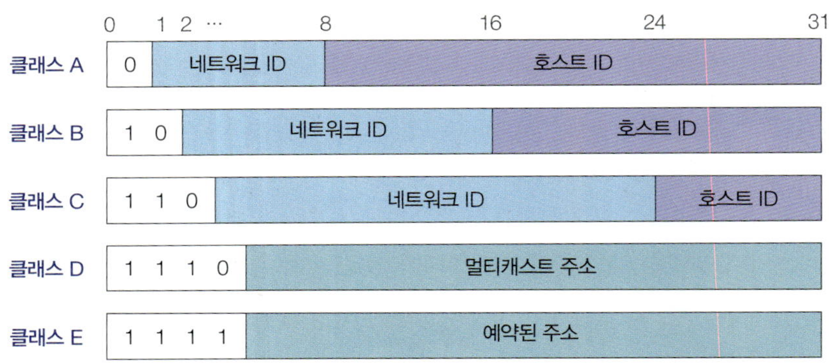

그림 4-17 **IP 주소의 클래스별 구조도**

IP 주소가 엄청나게 많은 것 같지만 실제로 사용되는 주소는 41억 개보다 적다. IP 주소를 호스트에 할당하지 않고 각 기관에 클래스 단위로 할당하면 각 기관 내에서 세부적으로 다시 할당하는 방식을 사용하기 때문이다. 따라서 기관 내에는 사용하지 않는 IP 주소가 발생하게 된다. IP 주소는 점차 고갈되어 2011년 2월 4일 마지막으로 남아 있는 2개의 주소를 할당하고 서비스를 종료했다. IPv4 서비스 종료 후에는 무제한 인터넷 주소인 IPv6 주소체계로 전환되었다.

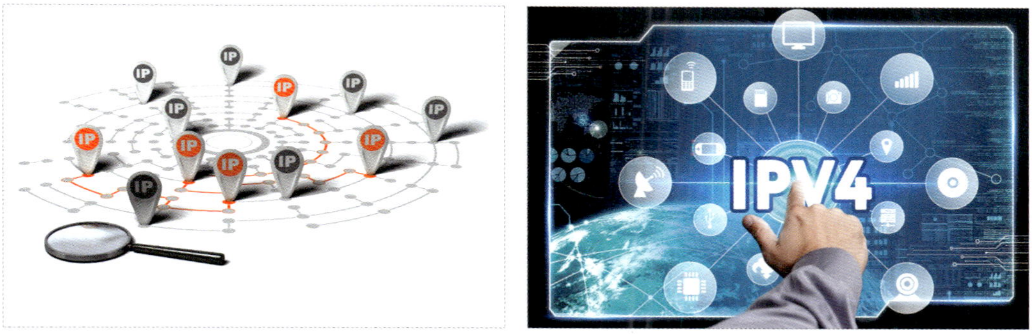

그림 4-18 IP 주소와 IPv4 주소체계

IPv6 주소체계

IPv6 주소체계는 IPv4 주소의 고갈 문제를 해결하고 실시간 멀티미디어 데이터 처리기술을 제공하기 위해 1995년에 제정된 차세대 IP 주소체계이다. 32비트로 구성된 IPv4 주소체계와 달리 128비트이므로 2128개 즉 3.4×1038개의 주소 할당이 가능하다. 128비트를 16비트씩 8개의 영역으로 나누고 16진수로 표현하며 콜론(:)으로 구분해 계층적으로 할당한다. 분리된 16비트 각 영역은 16진수로 표현한다. 예를 들면 21DA:D3:0:2F3B:2AA:FF:FE28:9C5A와 같이 표현한다. 이때 필요 없는 0을 제거해 더욱 단순하게 만들 수도 있다. 주소 유형은 단일 인터페이스를 식별하는 유니캐스트Unicast, 여러 인터페이스를 식별하는 멀티캐스트Multicast, 가장 가까운 단일 인터페이스를 식별하는 애니캐스트Anycast 3가지이다.

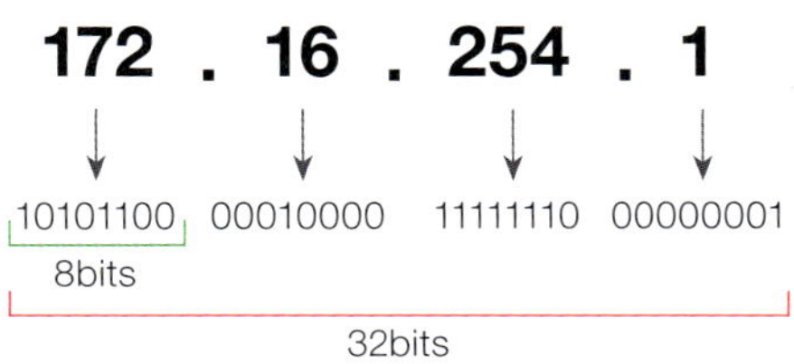

그림 4-19 IPv4 주소체계

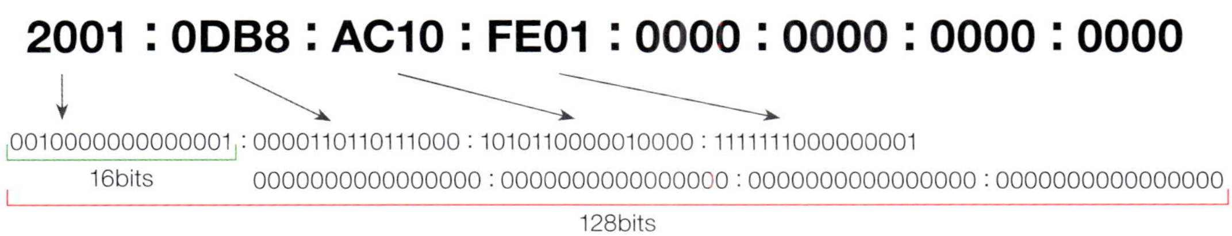

그림 4-20 IPv6 주소체계

IPv6 주소체계의 장점은 다음과 같다.

- IP 주소의 길이를 128비트로 확장함으로써 사용할 수 있는 주소가 무한대에 가까워져 폭발적으로 증가하는 인터넷 사용에 대비할 수 있다.
- 크기가 고정된 단순한 헤더를 사용하므로 속도가 빠르다.
- 특정 패킷 인식을 통해 높은 품질의 서비스를 제공한다.
- 패킷 크기가 확장에 따라 헤더 크기도 확장되어 패킷 출처 인증과 데이터 무결성 및 비밀 보장을 강화할 수 있다.
- 기기의 물리적인 위치와 관계없이 동일한 주소를 유지하면서 이동할 수 있다.
- 주소 공간을 늘려 망 확장성이 더욱 향상되었다. 휴대폰이나 전자제품에도 IP 주소를 적용할 수 있다.

IPv6 주소체계는 상대방의 주소를 내부에 저장하기 때문에 신뢰도가 높고, 오류를 점검하는 등 고품질의 전송을 제공한다. IPv6 주소체계를 사용하면 IP 주소를 거의 무한대로 사용할 수 있다. 지금까지 공유기를 사용해 IP 주소를 할당받던 사설 IP, 또는 시간마다 사용하지 않는 공인 IP 즉 유동 IP를 할당받아 사용하던 기기들이 고정 IP를 할당받을 수 있게 된다. 컴퓨터뿐 아니라 냉장고, TV, 세탁기, 전자레인지 등의 일반 가전과 자동차, 스마트 TV, 스마트폰, 태블릿 PC 등의 인터넷 관련 기기에도 IP 주소를 할당할 수 있게 된다. 이처럼 다양한 기기들 사이에 통신이 가능해지면 IoT가 가능한 유비쿼터스Ubiquitous 통신 환경을 구현할 수 있다.

그림 4-21 IPv6 인터넷 프로토콜과 스마트시티

따라서 그동안 정부와 산업계 모두 IPv6로 전환을 서둘러 왔다. IoT 시대가 도래하면서 더 많은 인터넷 도메인이 필요해졌고 기존 IPv4 주소는 고갈되었기 때문이다. 그러나 현실은 달랐다. 주소체계 전환의 당위성은 알지만 속도는 더뎠다. 우리나라 IPv6 이용률은 세계 20위 정도이다. 세계 IoT 시장을 주도하려면 기술, 표준도 중요하지만 풍부한 인터넷 주소를 사용할 수 있도록 IPv6 주소체계로 빠르게 전환하는 것이 관건이다.

SECTION
04 도메인 네임과 DNS

1 도메인 네임

인터넷에 연결된 모든 컴퓨터에는 숫자로 구성된 고유한 IP 주소가 있다. IP 주소는 숫자 형식이어서 외워 사용하기 힘들기 때문에 대신 http://www.hanbit.co.kr과 같이 문자로 구성된 주소를 사용한다. 이처럼 인터넷 환경에 존재하는 컴퓨터를 사람이 쉽게 기억하고 사용할 수 있도록 만든 주소를 도메인 네임Domain Name 형식의 주소라고 한다.

도메인이 사용되기 이전인 아르파넷 환경에서는 전화번호부와 같은 호스트 컴퓨터 명부를 사용했다. 컴퓨터 명부에는 컴퓨터의 일련번호와 이름(호스트명)을 기록했다. 그러나 컴퓨터가 대중적으로 보급되면서 일련번호 대신 8진법 주소로 대체되었고, 1981년에는 2진법에 기반한 IPv4 주소체계를 도입했다.

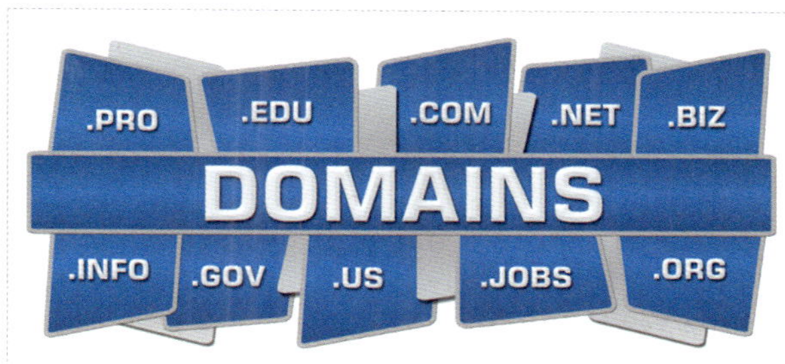

그림 4-22 인터넷 주소체계, IP 주소와 도메인 네임 주소

1984년에는 도메인 개념을 도입해 인터넷을 쉽게 이용할 수 있는 기반을 갖추었다. 도메인 또는 도메인 네임은 문자로 만든 인터넷 주소로, 특정 분야(.com, .net, .org 등)의 어떤 웹사이트(영역)를 지칭하기 위해 의미를 확장한 단어로 구성되어 있다. 즉 숫자로 구성된 인터넷 주소를 알아보기 쉽게 문자로 바꾼 것으로, 숫자로 구성된 IP 주소보다 이해하고 기억하기 쉽다. 도메인의 탄생으로 웹의 파급력은 더욱 커졌다.

도메인 네임의 구조

도메인 네임을 사용하는 인터넷 주소는 점(.)을 사용해 구분하며 여러 단계로 구성된다. 전 세계적으로 중복되지 않는 고유한 이름을 사용한다. 구조는 인터넷 주소를 기준으로 오른쪽 마지막에서부터 1, 2, 3단계 형식이다.

■ 1단계

도메인 네임은 계층적 구조로 이루어져 있는데, 1단계인 최상위 계층(인터넷 주소 기준 제일 오른쪽)에 따라 일반 최상위 도메인과 국가 최상위 도메인으로 분류할 수 있다. 국가코드 도메인은 각 국가를 두 자리 영문 약자로 표현하며, 약 190여 개가 있다. kr은 한국을 대표하는 국가코드 도메인으로, 한국인터넷정보센터에서 관리한다.

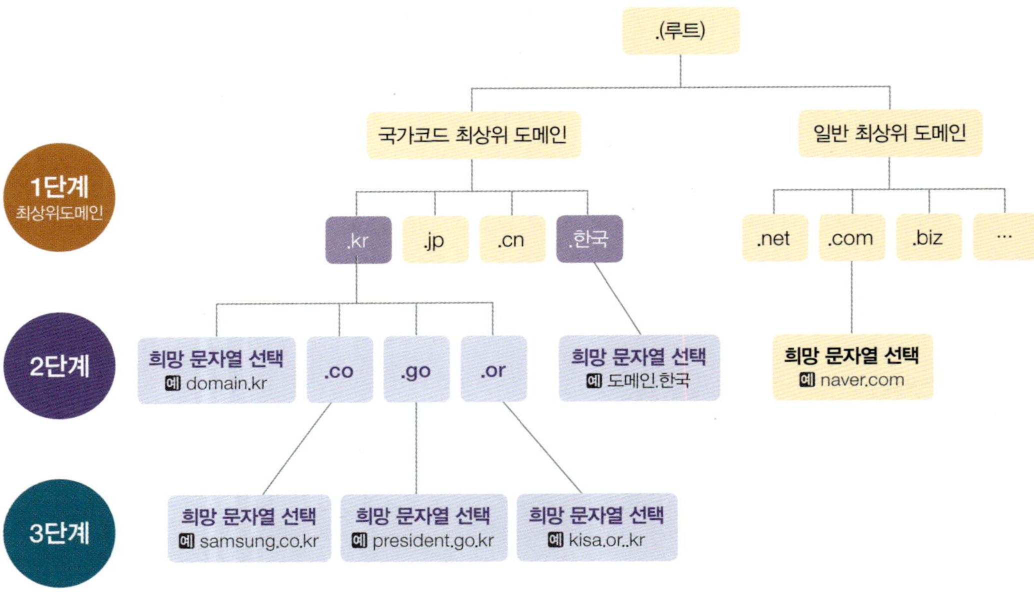

그림 4-23 도메인 네임 구조

■ 2단계

2단계 도메인은 .co, .go, .or, .re 등과 같이 중간 단계가 없는 주소체계이다. abc.com과 같이 도메인 네임을 인터넷 주소로 사용하며, 다른 차원의 서브 도메인으로 분류될 수 있다. 이 경우 동일한 기업 내 다른 부서의 컴퓨터 서버를 가리킨다. 모바일에서는 비용을 지불하고 새 도메인을 등록하는 것보다 기존 사이트 주소 앞에 서브 도메인 m을 넣는 방식이 많이 쓰인다. 예를 들면 네이버(www.naver.com)의 모바일 페이지는 m.naver.com이다.

■ 3단계

3단계 도메인은 인터넷에 연결된 컴퓨터를 식별하기 위해 붙인 이름으로, 호스트 네임이라고 하며 보통 등록명으로 불린다. 도메인 네임은 주 컴퓨터의 이름, 소속 기관, 소속 기관의 분류, 소속 국가를 나타내는 도메인 등 4개의 단어를 마침표(.)로 구분해 표현한다. 2차 기관 도메인(.co .ac .go .or 등)에 분류의 의미가 있으므로 이용자가 도메인 등록자 및 기관의 성격 등을 판단하는 데 도움이 된다. 예전에는 무조건 3단계로 등록해야 했지만 현재는 2단계 등록도 가능하다.

도메인 주소 체계는 2010년에 커다란 전환점을 맞이했다. 다국어 국가 최상위 도메인과 일반 최상위 도메인이 개방되면서 도메인의 영어 독점시대가 종료된 것이다. 이전에는 영어 알파벳으로만 도메인 이름을 구성할 수 있었는데 다국어 국가 최상위 도메인이 도입되어 '.한국'처럼 각 나라의 자국어를 사용할 수 있게 되었다. 그러나 포털 검색, 기관들의 경제적 부담 등의 문제가 있어 효용성에 의문을 갖는 의견도 있다. 그리고 일반 최상위 도메인이 개방됨으로써 최상위 도메인은 거의 모든 단어로 구성할 수 있게 되었다. '.shop', '.seoul' 등과 같은 최상위 도메인도 등록할 수 있다. 구글은 2015년 경매를 통해 '닷앱(.app)' 도메인을 2,500만 달러(약 269억 원)에 사들였다.

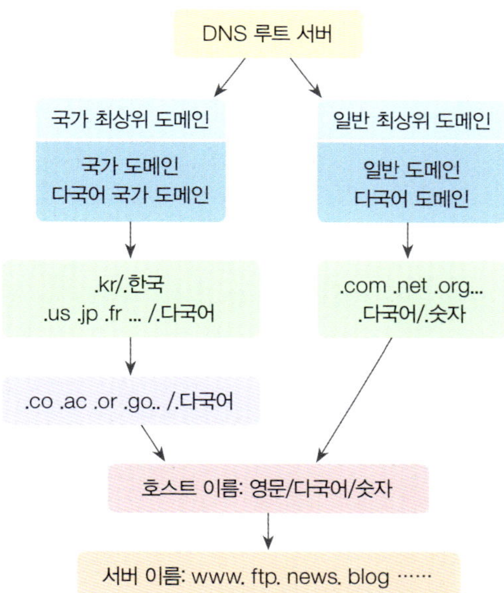

그림 4-24 **도메인 네임 주소체계의 계층적인 형식**

하나 더 알기 한글 도메인의 특징

한글 도메인은 크게 2가지로 사용된다. 계층적인 형식의 도메인과 키워드 방식의 도메인이다. 계층적인 형식의 한글 도메인은 '한글.kr' 또는 '한글.com'이다. 키워드 형식은 주소 입력 창에 '한빛'처럼 한글 키워드만 입력하기 때문에 계층적 형식에 비해 사용하기 편리하다. 국가 도메인 체계도 '.kr' 도메인과 '.한국' 도메인을 사용하고, '한글.한국'이라는 2단계 서비스도 시작했다. 예를 들어 한빛미디어 출판사의 경우 www.hanbit.co.kr의 영문 주소를 '한빛.회사.한국'처럼 표시하거나, 'www.한빛.co.kr' 등으로 표시한다. 그러나 '한글.com' 도메인은 한글과 영문을 번갈아 입력하는 불편함이 있어 큰 호응을 얻지 못했다.

2 DNS의 역할

DNS[Domain Name System]는 사용자가 입력한 문자 형식의 인터넷 주소[Domain Name address]를 컴퓨터가 사용하는 숫자 형식의 IP 주소로 바꿔주는 시스템이다. 일반적으로 네임 서버[Name Server]라고 부른다.

네임 서버는 전 세계에 분산된 도메인 네임 서버들과 연결되어 있다. 분산 데이터베이스로 운영되며, 수시로 변하는 도메인 네임들을 실시간으로 사용할 수 있다. 특정 네트워크에 속한 호스트에 접속하려면 해당 호스트의 도메인 네임에 대응하는 IP 주소가 있어야 한다. 그러나 수많은 IP 주소를 기억하는 것은 불가능하므로 도메인 네임만으로 해당 호스트에 접속할 수 있도록 도메인 네임을 IP 주소로 전환하는 역할을 하는 DNS가 필요하다.

그림 4-25 사람과 웹사이트의 서버를 연결하는 DNS

인터넷 브라우저의 주소 창에 도메인 형식의 주소를 입력하면 DNS 서버가 IP 주소로 번역해주고, 인터넷 브라우저는 번역된 IP 주소를 이용해 웹페이지에 접속한다. 도메인 네임이 IP 주소로 전환되는 과정은 다음과 같다.

표 4-3 도메인 네임과 IP 주소의 관계

접속하려는 상대 호스트 컴퓨터의 인터넷 주소를 주소 창에 입력
⬇
접속하려는 컴퓨터가 해당 네트워크에 있는 네임 서버에 해당 주소의 조회를 의뢰
⬇
주소에 해당하는 도메인 네임이 있으면 네임 서버가 IP 주소로 변환해 해당 컴퓨터에 전송
⬇
해당 컴퓨터는 수신된 IP 주소를 가지고 접속을 원하는 컴퓨터에 정보를 요청
⬇
만약 네임 서버에 주소에 해당하는 도메인 네임이 없으면 해당 네임 서버의 상위 네임 서버에 요청을 전달
⬇
이러한 방법으로 IP 주소를 검색해 요청한 컴퓨터에 전달

인터넷 주소가 숫자로 변환되면 사용자 컴퓨터와 접속을 원하는 웹사이트의 서버가 연결된다. 도메인 네임은 일반적으로 알파벳을 사용하지만 국내에서는 한글 도메인 네임을 사용할 수 있다. '네이버 · 다음'과 같이 한글로 주소를 입력하면 DNS가 한글 도메인을 IP 주소로 변환해 원하는 웹사이트에 접속할 수 있다. 이와 같이 DNS는 우리가 사용하는 언어로 원하는 웹사이트에 접속할 수 있는 편리함을 제공한다.

루트 도메인 네임 서버는 .com, .net, .org, 국가코드 등 최상위 도메인 네임의 원본을 유지 · 관리하는 시스템이다. 도메인 네임(www.kisa.or.kr)을 IP 주소(123.456.789.123)로 변환하는 최상위 단계의 DNS 시스템이다. 전 세계에 A에서 M까지 13개의 원본 서버가 있으며, 복제 서버를 포함해 현재 955개가 있다. 국내에는 F(KISA), J(KT), M(KINX), L(SKB) 등 4개의 복제 서버가 도입돼 있다. 국내에 루트 서버가 도입됨으로써 인터넷의 안정성이 강화되었고, DNS 질의로 인한 해외 트래픽이 줄어 국내 네트워크 사업자의 국제회선 비용 부담이 감소되는 경제적인 효과를 가져왔다.

SECTION 05

하드웨어 관점의 인터넷

1 물리적인 인터넷 연결

인터넷을 이미지로 표현할 때는 일반적으로 클라우드 그림으로 나타낸다. 모든 정보가 하늘의 구름 속에 존재하고 사람들이 그것을 자유롭게 이용하는 형상이다. 하지만 인터넷의 물리적인 형상은 전선의 집합이다. 컴퓨터는 랜LAN 선과 모뎀을 통해 근거리 통신망에 연결된다. 지금의 인터넷 환경이 가능한 것은 눈에는 보이지 않지만 거대한 규모의 통신 기반 시설과 유지 · 보수에 힘쓰는 수많은 사람 덕분이다.

국내에서는 한국전기통신공사로 출범한 KT가 1992년부터 인터넷의 한국 관문 기지국을 관리한다. 이후 한반도를 외국과 연결하는 해저 광케이블을 자체적으로 시공했다. 인터넷은 해저 광케이블을 따라 일본 · 중국 · 대만 등으로 연결되고, 태평양을 건너 미국으로, 동남아시아와 유럽으로 연결된다. 지구촌 소식을 한국에서 즉시 검색할 수 있는 것은 전 세계를 연결하는 광대한 기반 시설이 바다 밑에 깔려 있기 때문이다.

해저케이블 지도Submarine Cable Map라는 웹사이트의 자료를 보면 국내에 인터넷이 들어오는 해저 케이블은 부산, 거제, 태안 세 군데 중 하나를 통과한다. 거제에 연결된 '뉴 크로스 퍼시픽(NCP)' 케이블 시스템은 총연장 길이가 13,618㎞이며, 한국의 KT, 일본, 미국, 중국, 대만이 공동으로 소유하고 있다.

그림 4-26 국내 인터넷 해저 케이블 관문과 다양한 연결 장치

한국 인터넷의 시작은 1982년 10월 경북 구미의 한국전자기술연구소(KIET · 현재 ETRI)와 서울

대학교의 교신이었다. 당시 이 작업을 주도했던 연구자는 한국 인터넷의 아버지로 불리는 전길남 박사이다. 전길남 박사는 이후 카이스트로 옮겨 SDN[Software Development Network] 운영센터를 설치하고 네트워크를 확장했다. SDN에 참여한 20여 개의 국내 주요 대학, 연구소, 정보통신 관련 기업은 공중전화망을 이용해 국내 네트워크에 접속하고 외국의 네트워크와 연결했다.

이후 대중의 영역으로 이관된 인터넷은 우리 일상의 근간을 흔들어놓기 시작했다. 2000년 무렵 광대역 인터넷이 보급되기 시작하면서 전국에 PC방이라는 독특한 사업이 생겼다. 이를 바탕으로 한국은 컴퓨터 게임 강국으로 자리를 굳혔고, 한국 100대 부자에 다음카카오, 네이버, 엔씨소프트, 게임빌 등 ICT 관련 업종의 1세대 부자들이 등장했다. 이와 같은 현상은 인터넷 보급을 기반으로 새로운 기술 중심으로 정치 · 경제적 현상이 서로 긴밀하게 엮여 있음을 보여준다.

2000년대 한국 사회에서 인터넷은 하나의 새로운 현상이었다. 하지만 드러난 현상만으로 파악하는 것은 인터넷의 거대한 물질성을 무시하는 것이다. 결국 인터넷은 랜 선, 동축 케이블, 광섬유와 같은 각종 전선의 집합이고, 인터넷을 통과하는 데이터를 관리하는 케이블 모뎀, 라우터, 서버와 같은 디바이스의 총합이다. 이것이 인터넷의 진짜 모습이다.

2 인터넷을 구성하는 기반 시설

인터넷은 소규모 네트워크들을 상호 접속해 확장시킨 네트워크이다. 즉 전 세계의 모든 네트워크를 연결해 만든 거대한 네트워크 집합체이다. 네트워크 또는 컴퓨터를 인터넷에 연결하려면 다양한 연결 요소가 필요하다.

인터넷을 구성하는 네트워크는 크게 근거리 통신망 LAN[Local Area Network]과 광역 통신망 WAN[Wide Area Network]으로 구분된다.

- **근거리 통신망(LAN)** : 가정, 사무실 단위의 PC를 300m 이하의 전용회선으로 연결해 만든 네트워크이다. 동일한 주체가 관리한다.
- **광역 통신망(WAN)** : LAN으로 연결이 불가능한 원거리 지역을 연결하거나 관리 주체가 다른 LAN을 연결하는 데 이용된다. 주로 통신망 사업자가 서비스를 제공한다.

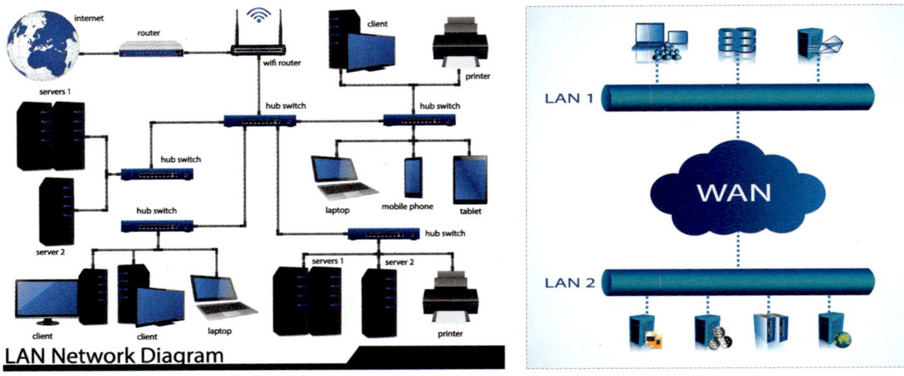

그림 4-27 근거리 통신망(LAN)과 광역 통신망(WAN)

백본망

백본망Backbone Network은 다양한 네트워크를 상호연결(이더넷, 무선)하는 컴퓨터 네트워크의 일부로서, 각기 다른 LAN, 지역망 사이에 정보교환을 위한 경로를 제공한다. 소형 LAN 회선들로부터 데이터를 수집해 빠르게 전송하도록 만든 대규모 전용회선이다. LAN에서 WAN으로 연결하기 위해 사용하거나, 학교, 빌딩 등과 같은 LAN 내에서 거리를 효율적으로 늘리기 위해 사용한다. 현재 백본망은 600Mbps급으로 데이터를 전송할 수 있다. 그러나 인터넷 접속 포인트인 POPPoint of Presence에서는 1Mbps급으로밖에 전송하지 못하기 때문에 병목현상이 발생해 속도가 느려진다. 이를 해결하기 위해 POP에서 최소한 100Mbps급의 전송속도를 보장하는 인터넷2 프로젝트를 진행하고 있다.

최근 KT는 5G 초저지연 서비스를 제공하기 위해 국내 최초로 5G 백본망에 전국 주요 도시를 직접 연결하는 메시Mesh 구조를 적용하는 작업을 완료했다. 5G에서 요구되는 사항은 LTE보다 대용량의 트래픽을 20배 빠른 20Gbps 속도로 전송하고 지연시간은 10분의 1 이하로 유지하는 것이다. 무선망에서의 지연은 감소시킬 수 있지만, 지역 간에 발생하는 트래픽을 전달할 때 발생하는 백본망에서의 지연도 무시할 수 없는 요소이다. 따라서 5G의 요구사항에 맞게 초저지연으로 처리하기 위해 5G 백본망에 메시 구조를 적용하고 지역 간 트래픽 전송 지연을 대폭 감소시킨 것이다.

LTE와 기존 유·무선 통신에서의 백본망은 지역 사이에는 직접 연결 경로가 없어 수도권 센터를 경유해 트래픽을 처리했다. 이로 인해 트래픽 전달거리가 길어져 전송지연이 발생하는 구조였으므로, 고품질 5G 서비스를 제공하기 위해 기존 LTE와 차별화된 백본망의 필요성이 거론되었다. KT에서 5G 백본망에 적용한 메시 구조는 전국 주요 지역 센터를 직접 연결하는 그물형 구조이다. 메시 구조를 적용하면 지역 센터 사이에 직접 연결 경로가 있기 때문에 수도권 센터를 경유하지 않고 직접처리가 가능해져 전송지연을 획기적으로 감소시킬 수 있다.

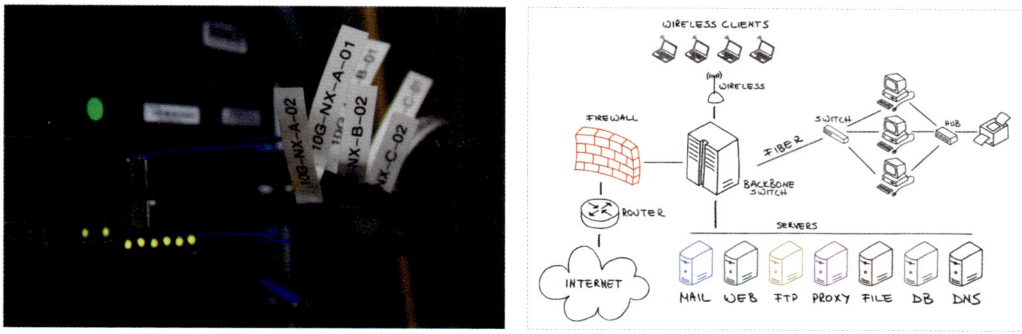

그림 4-28 이더넷 케이블 연결과 인터넷 백본망

이더넷

이더넷Ethernet은 버스 구조 방식의 LAN으로, 확장하기 쉽고 안전해 많은 컴퓨터 단말기가 통신망에 접속할 수 있는 기회를 제공한다. 이더넷은 데이터 전송을 위해 CSMA/CDCarrier Sense Multiple Access With Collision Detection 방식의 기술을 사용한다. 현재 전송속도를 테라급까지 올린 이더넷 연구가 진행 중이다. 또한 인터넷의 고속화 요구에 따라 라우터도 패킷을 고속으로 처리하는 능력이 필요해졌으므로 이에 대한 연구 개발도 활발하게 진행되고 있다.

유·무선 공유기

LAN과 WAN을 연결하려면 스위치Switch, 브리지Bridge, 라우터Router, 게이트웨이Gateway 등과 같은 연결 장치를 사용한다.

우리 주변에서 볼 수 있는 대표적인 게이트웨이 장치로는 유 · 무선 공유기가 있다. 유 · 무선 공유기는 사용자 컴퓨터의 네트워크와 인터넷을 연결해 사용자가 웹사이트에 접속할 수 있도록 한다. 유·무선 공유기가 필요한 이유는 컴퓨터가 연결된 로컬 네트워크의 통신 프로토콜인 netbios와 인터넷의 통신 프로토콜인 http의 형태가 다르기 때문이다. 유 · 무선 공유기는 게이트웨이, 라우터, 방화벽 등의 역할을 동시에 제공하는 종합 네트워크 장비이다.

표 4-4 네트워크 연결 장치의 특징

네트워크 연결 장치	특징
스위치	LAN에 속한 컴퓨터끼리 통신이 가능하도록 네트워크를 구성
브리지	2개의 LAN을 연결하는 네트워크 연결 장치
라우터	인터넷 연결을 위한 필수 장비, 다수의 네트워크를 연결
게이트웨이	다른 종류 또는 같은 종류의 네트워크를 연결

최근에는 유·무선 시장의 세대교체가 빨라지고 있다. 무선 5G 시대에 대응하기 위해 유선 인터

넷 시장에서도 10Gbps 인터넷 상용화를 시작했다. 따라서 초고속인터넷 시대를 열었던 xDSL(디지털가입자회선) 방식의 유선 인터넷 서비스는 가입자(3%)가 급속히 줄어들어 향후 보편서비스로 지정될 예정이다.

유·무선 시장은 기술 방식에 따라 근거리 통신망(LAN), 광랜(FTTH, 광케이블), 유사 광랜(HFC, 광동축혼합망) 등으로 분류된다. xDSL 방식의 초고속인터넷은 구리 전화선을 이용하는 기술로, ADSL(8Mbps), VDSL(52Mbps) 등을 통칭한다. 전용망 전송 기술의 개발로 100Mbps급, 1Gbps급 인터넷서비스가 보급되어 가입자 이탈이 빠르게 진행되었다. 하지만 오래된 건물 등 전용선 구축이 불가능한 곳에서는 여전히 전화선을 사용한다.

랜 카드

랜 카드LAN Card는 컴퓨터 네트워크 환경을 구축하기 위한 핵심 장치로, 네트워크를 통해 데이터를 전송하고 수신하는 역할을 담당한다. 전송 데이터를 전기 신호로 변환해 인터넷에 있는 다른 컴퓨터로 전송하고, 반대로 전기 신호를 수신해 컴퓨터가 처리할 수 있는 데이터로 변환한다. 랜 카드는 네트워크 구성 형태에 따라 이더넷 카드, 기가비트 이더넷 카드, 토큰링 카드 등으로 구분된다. 예전의 랜 카드는 기기에 장착해 사용하는 형태였지만 지금은 대부분 PC 또는 노트북의 메인보드에 내장형으로 제공된다.

이더넷 랜 카드의 전송속도는 10Mbps에서 시작해 100Mbps, 1Gbps로 향상되었다. 전송 데이터 용량도 초당 1.25MB, 12.5MB, 125MB 정도로 향상되었다. 이더넷 랜 카드의 전송속도와 전송 데이터 용량은 네트워크 상태와 신호 감쇠현상 등과 같은 외부 요인의 영향을 받기 때문에 평균적으로 약 30% 정도 전송속도가 저하된다. 최근의 랜 카드들은 10Mbps, 100Mbps, 1000Mbps 속도를 모두 지원하지만 랜 케이블, 스위치, 라우터 등과 같은 네트워크 장비가 이를 지원하지 않으면 기가비트 속도를 내는 것은 불가능하다.

인터넷을 구성하는 모든 컴퓨터에는 랜 카드가 하나 이상 장착되어 있다. 그리고 모든 랜 카드에는 고유한 식별 코드가 있는데, 이를 MACMedia Access Control 주소라고 한다. MAC 주소는 네트워크를 통해 데이터가 출발지에서 목적지까지 정확하게 도착할 수 있도록 한다. 윈도우 운영체제에서는 MAC 주소를 물리적 주소라고 표기한다.

3 우주 인터넷 시대의 개막

향후 2025년에는 전 세계 40억 명의 사람들이 언제 어디서나 무료로 인터넷에 접속할 수 있게 될 전망이다. 글로벌 유비쿼터스 연결성Global Ubiquitous connectivity 덕분이다. 3G에서 4G, 5G로의 도약은 모바일 비즈니스 환경에 혁명을 가져왔다. 5G 기술은 1조 개 이상의 센서 시장경제의 핵심으로, 지구 전체를 둘러싸고 있는 센서를 바탕으로 기가바이트 인터넷 서비스가 제공되면 사람들은 언제 어디서나 필요한 정보를 얻을 수 있게 된다.

한편 대기권 밖에서는 인터넷에 접근하기 어려운 지역의 인터넷 서비스 환경을 위한 개척 작업이 진행되고 있다. 인터넷 기지국을 하늘에 띄워 사각지대가 없는 통신 인프라를 구축하는 혁신적인 서비스 경쟁이 한창이다. 기존의 광케이블 인프라를 구축하는 데 소요된 시간보다 전 세계 인터넷을 연결하는 네트워크를 구축하는 기간이 매우 짧기 때문이다. 지구 상공에서 일정한 궤도를 도는 드론, 열기구, 저궤도 인공위성 기반의 통신망을 구축하면 전 세계를 보다 쉽고 넓게 연결할 수 있다. 최근 저렴한 소형 위성의 대량 생산이 가능해지면서 스페이스X와 같은 다양한 민간우주 관련 업체를 비롯해 ICT 기업인 아마존, 페이스북, 구글 등이 전 세계를 연결하는 인터넷 기술에 도전하고 있다.

하나 더 알기 **인터넷 이용률**

현재 전 세계의 50% 정도인 38억 명은 인터넷을 전혀 사용할 수 없는 오프라인 상태에 있다. 통신 인프라가 없는 산간 오지나 도서 지역은 인터넷이 구축되지 않았고, 많은 지역에서 접속이 원활하지 않다. 따라서 인터넷의 연결성 확장은 무한한 시장 가치가 잠재된 매력적인 미지의 영역에서 신규 사용자를 확보하기 위한 시도이다. 새로운 수익창출의 기회인 블루오션을 발굴하려는 기업들의 경쟁이 시작된 것이다.

그림 4-29 스페이스X의 스타링크 프로젝트

페이스북은 2014년 무인기로 성층권을 비행하는 태양광 드론 아퀼라Aquila를 통해 인터넷을 제공하는 '아퀼라 프로젝트'를 수년간 진행하고 있다. 그러나 계속된 실패 끝에 에어버스Airbus와 사업을 다시 시작했다. 2018년에는 고고도에서 인공위성처럼 태양광으로만 25일 23시간 57분이라는 비행 기록을 달성했다.

구글은 2013년부터 하늘에 열기구를 띄워 인터넷 서비스망을 구축하려는 룬Loon 프로젝트를 진행했다. 2018년에 열기구 7대로 20㎞ 성층권 상공에서 100~200일 정도를 유지하며 1,000㎞ 범위의 지역에서 데이터를 전송하는 데 성공했다. 아프리카 케냐 중부지역에 인터넷 서비스를 제공했지만 2021년 10년간 인프라 구축비가 지속되면서 쌓인 적자와 스타링크같은 더 혁신적인 첨단 서비스의 등장으로 풍선 인터넷의 꿈은 포기했다.

최근의 인공위성 기반 고속광대역 통신 네트워크 구상은 아마존과 스페이스X가 주도하고, 원웹, 텔레샛, 스페이스 노르웨이가 사업을 진행하고 있다. 스페이스X는 소형 인공위성으로 네트워크를 구축하는 스타링크Starlink 프로젝트를 진행한다. 전체 42,000기의 위성 중에 2027년까지 12,000기를 순차적으로 우주로 발사해 전 세계에 초당 1GB 속도의 초고속 인터넷을 제공하는 것이 목표이다. 최근 원웹은 지금까지 70기의 위성을 궤도에 올렸지만 코로나19 여파로 신규투자 확보에 어려움을 겪고 자금난에 몰려 파산했다가 영국 정부의 지원으로 개발을 계속하고 있다.

군집위성인 우주 인터넷의 장점은 전 세계 어디서든 끊김 없이Seamless 인터넷을 사용할 수 있다는 점이다. 그리고 대륙 간 통신속도를 획기적으로 향상시킬 수 있다. 현재의 해저 광케이블은 진공 상태의 우주공간을 통과할 때에 비해 속도가 절반가량 떨어진다. 스페이스X의 우주 인터넷망 구축이 가능한 것은 많은 작은 위성을 한꺼번에 우주에 올리는 기술 때문이다. 위성 제작과 발사에 드는 비용을 줄이고 위성을 지상에 가까이 띄워 통신감도와 속도 등을 개선할 수 있다.

인터넷 문맹률 제로에 도전하는 새로운 비즈니스는 무한의 기회를 제공하지만 위험성도 매우 크다. 하늘 위 기지국 기반의 인터넷 시대를 여는 데는 사업적 불확실성, 막대한 투자비용, 오랜 시간이라는 장애가 있지만 글로벌 기업들은 새로운 초연결 시대에 대비해 새로운 혁신 기술에 도전하고 있다. 인프라 확대와 통신 정확도는 물론 위성, 기구를 기반으로 언제 어디서나 끊김 없는 데이터의 송수신 기술을 확보하기 위해서다. 4차 산업혁명을 위한 새로운 초연결 시대에는 성층권, 우주공간까지 활용해 지구촌이 더 넓고 빠르게 연결될 전망이다.

그림 4-30 우주 쓰레기가 폭발적으로 증가하는 케슬러 증후군

최근 소형 위성 시장이 점차 커지면서 우주로 발사되는 인공위성의 개수가 급격히 증가하고 있으며 위성끼리의 충돌 위험도 높아지고 있다. 또한 인공위성의 급증으로 인한 우주 쓰레기 증가, 빛 공해 문제가 있고, 위성과의 교신 주파수가 천문 관측에 사용하는 주파수를 방해하는 등의 심각한 부작용이 우려된다. 우주 파편, 위성의 연쇄적인 충돌로 우주 쓰레기의 폭발적인 증가가 현실화되면 끔찍한 재앙이 닥칠 수도 있다. 천문학자들은 인공위성이 너무 밝아 우주를 연구하는 천문학이 심각한 위협을 받을 것으로 예측하고 있다. 저궤도 인공위성들이 망원경 앞을 지나가면서 천체 관측을 방해할 수도 있기 때문이다.

요약

01 현재 우리가 이용하는 인터넷Internet의 시작은 1969년 미국 국방부의 지원으로 구축된 군사용 네트워크인 아르파넷ARPANet이다.

02 인터넷은 정보를 패키지 단위로 나누어 전달하도록 설계된 TCP/IP 프로토콜을 사용하는 통신망의 집합이다.

03 웹은 1989년 유럽 원자핵 공동연구소 CERN의 팀 버너스 리Tim Berners-Lee가 고안한 개념이다.

04 웹은 고유의 웹 주소를 가진 문서들을 하이퍼링크Hyper Link로 연결하는 시스템이다.

05 프로토콜이란 컴퓨터들 간에 원활하게 통신할 수 있도록 하기 위해 약속한 규칙이다.

06 모든 컴퓨터와 네트워크 디바이스는 인터넷에서 상호충돌을 방지하기 위해 중복되지 않는 유일한 주소를 가지고 있다.

07 IP 주소를 표현하는 체계에는 IPv4 주소체계와 IPv6 주소체계가 있다.

08 웹브라우저는 문자, 사진, 동영상, 사운드 등이 조합된 데이터베이스인 사이트의 정보를 읽어오는 전용 소프트웨어이다.

09 인터넷에 연결된 모든 컴퓨터에는 숫자로 구성된 고유한 IP 주소가 있다.

10 DNSDomain Name System는 사용자가 입력한 문자 형식의 인터넷 주소Domain Name address를 컴퓨터가 사용하는 숫자 형식의 IP 주소로 바꿔주는 시스템이다.

연습문제

객관식 문제

01 인터넷에 대한 설명으로 틀린 것은?

① 모든 사용자에 대한 신뢰를 바탕으로 설계되었기 때문에 보안이 우수하다.

② 모든 사람들이 자유롭고 공평하게 정보에 접근하는 것이 원칙이다.

③ TCP/IP 통신 규약을 기반으로 모든 방식의 연결을 허용한다.

④ 초기 인터넷은 컴퓨터 연구자들의 소통이 주목적이었다.

02 인터넷의 혁진적인 발전을 가져온 정보사회의 변화 중 3C에 해당하지 않은 것은?

① Computer ② Calm ③ Communication ④ Contents

03 웹과 관련된 설명 중 틀린 것은?

① 팀 버너스 리의 웹은 단순히 저장된 문서를 수동으로 읽고 이를 저장하는 방식을 기반이다.

② 웹은 하이퍼텍스트 이론을 현실에 구현한 플랫폼이다.

③ 웹은 고유의 웹 주소(URL)를 가진 문서를 하이퍼링크를 통해 연결하는 시스템이다.

④ 웹은 문자, 이미지, 음성의 다양한 표현이 가능하다.

04 브라우저 종류 중 5대 웹브라우저에 해당되지 않는 것은?

① 사파리(Safari) ② 크롬(Chrome)

③ 웨일(Whale) ④ 익스플로러(Explorer)

05 브라우저 중 인터넷 익스플로러 점유율 하락의 원인으로 적절하지 않은 것은?

① 모바일의 등장 ② MS 사의 축소 ③ 기능의 약화 ④ 지원의 확대

06 웹의 근본적인 본질을 훼손하는 원인 중 가장 적절하지 않은 것은?

① 망중립성 약화 ② 자유로운 의사표현

③ 프라이버시 강화 ④ 데이터 통제권 약화

연습문제

07 웹과 플랫폼의 차이점 가운데 가장 적절하지 않은 것은?

① 웹은 하이퍼텍스트를 통해 자유로운 이동을 추구한다.

② 플랫폼은 미디어와 콘텐츠에 독점적인 영향력을 행사한다.

③ 플랫폼은 외부 링크를 통해 플랫폼 내부에서의 사용자의 이탈을 막는다.

④ 웹은 아이디어의 융합과 협력을 근간으로 한다.

08 플랫폼이 가지고 있는 문제점으로 적절하지 않은 것은?

① 편향된 정보, 허위정보 노출　② 민주주의와 휴머니즘 강화

③ 데이터 빈부격차 확대　④ 정보의 독점

09 TCP/IP 참조모델에 해당되지 않는 계층은?

① 응용계층　② 표현 계층

③ 전송계층　④ 인터넷 계층

10 IPv4와 IPv6 주소체계에 대한 설명 중 틀린 것은?

① IPv4는 32비트, IPv6는 128비트로 구성되어 있다.

② IPv6는 사설 IP 또는 유동 IP를 사용할 필요가 없다.

③ IPv6는 IPv4보다 패킷크기 및 헤더 크기가 확장되었다.

④ IPv4 주소체계는 네트워크 ID 대역에 따라 3가지 클래스로 구분된다.

11 도메인 네임 구조에 대한 설명으로 옳지 않은 것은?

① 3단계: 호스트 네임을 주로 쓰며, 무조건 3단계를 통해서만 등록이 가능하다.

② 2단계: .co, .go, .or, .re 등과 같이 중간단계가 없는 주소체계이다.

③ 1단계: 일반 최상위 도메인과 국가 최상위 도메인으로 분류한다.

④ 1단계: 국가코드 도메인은 각 국가들을 두 자리 영문약자로 표현한다.

12 전 세계 루트 DNS 배치 현황 중 국내 복제서버(F,J,M,L)에 해당하지 않는 것은?

① F(KISA)　② L(KISA)　③ J(KT)　④ M(KINX)

13 이더넷(Ethernet)에 대한 설명으로 틀린 것은?

① CSMA/CD 방식의 기술을 사용한다.
② 버스구조 방식의 근거리 통신망이다.
③ CSMA/CA 방식의 기술을 사용한다.
④ 스위치, 브리지, 라우터, 게이트웨이 등의 연결장치가 사용된다.

14 네트워크 연결 장치 특징 중 잘못된 것은?

① 스위치: LAN에 속한 컴퓨터끼리 통신이 가능하다.
② 브리지: 2개의 근거리 통신망을 연결해주는 장치이다.
③ 라우터: 인터넷 연결(다수의 네트워크)을 위한 필수 장비이다.
④ 게이트웨이: 같은 종류만의 네트워크를 연결한다.

O, × 문제

01 인터넷은 진입, 탈퇴가 자유롭고 자율적이고 폐쇄된 분권형 네트워크이다.

02 인터넷은 관리 주체가 없으며, 전통미디어와 다르게 익명성 소통으로 인해 국가 통제가 어렵다.

03 웹서버는 저장된 웹페이지를 화면에 보여주는 소프트웨어이다.

04 인터넷 익스플로러가 25년 이상 브라우저 점유율이 높았었던 가장 큰 이유는 윈도우 OS의 기본 웹브라우저로 탑재되어 있었기 때문이다.

05 웹 환경을 위협하는 대표적인 요소는 기존의 질서들을 무너뜨리고, 불공정 행위로 경쟁자들을 무력화시키는 플랫폼 제국의 막강한 세력의 확장이다.

06 플랫폼은 사람들과 자신들의 서비스를 연결하는 매개체로 중개 수수료에 의한 비즈니스 모델을 구축하기 때문에 웹과 지향점이 같다.

연습 문제

07 다크웹은 고도로 익명화된 공인 네트워크(Public Network)이며 특수한 브라우저를 통해서만 접속이 가능하다.

08 TCP/IP는 서로 다른 기종의 컴퓨터 사이에서도 정보전송이 가능하며, 특정 하드웨어, 운영체제에 종속되어져 사용된다.

09 IPv6는 32비트 전체를 8비트씩 4개의 영역으로 구분하고, 총 3개의 마침표를 통해 주소를 표현한다.

10 네임 서버는 주소에 해당하는 도메인 네임이 존재하면 그것을 IP 주소로 변환하여 해당 컴퓨터에 전송한다.

11 모바일의 경우 기존 사이트 주소 앞에 서브도메인 ns를 넣는 방식이 많이 쓰인다.

12 최근 KT는 5G 초저지연 서비스 제공을 위해 국내 최초로 5G 백본망에 전국 주요 도시를 연결하는 스타(Star) 구조를 적용 완료했다.

13 MAC 주소는 네트워크를 통해 출발지에서 목적지까지 정확하게 도착할 수 있도록 해주며, 윈도우 운영체제에서는 MAC 주소를 논리적 주소라고 표기한다.

14 xDSL 방식의 초고속인터넷은 구리 전화선을 이용하는 기술로 ADSL(8Mbps), VDSL(52Mbps) 등을 통칭한다.

단답형 문제

01 인터넷은 정보를 패키지 단위로 나누어 전달하게 설계된 (   ) 프로토콜을 사용하는 통신망들의 집합이다.

02 1990년대 중반에 보급된 인터넷은 20년 만에 모든 사회 현상을 대변하는 (   )이 되었다.

03 인터넷이 가지는 혁신성, (   ) 특성, 글로벌적 특성은 인터넷 산업의 혁신을 통한 성장이라는 결실을 가져왔다.

04 웹은 (   )과 (   )를 통해 인터넷의 사용자가 지식과 경험을 체험하는 기회를 제공한다.

05 클라이언트와 웹 서버의 통신 프로토콜은 (   )을 사용한다.

06 인터넷 익스플로러는 (   )의 이용 증가와 웹 서비스의 고도화 진행으로 퇴출 움직임이 가속화 되었다.

07 플랫폼 알고리즘은 사용자 맞춤형 정보를 제공하기 때문에 (   )정보, (   )정보에 노출되는 부작용이 발생된다.

08 인터넷 공간 가운데 (   )은 보안을 목적으로 만들어진 숨겨진 웹사이트이나, 최근에는 사이버 범죄의 온상으로 성격이 변질되었다.

09 (   )은 네트워크 장비를 통해 데이터를 원활하게 교환하기 위한 규칙이나 절차를 정의한 통신상의 전송규약을 말한다.

10 TCP/IP 계층 모형 중 (   )은 응용계층으로부터 받은 데이터를 패킷으로 분할하고 각 패킷별로 순서에 따라 번호를 부여하고 전송하는 역할을 담당한다.

11 인터넷에 연결된 모든 컴퓨터는 숫자로 구성된 고유한 IP 주소를 가지고 있으며, 일반적으로는 기억과 입력이 쉽도록 (   )형식의 인터넷 주소를 입력한다.

연습문제

12 국가코드 도메인은 각 국가들을 두 자리 영문 약자로 표현하는데, kr은 한국을 대표하는 국가코드 도메인이며, (   )에서 관리한다.

13 (   )는 사용자가 입력한 문자형식의 인터넷 주소를 컴퓨터가 사용하는 숫자형식의 IP 주소로 바꿔주는 시스템이다.

14 (   ) 네임 서버는 .com, .net, .org, 국가코드 등 최상위 도메인 네임의 원본이 유지·관리되는 도메인 네임 시스템이다.

15 인터넷은 (   ) 같은 소규모 네트워크들을 상호접속하여 확장시킨 네트워크이다.

16 (   )은 원거리로 떨어진 지역을 연결하거나 관리 주체가 다른 LAN들을 연결하는 데 이용된다.

17 (   )은 다양한 네트워크를 상호연결하며, 각기 다른 LAN 지역망 사이에 정보교환을 위한 경로를 제공한다.

18 (   )는 컴퓨터 네트워크 환경을 구축하기 위한 핵심적인 장치로 네트워크를 통해 데이터를 전송하고 수신하는 역할을 담당한다.

19 구글은 2013년부터 하늘에 열기구를 띄워 인터넷 서비스망을 구축하려는 (   ) 프로젝트를 진행했다.

20 LTE와 기존의 유무선 통신에서 백본망은 트래픽 처리구조에 의해 지역 사이에는 직접 연결 경로가 없어, 지역 사이의 트래픽 처리는 (   ) 센터를 경유했다.

CHAPTER 05

손안의 세상, 모바일

학습목표

- 이동통신의 역사와 발전을 학습한다.
- 무선 인터넷 서비스를 알아본다.
- 모바일 시대의 일상생활 변화를 알아본다.

SECTION
01 모바일 시대의 개요

1 모바일 미디어의 등장과 발전

스마트폰과 태블릿으로 대표되는 모바일 미디어Mobile Media는 이동 중에도 무선통신, 다양한 정보처리, 서비스를 제공받을 수 있는 디바이스이다. 모바일 미디어는 기존에 개별적으로 사용하던 미디어들을 흡수하면서 대표적인 융합 미디어Convergence Media로 자리매김하고 있다. 스마트폰뿐 아니라 스마트워치, 각종 웨어러블 디바이스가 모두 연결되면서 다양한 비즈니스도 모바일에 집중되고 있다. 모바일 산업은 스마트폰을 중심으로 급성장하고 있으며 애플, 삼성, 구글 등 글로벌 ICT 기업들이 세계 경제를 선도하고 있다.

그림 5-1 사용자 연결을 위한 디지털 디바이스의 다양성

스마트폰의 개념이 대중적으로 알려지기 시작한 것은 애플에서 3G 모바일 인터넷 기술을 접목한 아이폰 3G를 출시하면서부터다. 한국 출시는 2009년 11월이었는데, 예약 판매를 시작하자마자 서버가 다운되는 등 큰 관심을 모았다. 비슷한 시기에 구글도 안드로이드 1.5버전인 컵케이크Cupcake 운영체제를 선보이면서 본격적으로 스마트폰 시대를 열었다. 일상생활의 모바일화는 단순히 기술의 변화만 의미하는 것이 아니다. 스마트폰의 이동성, 휴대성, GPS 활용 등의 특성으로 인해 기존의 PC 환경에서는 불가능했던 다양한 작업들이 가능해졌다.

사용자들은 손안의 작은 화면을 가볍게 터치할 뿐이지만 그 영향력은 막강하다. 소셜 미디어와 다양한 앱의 사용으로 사회는 물론 개인의 생활양식도 급변하고 있다. 모바일 변화에 적응하지 못하는 기업은 위기에 직면할 수 있는 시대이다.

그림 5-2 개인의 생활양식 변화

이러한 변화에 따라 모바일 콘텐츠의 중심인 동영상 콘텐츠 사업의 성장세가 가파르다. 스마트폰, 태블릿 등의 모바일 디바이스 확산, 모바일 스트리밍 서비스와 콘텐츠당 요금부과 체계 등이 주된 성장 동력이다. 특히 한국은 세계 1위의 인터넷 처리속도를 자랑하는 기반시설을 갖추고 있어 동영상 콘텐츠의 인기가 가파르게 상승했다. 따라서 서비스 제공자들뿐 아니라 기업들도 비즈니스와 교육, 제품의 서비스까지 모바일을 중심으로 하는 모바일 퍼스트 전략에 집중하기 시작했다.

2 모바일 미디어의 정의와 분류

대표적인 모바일 미디어에는 휴대폰Mobile Phone, 휴대용 미디어 플레이어(PMP Portable Media Player), 게임기 등이 있다. 그러나 넓은 의미에서 모바일 미디어는 이와 같은 디지털 미디어에 한정되는 개념이 아니다. 라디오 수신기, 신문, 전화기, 녹음기와 같은 거의 모든 아날로그 미디어도 모바일 미디어에 해당된다.

일상생활에 모바일 미디어가 보편화되었지만, 다른 미디어와 다르게 기술이 급속하게 발전하고 미디어의 속성이 변화하고 있어 아직 명확하게 정의가 정립되지는 않았다. 분야가 다양하고 융합의 근원이 여러 갈래이기 때문이다. 그러나 디지털 미디어로 범위를 한정하면 다음과 같이 정의할 수 있다. 모바일 미디어는 간편성과 휴대성을 갖춘 디바이스를 통해 이동 중에도 음성통화, 정보처리, 무선통신 등을 이용할 수 있게 함으로써 독특한 상호작용 및 소통양식을 제공하는 디지털 멀티미디어를 의미한다.

다음은 모바일 미디어의 정의를 뒷받침하는 기술적인 핵심 요소들이다.

■ 휴대용 디바이스

몸에 착용하는 시스템도 휴대용 디바이스에 포함된다. 이와 같은 미디어에는 무전기, 스마트폰, 휴대용 컴퓨터, 스마트워치, 게임 디바이스 등이 있다. 최근 휴대용 디바이스는 점차 손에서 자유로워져 착용 디바이스Hands-Free 형태로 발전하고 있다.

■ **이동성**

이동성은 모바일 미디어의 가장 중요한 속성으로, 시 · 공간의 제약을 동시에 극복하는 것을 의미한다. 일반적으로 사람, 자동차, 배 등과 같은 이동체에 부착되어 움직이며 서비스를 중단 없이 사용할 수 있다. 휴대폰, 무전기 등이 여기에 해당한다.

■ **다양한 정보처리**

이러한 디바이스는 일반적으로 정보, 신호, 멀티미디어 데이터 등을 처리하고, 다른 디바이스와 통신이 가능하다. 따라서 인터넷 접속이 가능해야 한다. 음성 서비스만 제공하는 전통적인 휴대폰은 정보처리 기능이 없기 때문에 포함되지 않는다. 대표적인 디바이스로는 PDA, 스마트폰 등이 있다.

■ **무선통신 기능**

이동성을 보장할 수 있도록 무선통신 기능을 제공한다. 무선통신 서비스는 무선전화와 무선인터넷으로 구분된다. 무선전화는 3세대 휴대폰까지 발전했다.

■ **단말기 인터페이스**

휴대성과 이동성을 보장하기 위해 제한된 단말기 인터페이스를 제공하는 미디어이다. 모든 디바이스는 사용자와의 상호작용성을 구현하기 위해 독특한 조작 방식을 제공한다. 하드웨어 측면의 제한(단말기 크기, 화면의 크기, 조작버튼 개수 등)과 소프트웨어 측면의 제한(입력 방식, 사용자 인터페이스, 콘텐츠 형식 등) 때문이다.

그림 5-3 정보처리와 무선통신이 가능한 모바일 미디어

모바일 미디어는 멀티미디어이다. 단순한 음성·음악·게임 재생 기능의 단계를 넘어 상호작용을 통해 멀티미디어 콘텐츠를 실시간으로 이용하는 단계에 진입했다. 그리고 독특한 소통 양식을 제공함으로써 음성에 국한되었던 상호작용이 문자, 그래픽, 사운드 등 다양한 형식의 미디어에 의

해 구현되는 방식으로 변화하고 있다. 이러한 상호작용 양식은 기술 발전과 함께 SMS Short Message Service, MMS Multimedia Messaging Service, 메신저 서비스 Messenger service와 같이 더욱 다양해지고 있다. 따라서 모바일 미디어는 일상생활은 물론 상호소통, 비즈니스, 공공서비스 등의 부문에서 필수 불가결한 도구가 되었다.

3 모바일 미디어의 특성

가장 대표적인 모바일 미디어인 스마트폰에는 다양한 디지털 미디어가 복합적으로 구현되어 있다. 스마트폰은 휴대폰의 고유 기능인 음성통화 이상의 기능들이 탑재되면서 필수적인 정보 도구로 자리를 잡았다. 음성통화와 문자 메시지를 사용하는 전형적인 소통 기능뿐 아니라 인터넷, 메신저, 방송, 게임, 카메라, MP3 플레이어 등의 다양한 기능을 제공한다. 이제 개인의 정체성을 형성하고 자신을 드러내는 중요한 상징적 아이콘이라는 단순한 도구 이상의 의미를 갖게 되었다. 스마트폰을 이용한 독특한 형태의 상호작용과 라이프스타일이 보편적인 생활양식이 되고 있다.

그림 5-4 융합 기술에 의해 등장한 혁신 미디어인 스마트폰

모바일 미디어에는 스마트폰 외에도 태블릿 PC, 일반 휴대폰, 전자책 단말기, 스마트 TV, PMP, 내비게이션 등이 있다. 이와 같은 모바일 미디어의 특성은 다음과 같다.

■ 시스템과 사용자 사이에 독특한 형태의 소통양식을 제공

모바일 미디어는 휴대성과 이동성을 근간으로 하기 때문에 기존의 미디어와 비교하면 인터페이스가 제한되어 있다. 휴대성과 이동성을 확보하려면 자연스럽게 디바이스가 소형화되는데, 이로 인해 사용자 인터페이스의 구성과 사용성은 제한을 받는다. 즉 메뉴를 이용한 문자·숫자 입력과 같이 기호에 의한 추상적 상호작용 Abstract Interaction만 가능했다. 그러나 스마트폰이 출시되면서 터치 방식의 상호작용이 도입되었다.

■ 본래의 목적인 통화보다 스마트 기능의 비중이 증대

스마트폰의 기본 기능은 통화이다. 그러나 최근 이용비율을 보면 채팅, 메신저, 게임, 온라인 검색이 통화를 앞지르고 있다. 국내의 경우 모바일 게임의 비중이 빠르게 성장했는데, 모바일 메신저인 카카오톡의 역할이 컸다는 평가이다.

■ 모바일 미디어를 도구로 사용하거나 표현의 용도로 사용

스마트폰의 사용 형태는 일반적으로 2가지로 분류된다. 도구적으로 사용하는 경우와 표현을 위해 사용하는 경우이다. 도구적인 사용은 스마트폰을 응급상황에서 안전장비로 사용하거나 일상생활의 약속시간, 모임장소 조정과 같은 다양한 활동을 위해서 사용하는 것이다.

자기표현을 위해 사용하는 대표적인 예는 SMS와 모바일 메신저 서비스이다. 특히 SMS는 송신자와 수신자 사이에 기술적 한계와 사용상의 불편함이 있어 자신의 생각을 짧게 표현할 수밖에 없지만 즐거움이라는 메시지 내용 이상의 가치를 제공한다.

그림 5-5 스마트폰의 사용 형태

■ 일반적인 시간성과 공간성 개념의 재형성

모바일 미디어는 시·공간의 한계를 극복하고 의사소통을 할 수 있는 기능을 제공하기 때문에 시간과 공간의 개념을 재형성한다.

시간성 측면에서는 모바일 시간성이라는 독특한 특성을 보인다. 모바일 시간성의 특징은 현재성과 실시간성이다. 즉, 실시간으로 정보를 검색하고 멀리 떨어진 사람과 즉각적으로 정보를 공유할 수 있다. 이를 잘 이용하면 업무 순서를 효율적으로 배치함으로써 생산성을 높일 수 있다.

공간성 측면에서는 공적 공간과 사적 공간의 경계를 재구축하거나 약화시켜 공간 구성과 인식에 변화를 가져온다. 증강현실 앱, 위치 기반 서비스, 영상회의·영상통화 등을 통해 가상의 원격현실을 경험하고 장소와 무관하게 정보를 얻을 수 있다.

■ **모바일 미디어를 기반으로 하는 스마트 시대의 부작용 발생**

새로운 디지털 미디어로 인해 나타나는 정보격차 문제는 디지털 디바이드Digital Divide라는 용어를 탄생시키면서 모바일 시대의 주요 쟁점 중 하나로 부상했다. 이러한 문제는 정치적, 사회적, 경제적, 문화적 불평등의 문제로 확대되고 있다.

모바일 디바이드 현상은 스마트폰의 보급이 확산되면서 심화되고 있다. 특히 장애인이나 노년층 등 소외 계층의 정보 접근능력이 떨어지면서 정보격차가 커지고 있다. 한국의 경우 일반 휴대폰은 가입자가 모든 연령대에 고르게 분포되어 있지만 스마트폰은 20~30대에 70% 이상이 집중되어 있다. 따라서 서비스와 콘텐츠도 젊은 층에 집중되어 있다.

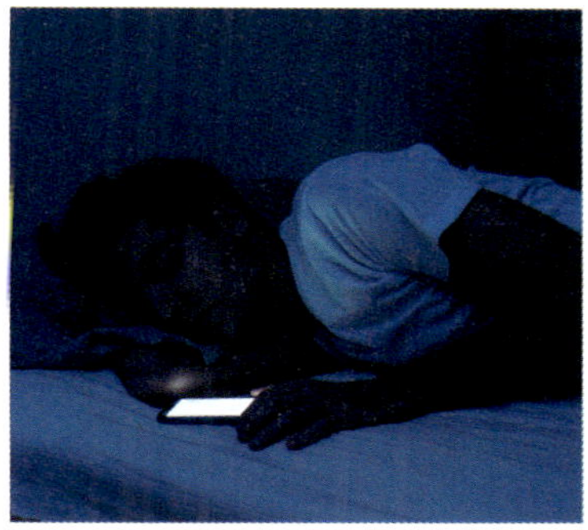

그림 5-6 모바일 미디어에 대한 중독 문제

4 모바일 미디어의 수용과 확산

스마트폰은 모바일 사회의 아이콘이다. 최근 우리 사회에 도입된 스마트폰은 세상의 틀을 새롭게 바꾸고 있다. 스마트폰 시장은 이제 하나의 변화를 넘어 새로운 문화로 자리 잡았다. 손바닥만 한 화면으로 세상과 소통하게 되었고, 쇼핑, 인터넷뱅킹, 포털, 카페, 게시판 등의 기능도 이제 PC에서 스마트폰으로 이동하고 있다.

그림 5-7 모바일 문화의 수용과 소비 방식의 다양성

그리고 스마트폰의 확산으로 시 · 공간에 대한 인식이 새롭게 변화하면서 새로운 관습과 문화가 만들어지고 있다. 10대 청소년 문화가 시장의 주류로 등장하면서 스마트폰을 매개로 만들어지는 모바일 문화가 현대문화를 이끄는 하나의 축이 되었다. 온라인과 모바일 등 통신망을 통한 콘텐츠의 유통 비중이 커지면서 산업 구조도 변화했으며, 사람들의 일상적인 문화 수용과 소비 방식이 크게 달라지면서 대중문화 산업도 크게 변화했다.

스마트폰에는 다음과 같이 일반 휴대폰과 구별되는 독특한 속성이 있다.

- 스마트폰은 다양한 미디어의 구성요소를 통합하는 멀티미디어이다.
- 스마트폰은 컴퓨터 기반의 웹브라우저 시대에서 앱 중심으로 전환을 선도하는 애플리케이션 미디어이다.
- 스마트폰은 모바일 문화를 접하는 새로운 플랫폼이다.
- 스마트폰은 가상현실 · 증강현실 앱을 위한 조작 장치이다.

스마트폰은 콘텐츠 분야에서도 새로운 변화를 선도하고 있다. 최근의 콘텐츠는 다양한 플랫폼을 통해 유통되기 때문에 미디어 융합의 특징이 있다. 스마트폰은 TV, PC와 더불어 콘텐츠 유통의 3대 스크린으로 불린다. 스마트폰에서 소비되는 콘텐츠는 다른 미디어와는 다르게 앱을 통해 전달되는 독특한 방식을 사용한다. 웹브라우저도 하나의 앱에 불과하다.

사람들이 이동하면서 통화하고자 하는 욕구에서 출발한 이동통신은 시간과 공간을 넘어 사람들이 소통하고 정보를 나눌 수 있는 세상을 만들고 있다. 새로운 미디어가 등장할 경우 일반적으로 3단계를 거치면서 사회적으로 수용되는데, 모바일 미디어 역시 기술 중심의 시기, 사용자 중심의 시기, 모바일 중심의 시기를 거친다.

■ 기술 중심의 시기

모바일 미디어에 적용되는 기술이 신기하게 느껴지는 시기이다. 공급자는 이러한 신기함을 강조하는 다양한 홍보와 이벤트 활동을 하고, 사용자는 새로운 모바일 미디어를 체험하며, 이는 구입으로 이어진다. 따라서 공급자는 이벤트를 통해 사용자의 관심과 흥미를 유도할 수 있는 특이한 콘텐츠를 강조한다.

■ 수용자 중심의 시기

모바일 미디어가 보급되고 확산되면서 본격적으로 기술을 이용하는 시기이다. 모바일 미디어가 제공하는 서비스와 콘텐츠가 주된 관심사가 되고, 직접 이용함으로써 원하는 것을 충족하고 재미를 얻는다. 따라서 공급자는 사용자의 이용 행태와 사용성 평가를 통해 요구와 사용 패턴을 파악한 후 사용자 지향적인 콘텐츠를 제공해야 한다.

■ 모바일 중심의 시기

모바일 미디어의 보급과 확산이 어느 정도 이루어져 기술은 일반적인 의미로 사용되고 모바일 미디어가 사용자를 지배하게 되는 시기이다. 사용자는 많은 시간을 모바일 미디어를 사용하는 데 투자하고 이용 형태도 습관화되어 모바일 미디어에 대한 친밀도가 매우 높아진다. 이 시기에 공급자는 몰입 상태를 유지할 수 있는 서비스 콘텐츠를 개발하는 데 집중한다. 현재 한국은 세대 간의 차이는 있지만 세 번째 단계에 진입했다.

그림 5-8 모바일 미디어의 양면

모바일 미디어가 보편적으로 사용되면서 나타나는 현상 중 하나가 '개인화의 심화'이다. 모바일 미디어는 기본적으로 개인적인 미디어지만 모바일 미디어가 멀티미디어로 진화하면서 개인적인 정보 디바이스로서의 활용성과 친밀성이 더욱 강화되고 있다. 이와 같은 개인화는 다음과 같은 몇 가지 의미가 있다.

- 개인 사용자는 단순한 소비자가 아니라 콘텐츠의 생산자이면서 동시에 소비자인 프로슈머Prosumer가 된다. 공급자가 만들어놓은 콘텐츠를 소비하면서 스스로 또 다른 콘텐츠를 생산하고 배급한다.
- 사용자는 자신의 목적이나 욕구에 따라 모바일 미디어를 이용한다. 예를 들어 스마트폰은 단순한 전화기로 사용될 수도 있고 게임기나 카메라로 사용될 수도 있다.

하나 더 알기 **청소년과 모바일 미디어**

청소년에게 스마트폰은 친구와 항상 접촉할 수 있는 연결고리이다. 또래 집단의 의사소통 채널이기 때문이다. 청소년이 모바일 메신저를 통해 사용하는 비속어, 동음이의어, 축약어는 그들의 유대감의 표현 도구이자 집단 정체성을 확인하는 행위이다. 이러한 언어 표현은 언어 파괴라기보다 그들만의 독특한 문화로 보인다. 그리고 이들에게는 스마트폰의 도구적 측면보다는 상징적 측면이 중시되므로 화면의 크기, 스타일, 모델, 기능, 용량 등 시각적 요소 역시 매우 중요하다.

SECTION 02 모바일 시대의 커뮤니케이션

1 이동통신의 역사와 발전

이동통신 서비스는 커넥티드Connected 시대를 열면서 일상생활의 모든 영역을 연결하는 소통의 미디어로 진화했다. 휴대폰으로 시·공간에 구애받지 않고 원하는 사람과 소통하는 새로운 인간을 뜻하는 호모 모빌리쿠스Homo Mobilicus라는 용어까지 등장했다. 이동통신 서비스는 내부적으로 국민생활과 기업문화의 혁신을 가져왔고, 외부적으로는 세계적인 모바일 강국으로 도약하는 기반을 마련했다. 최근의 모바일 미디어 환경은 TV, 오디오, 비디오, PC와 같은 대부분의 디지털 기기와 서비스를 손 안으로 가져왔다. 인터넷과 SNS, 쇼핑, 은행 서비스, 메신저, 게임 등 거의 모든 서비스를 이용할 수 있게 되었으며, 이러한 모바일 환경은 계속해서 성장하고 있다.

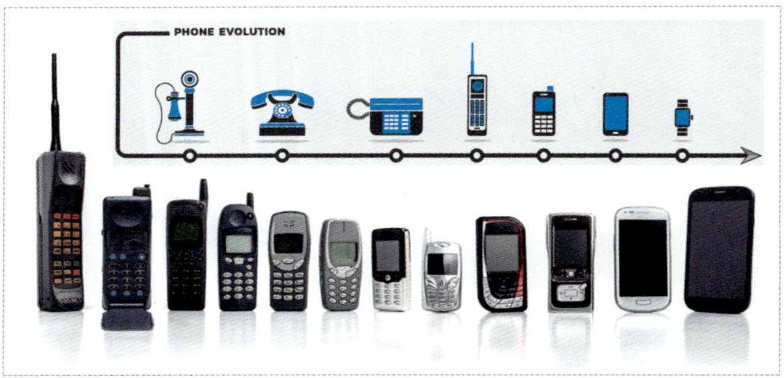

그림 5-9 휴대폰의 진화

무선호출기와 시티폰

우리 사회에 널리 사용된 개인 단위 모바일 소통 디바이스의 시작은 삐삐라고 불리는 무선호출기Pager이다. 무선호출 서비스는 1990년대 초반에 공적인 용도로 국가가 관리하던 전파가 이동통신 서비스 형태로 일반 대중에게 제공되면서 시작되었다. 초기에는 비즈니스 목적으로 쓰이기 시작해 매우 빠르게 대중적으로 확산되었다. 당시 무선호출기의 등장은 의사소통 방식에 커다란 변화를 가져왔다. 무선호출 수신자가 송신자에게 연락하기 위해 공중전화기 앞에 길게 줄을 선 모습을 일상적으로 볼 수 있었다.

이후 이동 상황에서의 소통 욕구를 충족할 수 있는 발신 전용 시티폰CT Phone 서비스가 등장했다. 시티폰은 유럽의 CT-2 기술명에서 유래되었고, 국내에도 시티폰이라는 이름으로 서비스되었다. 시티폰은 무선호출기의 한계를 보완하는 기능으로 사용되었다. 그러나 중계기가 있는 공중전화기에서 멀리 떨어지면 통화 품질이 좋지 않았다. 무선호출기와 휴대폰의 전환기에 잠시 사용되다가 3년여 만에 사라진 서비스이다. 시티폰은 대한민국 통신 역사에서 대표적인 실패 사업으로 손꼽힌다.

1세대 이동통신

1세대(1G) 이동통신은 아날로그 방식으로 음성통화 서비스를 제공했다. 50여 년 전인 1973년 모토로라는 세계 최초의 휴대폰을 개발했고, 미국 통신회사 AT&T가 셀룰러 시스템Cellular System 방식의 카폰을 생산했다. 들고 다니는 전화기의 발명은 인류역사 발전에 중요한 새로운 지평을 열었지만 벽돌폰이라는 별명이 붙을 정도로 크고 무거웠다(771g, 약 391만 원). 1983년 크기를 줄이면서 본격적으로 상용화가 되어 휴대폰의 시대가 열렸다.

우리나라에서는 1988년 삼성이 최초로 개발(800g, 약 400만 원)했다. 디지털 통신망이 탄생할 때까지 아날로그 장비를 기반으로 통신이 이루어져 품질은 그리 좋지 않았다. 이후 새로운 세대의 통신방식 표준은 10년을 주기로 나타났다. 각 세대는 새로운 주파수 대역, 대용량 데이터의 송수신, 빠른 전송속도의 기술을 특징으로 한다. 이동통신에서 세대 즉 Generation을 뜻하는 G는 기술혁신의 단계를 의미한다.

표 5-1 국내 휴대폰 시장의 진화

시대 구분	연도	기술 표준	서비스 방식	특징
1세대(1G)	1984년	셀룰러 통신 방식	아날로그 방식의 음성통화	카폰, 다이나택 8000X
2세대(2G)	1996년	CDMA 방식	• 디지털 음성통화 • 문자서비스(SMS), e메일	• PCS 휴대폰 • 모토로라의 스타택
3세대(3G)	2006년	WCDMA 방식	• 영상통화 • 무선인터넷 가능 • 문자·음성·동영상 등 멀티미디어 데이터 전송	• 피처폰 유통 • 스마트폰 보급 시작
4세대(4G)	2011년	OFDMA 방식	• LTE 서비스 상용화 • LTE-A, 광대역 LTE 진화 • 와이파이보다 빨라진 속도	• 고속 패킷 데이터 전송 • 3.9세대 무선통신 규격 • 동영상 시청 가능
5세대(5G)	2019년	Non-Stand Alone	3.5GHz 고주파수 대역	LTE망 활용, 데이터는 5G 망
		Stand Alone	28GHz 대역망 구축	5G로 평가받는 단독 규격

2세대 이동통신

1996년 우리나라는 세계 최초로 코드 분할 다중접속Code Division Multiple Access, CDMA 디지털 휴대폰을 상용했다. 2세대(2G) 이동통신의 시작이었다. 무선호출기가 사라지고 이때부터 셀룰러, PCSPersonal Communication Services라는 용어가 사용되었다. 2G 시대가 열리면서 휴대폰은 크기가 작아지고 음성통화, 문자메시지, 메일 서비스를 제공했다. 비슷한 시기에 폴더폰도 등장했다.

3세대 이동통신

3세대(3G) 이동통신의 특징은 영상통화와 무선인터넷에 기반한 데이터 전송이다. 일반 휴대폰에 카메라, MP3, 게임 등의 기능을 탑재한 피처폰Feature Phone이 유통되었다. 스마트폰이 출시되기 전까지 최대 성능의 휴대폰으로, 음성, 문자뿐 아니라 사진, 동영상까지 전송한다. 3G 이동통신은 현재 전 세계 대부분의 국가에서 이용하는 통신망이다. 따라서 로밍 서비스로 언제 어디서든 통화가 가능한 장점이 있다.

4세대 이동통신

4세대(4G) 이동통신은 최대 전송속도가 3G보다 7배 이상 빠른 1Gbps를 제공하는 LTELong Term Evolution 서비스로 스마트폰 상용화를 이루었다. 4G의 핵심은 빠른 데이터 전송과 VoLTE, 대용량 메시지 등 데이터에 기반한 다양한 서비스가 제공된다는 것이다. 고화질 동영상, 네트워크 게임, 실시간 온라인 교육 등 온라인 환경의 모든 서비스를 이동 중에도 편리하게 이용할 수 있게 되었다. 통신 네트워크의 진화는 SNS와 인터넷 동영상 서비스(OTTOver The Top)의 성장을 견인했다. 4G 이동통신은 3G 이동통신의 WCDMA 기술에서 진화했기 때문에 기존의 네트워크와 연동할 수 있어 기지국 설치 등의 투자비와 운용비를 크게 줄일 수 있는 장점이 있다.

그러나 초기 LTE 기술은 4세대 이동통신 규격으로 보지 않으며, 3세대보다는 기술적으로 상당히 발전했기 때문에 '3.9세대'라고 한다. LTE-A, 광대역 LTE는 LTE를 한 단계씩 더 발전시킨 것으로, 이동하면서 고화질 3D 방송시청이 가능한 진정한 4G 이동통신기술이다.

5세대 이동통신

5세대(5G) 이동통신은 데이터 전송속도가 이론상으로 1Gbps인 4G보다 20배 정도 빠르다. 5G 시대에는 유선보다 데이터 전송속도가 빠르기 때문에 유선 초고속 인터넷을 무선으로 대체하는 무선시대가 앞당겨질 것이다. 5G는 초고속 · 초광대역 서비스, 고신뢰·초저지연 통신, 초연결의 특성에 따라 자동차, 제조, 의료, 보안, 유통, 금융 같은 기존의 산업을 디지털화하는 과정에서 더 큰 혁신이 발생할 것으로 전망된다.

그림 5-10 초저지연과 초연결의 5G 기술 세대

초광대역은 더 넓은 주파수 대역폭과 더 많은 안테나를 사용함으로써 최대 전송속도를 4G보다 20배 빠르게 구현한다. 5G의 상용화로 초고화질(UHD), 증강현실(AR), 가상현실(VR), 홀로그램, 모바일 입체영상 같은 차세대 실감미디어의 상용화가 가능해졌다. IoT의 실현으로 5G 기반 시설에 AI와 빅데이터 등이 합쳐지면 4차 산업혁명이 앞당겨질 것이다.

2 폴더블폰의 등장

2007년 아이폰 출시 이후 현재와 같은 스마트폰이 대중적으로 확산되었다. 국내·외 기업들이 저마다 경쟁적으로 독창적인 기술을 내놓으면서 시장은 급속도로 성장했다. 화면은 점점 커지고 두께는 점점 얇아지는 방향으로 진화를 거듭했다. 최근에는 5G 스마트폰과 폴더블 스마트폰(폴더블폰)의 인기가 폭발적이다. 2000년대 초반에 유행했던 폴더폰의 형태로 추억을 되살린다는 특징도 있다.

삼성전자는 세 번째 폴더블폰인 갤럭시Z 폴드 2를 공개했고, LG전자는 화면이 좌우로 돌아가는 스위블폰을 출시했다. 글로벌 스마트폰 제조사들도 2020년 하반기부터 폴더블, 듀얼스크린, 스위블, 롤러블 등 새로운 형태의 스마트폰을 계속 출시하고 있다. 모양이 아직 미완성인 폼팩터 시장에서 새로운 경쟁이 시작된 것이다. 지난 10년 동안 표준으로 자리 잡았던 긴 바 형태의 스마트폰 역사는 마감될 것으로 보인다.

폴더블폰Foldable Phone과 폴더폰의 가장 큰 차이는 화면이다. 폴더폰은 펴고 접을 수 있게 만든 휴대폰으로, 열었을 때 가로축을 중심으로 상단의 화면 부분과 하단의 자판 부분으로 구분된다. 폴더블폰은 화면 전체가 터치스크린이고, 세로축을 중심으로 책처럼 화면이 접히는 스마트폰이다. 평소에는 접어서 스마트폰으로 사용하고 펼치면 태블릿으로 사용한다. 화면 손상의 위험이 낮고 안정감 있게 통화할 수 있으며 화면이 커 가독성이 뛰어나다. 접는 형태라서 휴대성에도 유리하다. 향후 관련 기술이 안정화되고 앱 생태계가 충분히 활성화되면 주류가 될 전망이다.

그림 5-11 폴더블 모바일폰, 대형 화면과 구부릴 수 있는 디스플레이

폴더블폰은 5세대 이동통신 시장의 새로운 디바이스 폼팩터로 시장에서 존재감이 커지고 있다. 상용화되면 스마트폰의 모습이 크게 달라질 것이다. 폴더블폰의 핵심은 접는 방식이다. 접는 방식에 따라 장르가 달라진다. 현재는 안으로 접는 인폴딩In-Folding과 밖으로 접는 아웃폴딩Out-Folding 방식이 경쟁을 하고 있다. 아직은 비싸고 기능도 제한적이지만 시장이 활성화되면 다양한 제품이 등장할 것이다.

인폴딩 방식

인폴딩 방식은 책처럼 펼쳐 사용하는 구조이다. 화면을 접으려면 유연성이 보장되어야 하는데 아직은 완전한 수준의 유연함과 내구성에 도달하지 못했다. 현재는 회전축을 통해 디스플레이가 완전히 접히지 않도록 제작된다. 따라서 펼치는 과정에서 플라스틱 소재의 사용으로 굴곡이 발생할 가능성이 있고 회전축에 있는 디스플레이가 이물질로부터 완전히 보호받지 못하는 문제가 발생할 수 있다.

아웃폴딩 방식

아웃폴딩 방식은 화면이 밖에 위치한 반대의 형태로, 완전히 접기 어려운 인폴딩 방식의 대안이다. 화면을 밖으로 구부리기 때문에 폈을 때 회전축에 위치한 화면에 굴곡이 발생할 가능성이 있어 개발 난이도가 높은 방식이다. 현재는 폴더블 디스플레이의 주름과 안정성 문제 해결이 가장 큰 숙제이다. 2020년 삼성은 차세대 폴더블폰 '갤럭시Z 플립'을 공개했다. 위·아래로 접는 조개껍질 형식이며 초박형 유리를 플라스틱으로 감싼 디스플레이를 사용해 접고 펼칠 때 나타나는 주름을 거의 제거했다. 이 외에도 접는 형태에 따라 다양한 플렉서블폰Flexible Phone 방식이 있다.

디스플레이 문제를 개선하고 기술이 상향평준화되면 기능에서 큰 차별화 요소를 찾기 힘들어진다. 따라서 접는 폰이 혁신의 중심으로 등장했고 디자인 전쟁이 다시 시작되었다. 동일한 방향으로 한 번 더 접는 G형, 인폴딩·아웃폴딩을 결합한 S형, 폴더블(현재는 C형) 등이 있다. 추후 디스플레이의 유연한 장점을 활용한 롤러블Rollable, 다양한 신축과 변화가 가능한 스트레처블Stretchable 폰도 출시될 예정이다. 중국과 미국 등 여러 국가의 스마트폰 제조사는 차세대 롤러블 폰 경쟁에 대비하고 있다.

그림 5-12 플렉서블폰, 다양한 형태의 폼팩터의 등장과 차별화

SECTION

03

무선 인터넷 서비스

1 LTE와 5G 이동통신

무선인터넷 서비스는 우리 삶의 큰 부분으로 자리를 잡았다. 모바일 디바이스를 이용해 정보검색, 이메일, 게임, 모바일 결제 등 혁신적인 서비스를 이용할 수 있기 때문이다. 통신 환경이 3G에서 4G LTE Long Term Evolution로 도약하면서 스마트폰, 모바일 뱅킹, 전자상거래, 동영상 서비스 시장에는 혁명적인 변화가 일어났다.

LTE

LTE는 3G 이동통신 규격을 장기적으로 진화시킨 기술이라는 의미에서 붙여진 이름이다. 2009년 유럽식인 3G WCDMA에서 발전해 스웨덴과 노르웨이에서 최초로 상용화되었다. 따라서 기존의 3G 통신망과 연동하기 쉽고, 통신망에 대한 투자비용을 줄일 수 있으며, 서비스 지역의 확장도 용이하다.

LTE 이전의 3G 이동통신에서는 통화 끊김 현상, 무선인터넷 접속 불가 현상, 느린 속도 등에 대한 사용자의 불만이 있었다. 결국 폭발적으로 증가하는 데이터 트래픽을 통신사가 기존에 보유한 이동통신망과 무선통신 방식으로는 감당하기 어려운 한계에 도달했다. LTE는 이러한 환경을 개선하기 위해 등장한 기술이다.

그림 5-13 4G LTE 서비스

한국에서는 2011년에 LTE 서비스가 도입되면서 이동통신 3사가 주된 수입원을 음성통화에서 데이터 통신으로 전환하고 속도 경쟁을 펼쳤다. 이들이 치열하게 속도 경쟁을 한 이유는 사용자가 더 많은 데이터를 빠른 시간에 소진하도록 하기 위해서이다. 속도 경쟁으로 인해 데이터 이용량이 폭증했다. LTE 기술의 발전으로 초당 데이터 전송속도가 초기 대비 10배 이상 빨라졌고 이용할 수 있는 콘텐츠의 용량도 기하급수적으로 증가했기 때문이다.

LTE의 이론적인 전송속도는 다운로드 최대 75Mbps, 업로드 최대 37.5Mbps로 WCDMA HSPA의 전송속도와 비교하면 다운로드는 최대 5배, 업로드는 최대 7배 정도 빠르다. 이후 LTE는 2배 빠른 LTE-A, 광대역 LTE, 3배 빠른 광대역 LTE-A, 3밴드 LTE-A 등으로 빠르게 발전했다.

표 5-2 국내 이동통신 속도의 변천

	접속 방식	상용화 시기	다운로드 최고 속도	업로드 최고 속도	동영상 다운로드(1GB)
1세대	아날로그	1984년 5월	14.4Kbps	-	-
2세대	CDMA	2000년 10월	153.6Kbps	153.6Kbps	-
3세대	WCDMA	2006년 5월	14.4Mbps	384Kbps	8분 이상
4세대	LTE	2011년 7월	75Mbps	25Mbps	1분 50초
	LTE-A	2013년 6월	150Mbps	30Mbps	55초
	광대역 LTE-A	2014년 6월	225Mbps	30Mbps	37초
	3밴드 LTE-A	2015년 1월	300Mbps	75Mbps	28초
	3밴드 기가 LTE	2015년 6월	1.17Gbps	-	8.5초
5세대	패턴 편파 BDMA	2019년 3월	20Gbps~100Mbps	-	-

■ LTE-A 서비스

LTE-A 서비스의 핵심기술 중 하나는 주파수 묶음(CA Carrier Aggregation) 기술이다. CA 기술은 LTE-A의 대명사로 인식되고 있다. 이동통신 주파수가 전 세계적으로 여러 조각으로 나뉘어 각각 운영되고 있기 때문이다. CA는 이러한 주파수를 하나로 묶어 넓은 광대역처럼 사용함으로써 더 빠른 속도를 제공하는 기술이다. 1차선 도로를 2차선으로 확장·개선하는 것에 비유할 수 있다. LTE-A는 서로 다른 10MHz 주파수 대역 2개를 묶어 속도가 2배 향상된 150Mbps의 서비스를 제공한다.

■ 광대역 LTE

광대역 LTE는 인접한 주파수를 묶어 확장시키기 때문에 2개의 주파수를 넘나드는 LTE-A에 비해 배터리 소모가 적다. 1차선 도로와 2차선 도로를 묶는 것에 비유할 수 있다. 3밴드 CA LTE-A(3bandCA LTE-A) 서비스는 225Mbps의 광대역 LTE-A에 10MHz 폭의 비인접 주파수를 더해 75Mbps만큼 속도를 빠르게 한다. 즉 20MHz, 10MHz, 10MHz 등 3개의 비인접 주파수를 3밴드 CA로 묶어 450Mbps를 구현한다. 3밴드 LTE-A 서비스는 LTE보다 5배, 최대 150Mbps인 LTE-A보다 3배 빠르다.

CA 기술의 발전은 MIMO^Multiple Input Multiple Output 기술의 발전과 밀접한 관계가 있다. MIMO 기술은 대용량 데이터의 고속 송수신을 위해 여러 개의 안테나를 사용하는 다중입력 다중출력 기술이다. 여러 채널로 정보를 동시에 전송하기 때문에 안테나 개수에 비례해 채널 용량 증가와 에너지 효율 향상 효과가 있고, 간섭에 강한 장점이 있다. 이후 3~5밴드 CA LTE-A로 발전을 계속했다. 기가 LTE-A는 3CA LTE-A와 기가 와이파이 기술을 결합함으로써 LTE보다 15배, 최대 1.17Gbps의 속도를 구현하지만 실제로는 서비스 지역이 턱없이 부족해 최대 속도가 나타나는 지역은 전국의 일부(약 3.5%)에 불과하다.

■ VoLTE

VoLTE^Voice over LTE 서비스의 상용화로 LTE 망에서 음성통화가 가능해졌다. 음성을 데이터로 변환해 전송한다는 면에서 기술적으로 보이스톡, 스카이프 같은 모바일 인터넷전화(mVoIP)와 동일한 서비스이다. 이전까지는 데이터 송수신에는 LTE를 이용하고 음성통화에는 3G망을 사용했다. VoLTE는 3G 음성통화보다 넓은 주파수 대역폭과 고음질 음성 코덱을 사용하므로 통화 품질이 좋고 20배 빠르다. 또한 음성통화를 영상통화로 전환할 수 있고, 사진, 영상, 위치정보 등을 쉽게 공유할 수 있다.

5G 통신망

5G 통신망은 2G(CDMA/GSM), 3G(WCDMA/HSDPA/와이브로), 4G(LTE/LTE-A/광대역 LTE)의 뒤를 잇는 무선 이동통신의 새로운 패러다임이다. 5G 이동통신은 자동차, 제조 등 다른 산업과 융합을 통해 혁신을 촉진하는 핵심적인 사회 기반시설^Infrastructure이다. 5G는 4G보다 20배 빠르고, 광대역 연결도 평균 10배 빠르다. 와이파이와 LTE(4G)보다 더 넓은 대역폭, 그리고 더 뛰어난 초고속 · 초연결성 · 초저지연 통신이 특징이다.

5G는 유선 네트워크보다 데이터 전송속도가 더 빠르고 지연시간이 적은 차세대 무선네트워크 기술이다. 20Gbps의 전송속도는 2.5Gbps의 초고속 인터넷망보다 6배 이상 빠르다. 유선 네트워크가 필요 없는 진정한 무선의 시대가 열린 것이다. 지연시간은 LTE가 40~60ms, LTE-A가 10ms 정도이지만 5G는 이론상으로 1ms 이하이다. 데이터 전송속도도 매우 빨라져 1GB 정도의 파일은 1~2초(LTE 수십 초) 만에 다운로드가 완료된다.

또한 1km2당 100만 개 이상의 단말기가 접속할 수 있다. 5G는 기존의 LTE와는 다르게 모든 사물을 네트워크 환경으로 끌어들이는 강력한 기반시설로 구분된다. 5G 시대에 진행될 변화의 또 다른 핵심은 초연결성이다. 기존의 IoT 개념에서는 몇 개의 스마트 디바이스(스마트폰, 태블릿 PC, 노트북, 스마트 TV 등)만 연결되었지만, 이제는 모든 디바이스가 상호 연결되는 초연결HyperConnect이 핵심인 시대가 도래할 것이다. IoT는 LTE 시대에 등장했지만 일반화는 이루지 못했다. 5G 시대에 모든 디바이스가 네트워크에 연결되면 센서를 기반으로 하는 자율주행차, 스마트팩토리 등 첨단 기술이 보편화된다. 센서는 4차 산업혁명의 원동력으로, 기업은 수집된 데이터를 기반으로 더 큰 가치를 창출할 것이다.

■ 전국망 부족이라는 한계

5G 전용 서비스, 콘텐츠 부족, 비싼 단말기, 지원금 감소, 수도권 · 광역시 중심의 5G망 구축 등의 문제가 있어 5G가 보편적으로 사용되려면 시간이 다소 필요할 전망이다. 2021년 초반 국내 5G 가입자는 1,000만 명을 넘었지만 아직 속도가 제대로 나오지 않고 있으며, 작업 중에 끊겼다가 LTE로 전환된다. 5G 기지국이 부족해 LTE 망을 일부 공유하는 방식을 사용하고 있기에 나타나는 현상이다. 전국망이 아직 갖춰져 있지 않아 5G 서비스의 품질 문제가 있어 상당 지역과 실내에서 LTE로 서비스를 이용해야 하는 상황이다. 5G 기지국의 수는 전국망이 완성된 LTE 기지국(87만 개)의 1/8 수준이다.

그림 5-14 5G 통신 네트워크 개념과 스마트시티

■ NR 방식의 대안, NSA 방식

5G는 새로운 통신방식(NR New Radio)으로 초고속 · 초연결을 보장한다. NR은 6GHz 이하 주파수를 사용해 24.25~52.6GHz 범위의 밀리미터파 대역을 사용하는 LTE나 와이파이보다 단위 시간당 훨씬 많은 정보를 전송할 수 있다. 하지만 밀리미터파 대역은 도입하기 쉽지 않다. 장애물을 피하는 회절성이 약해 더 많은 기지국이 필요해 비용 부담도 크다.

이런 이유로 5G 서비스의 상용화는 NSA Non-Stand Alone 방식으로 추진되었다. NSA는 NR 기술과 기존 LTE 시스템을 함께 사용하는 방식이다. 이동통신3사는 2020년 후반까지 단독망인 SA Stand Alone와 28GHz로 업그레이드된 5G 서비스를 구축해 '5G SA' 상용화를 이루기 위해 경쟁하고 있다. SA 방식은 LTE 망과 연동이 필요 없기 때문에 속도는 약 2배 빠르고 데이터 처리 효율은 약 3배 높다.

6G 통신망

5G 기술이 도입되고 아직 기술적으로 성숙하지 않은 상황에서 최근 6G에 대한 언급이 시작되었다. 그러나 도입 초기부터 차기 기술에 대해 언급하는 것은 어색한 일이 아니다. 5G 기술에 대한 논의와 표준화 등에 대한 논의도 4G 이동통신이 서비스되기 시작한 2012~2014년부터 시작했다.

6G는 5G보다 약 50배 빠른 데이터 전송을 목표로 2028년 즈음 상용화가 기대되는 미래 통신기술이다. 6G의 목표는 초당 1,000Gbps(약 125GB) 전송속도와 100μs(0.1ms) 수준의 지연시간을 달성하는 것이다. 6G가 실현되면 4G로 다운로드하는 데 2분 걸리는 4K 영화 한 편을 0.16초면 다운로드할 수 있다.

6G 기술은 초고속 데이터 전송과 초저지연을 달성하기 위해 THz 주파수 대역을 사용하고, 이를 위한 안테나 기술이 필요하다. 안테나 외에도 쌍방향 정보전송 방식의 혁신, 최적의 속도와 지연을 제공할 수 있는 네트워크 구성 기술, 신호 분배 및 활용에 필요한 AI도 필요하다. 향후 6G 시대에는 위성통신의 역할이 더 중요해질 것이다. 따라서 스페이스X, 아마존 등이 세계 위성통신 서비스 시장을 선점하기 위한 경쟁을 하고 있다.

6G 기술이 실현되면 VR과 AR을 넘어 3차원 홀로그램을 이용한 확장현실(XR eXtended Reality) 시대가 열릴 것이다. XR은 초실감 확장 현실(TIXR Truly Immersive eXtended Reality), 고정밀 모바일 홀로그램High-Fidelity Mobile Hologram, 디지털 복제Digital Replica 등 지금보다 더 정밀한 실감 콘텐츠를 구현하는 데 활용될 것이다. 5G의 10배가 넘는 성능을 바탕으로 AI, 위성통신, 양자암호통신 등이 융합하는 미래 초연결을 위한 기반시설이 될 것으로 예상된다.

그림 5-15 6G 이동통신 기술과 모바일 홀로그램

2 AP의 발전

스마트폰이 손 안의 컴퓨터로 발전하고 일상생활에서 대부분의 활동과 시간을 함께하는 도구가 되면서 모바일용 메모리 칩 세트Chip Set인 AP Application Processor가 중요해졌다. 스마트폰이 진화할수록 AP가 성능을 결정하기 때문에 그 중요성은 더욱 커지고 있다. 모바일 AP는 디바이스를 구동하고 앱의 작동과 그래픽 처리를 담당하는 핵심 반도체 모듈로, 보통 스마트폰의 두뇌라고 한다.

일반적으로 AP를 컴퓨터의 CPU와 동일한 것으로 인식하지만, 구조적으로는 엄밀히 다르다. AP는 SoC[System On Chip]의 형태로 CPU, GPU, 통신 칩, 이미지 프로세서, 보안 칩 등 각각의 기능을 처리하는 모듈이 하나에 칩 세트 안에 탑재되어 있다. 제조사에 따라 내장된 모듈의 기능과 형태는 조금씩 다르다. 즉 모니터와 키보드를 제외한 컴퓨터의 모든 장치를 작은 칩 안에 축약해 탑재한 것이 AP이다.

그림 5-16 모바일 AP와 다양한 앱의 작동

모바일 AP 시장의 전통의 강자는 퀄컴이다. 퀄컴의 칩 브랜드는 '스냅드래곤'으로, 30% 정도의 시장점유율을 차지하고 있다. 삼성과 애플에서도 자체 설계한 AP를 제작한다. 삼성은 '엑시노스'를 설계 · 제작하고, 애플은 'A' 시리즈의 칩을 설계해 삼성과 TSMC 등에 제작을 맡긴다.

차세대 AP인 스냅드래곤 865와 엑시노스 990은 7㎚ 공정을 통해 더욱 미세하고 정교하게 설계되어 성능은 향상되고 전력소모는 줄었다. 이는 배터리 소모가 더 큰 5G 환경에서 장점으로 작용할 것이다. 5G 통신 시장에서도 퀄컴이 승기를 잡고 있다. 이동통신 세대가 교체되는 초기 시장에서는 두뇌 역할을 담당하는 모바일 AP와 통신 모뎀이 중요한 하나의 축을 이룬다. 모바일 AP와 통신모뎀이 서로 유기적으로 연결되고 전파를 내외부로 전달하는 무선주파수(RF[Radio Frequency]) 솔루션도 갖춰야 한다.

하나 더 알기 **애플의 확장성**

최근 애플은 15년간 이어온 인텔과의 칩 동맹을 종료했다. 애플은 아이폰, 아이패드 등 모바일 디바이스뿐 아니라 맥 시리즈로 대표되는 PC에도 자체 설계한 칩을 탑재할 예정이다. 이를 통해 모바일과 PC까지 아우르는 애플 생태계를 구축할 계획이다. iOS라는 통일된 운영체제로 제품 상호간 호환성을 향상시켜 소비자들을 iOS 안에 머무르게 하고, 개발자들은 iOS용 앱 개발로 수익을 창출하도록 묶어두는 락인[Lock-in] 효과의 범위를 맥까지 확장하려는 전략이다.

3 무선통신 기술의 발전

무선통신Wireless Communication은 전선을 통하지 않고 전파, 주파수 등의 전자기파를 이용해 지리적으로 떨어진 지점에 신호나 정보를 전달하는 기술이다. 과거에는 라디오 방송과 TV 방송이 대표적이었다. 그러나 ICT 환경의 발전으로 통신기술이 급격히 발전하면서 스마트폰과 다양한 디지털 신호를 이용하는 디바이스들이 등장했다. 무선통신은 적외선을 사용하는 TV 리모컨처럼 수 미터 이내에서 작동하는 것부터 위성통신처럼 수천 킬로미터 떨어진 곳에 작동하는 것까지 다양한 종류가 있다.

필요에 따라 무선접속 공유기(AP Access Point) 등의 네트워크 기반시설을 거치며, 근거리에서 서로 다른 디바이스와 통신한다. 스마트폰이 등장하고 모바일 생활이 보편화되면서 근거리 무선통신 기술도 더욱 발전하고 있다. 와이파이, 블루투스, DLNA Digital Living Network Alliance, NFC Near Field Communication 등은 이제 익숙한 용어가 되었다.

와이파이

와이파이는 모바일 미디어에서 데이터를 직접 송수신할 수 있도록 지원하는 표준기술이다. 무선Wireless 방식과 품질Fidelity을 결합한 용어로, 컴퓨터 네트워킹 기술을 무선화한 것이다. 보통 무선 랜Wireless LAN이라고 한다. 무선 랜에서 기지국 역할을 하는 공유기를 이용해 유선망을 무선망으로 확장시킨다. 따라서 무선 환경에서 유선과 같은 수준의 속도와 품질로 데이터 통신을 할 수 있다.

초기 버전은 최고 2Mbps의 통신 속도를 제공했지만, 와이파이를 기본 무선통신 수단으로 탑재한 디바이스 보급이 활성화되고 대용량 동영상 서비스가 제공되면서 더 빠른 와이파이 표준이 요구되고 있다.

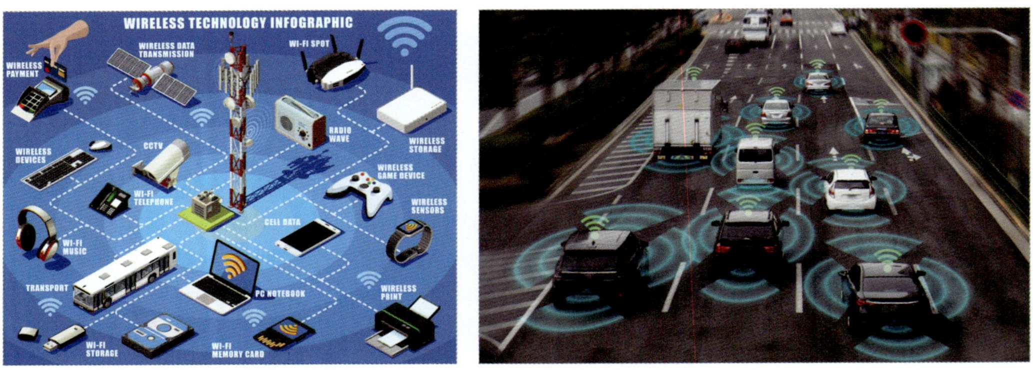

그림 5-17 와이파이·무선 랜 기술 활용

공공 와이파이 확대와 개인화된 모바일 디바이스 확산으로 버스와 지하철 등 대중교통수단이 미디어 산업의 핵심 전쟁터로 떠올랐다. 최근의 대중교통은 정보를 검색하고 영화 · 드라마를 시청하며 SNS와 쇼핑을 하는 주요 장소가 되었다. 최근에는 공공 와이파이 수요가 증가하면서 출력 제한을 완화해 최대 5배가량 빨라졌다. 향후 양질의 공공 와이파이가 확대되면 스트리밍 방식을 통한 초고화질 동영상 시청은 물론 VR, AR과 같은 다양한 형태의 콘텐츠도 대중교통에서 소비할 수 있을 것으로 전망된다.

표 5-3 기타 근거리 무선통신 기술

통신 기술	특징
바코드 (Barcode)	• 문자와 숫자를 부호로 만든 것 • 광학식 신호 판독 장치로 판독 • 상품에 표기되어 재고를 관리하며 유통 부문에서 대중적으로 활용
무선 주파수 인식 (RFID)	• 바코드의 단점을 보완하면서 근접 전파를 통해 정보통신을 할 수 있도록 한 장치 • 50cm~1m에서 동작하며, 읽기 전용이나 읽기/쓰기 정도의 기능을 지원 • 단방향 통신만 가능 • 여러 정보 동시 인식 가능, 장애물이 있어도 정보 인식 가능
저전력 메시 네트워크 (지그비 Zigbee, 지웨이브 Z-wave)	• 환경을 감지하는 대량의 센서 정보를 근거리로 전달하는 통신 기술 • 거리 제약을 없애기 위해 디바이스가 인접 디바이스로 정보 전달(메시 네트워크) • 산업용(원격 검침, 자연재해 감시) 센서 네트워크에서 스마트빌딩, 스마트홈으로 확장 응용
저전력 광역통신망 (LPWAN)	• 초저전력성이 필요한 IoT 디바이스를 위한 이동통신망 • 스마트홈 게이트웨이 등 사용자 영역의 번거로운 고정을 거치지 않고 직접 연결 • 대량의 디바이스가 필요한 옥외 응용 분야에서 더 유용하게 이용
다이렉트 통신 기술	• 디바이스와 디바이스를 1:1로 연결하는 통신 기술 • 허브 장치(와이파이 공유기) 이용 또는 허브 장치 없이 두 디바이스가 직접 연결되어 통신 • 블루투스가 가장 대표적이며, 와이파이 다이렉트 Direct, LTE 다이렉트가 있음
스마트홈 게이트웨이 (Smart Home Gateway)	• 가정의 다양한 IoT 장치를 사용자 간섭 없이 연결하는 네트워크 장치 • 인터넷 공유기, 셋톱박스 장치들이 일종의 허브 혹은 게이트웨이 장치가 됨 • 제품들을 수용하기 위해 와이파이, 블루투스, 지웨이브도 지원

5G 시대가 개막되었지만 와이파이 서비스는 꾸준한 인기를 누릴 것으로 예상된다. 5G 데이터망은 전송속도가 20Gbps로, 2.5Gbps의 초고속 인터넷망과는 비교가 안 될 만큼 빠르다. 또한 전송지연은 1ms 이하이고 1km2당 100만 개 이상의 단말기가 접속할 수 있다. 그러나 아직 이런 속도를 활용할 수 있는 서비스나 콘텐츠가 많지 않아 활용 영역에 한계가 있기 때문에 효용가치는 높지 않다. 따라서 5G 시대에도 와이파이는 많이 활용될 것이다. 와이파이는 비록 속도는 상대적으로 느리지만 무료라는 강력한 강점이 있어 사용자는 줄지 않을 것이다.

메시 와이파이 Mesh Wi-Fi는 N:M으로 연결되는 무선네트워크를 통칭하는 용어로, 공간이 넓은 공공장소나 사무실 등에서 주로 사용한다. 유 · 무선 공유기(AP Access Point)와 증폭기가 부모-자식 관계로 연결되는 기존 와이파이와 달리 동등한 공유기 확장이 특징이다. 그물망처럼 서로 연결되어 음역지역을 없애기 때문에 집안 어디서나 안정적인 무선네트워크 환경을 구축할 수 있다.

블루투스

블루투스는 무선 이어폰·헤드폰과 같은 휴대용 디바이스를 서로 연결해 정보를 교환하는 근거리 무선통신을 위한 기술이다. 10m 안팎의 근거리에서 저전력으로 무선으로 연결할 때 사용한다. 전력 소모가 적어 주로 헤드셋, MP3, 노트북, 휴대용 단말기 등의 소형 디바이에 탑재된다. 사용자 주변 공간 등 근거리 내에서 무선으로 서로 다른 통신장치를 연결하도록 개발되었다. USB 또는 연결선 없이 2.4GHz 무선링크를 통해 모든 정보 디바이스 간에 자유롭게 데이터를 교환할 수 있게 한다.

블루투스는 여러 시스템과 동일한 주파수 대역을 이용하기 때문에 시스템 사이에 전파 간섭을 예방하기 위한 주파수 호핑Frequency Hopping 기술을 사용한다. 주파수 호핑은 많은 채널을 특정한 패턴으로 빠르게 전환하며 패킷(데이터)을 조금씩 전송하는 기법이다. 블루투스는 할당된 79개 채널을 1초에 1,600번 호핑한다. 이러한 호핑 패턴이 디바이스 사이에 동기화되어야 블루투스 통신이 이루어진다.

블루투스 디바이스를 서로 연결하려면 마스터·슬레이브 디바이스가 모두 블루투스를 지원해야 한다. 슬레이브의 전원을 켜고 스마트폰의 블루투스를 활성화하면 주변의 모든 블루투스 디바이스가 탐색된다. 그중에서 원하는 디바이스를 선택하면 즉시 연결Pairing된다. 만약 마스터 디바이스(노트북 등)가 블루투스를 지원하지 않는다면 USB 메모리 모양의 블루투스 중계기Dongle를 사용하면 된다.

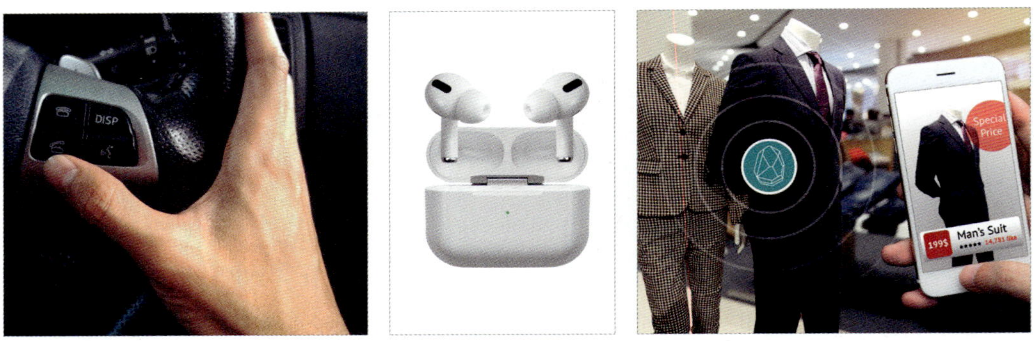

그림 5-18 블루투스 기술

초기의 블루투스는 전송속도가 최대 1Mbps로 낮았고 비용 면에서도 충분한 경쟁력을 갖추지 못해 차량용 헤드셋, 스피커폰, 헤드폰 등 일부 디바이스에만 사용되었다. 이후 영역을 확대하면서 카메라·영상 장치에 탑재되어 간편하게 촬영한 사진·영상을 감상할 수 있게 되었다. 블루투스 4.0은 24Mbps 속도를 유지하면서도 매우 적은 소비전력을 사용한다.

하나 더 알기 **블루투스의 단점**

블루투스의 가장 큰 문제점은 보안이다. 블루투스를 켜 놓은 상태에서는 해킹이 너무 쉽다는 것이다. 간단한 해킹만으로도 스팸 메시지를 전송하고, 모바일 디바이스에 저장된 개인정보를 유출하고, 휴대폰의 원격조종으로 통화내용을 도청할 수 있다. 따라서 개인의 정보보호 의식이 중요하다.

비콘

블루투스가 가장 주목받는 영역 중 하나는 비콘Beacon이다. 비콘은 특정 목적의 메시지를 전달하기 위해 주기적으로 신호를 보내는 장치를 가리킨다. 최초로 상용화된 비콘은 애플이 출시한 아이비콘iBeacon이다. 저전력성, 저비용, 소형화 등으로 주목을 받았다. 모바일 디바이스는 비콘의 주기적인 수신신호에 의해 특정 앱을 수행하거나 특정 웹 화면을 보여줄 수 있다. 그 외에도 스마트워치, 스마트밴드 등에 활용되고 있다.

NFC

NFCNear Field Communication 통신 기술은 10cm 이내의 짧은 거리에서 동작하는 비접촉식 근거리 무선통신 방식이다. 근거리 통신 방식의 시초는 바코드이다. 바코드는 문자와 숫자를 부호로 만든 것으로, 상품에 표기되어 대중적으로 다양한 영역에 활용되고 있다. 이보다 진보된 방식이 무선주파인식(RFID Radio Frequency Identification)이다. RFID는 바코드의 단점을 보완해 1m 이상의 거리에서도 데이터를 송·수신하며, 하이패스, 교통카드, 동물·물품관리 등 이미 일상생활에 다양하게 활용되고 있다.

NFC 기술은 이전의 비접촉식 무선통신 기술인 블루투스, RFID, 지그비Zigbee 등의 특징과 장점을 대부분 수용하고 있다. 보안성이 높고 전력 소모가 매우 적으며 쌍방향 통신이 가능하기 때문에 다양한 상용화가 시도되고 있다. NFC 단말기는 무선전파를 송수신하기 위한 안테나, 데이터 처리를 위한 NFC 칩, 보안을 담당하는 보안 모듈로 구성된다. RFID보다 강화된 스마트카드 보안 기술을 사용해 신용카드, 교통카드, 멤버십 카드, 쿠폰, 신분증 등의 다양한 역할을 대신한다.

그림 5-19 NFC 기술의 다양한 활용

스마트폰의 대중화와 함께 NFC 기술은 우리 일상생활에 엄청난 변화를 가져왔다. 박물관에서는 전시된 유물의 설명판에 있는 NFC 태그에 스마트폰을 가져가면 유물에 대한 설명과 사진 등의 자료를 볼 수 있다. 특정 제품의 할인 쿠폰을 받거나 모바일 결제를 할 수 있을 뿐 아니라 여행 정보 전송, 교통, 출입통제 잠금장치 등에 광범위하게 활용된다.

미러링과 캐스팅

미러링Mirroring과 캐스팅Casting은 스마트폰 화면의 내용을 주변 다른 장치의 화면에 그대로 보여주는 기술이다. 스마트폰은 PC를 위협하는 편리한 미디어지만 화면 크기가 제한적이어서 생산성이 떨어진다. 정보를 확인하기 위해 주머니나 핸드백에서 꺼내야 하는 불편함도 있고, 다수의 앱을 하나의 화면에 띄우기 힘들어 멀티태스킹 능력이 떨어진다. 이런 불편함은 스마트폰의 화면을 TV, 냉장고의 스크린, 스마트 미러Smart Mirror 등 주변의 장치에 그대로 띄움으로써 해결할 수 있다. 동영상, 넷플릭스, 유튜브 등의 스트리밍 서비스를 대화면으로 손쉽게 감상할 수 있는 이점이 있다. 이러한 기술을 미러링 또는 캐스팅이라고 한다.

그런데 미러링 서비스는 별도의 앱을 쓰거나 많은 화면 조작 과정을 거쳐 기능을 설정해야 사용할 수 있었다. 지금까지 TV 미러링 기능이 활성화되지 않은 이유는 이런 복잡함 때문이었다. 이제 무선인터넷, HDMI, 크롬캐스트 연결도 필요 없고 NFC를 이용해 디바이스 터치만으로 실행할 수 있다.

SECTION 04

모바일 시대의 사회문화

1 모바일 문화의 확산

스마트폰과 소셜 미디어의 등장·발전으로 미디어 환경이 급속도로 달라졌다. TV, 잡지, 라디오, 신문의 전통적인 4대 미디어 시대가 저물고 PC · 모바일 중심으로의 재편이 빠르게 진행되었다. 미디어 환경을 변화시킨 특징은 디지털, 온라인, 소셜 미디어라는 3개의 키워드로 요약된다. PC· 모바일 중심의 미디어 환경은 다양한 미디어의 통합 또는 미디어의 다중성을 강조하는 멀티미디어에 의한 새로운 경험을 제공한다.

인터넷에서 시작한 디지털 문화는 이제 스마트 디바이스로 옮겨가고 있다. 웹툰의 경우 처음 연재된 2011년에는 대부분 PC로 감상했지만, 이제는 모바일 디바이스로 감상하는 것이 자연스러워졌다. 유튜브와 같은 동영상 플랫폼의 대중화로 오락부터 정보 습득까지 동영상을 통해 해결하는 시대가 열렸다. 스마트폰이 필수 매체가 되면서 언제 어디서나 인터넷에 연결할 수 있게 되었고, 시공을 초월한 정보 접근이 가능해졌다. 스마트폰으로 인해 변화된 디지털 문화의 양상을 살펴보자.

■ 온라인 중심의 콘텐츠 시장

스마트폰 보급이 확대되면서 콘텐츠 시장이 오프라인에서 온라인으로 전환되었다. 스마트폰은 TV 시청 형태도 변화시켰다. 좋아하는 프로그램을 TV를 통해 본방송으로 보지 않아도 출퇴근길 지하철에서 볼 수 있기 때문이다. 모든 분야에서 온라인 시장이 활성화되고 있는데, 한국의 경우 특히 모바일 게임 시장의 성장세가 가파르다. 온라인 게임은 PC 이용자의 25%만이 즐기지만, 모바일 게임은 스마트폰 가입자의 75% 이상이 즐긴다. 모바일 게임이 빠르게 확산된 데는 카카오톡과 같은 모바일 메신저의 역할이 크다. 게임에 관심이 없는 사람도 게임 권유 쪽지를 통해 자연스럽게 참여하기 때문이다.

■ 모바일 맞춤형 콘텐츠 등장

스마트 시대에 들어서면서 모바일 환경에 최적화된 콘텐츠가 등장했다. 특히 스마트폰 사용에 익숙한 10대는 더 직관적이고 더 짧은 동영상을 찾는 경향이 두드러진다. 이와 같은 현상에 맞추어 5~15분짜리 짧은 영화나 드라마가 제작되고 있다. 또 과자를 먹듯 자투리 시간에 소비할 수 있는 스낵 컬처Snack Culture의 영향력이 점차 커지고 있다. 스낵 컬처는 짧은 시간에 문화콘텐츠를 소비하는 게임(3분), 모바일 앱(5분), 웹툰(10분), 동영상(15분) 등의 콘텐츠를 의미한다.

그림 5-20 모바일 맞춤형 콘텐츠

■ 모바일 광고 시장의 확대

사람들이 스마트폰을 생활에서 거의 떼놓지 않기 때문에 모바일 광고 시장의 영향력도 더 커지고 있다. 모바일 광고는 기존의 광고 방식과 차이가 있다. 캐시슬라이드 앱 기반 광고를 예로 들면, 스마트폰의 잠금 화면에 광고가 게재되고 사용자가 광고를 본 뒤 잠금을 해제하면 현금이 적립된다. 애드라떼, 카톡플러스 친구 등도 유사한 방식이다. 이러한 형태의 광고는 맞춤형 메시지 전달과 이벤트 진행에 유리하기 때문에 앞으로도 증가할 것으로 예상된다.

■ 모바일 쇼핑 시장의 확대

쇼핑 시장이 온라인 중심에서 모바일 중심으로 전환되고 있다. 기업들은 경쟁적으로 TV 홈쇼핑 채널의 전 상품을 보고 구매할 수 있는 쇼핑 앱을 출시하고 있다. 모바일이라는 특수성을 감안해 쇼핑 방송을 1~3분 정도로 제공하기도 한다. 디지털 디바이스의 보급은 기업과 소비자의 소통방식을 변화시켰다. 소통의 주도권이 소비자에게 있기 때문에 소비자의 행동 · 관심에서 비롯된 제품과 관련된 콘텐츠를 개발해 좋은 평가를 얻는 것이 중요해졌다.

■ 인플루언서의 등장

소셜 미디어 마켓은 인스타그램·페이스북·블로그 등 SNS에서 상품을 거래하는 새로운 형태의 쇼핑몰 플랫폼이다. 대규모 팔로어를 보유해 큰 영향력을 발휘하는 인플루언서Influencer를 중심으로 SNS를 통해 물건을 판매하는 쇼핑 플랫폼이 형성되고 있다. 소셜 미디어 마켓은 개인 간 거래 중심으로, 주목받는 제품을 공동구매하는 형태가 많다. 주로 거래되는 품목은 화장품, 의류, 식료품 등이다.

2 일상 속 모바일 문화

■ 일상생활에 파고든 영향력

오늘날 앱 콘텐츠 산업은 혁신의 원천이며 차세대 성장을 위한 동력으로 중요한 부가가치를 창출한다. 콘텐츠 산업뿐 아니라 전자상거래, 제조, 금융 등의 영역까지 앱을 통해 디지털 환경으로 전환되면서 플랫폼 서비스가 산업 영역 전반에 영향력을 확산하고 있다. 앱은 개인의 취향에 맞는 정보와 미디어의 제공, 사람과 사람의 연결, 차량 공유, 배달, 물류, 간편결제, 금융, 헬스케어 등 일상생활에 필요한 거의 모든 서비스를 제공하고 있다.

■ 전자책 시장의 확대

거의 모든 사람이 스마트폰을 사용하는 시대가 되면서 전자책 시장이 성장하고 있다. 사용자가 스마트폰으로 직접 콘텐츠를 생산하고 홍보하는 1인 출판도 가능해졌다. 1인 출판은 소비자의 반응을 즉시 반영할 수 있기 때문에 쌍방향 소통이 가능하다. 커뮤니티를 통해 입소문이 나면 파급력도 크다.

요약

01 1세대(1G) 이동통신은 아날로그 방식으로 음성통화 서비스를 제공했다.

02 1996년 우리나라는 세계 최초로 코드 분할 다중접속Code Division Multiple Access, CDMA 디지털 휴대폰을 상용했으며 2세대(2G) 이동통신의 시작이었다.

03 3세대(3G) 이동통신의 특징은 영상통화와 무선인터넷에 기반한 데이터 전송이다.

04 4G의 핵심은 빠른 데이터 전송과 VoLTE, 대용량 메시지 등 데이터에 기반한 다양한 서비스가 제공된다는 것이다.

05 5세대(5G) 이동통신은 데이터 전송속도가 이론상으로 1Gbps인 4G보다 20배 정도 빠르다.

06 인폴딩 방식은 책처럼 펼쳐 사용하는 구조이다.

07 아웃폴딩 방식은 화면이 밖에 위치한 반대의 형태로, 완전히 접기 어려운 인폴딩 방식의 대안이다.

08 6G는 5G보다 약 50배 빠른 데이터 전송을 목표로 2028년 즈음 상용화가 기대되는 미래 통신기술이다.

09 와이파이는 모바일 미디어에서 데이터를 직접 송수신할 수 있도록 지원하는 표준기술이다.

10 블루투스는 무선 이어폰 · 헤드폰과 같은 휴대용 디바이스를 서로 연결해 정보를 교환하는 근거리 무선통신을 위한 기술이다.

11 비콘은 특정 목적의 메시지를 전달하기 위해 주기적으로 신호를 보내는 장치를 가리킨다.

12 NFC^{Near Field Communication} 통신 기술은 10cm 이내의 짧은 거리에서 동작하는 비접촉식 근거리 무선통신 방식이다.

13 미러링Mirroring과 캐스팅Casting은 스마트폰 화면의 내용을 주변 다른 장치의 화면에 그대로 보여주는 기술이다.

시대 구분	연도	기술 표준	서비스 방식	특징
1세대(1G)	1984년	셀룰러 통신 방식	아날로그 방식의 음성통화	카폰, 다이나택 8000X
2세대(2G)	1996년	CDMA 방식	• 디지털 음성통화 • 문자서비스(SMS), e메일	• PCS 휴대폰 • 모토로라의 스타택
3세대(3G)	2006년	WCDMA 방식	• 영상통화 • 무선인터넷 가능 • 문자·음성·동영상 등 멀티미디어 데이터 전송	• 피처폰 유통 • 스마트폰 보급 시작
4세대(4G)	2011년	OFDMA 방식	• LTE 서비스 상용화 • LTE-A, 광대역 LTE 진화 • 와이파이보다 빨라진 속도	• 고속 패킷 데이터 전송 • 3.9세대 무선통신 규격 • 동영상 시청 가능
5세대(5G)	2019년	Non-Stand Alone	3.5GHz 고주파수 대역	LTE망 활용, 데이터는 5G 망
		Stand Alone	28GHz 대역망 구축	진짜 5G로 평가받는 단독 규격

연습 문제

객관식 문제

01 모바일 미디어의 정의를 뒷받침하는 핵심적인 기술요소에 대한 설명으로 잘못된 것은?

① 이동성: 시·공간의 제약을 극복하기 위해 무선통신 기능을 제공한다.

② 단말기 인터페이스: 하드웨어, 소프트웨어 측면의 제한되지 않은 조작방식을 제공한다.

③ 무선통신: 이동성을 보장하기 위해 무선통신 기능을 제공한다.

④ 다양한 정보처리: 정보, 신호, 멀티미디어 데이터 등을 처리한다.

02 모바일 미디어의 특성에 관한 설명으로 옳지 않은 것은?

① 터치방식의 상호작용에서 추상적 상호작용 방식으로 변화

② 통화보다 스마트 기능의 비중이 증대

③ 시 · 공간 개념의 재형성

④ 모바일 미디어를 도구로 사용하거나 표현의 용도로 사용

03 모바일 문화 확산의 주요 원인으로 적절하지 않은 것은?

① 모바일 광고 시장의 확대
② 전자책 시장의 확대
③ 공급자 중심의 콘텐츠 확대
④ 인플루언서의 등장

04 모바일 미디어의 사회적 수용 단계에 해당하지 않은 것은?

① 기술 중심 시기
② 모바일 중심 시기
③ 사회 중심 시기
④ 수용자 중심 시기

05 대중문화 산업의 변화를 이끈 스마트폰만의 독특한 속성으로 적절하지 않은 것은?

① 다양한 미디어의 구성요소들을 통합하는 멀티미디어이다.

② 웹브라우저 시대에서 앱 중심으로 전환을 선도하는 애플리케이션 미디어이다.

③ 각종 특화 기능들을 제공하는 제조사 고유 OS 기반 플랫폼이다.

④ 모바일 문화를 접하는 새로운 플랫폼이다.

06 모바일 미디어의 양면성에 대한 설명으로 옳지 않은 것은?

① 사회관계 확장 및 새로운 관계 양식 창출이 가능하나 가치의 변형이 올 수 있다.

② 개방적이고 심층적이기도 하지만, 폐쇄적이고 피상적인 방향으로 위축될 수도 있다.

③ 민주적인 잠재력을 발휘할 수 있으나, 타인과의 접속 · 소통의 기회도 줄어든다.

④ 온라인 매체를 통해 양질의 정보를 제공받으나, 생각의 다양성을 침해받을 수 있다.

07 각 세대별 이동통신 기술표준이 올바르게 짝지어지지 않은 것은?

① 1세대: 셀룰러
② 2세대: CDMA
③ 3세대: WCDMA
④ 4세대: HSDPA

08 각 세대별 이동통신에 대한 설명으로 올바르지 않은 것은?

① 1세대: 아날로그 방식의 음성통화 서비스를 제공한다.

② 2세대: 세계 최초로 시분할 다중 접속 기술인 GSM을 상용화해 음성, 문자, 메일 서비스를 제공한다.

③ 3세대: 영상통화와 무선인터넷 기반의 데이터 전송 서비스를 제공한다.

④ 4세대: VoLTE, 대용량 메시지 등 데이터 기반의 다양한 서비스를 제공한다.

09 다음 중 LTE(Long Term Evolution)에 관한 설명으로 알맞지 않은 것은?

① WCDMA에서 발전하여 스웨덴과 노르웨이에서 최초로 상용화되었다.

② LTE-A는 1차선 도로와 2차선 도로를 묶는 기술이다.

③ 기존의 3G 통신망과의 연동이 쉽고, 서비스 지역의 확장도 용이하다.

④ 폭발적으로 증가하는 데이터 트래픽을 줄이기 위해 등장한 기술이다.

10 4세대 이동통신 CA(Carrier Aggregation) 기술의 발전과 밀접한 관계가 있는 기술은?

① MIMO(Multiple Input Multiple Output)

② SISO(Single Input Single Output)

③ MISO(Multiple Input Single Output)

④ SIMO(Single Input Multiple Output)

연습문제

11 5G 통신망의 설명으로 적절하지 않은 것은?

① 2G, 3G, 4G의 뒤를 잇는 무선 이동통신의 새로운 패러다임이다.

② 와이파이, LTE보다 대역폭이 더 넓으며, 초고속·초연결성·초저지연 통신이 특징이다.

③ VoLTE(Voice over LTE) 서비스의 상용화로 5G 망에서 음성통화가 가능해졌다.

④ 유선 네트워크보다 데이터 전송이 빠르나, 현재 기지국 부족으로 LTE망을 일부 공유하는 방식을 사용하고 있다.

12 다음 중 6G 기술과 가장 밀접한 콘텐츠 관련기술은?

① 가상현실(VR) ② 확장현실(XR)

③ 증강현실(AR) ④ 인공지능(AI)

13 스마트폰의 두뇌라고 말하며, 디바이스를 구동하고 앱의 작동과 그래픽 처리를 담당하는 핵심 반도체 모듈은?

① CPU(Central Processing Unit) ② AP(Application Processor)

③ GPU(Graphics Processing Unit) ④ DSP(Digital Signal Processor)

14 전선을 통하지 않고 전자기파(전파,주파수)를 이용하여 지리적으로 떨어진 지점 사이에서 신호나 정보를 전달하는 기술은?

① 무선통신 ② 유선통신

③ 위성통신 ④ 시리얼통신

15 근거리 무선통신 기술에 대한 설명으로 옳지 않은 것은?

① Barcode: 문자와 숫자를 부호로 만든 기술

② Zigbee: 대량의 센서정보를 근거리로 전달하는 통신 기술

③ Bluetooth: 디바이스와 디바이스를 1:1로 연결해주는 통신 기술

④ RFID: 바코드의 단점을 보완하였으며, 양방향 통신이 가능한 기술

16 블루투스에 대한 설명으로 옳지 않은 것은?

① 저전력 근거리 무선통신 기술
② 소형 디바이스에 탑재
③ 전력소모가 작음
④ 미러링을 통해 디바이스 연결

O, × 문제

01 모바일 미디어는 개념은 아날로그 미디어를 포함하지 않고 디지털 미디어 개념만을 포함한다.

02 모바일 미디어는 이동 중에도 음성통화, 다양한 정보처리, 무선통신 기능에 의한 연결성으로 독특한 상호작용 및 소통양식을 제공한다.

03 모바일 미디어는 공적공간과 사적공간의 경계의 경계를 강화시켜 공간구성과 인식에 변화를 가져온다.

04 콘텐츠 유통의 3대 스크린에는 스마트폰, TV, PC가 있다.

05 5세대 이동통신은 데이터 전송속도가 이론상으로 1Gbps인 4G보다 10배 정도 빠르다.

06 폴더블폰은 접는 방식에 따라 인폴딩과 아웃폴딩 방식으로 나누어진다.

07 광대역 LTE는 인접한 주파수를 묶어 확장시켰기 때문에 2개의 주파수를 넘나드는 LTE-A에 비해 배터리 소모가 많다.

08 MIMO기술은 여러 채널로 정보를 동시에 전송하기 때문에 안테나 개수에 비례하여 채널용량 증가효과, 에너지 효율향상을 가져오나 간섭에 약하다는 단점이 있다.

09 VoLTE는 3G 음성통화보다 넓은 주파수 대역폭과 고음질 음성 코덱의 사용으로 통화 품질이 좋고 20배 빠르다.

연습 문제

10 4세대 이동통신 기술의 등장으로 인해 IoT 서비스가 일반화 되었다.

11 6G 기술은 초고속 데이터 전송과 초저지연을 달성하기 위해 THz(테라헤르츠) 주파수 대역을 사용한다.

12 근거리 무선통신 기술 중 저전력 메쉬네트워크 기술은 사용자 영역의 번거로운 과정을 거치지 않고 직접 연결한 것을 말한다.

13 Wi-Fi는 개인보다는 공간이 넓은 공공장소나 사무실 등에서 사용하며, N:M으로 연결되는 무선네트워크를 통칭하는 용어이다.

14 근거리 통신 방식의 시초는 블루투스이다.

15 블루투스 디바이스를 서로 연결하기 위해서는 마스터 · 슬레이브 디바이스 중 하나만 블루투스를 지원하면 된다.

16 모바일 맞춤형 콘텐츠가 등장하면서 자투리 시간에 콘텐츠를 소비하는 스낵 컬처 영향력이 점차 커지고 있다.

17 다양한 미디어 시대에서의 소셜 미디어의 영향력은 커져가고 있으며, 이는 기업과 소비자 사이의 소통 방식을 변화시켰다.

18 SNS에서 대규모 팔로어를 보유하여 대단한 영향력을 발휘하는 사람을 아웃플루언서라고 한다.

19 모바일 미디어는 개념은 아날로그 미디어를 포함하지 않고 디지털 미디어 개념만을 포함한다.

단답형 문제

01 새로운 디지털 미디어가 등장하면서 ( )로 인한 정치적, 사회적, 경제적, 문화적 불평등 문제가 확산되고 있으며, 이는 모바일 시대의 주요 쟁점으로 부상하고 있다.

02 모바일 미디어는 단순한 음성 · 음악 · 게임의 재생 기능 단계를 넘어 ( )을 통해 멀티미디어 콘텐츠를 실시간으로 이용하는 단계로 진입하였다.

03 ( )증상은 디지털 미디어의 등장으로 인해 생긴 부작용으로 더 크고 강한 자극만을 계속해서 요구하는 증상을 말하며, 특히 아이들에게 치명적이다.

04 휴대폰로 시·공간에 구애받지 않고 원하는 사람과 소통을 하는 새로운 인간을 ( )라고 한다.

05 이동통신 서비스는 ( ) 시대를 열면서 일상생활의 모든 영역을 연결하는 소통의 미디어로 진화했다.

06 5G기술의 상용화로 초고화실(UHD), 증강현실(AR), 가상현실(VR), 홀로그램, 모바일 입체영상 같은 ( )의 상용화가 가능해졌다.

07 평소에는 접어서 스마트폰으로 사용하고 펼치면 태블릿으로 사용하는 휴대폰을 ( )이라고 부른다.

08 LTE 서비스의 핵심기술인 ( ) 기술은 주파수를 하나로 묶어 넓은 광대역처럼 사용하는 기술을 말한다.

09 ( )서비스는 광대역 LTE-A에 10MHz 폭의 비인접 주파수를 더해 75Mbps 만큼 속도를 빠르게 하는 기술이다.

연습문제

10 5G 이동통신은 자동차, 제조 등 다른 산업과 융합을 통해 혁신을 촉진하는 핵심적인 (　　　) 시설이다.

11 5G 시대는 (　　　　　)를 기반으로 모든 디바이스가 네트워크에 연결되며, 자율주행차, 스마트 팩토리 등 첨단 기술이 보편화 될 것으로 보고 있다.

12 5G는 새로운 통신방식으로 초고속·초연결을 보장하지만 몇 가지 이유로 (　　)방식을 택했다.

13 스마트폰의 두뇌라고 말하며, 디바이스를 구동하고 앱(　　)의 작동과 그래픽 처리를 담당하는 핵심 반도체 모듈이다.

14 iOS는 소비자와 개발자의 (　　　　　)효과를 위해 통일된 운영체제 제공 및 iOS용 앱 개발을 통한 수익창출을 제공하고 있다.

15 가장의 다양한 IoT 장치들을 사용자 간섭없이 인터넷에 연결하는 네트워크 장치를 (　　　) 라고 한다.

16 블루투스는 시스템 사이에 전파 간섭을 예방하기 위해 (　　　　　　)기술을 사용한다.

17 (　　　　　)은 특정 목적지의 메시지를 전달하기 위해 주기적으로 신호를 보내는 장치를 말한다.

18 (　　　　　) 통신 기술은 10cm 이내 거리의 비접촉식 근거리 무선통신 방식을 말한다.

19 (　　　　　　　　　)은 스마트폰 화면의 내용을 주변의 다른 장치의 화면에 그대로 보여주는 기술을 말한다.

CHAPTER 06

쌍방향 소통, 소셜 미디어

학습목표

- 소셜 미디어가 일상생활에 미치는 파급력을 알아본다.
- 소셜 미디어는 저널리즘을 어떻게 변화시켰는지 학습한다.
- 모바일 메신저의 특징과 종류를 알아본다.

SECTION 01

소셜 미디어의 개요

1 소셜 미디어의 등장과 발전

인터넷의 발달은 시·공간을 초월해 전 세계 사람들이 정보를 교환하는 가상의 사이버 공간을 형성했다. 그리고 더 나아가 사회적 관계망 서비스(SNS Social Network Service)로 확장되어 지금의 생태계가 이루어졌다. 사이버 공간은 다수가 빠르게 상호소통하며 새로운 인간관계를 형성하는 장이자 다양한 활동을 하는 영역으로, 이제 현실 공간만큼 중요한 역할을 하고 있다.

그림 6-1 SNS와 소셜 미디어의 상호작용

소셜 미디어Social Media는 사람들 사이의 소통수단으로 인기를 누리고 있는 최근의 미디어이다. 개인은 소셜 미디어에 자발적으로 참여해 온라인 환경에서 자신의 생각, 의견, 관점, 경험, 정보 등을 상호공유하면서 관계를 형성한다. 이 과정을 거치면서 개개인의 생각이나 정보는 집단지성Collective Intelligence에 의해 정제되고 확장된다. 소셜 미디어는 이 과정에 사용되는 개방적인 플랫폼Platform이자 온라인 도구라 할 수 있다.

SNS와 스마트폰을 통한 새로운 소통방식이 급증한 배경에는 SNS의 가장 큰 특징인 관계 맺기가 있다.

마이크로블로그의 등장

마이크로블로그MicroBlog는 140~150자 정도의 짧은 글을 주고받는 SNS 서비스이다. 트위터Twitter가 대표적이다. 2006년에 서비스를 시작한 트위터는 기존 소셜 미디어인 블로그, 커뮤니티, 미니홈피, 메신저 등의 기능과 장점을 흡수·변형해 사회적 관계와 정보 공유를 목적으로 140자 이내의 단문 메시지를 송·수신한다. 효율성을 중시하고 모호성을 싫어해 간결하고 직접적으로 의사를 표현하는 이들의 성향에 가장 적합한 채널이다.

그림 6-2 **일상생활의 변화 중 획기적인 소통방식인 마이크로블로그**

마이크로블로그 소통 방식의 특징은 유·무선 통합으로 인터넷 접근성이 강하고, 이용자가 증가할수록 정보 공유 공간이 확장된다는 것이다. 그리고 메신저, 트위터, 페이스북 등의 소통 앱을 이용하면 언제 어디서나 개방적인 공간에 참여하고 상호작용할 수 있다. 이러한 소통 방식의 변화는 사회 기반시설을 근본적으로 변모시켰다. 이제 사람들은 인터넷 공간에서 빠르고 효율적으로 소통하면서 사회적·정치적인 대화 채널을 형성한다.

개인이 자발적으로 참여하는 웹 기반 서비스인 SNS에서는 사용자의 인적·사회적 네트워크를 활용한 상호작용과 관계에 의해 다양한 형태의 콘텐츠가 생산·확산된다. 이 과정에서 지식·정보의 개방화와 민주화가 촉발되고, 개인은 콘텐츠 이용자에서 콘텐츠 생산자로 변모한다. 비즈니스 영역에서도 이용자 중심의 콘텐츠, 소비자 중심의 콘텐츠 개발과 활용에 집중해야 하는 시대가 되었다.

SNS의 파급력

소셜 미디어에서는 전 세계로 인맥을 확대해 관계를 형성할 수 있고 시간·장소의 제약 없이 다양한 정보를 수집하고 지식을 습득할 수 있다. SNS는 빠른 속도로 정보를 확산시킬 수 있고 영향력이 강하기 때문에 여론 형성에 효과적인 1인 미디어의 기능을 한다.

2011년 '아랍의 봄', 프랑스의 '노란조끼'에서는 SNS가 강력한 소통 도구 역할을 해 민주화 열풍을 일으키는 데 결정적인 기여를 했다. '트위터 혁명'이라는 말까지 등장했다.

그림 6-3 SNS 속 혁명

튀니지는 2011년 중동의 여러 독재정권을 무너뜨린 민주화 운동 '아랍의 봄'의 시작점인 재스민 혁명Jasmine Revolution이 일어난 곳이다. 무력으로 진압당하는 시위 현장의 모습이 트위터를 통해 전 세계에 실시간으로 전해졌다. 결국 독재 정권이 무너지고 이집트, 리비아 등 다른 아랍 국가의 정권도 무너졌다. 지도자도 없고 조직도 없이 자발적 시위자들이 SNS를 통해 소통하고 협력하며 동력을 유지했다. SNS의 영향력을 보여주는 대표적인 사례이다.

이처럼 소셜 미디어는 일방적인 메시지를 불특정 다수에게 전하던 과거 미디어의 체계를 근본적으로 뒤흔들면서 희망의 도구로 떠올랐다. 대중은 결정권자가 뉴스를 취사·선택하는 게이트키핑Gatekeeping에 의해 신문·방송 미디어에서 무시되고 있던 주제들을 직접 발굴했다. 개인의 발언권이 강해지고 그만큼 영향력도 커졌다.

하지만 SNS의 문제점도 뚜렷하다. 빠른 전달 속도로 인해 출처가 불분명하거나 잘못된 정보가 순식간에 확산되어 정보 왜곡이 발생하기도 한다. 그러나 SNS는 계속 진화할 것이므로 단점을 보완하고 장점을 발전시킨다면 더 유용하고 밀접한 도구가 될 것이다. "SNS는 어떻게 발전해나갈 것인가?"라는 질문에 대한 답은 아직 내릴 수 없다. 그러나 '사람들 간의 소통'이라는 순기능은 사라지지 않을 것으로 보인다.

2 소셜 미디어와 생활양식의 변화

모바일 시대가 시작되면서 수많은 변화가 일어났다. 2000년대에 휴대폰 문자 메시지가 담당했던 소통 도구의 역할은 SNS가 대체했다. SNS는 개인부터 기업, 정부 기관에까지 사용되며 새로운 형태의 소통 도구로 각광받고 있다. 소셜 미디어는 '너와 나의 이야기'를 나누던 공간에서 '우리 모두의 이야기'를 나누는 공간으로 확장되고 있으며, 현재는 다양한 콘텐츠를 바탕으로 폭넓은 소통의 장을 만들고 있다.

공유라는 소통 방식

많은 사람이 목적지로 이동하는 시간이나 일상생활 중에 틈틈이 SNS에서 다른 사람의 게시글을 읽거나 자신의 이야기를 기록한다. 타인의 게시글에 댓글을 달아 공감을 표현하거나 의견을 주고받으며 재미를 느끼기도 한다. SNS의 인기에 힘입어 과거보다 자신의 근황을 알리고 감정 상태를 표현하는 것이 매우 일반화되었다. 많은 사람이 다양한 인증샷을 게시하면서 다른 사람과 소통하려고 노력한다. SNS의 인증샷 열풍은 계속 주제가 바뀌면서 확산된다. 투표 인증샷, 아이스버킷 챌린지, 기부 인증샷, 먹거리 인증샷 등이 유행처럼 번진다.

그림 6-4 소셜 미디어에 대한 키워드와 생활양식의 변화

소통 수단의 변화

모바일 메신저에 익숙한 요즘 젊은 세대는 전화 대신 문자로만 대화를 주고받는다. 가족끼리의 대화에도 메신저를 이용한다. 언젠가부터 문자는 대부분의 사람이 사용하는 소통방식이 되었다. 특히 단체 전달 사항이나 급하지 않은 메시지를 보낼 때, 직접 대화하기 부담스러운 경우 등에 효과적인 의사소통 수단으로 사용된다. 일상에서 음성 통화를 거의 하지 않거나 통화 자체를 두려워하는 콜 포비아Call Phobia족도 증가하고 있다.

한국에서는 서비스를 시작한 지 갓 10년이 넘은 카카오톡이 어느새 떼놓을 수 없는 일상생활의 일부가 되었다. 처음 카카오톡으로 사용자가 몰린 가장 큰 이유는 무료라는 장점 때문이었다. 메시지를 주고받을 때 발생하는 비용에 대한 부담이 사라지면서 수많은 대화가 오갔다. 사람들은 이제 카카오톡으로 사진과 동영상을 주고받고, 이모티콘으로 감정을 표현한다.

그림 6-5 일상의 소통방식을 바꾼 메신저

이전의 소통수단이었던 문자 메시지는 사양 산업으로 전락했고 사람들의 습관은 완전히 변화되었다. '전화할게', '문자할게'라고 하지 않고 '톡할게'라고 할 정도로 전면적인 변화다.

카카오톡은 소통 플랫폼을 넘어 업무용 메신저의 기능도 일부 담당한다. 최근에는 다양한 영역에서 새로운 시도를 거듭하면서 전 국민의 일상에서 새로운 연결의 가치를 위한 모바일 라이프 플랫폼으로 자리 잡고 있다. 검색, 게임, 음악, 쇼핑, 모빌리티, 금융, 콘텐츠 등 맞춤형 생활 밀착 서비스를 제공하는 종합 플랫폼으로 진화하고 있는 것이다. 카카오톡은 모바일 메신저에서 전 국민의 생활 플랫폼으로 도약하면서 수익을 창출한 세계 최초 모델이 되었다.

SECTION 02

소셜 미디어의 영향

1 소셜 미디어와 알고리즘

사람들은 소셜 미디어에서 다양한 게시물을 확인하면서 생활상식의 팁, 구매하고 싶은 제품, 친구와 공유하고 싶은 재밌는 콘텐츠, 좋은 글귀 등 관심사나 취향을 저격하는 게시물을 만난다. 이처럼 사용자들이 게시물을 접하는 배경에는 더 많은 클릭을 유도하기 위한 알고리즘Algorithm의 역할이 있다. 알고리즘은 사용자가 자신의 피드Feed에 게시물을 올리면 자동으로 클릭으로 이어지게 한다.

알고리즘의 특징과 시사점

알고리즘이란 문제를 해결하기 위한 절차, 방법, 명령어를 모아놓은 것을 의미한다. 소셜 미디어의 알고리즘은 사용자가 온라인에서 취한 행동을 모두 서버에 저장하고, 그 데이터를 기반으로 사용자의 관심사, 취향, 소득, 향후 구매상품 등을 예측하도록 동작한다. 즉, 소셜 미디어에서 접하는 콘텐츠는 사용자가 그동안 검색하고 열람한 콘텐츠를 알고리즘이 분석하고 이를 기반으로 새로운 콘텐츠를 제공한 것이다.

알고리즘 기반으로 동영상, 음악 등을 추천하기 위해 빅데이터Big Data와 AI를 이용하기도 한다. 방대한 빅데이터를 기반으로 AI 알고리즘에 따라 추천하는데, AI가 알고리즘을 학습하는 방법은 콘텐츠 기반 필터링과 협업 기반 필터링으로 구분된다.

- **콘텐츠 기반 필터링 :** 소비한 콘텐츠에 대한 정보를 분석한다. 예를 들어 영화라면 장르, 등장인물, 감독, 재생시간, 대사 등 다양한 정보를 분석해 유사한 콘텐츠를 추천한다.
- **협업 기반 필터링 :** 다른 소비자의 취향을 함께 고려한다. 소비자와 비슷하게 행동하는 사람들의 공통점을 찾아 하나의 그룹으로 설정하고, 그룹에 속한 사람의 새로운 행동을 바탕으로 추천한다.

이와 같은 추천 알고리즘에는 각각 한계가 있다. 콘텐츠 기반 필터링으로는 다양한 형식의 콘텐츠를 추천하기 어렵다. 협업 기반 필터링은 신규 사용자에게는 추천을 할 수 없는 콜드 스타트Cold start와 인기 많은 콘텐츠에 추천이 집중되는 롱테일Long tail 문제가 발생한다. 이 두 필터링을 함께 사용하면 단점을 어느 정도 보완할 수 있다.

소셜 미디어 알고리즘이 추천하는 콘텐츠를 따라가면 자신의 가치관, 신념, 판단 등과 일치하는 정보에만 집중하고 그 외의 정보는 무시하는 사고방식인 '확증 편향'에 빠지기 쉽다. 따라서 알고리즘에 의존하지 않고 객관적인 자세로 콘텐츠를 선별하는 자세가 필요하다.

SNS의 특징과 시사점

SNS 기업은 광고 매출을 통해 수익을 창출한다. 따라서 사용자가 SNS에서 활동을 오래 할수록 광고를 비싼 가격에 팔 수 있다. 좋아요, 댓글이나 팔로워 숫자 집계는 사용자를 SNS에 오래 머무르게 하려는 전략이다. 이러한 활동은 사용자를 분석하는 데이터이자 취향과 나이, 성별 등을 고려해 적절한 광고를 보여줄 수 있는 근거가 된다. SNS를 멈추려고 하면 온갖 알람으로 관심을 유도한다. 이런 측면에서 SNS는 사용자 사이의 소통을 위한 본질적인 용도보다 의미 없는 관계 유지, 온라인 유명세의 척도를 위한 수단으로 전락하기 쉽다.

그림 6-6 SNS의 양면

이처럼 알고리즘은 소셜 미디어에 사용자가 매몰되도록 설계됐기 때문에 개인이 주체적으로 이용해야 한다.

2 소셜 미디어와 소통양식의 변화

소셜 미디어의 등장으로 전통적인 미디어 시장은 고전을 면치 못하고 있다. PC 시대의 소통창구였던 블로그나 카페는 방문자가 크게 감소하고 있다. 종이 신문의 구독률은 급격하게 떨어지고 인터넷이 뉴스 습득의 가장 중요한 매체가 되었다. 비디오·음악 산업에서도 물리적 매체를 통한 매출은 감소하고 디지털 음원의 매출이 크게 증가하고 있다. 미디어의 주요 수익원인 광고 시장은 지속적인 성장세를 보이지만, 특히 온라인 광고시장이 빠르게 성장하고 있다. 이와 같이 미디어 산업 전반에 큰 변화가 오고 많은 부분이 온라인으로 이동하는 배경에는 소셜 미디어의 인기와 성장이 있다.

이미지 기반의 SNS

최근 SNS는 이미지 기반 소통 미디어로 변화하고 있다. 시장의 중심이 멀티미디어로 이동하면서 감성을 공유할 수 있는 콘텐츠가 주목받고 있다. 인스타그램Instagram이 인기를 끄는 비결은 문자 대신 사진 위주로 인터페이스를 구성한 것이다. 색감, 초점 등을 보정해 감각적인 사진으로 재탄생시킬 수 있는 다양한 필터도 한몫을 한다.

사진 기반의 SNS가 인기 있는 또 다른 이유는 문자보다 사진이 모바일 환경에 적합하기 때문이다. 스마트폰의 작은 화면에서는 장문의 글을 작성하기 불편하고, 이렇게 작성한 문장은 본래 의도와 다르게 오해가 발생할 가능성도 크다. 또한 촬영과 동시에 바로 전송할 수 있어 문자보다 빠르고 간편하다.

SNS와 결합한 감성

이미지 기반 SNS의 대표적인 키워드는 감성이다. 비주얼을 기반으로 하는 SNS 열풍과 함께 감성 사진에 대한 관심도 높아지고 있다. 대부분의 SNS가 해시태그Hashtag를 통해 관계를 맺는 관심사형 SNS이기 때문에 장문의 메시지보다는 감각적이고 직관적인 이미지가 더 큰 공감을 얻는다. 사진에 견해나 관점을 담을 수 있도록 빛, 심도, 화이트밸런스를 조절해 연출·촬영하고 후보정으로 효과를 극대화함으로써 감성적으로 소통한다.

그림 6-7 사진·동영상 기반의 이미지 중심의 소통 양식

이와 같은 현상은 스마트폰 관련 업체에도 영향을 미치고 있다. 스마트폰 제조업체에서는 셀프카메라의 품질을 높이기 위해 전면 카메라의 기능을 경쟁적으로 향상시키고 있다. 스마트폰 제조업체의 카메라 경쟁은 앞으로도 계속될 것이다. SNS 셀카 열풍의 산물로 셀카봉도 등장했다. 스마트폰을 바꿀 때 카메라 성능을 가장 먼저 고려하는 사용자도 많아지고 있다.

3 인플루언서의 등장

소셜 미디어의 개인 미디어적인 특성이 확장되면서 1인 미디어 크리에이터Creator, 인플루언서Influencer, 유튜버Youtuber와 같은 새로운 개념이 생겼다. 크리에이터 또는 스트리머Streamer는 유튜브, 트위치 등 동영상 플랫폼에 자신이 제작한 콘텐츠를 올리는 인터넷 방송인을 지칭한다. 유튜브는 기존의 문서·이미지 기반의 소통체계를 동영상으로 바꾸고, 크리에이터 스타 유튜버 시대를 열었다. 유튜브는 유튜버와 광고 수익을 나누는 정책으로 창작자의 활동 영역을 넓혀주었다.

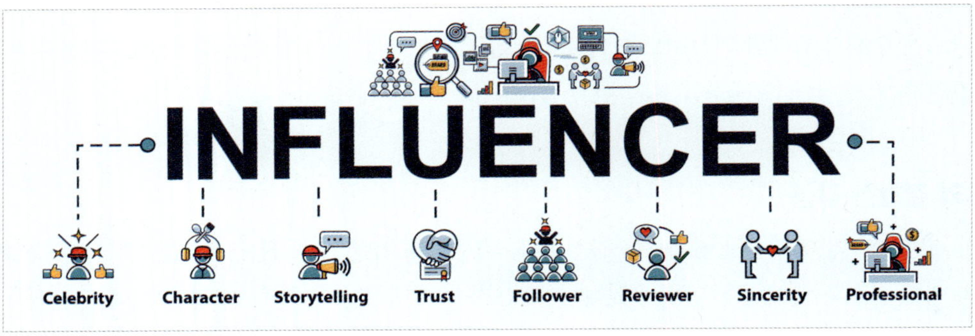

그림 6-8 온라인 커머스 시장의 핵으로 부상한 인플루언서

유튜브가 일상화되면서 개인의 일상적인 창작 작업과 전문적인 문화산업의 경계가 허물어졌다. 전문적으로 생산된 문화상품뿐 아니라 아마추어가 제작한 콘텐츠가 거대한 생산 가치를 만들어내고 대중문화 취향까지 좌우하고 있다. 유튜브 플랫폼은 프로와 아마추어의 창작물을 모두 제공하는 거대한 콘텐츠 저장소가 되었다. 크리에이터는 문화콘텐츠 시장과 문화산업에서 중요한 부문을 담당하면서 새로운 인기 직업으로 부상했다. 요즘 초등학생이 가장 선호하는 장래 직업 1위는 크리에이터이다.

현재 인터넷 동영상 서비스의 대명사는 유튜브이고, 네이버 등의 국내 대형 업체도 동영상 서비스에 막대한 비용을 투자하고 있다. 거대 기업의 틈바구니에서 아프리카TV도 나름의 영역을 구축하며 성장을 계속하고 있다. 2005년부터 1인 인터넷 방송 서비스를 구축한 아프리카TV의 특징은 플랫폼·인터넷 방송 진행자(BJ)·시청자 사이 에 형성된 탄탄한 생태계이다. 최근에는 e스포츠 게임 방송을 직접 기획·제작·송출한다. 이러한 생방송 생태계를 유지하는 배경은 BJ 후원 시스템이다. 유튜브도 비슷한 서비스인 슈퍼 챗을 도입했다.

그림 6-9 인플루언서의 활동

크리에이터가 많아지면서 다중채널 네트워크(MCN Multi Channel Network)가 등장했다. MCN은 연예 기획사와 유사한 시스템을 갖추면서 전문 경영 기획사 역할을 하고 있다. 이후 우후죽순처럼 등장한 MCN에서 저마다 연습생을 양성하거나 스카우트하고 있다. 한 곳에 수백에서 수만 명의 크리에이터가 등록되어 있기도 한다.

4 소셜 미디어의 부작용

소셜 미디어는 어느새 현대인의 삶의 양식을 바꿔 놓았다. 눈을 뜨면서부터 잠들기까지 자신의 일상을 공유하고 다른 사람의 일상을 들여다본다. 그리고 이러한 과정에서 생성된 데이터와 알고리즘에 자신도 모르는 사이에 영향을 받는다. 기업과 기존의 미디어도 소셜 미디어의 영향으로 격변하는 흐름에 따라 변화했고, 파급력이 강한 개인도 탄생했다. 그러나 SNS의 과다한 사용은 불안감, 박탈감, 우울, 외로움 등 부정적인 감정을 느끼게 하는 원인으로 지목되고 있다.

그림 6-10 소셜 미디어의 과도한 사용

페이스북 공동 창업자인 숀 파커는 소셜 미디어 업체가 자사 플랫폼에 사람들을 장시간 머물게 하려고 더욱 중독적인 알고리즘을 개발하고 있다고 지적했다. 그 결과 단기적이고 자극적인 순환고리가 사회생활의 작동방식을 파괴하고 사회적 논의와 협력이 사라져 잘못된 정보와 거짓만 남는다는 것이다.

많은 사람이 소셜 미디어에 지쳐 벗어나야 한다고 생각하거나 실제로 떠나고 있다. 그 이유는 과도한 몰입과 타인과의 비교에 따른 피로감, 별다른 실속도 없이 SNS 관리에 드는 시간과 노력, 일에 방해되거나 집중하기 어려움, '좋아요'와 댓글 수에 대한 집착, 알고리즘에 종속된 느낌, 온라인에서만 유지되는 인간관계에 대한 회의감, 가짜뉴스나 홍보성 게시글에 대한 피로 등 다양하다. 디지털 디톡스, 소셜 블랙아웃 등 소셜 미디어를 떠나는 사람들을 지칭하는 신조어도 탄생했다.

이와 같은 소셜 미디어의 역기능은 사생활 침해, 정보에 대한 신뢰도 하락, 가짜뉴스로 인한 사회적 갈등 확대, 인간관계 단절의 가능성, 부당한 공격과 소문 유포 등으로 나타난다. 비판의 목소리가 커지자 페이스북은 '과다 사용방지' 기능을 도입하기도 했다.

그림 6-11 소셜 미디어에서 사이버 괴롭힘

소셜 미디어에 회의감을 느끼고 문제를 인지하는 사람이 많지만 상황이 쉽게 변하지는 않을 것으로 보인다. 별다른 실속은 없지만 인맥 관리, 정보 교류, 존재 증명 등의 다양한 장점이 있고 새로운 소통환경의 중심에 있기 때문에 계속 사용하는 사람이 대부분이다.

SECTION

03 소셜 미디어와 저널리즘

1 저널리즘과 뉴스 미디어의 진화

전통적으로 대중매체Mass Media는 신문, 잡지, 라디오, TV의 4대 미디어Legacy Media를 가리켰다. 그러나 인터넷이라는 새로운 미디어의 등장으로 뉴스의 생산, 유통, 소비 과정이 빠르게 연결되면서 미디어 환경이 변화하고 있다.

그림 6-12 언론매체를 통하여 대중에게 사회적인 문제·정보를 제공하는 활동인 저널리즘

뉴스 미디어로서 인터넷은 기존의 4대 대중매체의 특성을 모두 융합해 재탄생한 새로운 미디어이다. 스마트 미디어가 일상적으로 쓰이면서 뉴스 콘텐츠에 대한 접근성이 극대화되었는데, 특히 뉴스 콘텐츠 소비에는 TV, PC, 스마트폰의 3대 스크린을 통한 접근이 절대적이다. 이제 소비자는 다양한 미디어와 온라인 플랫폼을 통해 뉴스 콘텐츠에 쉽게 접근하고, 적극적으로 취사선택함으로써 뉴스 콘텐츠와 미디어의 생존을 결정한다.

그림 6-13 뉴스의 생산을 위한 취재·보도

저널리즘은 원래 최신 사건을 취재해 신문이나 잡지와 같이 인쇄된 형태로 보도하는 것을 가리켰다. 최근에는 인쇄물과 통신장비를 이용해 대중에게 사회적인 정보와 의견을 제공하는 활동으로 정의되며, 일반적으로 '언론'이라는 용어로 통용된다.

그런데 새로운 뉴스 미디어인 인터넷은 뉴스의 생산·소비 방식을 완전히 바꿔놓았다. 인터넷 뉴스 미디어의 가장 큰 장점은 전통적인 미디어에서는 불가능했던 정보의 생산과 전달의 쌍방향성, 즉시성, 유연성이다. 유튜브, SNS와 같이 강력한 상호작용성이 있는 뉴미디어를 통해 사람들은 세상에 자신의 의견을 전달할 수 있는 통로를 얻었다. 뿐만 아니라 누구나 자유롭게 홈페이지, 블로그, 게시판 등을 개설하고 의견을 게재할 수 있다. 일반인도 자신의 주변에서 발생하는 사건, 사고를 기록하고 정치, 사회, 경제 등 사회문제에 대한 의견을 제시한다. 언론사의 뉴스 독점은 서서히 붕괴되고 언론과 대중의 역학관계에서 대중의 위상이 높아졌다.

한편 국내 포털 사이트가 뉴스 서비스를 시작하면서 인터넷 신문은 포털 사이트에 종속적인 관계에 놓이게 되었다. 인터넷에서 뉴스의 소비가 포털 사이트를 기반으로 이루어지기 때문이다. 여러 언론사가 제공하는 뉴스를 한 화면에서 간편하게 볼 수 있어 인터넷 이용자는 뉴스를 대부분 포털 사이트에서 본다.

그림 6-14 뉴스 서비스

모바일 환경에서도 접근성이 높은 포털 사이트의 이용률이 높다. 포털 사이트에 대한 의존도가 높아지는 것은 언론사에는 불편한 현실이다. 이러한 문제는 언론사 뉴스의 유료화로 어느 정도는 해소할 수 있지만, 디지털 미디어 특성에 맞도록 뉴스 콘텐츠에 대한 수익 모델이 제공되어야 할 것으로 보인다. 언론의 사회적 책임을 고려할 때, 포털 사이트의 뉴스 소비 집중 현상에는 다음과 같이 몇 가지 차원의 갈등을 양산하는 문제점이 있다.

■ 뉴스 유통사와 콘텐츠 제공사 사이의 갈등 양산

독자적인 서비스 플랫폼을 가진 언론사가 포털 사이트를 통해 링크로 연결되어 뉴스를 제공하기 때문에 소비자는 언론사를 인식하기 어렵다. 따라서 언론사의 인지도와 위상이 약해지고 장기적으로는 언론의 존립이 위기에 처할 것이다.

■ 국내 뉴스 공급 시장의 구조적인 문제도 다양하게 존재

공급과 수요의 불균형, 상품과 서비스의 차별화 구현의 한계, 뉴스 소비자 시장의 세분화, 지역적 또는 전문 영역 시장의 부재 등 시장에서 콘텐츠의 가치가 하락했다.

■ 포털 사이트의 뉴스 편집이 온라인 뉴스 생태 환경 교란

포털 뉴스의 노출 빈도와 순위에는 언론의 논점 설정 효과와 같은 위력이 있다. 따라서 사회적 여론을 통제할 수 있는 막강한 영향력과 함께 시장을 왜곡시킬 잠재력도 가지고 있다. 포털의 뉴스 편집과 관련한 대표적인 문제점으로는 특정 이슈의 과다 노출, 제공된 뉴스에 대한 편집권 행사, 메인 페이지 노출 뉴스 선정 기준의 불명확성, 기사 제목 구성의 문제 등이 있다.

■ 언론사와 포털 뉴스의 소비자 시장 역전현상으로 인한 또 다른 갈등 발생

현재 대다수 언론사는 마땅한 수익 모델이 없어 포털 사이트로부터 받는 기사 전재료와 트래픽을 통한 광고 수익에 의존하고 있다. 언론사의 온라인 플랫폼이 약화되면서 소비자의 시선을 끌기 위한 흥미 위주의 콘텐츠 또는 자극적이고 선정적인 기사 위주로 생산되는 저품질화 현상이 나타나고 있다.

그림 6-15 포털 사이트의 모바일 뉴스 서비스

실시간 인기 검색어를 통해 뉴스를 이용하는 습관, 소비자의 시선을 끌기 위해 자극적인 제목을 붙이는 언론사, 개인의 관심사에 적합한 뉴스만 노출되게 하는 알고리즘으로 인한 정보 편식 현상 등은 모두 포털 사이트 뉴스 서비스의 역기능이다. 이런 상황에 계속 노출된 개인은 정보 편식에 의한 지식의 파편화와 편중화가 심해질 수밖에 없다.

2 유튜브 저널리즘

유튜브가 일상화되고 정보를 읽는 시대가 아니라 보는 시대가 되면서 언론시장도 흔들리고 있다. 모바일 디바이스가 확산되고 뉴스 독자가 온라인으로 이동하면서 종이신문의 발행 부수는 감소했다. 텍스트보다 영상으로 콘텐츠를 소비하는 시대이다. 따라서 언론시장에서는 필수적으로 동영상을 제작해야 하고, 정치인이나 사회적 논점을 다루는 유튜버의 영향력이 빠르게 성장하고 있다. 현재 화제가 되고 있는 영상의 추세를 알 수 있는 유튜브의 인기 영상 탭에는 매일 수십 건의 인기 동영상이 개인 맞춤형으로 제공된다.

그림 6-16 취재, 촬영, 편집, 실시간 방송을 모두 진행하는 취재형 유튜버

최근에는 유튜브가 저널리즘의 공간이 되었다. 언론사는 유튜브 채널을 필수적으로 운영하고 기자들이 직접 영상 제작에 참여한다. 유튜브는 라이브 콘텐츠를 적극적으로 노출하기 때문에 방송사에서는 정규 뉴스, 특보 등을 유튜브 스트리밍으로 전송하고, 전용 콘텐츠로 유튜브 라이브 방송을 선보이고 있다. 그리고 젊은 독자층을 겨냥해 스낵컬처 중심으로 뉴스를 제작해 조회수와 구독자수를 늘리고 있다.

이처럼 다양한 분야에서 다수의 사용자가 채널을 운영하면서 유튜브로 대표되는 디지털 가상세계에서는 허위 정보 유포, 개인정보 침해, 윤리 문제 등이 발생하고 있다. 유튜브 등 미디어 동영상 플랫폼의 콘텐츠는 파급력이 강해 사실이 아닌 허위 정보나 주장에 의해 큰 피해가 발생할 위험이 있다. 따라서 디지털 기술을 책임 있고 안전하게 이용하는 미디어 리터러시Media Literacy가 중요하다.

미디어 리터러시는 소비자의 미디어 사용 능력을 의미하지만, 최근에는 미디어의 올바른 이용을 촉진하는 사회운동을 말한다. 미디어에 접근할 때 정보를 단순하게 받아들이지 않고 비판적으로 해석·검토하고 책임감 있게 이용하는 등의 교육을 말한다.

3 가짜뉴스

최근 SNS는 가짜뉴스의 온상으로 변질된 측면이 있다. 특히 코로나19 사태와 관련된 수많은 가짜뉴스가 온라인에서 큰 공포감과 파문을 일으켰다. 바이러스가 전 세계로 퍼지듯 가짜 정보도 빠르게 확산되었다. 근거 없는 가짜뉴스는 전통적인 뉴스 채널보다 메신저, 유튜브, 페이스북 등 SNS를 통해 확산된다. 이러한 채널을 통해 정보를 받아들이는 사람이 급격히 많아지면서 가짜뉴스가 기승을 부리고 있다. 왜곡된 정보를 무분별하게 유포하는 것은 혼란과 불안감을 고조시키는 선동행위라고 할 수 있다.

가짜뉴스에는 대개 자극적이고 특정한 감정을 일으키는 제목이 붙어있다. 충격적이고 과격한 단어를 사용해 시선을 집중시키고, 극단적인 내용으로 더 많은 클릭을 유도한다. 사람들은 내용이 복잡한 언론 뉴스보다 단순하고 자극적인 가짜뉴스를 쉽게 받아들이고 공유한다. 그 결과 진짜뉴스보다 가짜뉴스가 빠르게 전파된다.

그림 6-17 가짜뉴스의 파급력

가짜뉴스 중에는 완전한 가짜도 있지만, 사건의 맥락을 삭제하고 일부분만 과장하거나 실제와 거짓을 교묘하게 연결해 실제처럼 보이게 만든 경우가 많다. 특정한 정치적 성향이나 가치관에 일치하는 정보만 선택해 부풀리는 경우가 대표적이다. 자신의 취향에 맞고 통쾌한 자극을 주는 가짜뉴스들은 강렬한 인상을 남기고 편향을 강화하는 역할을 한다. 이후에 잘못된 정보임이 밝혀져도 일단 고착된 편향적인 믿음은 잘 수정되지 않는다.

그림 6-18 배후와 의도가 의심되는 정보인 가짜뉴스

많은 뉴스가 편향적이고 쓸모없는 정보를 나열하며, 진짜 중요한 정보를 가린다. 뉴스는 가치 있는 이야기보다 시끄러운 이야기를 원한다. 뉴스 자체가 편향된 것은 물론이고, 편향적인 정보를 선별해 보여주는 알고리즘이 확증·인식 편향을 가속화한다.

트위터는 가짜뉴스·동영상이 퍼져나가는 진원지라는 지적에 9,700만 개의 가짜 계정을 적발하고 배후가 의심되는 3,000만 개 이상의 트윗을 차단했다. 우리가 모르는 사이에 존재하지 않는 인물이 우리 생각에 영향을 미치기 위해 수많은 미끼를 던지고 있는 것이다. 트위터에서 특정 패턴을 발견해 가짜계정을 폐쇄하면 이들은 또 다른 방식을 찾는다. 그러나 기술의 발달로 다양한 의견을 한꺼번에 접할 수 있는 환경이 만들어져 과거처럼 가짜뉴스 하나에 여론이 크게 동요하지는 않을 것이다. 의심이 되면 이중으로 확인을 하고, 조작이 의심되는 사진은 구글에서 이미지 검색을 해보는 것도 도움이 된다.

가짜뉴스의 구성 요건은 고의성, 정치적·경제적 이익을 노리는 목적성, 조작성, 개인·집단에 미치는 실질적 해악 등이다. 가짜뉴스에 대한 사회적 논란을 불식하고 유통과 생산을 막기 위한 사회적 합의가 필요하다. 포털 사이트 등의 플랫폼 사업자는 가짜 계정 삭제, 광고 수익 차단, 사실관계를 확인해줄 기관과의 협조 등을 바탕으로 신뢰성 정보를 상단에 배치하고 가짜뉴스를 뒤로 배치하는 방향으로 알고리즘을 보완해야 한다. 소비자는 가짜뉴스를 걸러낼 수 있는 역량 즉 미디어 리터러시 능력을 갖추어야 하고, 언론은 진실에 기반해 기사를 작성할 수 있는 자질과 소양을 배양해야 한다.

하나 더 알기 **인지적 게으름이란?**

가짜뉴스에 빠지는 또 다른 이유는 인지적 게으름이다. 즉 생각하고 판단하기를 귀찮게 여기고 정보를 대충 처리하는 습관이다. 시간적 · 정신적 여유가 없어 충분히 사고하지 못할 경우 가짜뉴스에 더 취약해진다. 논리적 사고력이 높은 사람은 그렇지 않은 사람에 비해 가짜뉴스와 진짜뉴스를 잘 구분한다. 정보를 자동적으로 공유하기 전에 진위 여부를 생각해보는 것만으로도 가짜뉴스의 공유를 크게 줄일 수 있다.

4 테크 저널리즘

ICT 환경과 모바일 디바이스의 발전으로 모바일 온리Mobile Only 시대가 열리고, 모든 분야에서 소셜 미디어 활용을 최우선으로 고려하는 소셜 퍼스트Social First 시대가 되었다. 이러한 환경을 배경으로 사람들은 스마트폰을 통해 습관적으로 뉴스를 확인하는 뉴스 전성시대를 살고 있다. 모바일 시대에 기존의 언론은 위기에 처했지만 뉴스는 기술을 배경으로 진화하면서 홀로 인기를 누리고 있다. 로봇, AI, VR, 드론 등을 활용한 뉴스가 손안에 제공되는 테크 저널리즘이 시작되었다.

이러한 변화로 인해 소셜 퍼스트, 모바일 온리, 테크 저널리즘, 이 3가지 트렌드가 서로 결합해 시너지 효과를 내고 있다. 모바일 온리 시대에는 소셜 퍼스트의 필요성이 증가하고 동시에 테크 저널리즘이 발전한다. 그리고 소셜 퍼스트와 테크 저널리즘이 대세로 자리를 잡으며 모바일 온리는 더욱 확장되며 서로 동반 상승하는 효과를 나타낸다. 따라서 이러한 3가지 흐름의 작용으로 당분간 미디어 트렌드가 고착화할 가능성이 크다.

그림 6-19 기술을 배경으로 진화한 소셜 미디어 뉴스

카드뉴스는 모바일 온리, 소셜 퍼스트 시대에 최적화된 대표적인 뉴스 콘텐츠로, 문장은 많지 않고 사진과 간단한 설명으로 구성된다. 카드를 빠르게 넘기며 장문의 기사에서는 파악하기 힘들었던 메시지와 의미를 쉽게 포착할 수 있다. 그러나 형식화된 카드뉴스가 배경, 전망 등에 대한 설명보다 재미, 흥미 위주로 흐르면 뉴스의 본질까지 변질시킬 우려가 있다.

최근에는 텍스트보다 영상에 익숙하고, 유튜브보다 틱톡을 즐기는 10대와 20대 초반을 위한 테크 뉴스를 제공하는 소셜 미디어도 등장했다. AI, 블록체인 등 최신 기술을 실생활에 가깝고 재미있게 관련된 콘텐츠를 제작해 영상마다 조회수 10만 이상을 기록하고 있다. 10~20대는 공감하면 적극적으로 공유하기 때문에 수익성과 정보성 콘텐츠도 성공할 수 있다는 가능성을 보여줬다. 틱톡은 15초~1분 분량의 짧은 영상을 공유하는 플랫폼이기 때문에 3초 안에 짧고 임팩트 있는 영상으로 관심을 끌어야 한다.

소셜 미디어는 사람들을 연결하는 서비스이면서도 로봇(알고리즘)을 통해 개인 맞춤형 뉴스를 제공한다. 추천뉴스 서비스는 소비자의 활동성을 바탕으로 실시간으로 기사를 추천한다. 소비자들의 다양한 뉴스 선택 패턴을 세분화하고 분석 알고리즘을 통해 많은 뉴스 중에서 소비자와 유사한 그룹별로 관심을 가질 가능성이 높은 뉴스를 실시간 추천한다. 국내 포털의 뉴스 편집 알고리즘인 협업 필터링Collaborative Filtering은 비슷한 행동을 한 사용자를 그룹으로 묶어 그들이 많이 본 기사를 추천하는 방식이다. 그러나 뉴스가 추천된 사실을 소비자가 인식하지 못하면 스스로 자기 확증편향에 빠질 수 있다.

VR을 이용한 미디어

ICT 환경의 발전에 의해 전 세계 미디어는 VR, AI, 드론 등 첨단기술과 결합한 테크 저널리즘을 도입하고 있다. 이러한 신기술은 저널리즘과 미디어 시장에 본질적인 변화를 가져올 것으로 전망된다. 가상현실 기술은 실제와는 다른 장소에 있는 것처럼 생생한 느낌을 전달한다. 이를 이용한 가상현실 뉴스는 360도 카메라로 사건·사고 현장을 촬영하고 독자가 뉴스의 현장 속에서 생생한 체험을 경험하게 한다.

그림 6-20 뉴스 가상세트 스튜디오, 소셜 미디어 뉴스

AI를 이용한 미디어

취재 기사도 있지만 로봇에 의해 자동 생성된 기사도 있다. AI가 간단한 기사를 작성하는 것은 이미 현실화됐다. 언론사들도 알고리즘을 통한 자동 생성 기사를 증권, 날씨, 스포츠 등의 분야에 순차적으로 도입하고 있다. 그러나 자동 생성 기사의 범람으로 취재 기사가 검색 결과에 제대로 노출되지 않는 밀어내기, 시스템을 악용하는 신종 어뷰징Abusing이 발생할 가능성이 있다. 그래서 네이버의 경우 일반 기사와 분리되는 전용 섹션으로 관리해 별도로 검색할 때만 해당 기사를 볼 수 있게 했다. 로봇 저널리즘의 특징은 다음과 같다.

- **신속·정확:** 기사의 오타와 맞춤법 오류가 줄어 양질의 콘텐츠를 생산할 수 있다.
- **단순·반복:** 육체노동 위주의 단순 업무는 로봇이 처리하고, 인간 기자는 심층보도와 탐사보도에 집중할 수 있다.
- **데이터 분석력:** 로봇 저널리즘의 기반과 핵심은 축적된 빅데이터이다. 알고리즘이 일반적인 데이터 전달을 넘어 의미 있는 데이터를 축적해 분석하고 이를 활용하면 완전히 새로운 기사가 탄생하는 데이터 저널리즘이 등장할 수도 있다.

통찰력과 분석 능력을 갖춘 저널리스트가 신기술의 도움까지 받으면 최고 품질의 뉴스 콘텐츠를 만들어낼 수 있을 것이다.

SECTION 04 모바일 메신저로 본 소셜 미디어

1 메신저의 진화

소통을 위한 도구는 지난 20여 년 동안 지속적으로 변화했다. 장기간 온라인 소통 도구로 사용된 이메일, MSN 메신저, PC 기반 메신저, 모바일 기반 메신저까지 발전을 거듭했다. 휴대폰 문자 서비스(SMS Short Message Service)는 1992년에 탄생했다. 노키아에서 세계 최초로 문자 전송이 가능한 휴대폰을 상용화하면서 문자 메시지 서비스가 급속도로 확산되었다.

문자 메시지는 스마트폰 시대가 개막하고 카카오톡, 트위터와 같은 SNS가 발달하면서 급격히 인기가 쇠락했다. 이후 문자 메시지는 수익을 창출하기보다는 통신사가 서비스 차원에서 제공하는 형태가 되었다. 하지만 문자 메시지는 그 이후 모든 소셜 미디어 개발의 기반이 되었다. 트위터가 140자로 트윗의 양을 제한한 것도 SMS의 영향이다.

그림 6-21 카톡이 기능을 대체한 SMS

인스턴트 메신저

1990년대부터 웹 기반의 인터넷이 보급되면서 웹페이지, 이메일, 뉴스 등의 대표적인 서비스는 모두 사용자가 정보를 소통하는 도구로 쓰였다. 그러나 초창기에는 실시간으로 정보를 교환하기 어려운 환경이라는 단점이 있었다. 일부 사이트에서 실시간 채팅 서비스를 제공했지만 해당 사이트를 반드시 방문해야 이용할 수 있어 번거로웠다. 이러한 불편을 해결하기 위해 인스턴트 메신저Instant Messenger가 등장했다. 사이트와 무관하게 전용 소프트웨어를 PC에 설치하면 접속 중인 친구와 언제라도 실시간 대화를 나눌 수 있었다. 가장 대중적인 이메일보다 한층 직관적인 정보 교환이 가능한 장점이 있다.

최초의 인스턴트 메신저는 1996년 1억 명의 글로벌 사용자를 확보한 이스라엘의 벤처기업 미라빌리스의 ICQ이다. 실시간 채팅 외에 다중사용자 대화, 초대, 파일 전송 등의 서비스로 모든 인스턴트 메신저의 기본 개념을 확립했다. 이후 유사한 인스턴트 메신저 서비스가 다수 출시되었다. 1999년 마이크로소프트에서 서비스를 시작한 MSN 메신저가 대표적이다. MSN 메신저는 ICQ와 유사했지만 적극적인 홍보로 사용자가 점차 증가해 2000년대 메신저 시장의 선두주자가 되었다.

국내에서도 지니, 버디버디, 타키, 네이트온 등의 PC 메신저 서비스가 등장해 인스턴트 메신저의 춘추전국시대가 열렸다. 네이트온은 다양하고 강력한 기능을 제공함과 동시에 싸이월드 미니홈피 서비스와 연동함으로써 이용자를 빠르게 모았다. 반면 윈도우 라이브 메신저인 MSN 메신저는 기능 개선이 이루어지지 않아 근근이 명맥을 유지하다가 스마트폰 열풍, 모바일 메신저의 인기로 몰락의 수순을 밟았다. 급변하는 환경에 안일하게 대처함으로써 한 시대를 풍미한 PC 기반 인스턴트 메신저의 시대는 막을 내렸다.

모바일 메신저

2000년대부터는 지인들과 소통하기 위해 네이트온과 같은 PC 메신저 서비스를 사용했지만 2010년대부터 스마트폰이 주요 소통 수단으로 부상하면서 경쟁에서 밀리기 시작했다. 그 틈에서 카카오톡은 메신저 시장의 절대 강자로 부상했다. 카카오톡 메신저는 2010년 3월 스마트폰 사용자를 대상으로 서비스를 시작했다. 카카오톡 서비스는 무료이며 부분 유료화가 진행돼 있다. 전화번호만 있으면 실시간 채팅은 물론 사진, 동영상, 연락처 등 멀티미디어 콘텐츠도 간편하게 공유할 수 있다.

카카오톡은 피처폰 시기부터 유료 문자 메시지 시장을 파고들었다. 문자 메시지를 사용하려면 요금 부담이 있던 상황에서 무제한 무료 소통이 가능한 카카오톡의 등장은 혁신이었다. 채팅처럼 실시간 소통이 가능하다는 것도 강력한 장점이었다. 사람들은 피처폰에서 스마트폰으로 빠르게 이동했다.

RCS

카카오톡의 세력 확장에 대응하기 위해 이동통신 3사는 차세대 표준 문자 규격인 RCS Rich Communication Suite 기반의 서비스 조인Joyn을 출시했다. RCS는 휴대폰에서 영상통화, 음성통화를 하면서 동시에 채팅과 콘텐츠 공유를 할 수 있는 통합 메신저 서비스이다. RCS의 가장 큰 특징은 카카오톡, 라인 등 기존의 메신저 서비스와 달리 가입 절차 없이 사용할 수 있다는 점이다. 이동통신 3사는 RCS 도입을 통해 카카오톡과 라인 등에 빼앗긴 사용자를 다시 찾아오고자 했다. 사용자의 사용 패턴뿐 아니라 메시지와 같은 비정형 데이터를 AI 등에 이용하는 비식별 데이터의 가치를 포기할 수 없었기 때문이다.

그러나 RCS를 도입하는 데 가장 큰 걸림돌은 문자 메시지를 통해 벌어들이는 수익이었다. 무료화를 하려면 연간 1조 5천억 원에 달하는 SMS 수익을 포기해야만 했다. 결국 유료로 서비스를 시작했지만 별다른 반향을 일으키지 못하고 외면 받아 2016년에 종료되었다. 그러나 최근 이동통신 3사가 다시 손을 잡고 카카오톡에 재도전하며 2019년에 3사간 연동이 가능한 RCS 기반 채팅플러스를 선보였다.

2 국내 대표 모바일 메신저

최근 메신저는 간편결제, 쇼핑, 검색 등 다양한 기능이 추가되고 PC용까지 출시되어 사용자의 편의성을 확대했다. 소통 기능을 넘어 검색, 뉴스, 선물하기 등 삶의 종합적인 필수 플랫폼 서비스를 제공하고 있다. 사용자가 증가하면서 기업들은 메신저 기반의 다양한 수익 모델을 창출하기 위한 비즈니스를 본격화했다. 국내 대표 메신저인 카카오톡과 라인을 통해 모바일 메신저의 현재와 미래를 알아보자.

카카오톡

국민 메신저 카카오톡의 성공 비결은 무료화, 단체 채팅, 빠른 속도이다. 무료이면서 광고도 없으니 사용자 유입이 많아졌고, 지인들의 커뮤니티 공간으로 거듭나면서 충성도가 높아졌다. 카카오는 모바일 메신저 시장 선점을 위해 게임, 이모티콘, 선물하기, 무료 통화 등 메신저 연계 서비스들을 빠르게 도입했다.

라인

라인은 일본, 중국, 대만, 동남아 등 글로벌 시장에서는 카카오톡보다 이용자가 더 많다. 라인은 철저한 현지화로 각국의 사용자를 확보했다. 라인과 카카오톡은 각각 네이버, 다음과 합병하고 지도, 교통, 게임, 쇼핑, 웹툰, 출판, TV 등 다양한 분야로 영역을 확장하고 있다. 소통을 위한 메시지 전달에서 생활의 편의성을 향상시키는 다양한 서비스를 연결하는 생활 플랫폼으로 진화하는 중이다.

주요 수익산업

이전에는 모바일 메신저로 수익을 창출하는 일이 멀게 느껴졌지만 이제는 본격적으로 수익 창출에 나서고 있다. 사용자가 증가하고 메신저 사용이 습관화되면서 모바일 메신저 생태계가 조성되었기 때문이다.

■ 이모티콘

모바일 메신저의 수익 모델 중 소비자에게 가장 친숙한 것은 캐릭터 산업이다. 메신저 시장에서는 캐릭터와 이모티콘을 빼놓을 수 없다. 다양하고 아기자기한 이모티콘이 소통에 주는 영향을 무시할 수 없기 때문이다. 메신저에서 감정을 표현·전달하는 이모티콘이 하나의 시장을 창출하면서 디자인 관련 창작자들이 큰 투자 없이 작품을 알리고 경제활동을 하는 통로가 되었다. 많은 창작자의 참여로 상품이 다양화되었고 이모티콘 누적 구매자도 증가해 시장이 빠른 속도로 크게 활성화됐다.

■ 캐릭터

라인과 카카오톡은 라인프렌즈와 카카오프렌즈라는 대표적인 캐릭터를 개발·상품화해 게임, 이모티콘 등의 유료 아이템에 활용하고 있다. 캐릭터 인기는 상상 이상이다. 캐릭터 탄생 배경과 캐릭터 사이의 관계 등 세밀한 스토리텔링은 국내·외에서 높은 호응을 받으며 관련 매출의 증대로 이어졌다. 왓츠앱, 위챗 등 해외 메신저에서는 찾아볼 수 없는 수익원이다. 라인프렌즈는 현재 전세계 11개국에 진출해 5,000가지 이상의 제품을 보유한 글로벌 캐릭터 브랜드로 성장했다.

■ 게임

카카오톡과 라인 매출에서 가장 큰 비중을 차지하는 분야는 게임, 웹툰 등의 콘텐츠이다. 라인에서 수익이 발생하는 콘텐츠는 게임, 라인플레이, 라인 웹툰, 라인 뮤직 등이고, 카카오톡에서는 게임이 전체 매출의 20~25% 정도로 가장 높다. 카카오게임은 누적 가입자가 5억 2,000만 명에 달하고, 570여 개 업체가 출시한 1,100여 개의 게임으로 매출 1조 원 이상을 올렸다.

카카오톡, 라인은 기본 메신저 역할과 함께 다양한 부가서비스를 제공한다. 카카오톡은 미용실 예약, 쇼핑과 결제, 택시 호출, 송금서비스 등 온라인뿐만 아니라 오프라인과 연결되는 서비스도 늘리고 있다.

3 메신저 시대의 역설

전 국민의 소통 도구로 등장한 모바일 메신저 카카오톡은 현대인의 일상을 빠르게 변화시켰다.

메신저는 가족·지인과 직장에서 관계를 유지하고 소통을 위한 필수품이 되었고, 특히 강력한 연결 도구인 카카오톡이 소통을 의미하는 시대가 되었다.

소통 도구가 변화하면서 시·공간을 초월한 의사소통은 가능해졌지만 또 다른 문제가 발생했다. 소통 수단을 넘어 과도한 사용으로 일상의 족쇄로 변질되는 현상이다. 퇴근 후에도 메신저로 업무 지시를 남발하는 일이 잦아졌다. 밤낮을 가리지 않고 수시로 울리는 메신저 알람은 고통이 되었고, 역기능이 순기능을 추월하고 있다.

그림 6-22 **단순한 소통 수단에서 일상의 족쇄로 변질되기 쉬운 모바일 메신저**

직장에서는 업무 지시와 보고를 말 대신 사내 인트라넷이나 메신저를 활용해 전달하는 스마트워크Smart Work가 보편화되었다. 모바일 메신저가 업무 영역으로 들어오면서 업무의 처리 속도와 효율성은 한층 개선됐지만 보이지 않는 폐해도 발생하고 있다. 무료로 PC·모바일 환경을 동시에 지원하면서 많은 기업에서 사용하다 보니 공과 사의 경계가 허물어지면서 직장인의 스트레스가 증가하는 현상이 나타나고 있다.

그림 6-23 **스마트워크, 모바일 메신저의 진화**

하나 더 알기 **로그오프법**

메신저, SNS, 이메일 등 실시간 연락 수단의 발달은 신속하게 소통할 수 있는 편리함을 제공했다. 그러나 언제 어디서나 연락이 가능하다는 것은 직장인에게는 '업무 대기' 상황을 의미하며, 이는 곧 일과 사생활의 경계가 모호해지는 문제로 이어진다. 업무와 분리되는 사생활을 보장해야 한다는 인식이 확산되고 있지만 이를 현실적으로 규제하려면 제도화가 뒷받침되어야 한다. 프랑스의 경우 2017년에 '연결되지 않을 권리'를 법적으로 보장하는 로그오프법을 제정했다.

이러한 문제를 해결하기 위해 등장한 것이 기업의 구성원을 위한 협업 툴인 기업용 메신저이다. 코로나19 팬데믹을 계기로 전 세계에 비대면 문화가 확산되면서 협업 툴 사용도 함께 증가하고 있다. 협업 툴은 화상회의 서비스나 클라우드 상에서 여러 사람이 동시에 공동 작업을 진행하는 등의 서비스를 통칭하는 말이다. 기업용 메신저는 구성원의 프라이버시를 보호하면서 업무에 도움이 되는 다양한 기능을 제공한다. 문서 중앙화 서비스를 기반으로 정보 공유, 공동 문서 작업, 문자 및 영상 채팅 등의 기능을 제공해 프로젝트에 관련된 파일과 문서를 팀원들끼리 간편하게 공유하며 협업을 가능하게 한다.

하나 더 알기 **보안의 양면성**

메신저 앱인 시그널과 텔레그램은 '종단 간 암호화End to End Encryption' 기법으로 메시지를 전송하기 때문에 패킷 감청으로 메시지를 중간에서 가로채기 어렵다. 그리고 대화 내용을 서버에 저장하지 않고, 서버도 국내에 없어 압수수색도 어렵다.

요약

01 소셜 미디어Social Media는 사람들 사이의 소통수단으로 인기를 누리고 있는 미디어이다.

02 마이크로블로그MicroBlog는 140~150자 정도의 짧은 글을 주고받는 SNS 서비스이다.

03 소셜 미디어에서 접하는 콘텐츠는 사용자가 그동안 검색하고 열람한 콘텐츠를 알고리즘이 분석하고 이를 기반으로 새로운 정보를 제공한다.

04 콘텐츠 기반 필터링은 소비한 콘텐츠에 대한 정보를 분석한다.

05 협업 기반 필터링은 다른 소비자의 취향을 함께 고려한다.

06 소셜 미디어의 개인 미디어적인 특성이 확장되면서 1인 미디어 크리에이터Creator, 인플루언서Influencer, 유튜버Youtuber와 같은 새로운 개념이 생겼다.

07 전통적으로 대중매체Mass Media는 신문, 잡지, 라디오, 텔레비전의 4대 미디어Legacy Media를 가리켰다.

08 디지털 기술을 책임 있고 안전하게 이용하는 미디어 리터러시Media Literacy가 중요하다.

09 소셜 미디어는 사람들을 연결하는 서비스이면서도 로봇(알고리즘)을 통해 개인 맞춤형 뉴스를 제공한다.

10 RCS는 휴대폰에서 영상통화, 음성통화를 하면서 동시에 채팅과 콘텐츠 공유를 할 수 있는 통합 메신저 서비스이다.

11 직장에서는 업무 지시와 보고를 말 대신 사내 인트라넷이나 메신저를 활용해 전달하는 스마트워크Smart Work가 보편화되었다.

연습 문제

객관식 문제

01 소셜 미디어 특징과 관련이 없는 것은?

① 개방적인 플랫폼 ② 관계 맺기 ③ 현실 공간 ④ 집단지성

02 트위터에 대한 설명 중에 관계가 없는 것은?

① 모호성과 적합한 채널 ② 기존 SNS의 장점을 통합
③ 140자 이내 단문 메시지 ④ 마이크로블로그

03 SNS의 파급력과 관계가 없는 것은?

① 왜곡된 정보 ② 게이트키핑 ③ 정보수집 ④ 1인 미디어

04 국민 메신저 카카오톡과 관계가 없는 것은?

① 업무용 메신저 ② 종합 플랫폼 ③ 소통플랫폼 ④ 문자메시지

05 소셜 미디어에서 알고리즘에 대한 설명 중에 관계가 없는 것은?

① AI 기술 ② 빅데이터 ③ 확증편향 ④ 콘텐츠 추천

06 AI 콘텐츠 추천 알고리즘에 대한 설명 중에 관계가 없는 것은?

① 다양한 형식의 추천이 어려움 ② 플랫폼의 처음 사용자도 추천 가능
③ 다른 소비자의 취향도 고려 ④ 롱테일의 문제가 발생

07 소셜 미디어의 등장으로 나타난 변화에 해당하지 않는 것은?

① 문장은 오해의 발생 가능성이 적음 ② 감성을 공유할 수 있는 콘텐츠가 주목
③ 사진 기반의 SNS는 빠르고 간편 ④ 기존 미디어 산업도 온라인으로 이동

08 뉴스 미디어의 진화와 관계가 없는 것은?

① 5대 대중매체를 통해 획득 ② 인터넷은 4대 대중매체의 특성을 융합
③ 4대 스크린을 통한 접근이 절대적 ④ 온라인 환경에서 쉽게 접근

09 인터넷 뉴스 미디어의 장점에 해당하지 않는 것은?

① 확장성 ② 쌍방향성 ③ 즉시성 ④ 유연성

10 포털사이트의 뉴스소비 집중 현상에 의한 4가지 갈등 문제점이 아닌 것은?

① 언론사와 포털뉴스의 역전현상 ② 뉴스공급 시장의 구조적인 문제

③ 포털의 뉴스편집 ④ 뉴스 유통사 사이의 시장에서 갈등

11 포털의 뉴스편집에 의한 뉴스 생태환경의 교란 요소가 아닌 것은?

① 사회적 여론을 통제 ② 공급과 수요의 불균형

③ 특정 뉴스의 과다노출 ④ 뉴스 선정 기준의 불명확성

12 인기검색어를 통해 뉴스를 소비하는 소비자에게 나타나는 현상이 아닌 것은?

① 정보 편식 ② 지식의 파편화 ③ 신속한 지식 습득 ④ 지식의 편중화

13 언론사들의 유튜브가 저널리즘과 관계가 없는 것은?

① 개인맞춤형으로 영상이 제공 ② 기자들이 직접 유튜브에 참여

③ 방송사들은 스트리밍으로 전송 ④ 젊은층을 위해 스낵컬처로 뉴스 제작

14 가짜뉴스의 구성 요건에 해당하지 않는 것은?

① 고의성 ② 목적성 ③ 편향성 ④ 조작성

15 가짜뉴스들이 나타내는 특징에 해당하지 않는 것은?

① 특정한 감정을 일으키는 기사 제목 ② 실검 활용으로 확증편향 가속

③ 내용이 감정적이고 자극적 ④ 오랜 시간 기억에 남음

16 모바일 시대에 뉴스서비스가 인기를 누리는 배경에 해당하지 않는 것은?

① 소셜 퍼스트 ② 모바일 온리

③ 테크 저널리즘 ④ 유튜브 저널리즘

연습문제

17 테크 저널리즘과 관계가 없는 것은?

① 동영상 뉴스 ② 카드뉴스 ③ 가상현실 뉴스 ④ 추천뉴스 서비스

18 인스턴트 메신저에 대한 설명 중 관계가 없는 것은?

① 네이트온은 미니홈피 서비스와 연동

② 실시간으로 정보교환을 위해 등장

③ MSN 메신저는 기능 개선으로 메신저 시장의 선두주자로 성장

④ 국내에서도 춘추전국시대가 열림

19 차세대 표준 문자 규격인 RCS의 특징에 해당하지 않는 것은?

① 이통3사가 카카오톡에 대응하기 위함 ② 요금제는 유료화로 결정

③ AI에 필요한 비식별 데이터의 가치 ④ 가입절차가 필요 없음

20 메신저 시대의 역기능에 해당하지 않는 것은?

① 단체방의 프라이버시 침해 ② 단체방을 다양한 채팅방으로 활용

③ 음성통화가 문자방식으로 대체 ④ 조직구성과 조직원 사이의 원활한 소통

O, × 문제

01 가상의 사이버 공간은 현실 공간만큼 중요한 역할을 하고 있다.

02 트위터는 기존 소셜 미디어의 장점을 통합했다.

03 소셜 미디어는 게이트키핑에 의해 무시되는 주제들을 직접 발굴한다.

04 AI 알고리즘 중 콘텐츠 기반 필터링 방식은 다른 소비자의 취향을 함께 고려한다.

05 SNS에서 좋아요, 댓글, 팔로워 숫자는 사용자를 오래 머물게 하는 전략이다.

06 문자 기반의 SNS는 메시지 입력과 동시에 전송하기 때문에 빠르고 간편하다.

07 개인 미디어는 소셜 미디어와 관련성이 없다.

08 소셜 미디어에서 발생하는 스트레스는 알고리즘에 원인이 있다.

09 뉴스 소비가 포털사이트를 기반으로 이루어지지만 언론사에 종속되어 있다.

10 포털의 뉴스편집은 사회적 여론을 통제하는 막강한 영향력을 갖는다.

11 뉴스는 시끄러운 이야기를 원하기 때문에 확증편향을 가속화한다.

12 모바일 퍼스트 시대는 스마트폰을 통해 뉴스를 확인하는 뉴스 전성시대이다.

13 초창기의 정보소통 환경은 실시간으로 정보교환이 어려웠다.

14 최초의 인스턴트 메신저는 마이크로소프트의 MSN 메신저이다.

단답형 문제

01 새로운 소통방식인이 소셜 미디어가 급증한 배경에는 SNS의 특징인 (　　　　　)가 있다.

02 마이크로블로그 소통방식의 특징은 (　　　　　)의 통합으로 인터넷 접근성이 강하다.

03 SNS에서 많이 유행하는 (　　　　　) 열풍은 매년 주제가 유행처럼 바뀌었다.

04 모바일 메신저의 등장으로 (　　　　　)는 대부분 사람이 사용하는 소통방식이 되었다.

05 (　　　　　) 기반 필터링의 경우는 다양한 형식을 추천하기 어렵다.

연습 문제

06 소셜 미디어 알고리즘이 추천한 콘텐츠를 따라가면 (　　　　　)에 빠지기 쉽다.

07 (　　　　　　)은 소셜 미디어를 떠나는 사람들을 지칭하는 신조어이다.

08 (　　　　　)이 등장하면서 5대 대중매체를 통해 지식 · 정보를 획득하는 시대가 되었다.

09 저널리즘은 일반적으로 (　　　　　)이라는 용어로 통용된다.

10 포털사이트에서 뉴스가 소비되면서 (　　　　　　)은 포털과 종속적인 관계가 되었다.

11 언론사의 (　　　　　　)의 약화는 소비자 취향에 따라 흥미 위주 뉴스 콘텐츠로 나타난다.

12 유튜브에서 뉴스는 젊은 독자층을 위해 (　　　　　) 중심으로 뉴스를 제작한다.

13 대부분 가짜뉴스는 (　　　　　)이고, 쓸모없는 정보로 진짜 중요한 정보를 가린다.

14 최근 VR, 드론 등을 활용한 뉴스가 손안에 제공되는 (　　　　　　)이 시작되었다.

15 (　　　　　　)는 전용 소프트웨어 설치로 접속한 친구와 실시간 대화가 가능했다.

16 카카오톡의 성공은 채팅처럼 (　　　　　)이 가능하다는 장점 때문이다.

17 직장에서는 메신저를 활용하면서 (　　　　　)가 보편화되었다.

18 모바일 메신저는 최근에 다양한 비즈니스를 파생시키는 (　　　　　)으로 진화하고 있다.

CHAPTER 07

모바일 시대의 비즈니스

학습목표

- 트리플 미디어의 의미와 종류를 알아본다.
- 새로운 금융 환경을 학습한다.
- 변화한 소비 트렌드와 유통 구조를 파악한다.

SECTION 01

모바일 시대의 마케팅과 비즈니스

1 광고 시장의 환경 변화

과거에는 마케팅의 의미가 판매에 집중되어 있었다. 그런데 최근에는 고객과 관련된 모든 활동으로 그 의미가 확대되었고, 적용 범위도 오프라인이나 PC 기반 온라인을 넘어 모바일 환경으로까지 확장되고 있다. 모바일 디바이스의 작은 화면을 통해 기업이 원하는 메시지를 효과적으로 전달하고 시선을 끄는 다양한 기법으로 클릭과 구매로 유도하는 모든 활동이 마케팅에 해당한다.

모바일 디바이스의 보급은 기업과 소비자의 소통에 대한 인식을 변화시키고 있다. 따라서 마케팅도 혁신을 통한 패러다임Paradigm 전환이 필요하다. 유튜브 채널 등을 활용해 실시간으로 미디어·소비자와 소통하는 것도 이미 익숙한 방식이다. 따라서 고정관념과 기존의 방식에서 벗어나 소비자와 미디어를 대상으로 제품, 서비스, 기업을 소개하는 다양한 시도가 필요하다.

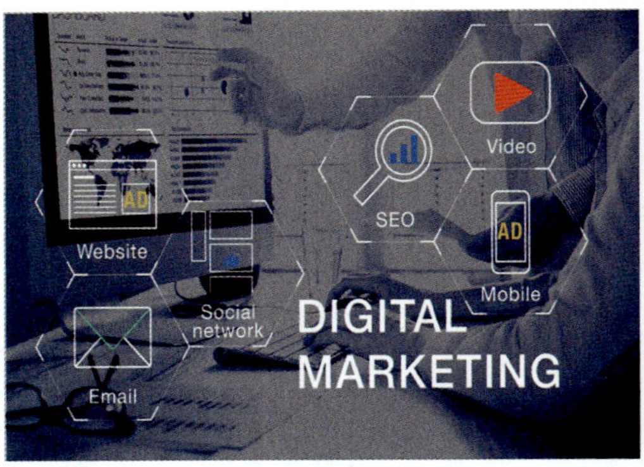

그림 7-1 디지털 마케팅 미디어

이전에는 소정의 상품을 제공하는 블로그 마케팅이나 입소문으로 인지도를 확대하는 방식의 마케팅이 이루어졌다. 이 경우 해당 상품에 일시적으로 관심을 집중시킬 수는 있지만 단편적이기 때문에 근본적인 해결책은 아니다. 따라서 새로운 단말기와 미디어를 활용해 소비자에게 기업의 메시지를 전하기 위한 디지털 PRPublic Relation 개념이 등장했다.

트리플 미디어의 의미

트리플 미디어Triple Media는 기업이 상품·서비스를 알릴 때 활용 가능한 미디어의 성격을 규정하는 개념이다. 페이드 미디어Paid Media, 온드 미디어Owned Media, 언드 미디어Earned Media가 여기에 속한다.

■ 페이드 미디어

페이드 미디어는 비용을 지불하는 광고 미디어이다. TV, 신문, 전단지 등의 네이티브 광고, 검색 광고, 유튜브나 페이스북과 같은 SNS 광고가 있으며, 단기간에 높은 인지도를 획득할 수 있는 장점이 있다. 네이티브 광고는 특정 채널에 해당하는 고유한 방식으로 기획된 광고 형태이다. 콘텐츠의 일부분으로 보이기 때문에 소비자의 심리적 저항이 적다. 기사형, 콘텐츠형, SNS 피드 광고 등이 대표적이다.

■ 온드 미디어

온드 미디어는 기업이 소유한 미디어로, 자사 홈페이지와 앱, 브랜드 SNS 계정, 뉴스레터 등이 있다. 온드 미디어는 콘텐츠 주도권이 기업에 있다. 따라서 타 미디어와 다른 고유한 소통이 가능하며 이는 소유권으로 이어진다. 그러나 공적으로 한 번 신뢰를 잃으면 회복하기 어렵다.

온드 미디어로 사이트나 앱을 운영하려면 저비용의 최적화 전략을 고려한다. 검색엔진 최적화(SEO Search Engine Optimization)는 검색엔진의 자료 수집과 순위 책정 방식을 고려해 검색 결과의 상위에 노출될 수 있기 때문에 온드 미디어에 효과적이다. 다른 웹사이트에 자사의 링크가 많이 연결될수록 신뢰도가 상승하므로 효과적인 검색어를 웹사이트 전반에 적절히 배치하는 것이 좋다.

■ 언드 미디어

언드 미디어는 소비자가 생산하는 기업의 평판을 의미한다. SNS 댓글, 좋아요, 공유 등의 인터랙션 수치, 리뷰, 후기 등 소비자의 재생산성이 포함된 콘텐츠가 해당된다. 충성고객, 블로거, 인플루언서, 기자 등에 의해 생성되며, 대부분 자발적으로 참여하므로 신뢰도가 높다. 구독자가 수백만 명에 달하는 메가 인플루언서의 영향력이 크며, 최근에는 구독자는 적지만 특정 분야에서 전문적인 지위를 획득한 '마이크로 인플루언서'의 인기가 증가하는 추세이다.

트리플 미디어를 적절히 사용하면 큰 마케팅 효과를 얻을 수 있다. 예를 들어 어느 사용자가 SNS 광고를 통해 식재료 브랜드에 관심을 가졌다고 하자. 시간이 지난 후에 해당 채널에서 리타깃 광고로 다시 브랜드를 접하고 배너를 클릭해 웹사이트로 연결된다. 해당 사이트의 서비스에 만족해 제품을 구매한다. 구매한 재료로 완성한 요리를 촬영해 인스타그램에 업로드하니 좋아요 개수가 오르고 친구들의 댓글이 달린다. 긍정적인 리뷰를 접한 친구들이 해당 제품을 판매하는 사이트에 방문하기도 한다. 이 경우처럼 트리플 미디어를 유기적으로 연결하는 것이 중요하다.

2 온라인 마케팅의 과제

스마트폰을 일상적으로 사용하면서 제품을 구매할 때도 온라인에 의지하는 경향이 커졌다. 필요하면 검색을 통해 제품 정보를 파악하고, 제품 리뷰나 SNS 등에 게시된 후기의 영향을 받는다. 과거에는 입소문, 지인이나 판매자의 추천 등으로 제품을 접하고 잡지와 같은 매체에서 정보를 수집했다. 이후 '카페'라는 형태의 커뮤니티가 등장해 화장품, 패션, 취미 등 관심사 기반의 정보를 공유하면서 영향력을 발휘했다. 블로그는 카페와 달리 운영자가 주관적인 관점으로 정보를 제공한다. 블로거의 역량에 사람들의 공감이 더해져 입소문의 진원지가 되기도 했다. 그러나 홍보성 게시글이 범람하면서 블로그는 신뢰도와 가치가 떨어졌다.

최근에는 카페, 블로그에서 페이스북, 인스타그램, 유튜브 등으로 온라인 마케팅 공간이 확대되면서 소셜 큐레이션Social Curation 서비스가 성행하고 있다. 소셜 큐레이션은 범람하는 정보 속에서 개인에게 필요한 정보만 효과적으로 선별해 배포하는 것을 의미한다. 자신이 선택한 관심사만 골라서 보고 원하는 사람과 공유할 수 있는 인스타그램 등이 대표적인 SNS 채널로 급부상했다.

그림 7-2 온라인 마케팅, 카페, 블로그, SNS의 광고 효과

카카오, 인스타그램 등의 소셜 미디어는 일상을 공유하는 놀이터를 넘어 마켓으로까지 영역을 확장하고 있다. 특히 인스타그램은 사용자가 급증하면서 기업의 마케팅 수단으로 활발하게 활용되고 있다. 패션, 식음료 등 다양한 업계의 기업이 홍보 영역을 온라인 채널로 확장하면서 이미지 위주 SNS인 인스타그램에 채널을 오픈하고 있다.

그러나 인스타그램을 마케팅 수단으로 활용하는 사례가 많아지자 상업화를 우려하는 목소리도 높다. 파워블로거처럼 일부 셀럽Celebrity들이 제품을 홍보하는 수단으로 채널을 활용하는 경우가 많아졌기 때문이다. 홍보성 마케팅은 주로 맛집 소개, 제품 사용기, 방문 후기와 같은 형태로 이루어진다. 많은 기업이 블로거를 통해 후기를 양성하며 홍보에 이용하고 있다. 문제는 대가를 받고 작성한 가짜 후기에 노출된 소비자가 진짜 정보를 찾기 어려워진다는 것이다.

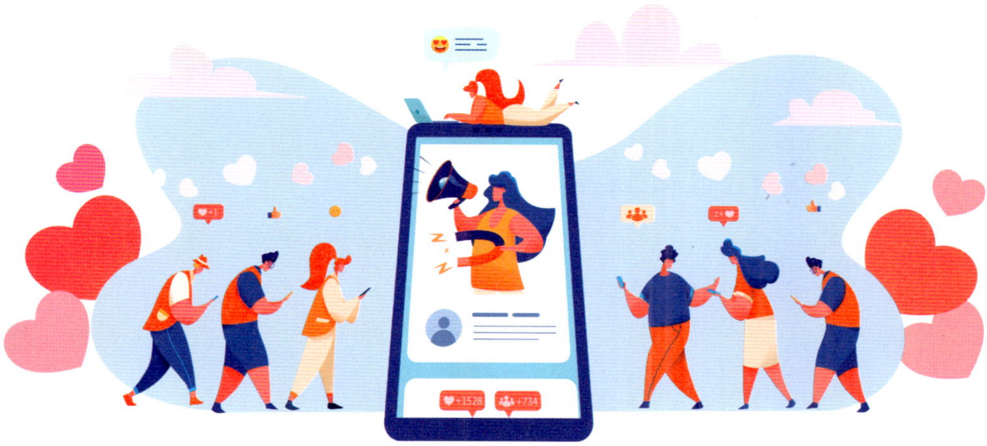

그림 7-3 **파워블로거의 영향력**

바이럴 마케팅Viral Marketing 역시 비슷한 문제가 발생하고 있다. 온라인 마케팅은 이메일, SNS 등을 통해 자연스럽게 바이러스처럼 정보가 확산되기 때문에 바이럴 마케팅이라고도 한다. 업체에서는 신제품을 많은 사람에게 알리기 위해 파워블로거를 섭외해 제품에 대한 게시글을 요청한다. 이들은 검색 과정에서 상위에 랭크되는 노하우가 있다. 몇 가지 규칙, 키워드, 관련 사진과 동영상을 사용해 상위에 노출될 가능성을 높인다.

최근에는 영상 콘텐츠가 새로운 온라인 마케팅 수단으로 각광받고 있다. 텍스트와 이미지 위주의 정보에 비해 외국인에게 홍보하기도 수월하고, 직관적이고 감각적인 콘텐츠를 선호하는 소비자의 요구를 충족시킴으로써 높은 광고 효과가 있기 때문이다. 인기 유튜버의 광고비 수입은 파워블로거와는 비교할 수 없을 정도로 높다.

온라인 마케팅은 저렴한 가격에 양질의 좋은 정보를 제공해 최적의 효과를 낼 수 있는 긍정적인 측면도 있지만, 부정적인 효과도 함께 나타나고 있다. 온라인 마케팅이 활성화되면서 영향력을 가진 블로거나 유튜버를 통한 피해 사례도 늘고 있다. 그러나 소비자의 신뢰도가 떨어진다 해도 소셜 미디어 사용자가 계속 증가하고 다수가 온라인 정보 검색을 이용하는 한 온라인 마케팅은 지속될 것이다.

SECTION 02

모바일 온리 시대

1 디지털 퍼스트에서 소셜 퍼스트로

디지털 혁명으로 미디어 생태계도 변화했다. 최근의 소셜 미디어는 새로운 소통 도구이면서 비즈니스를 창출하고 기업의 수익 모델로까지 연결되고 있다. 이제 대부분의 뉴스는 발생과 동시에 인터넷을 통해 거의 실시간으로 전달된다.

예전에는 소수가 정보를 독점했지만 사람들이 자유롭게 정보를 공유하는 수단이 생겨나면서 정보의 비대칭 현상이 완화되고 있다. 디지털 기술 덕분에 가능해진 일이다.

디지털 퍼스트

디지털 퍼스트Digital First는 2012년 매스 미디어 시대에 언론사에서 콘텐츠 제작과 유통에 디지털 플랫폼을 최우선으로 할 것을 제안하는 전략보고서에서 나온 용어이다. 종이신문의 구속에서 벗어나 디지털 플랫폼 위주의 유통 전략, 제작 프로세스, 자원 배분을 중요하게 고려한다. 당연히 인력과 예산도 디지털 분야에 최우선적으로 배분한다. 그러나 디지털 퍼스트 전략은 공급자 위주의 발상이라는 한계가 있다.

모바일 퍼스트

인터넷 생태계는 이제 웹에서 모바일로 재편되고 있다. 모바일 디바이스의 대중화로 개인의 일상뿐 아니라 기업의 업무환경까지 변화하며 모바일 퍼스트Mobile First 시대로 전환되고 있다. 와이파이 기술과 아키텍처가 진화하면서 모바일은 콘텐츠, 서비스를 소비하는 주요 도구가 되었다. 기가 와이파이가 모빌리티, 스마트워크 등을 뒷받침하는 핵심 기반시설이 되면서 모바일은 보조적인 네트워크 연결 수단이 아니라 액세스 네트워크를 위한 기술로 위상이 한층 높아졌다.

미디어의 도구적인 측면으로 보면 이미 모바일 전성시대이다. 모든 분야에서 모바일 디바이스의 이용률이 증가하고 있고, 2019년 광고시장도 모바일이 PC를 능가했다. 조만간 지상파 TV나 종이신문과 같은 레거시 미디어Legacy Media는 진짜 과거의 유산이 될지도 모른다.

그림 7-4 모바일 퍼스트 시대, PC에서 모바일로 옮겨가는 시대

■ 딥링크

모바일 퍼스트가 확대됨에 따라 웹 기반 수익 모델이 영향을 받자 글로벌 ICT 기업들은 이를 개선하기 위해 앱용 딥링크Deeplink 적용을 확대했다. 딥링크는 인터넷 검색을 하면 해당 콘텐츠의 메인 페이지가 아닌 서브 페이지의 링크로 연결되는 방법을 말한다.

■ 비콘

전자상거래 분야에서도 웹보다는 비콘Beacon을 활용한 모바일 마케팅 모델이 증가하고 있다. 비콘은 근거리 위치 인식 기술을 적용한 무선센서이다. 비콘이 설치된 장소에 블루투스 4.0을 탑재한 스마트폰이 접근하면 비콘과 스마트폰이 상호인식해 각종 정보와 서비스를 제공한다.

■ 스트리밍

기존의 문자, 단발성 사진 기반의 소통 방식에서 나아가 동영상이 소통의 주요 수단으로 부상했다. 사용자들은 짧은 동영상을 쉽고 빠르게 만들어 소통하며 공감한다. 동영상은 모바일 디바이스의 확산, 통신망 확대, 동영상 서비스 발전을 기반으로 다양한 분야에서 새로운 장르의 모바일 문화와 마케팅 시장을 형성하고 있다. 이런 추세에 따라 SNS, 인터넷 포털, 통신사는 동영상을 마케팅 수단으로 활용할 수 있도록 관련 사업을 확대하고 있다.

대표적인 사례로 페이스북은 동영상 생중계 서비스인 페이스북 라이브를 출시했고, 단문 서비스를 제공하던 트위터도 생방송 스트리밍 영상 서비스를 제공하고 있다.

그림 7-5 소셜 미디어의 연결성과 정보의 확산

소셜 퍼스트

ICT 환경과 모바일 디바이스의 발전으로 새로운 미디어 환경이 구축되고 정보와 소통 방식에 급격한 변화가 이루어졌다. 2005년에 설립된 페이스북은 2020년 일일 사용자 수가 18억 명에 달하며, 기존의 매체와는 비교가 되지 않는 파급력으로 권력을 행사하고 있다. 소통하면서 정보를 전달 · 공유하는 미디어가 권력이고 가치를 창출한다.

이제 소수가 정보를 독점하고 일방적으로 전달하던 매스 미디어 시대가 아니라 다수가 정보를 생산하고 공유하는 소셜 미디어 시대이다. 미디어의 생태계뿐 아니라 소통 방식도 변했다. 따라서 다수 소비자의 요구조건을 최우선 순위에 두고 콘텐츠를 만들어야 한다. 디지털의 특성인 하이퍼텍스트성, 멀티미디어성, 상호작용성, 무한확장성, 순간증폭성 등을 제대로 활용한 차별화된 콘텐츠가 필요하다. 또한 SNS에서 언제 어디서나 소비자와 실시간으로 소통하는 소셜 퍼스트Social First로의 전환이 필요하다.

지금은 수천만 명이 유튜브에서 동일한 동영상을 시청하며, 페이스북이 모바일 환경을 지배하고, 콘텐츠마다 카카오톡이나 페이스북 공유 링크가 걸려 있는 시대, 즉 소셜 미디어 전성시대이다. 따라서 기업, 언론은 제품의 홍보나 콘텐츠의 확산 전략으로 소셜 미디어를 최우선으로 활용하는 소셜 퍼스트 정책을 펼쳐야 한다.

2 모바일 퍼스트에서 모바일 온리

모바일 온리Mobile Only는 모바일 퍼스트 시대를 넘어 PC 없이 모바일로만 전자상거래, 은행거래, 음악 감상, 영화 관람과 같은 일상생활을 하고 비즈니스를 처리하는 인터넷 환경을 뜻한다. 최근 모바일 생활 플랫폼이 인터넷 산업의 최대 화두로 부상하고 있다. 쇼핑, 금융, 비즈니스 등 경제활동뿐 아니라 사회·정치 영역까지 모든 일상이 모바일에서만 처리되는 시대로 이동하고 있다.

지금까지의 모바일 소비가 PC 기반의 웹에서 모바일 앱으로 이동한 수준이었다면, 이제는 스마트폰 환경에 최적화된 콘텐츠를 찾기 위해 경쟁한다.

그림 7-6 PC 없이 모바일로만 인터넷에 접속해 모든 일상을 처리하는 모바일 온리 시대

이전에는 PC와 모바일을 자연스럽게 오갈 수 있도록 PC에서 사용하던 환경을 모바일에 맞게 전환하는 것이 목표였다. 그러나 PC에서 모바일로 사용자 이동이 급격히 이루어지면서 소극적으로 모바일 퍼스트를 추구하던 업계도 모바일 온리로 바꾸기 시작했다. 모바일 환경에 적응하지 못하면 생존경쟁에서 밀릴 것이라는 위기감이 현실화되고 있다. 국내·외 기업이 모바일 중심으로 서비스를 정비하면서 본격적인 모바일 시대로 재편되고 있다. 대표적으로 네이버와 카카오는 핀테크, O2O를 발판으로 성장 동력을 발굴하기 위해 금융, 교통, 배달사업 등 다양한 분야로 진출하고 있다.

모바일 온리 시대의 핀테크

일상의 실물경제, 기존의 산업과 모바일이 연결되자 혁신이 일어났다. 핀테크, 간편결제 시장도 모바일 온리의 산물이다. 스마트폰만 있으면 카드 없이 오프라인 결제를 할 수 있고 보안카드, 일회용 비밀번호인 OTP 없이도 모바일 송금이 가능해졌다. 스마트폰에서 금액·수신자·비밀번호만 입력하면 송금할 수 있도록 혁신한 모바일 온리 서비스도 보편화되었다. 편리미엄(편리함+프리미엄) 소비활동을 기반으로 플랫폼의 접근 채널을 모바일로 단일화한 것으로서, 이는 향후 핀테크 서비스의 방향성이 되었다.

카카오뱅크는 국내 유일의 모바일 온리 은행이다. 공인인증서 없이 자체인증을 통해 예·적금과 기본적인 은행 서비스를 이용할 수 있다. 아이디나 계좌 비밀번호도 외울 필요가 없다. PC 버전을 만들지 않고 모바일로 채널을 일원화함으로써 고객 서비스 기능과 접근성을 향상시키고 상품 이용 시간은 획기적으로 감소시켰다. 카카오뱅크는 서비스 개시 2년 만에 가입자 1,000만 명을 달성했는데, 이런 성과가 가능했던 이유는 주 이용 계층이 시중은행과 다르기 때문이다. 카카오뱅크 이용자는 모바일에 익숙한 30대 이하가 70% 이상이다. 이들을 겨냥해 은행 용어도 직관적으로 이해하기 쉽도록 단순화했다.

모바일 온리 시대의 변화

모바일 온리 시대의 가장 큰 변화는 콘텐츠 사업자와 플랫폼, 플랫폼과 소비자, 양쪽 모두를 연결해 시장을 만드는 다양한 플랫폼 사업자의 등장이다. 모바일 온리 시대에는 예전과 달리 기업의 시장 독점이 불가능하다. PC 화면을 장악한 포털 사이트가 시장을 지배하는 시대도 아니다. 포털 사이트의 종합서비스 대신 각 서비스 영역을 대표하는 앱이 출현하고, 사용자는 필요한 콘텐츠만 앱 환경에서 선택해 사용하기 때문이다. 모바일 온리 시대가 되었다는 것은 모바일 분야를 선도해야 비즈니스를 장악할 수 있다는 의미이다. 모바일 온리로 옮겨가는 속도도 더욱 빨라지고 있다.

웹툰은 모바일 온리 시대에 잘 적응한 대표적인 콘텐츠이다. 웹툰의 경우에서 볼 수 있는 것처럼 이제 모바일 디바이스에 적합한 콘텐츠를 생산하는 것이 핵심이다. 최근에는 SNS와 상거래 영역의 결합으로 소셜커머스Social Commerce라는 전자상거래 모델이 등장했다. 소셜커머스는 사람 간의 소통을 바탕으로 하는 새로운 전자상거래 방식이었지만, 지금은 소비자와 생산자를 연결하는 소통으로 본질이 바뀌었다.

삶이 편리해진만큼 모바일 온리의 부작용도 증가하고 있다. 사람들은 스마트폰을 손에서 놓지 못하고, 알림이 울리면 즉시 확인한다. 업무와 휴식의 경계가 허물어지면서 심리적인 피로감이 증가하고 있다. 휴가 중에 무의식적으로 알림에 반응하면서도 불안감에 선뜻 로그아웃은 하지 못한다. 스마트폰 중독 증상이 확산되는 것도 모바일 시대의 그늘이다.

SECTION 03

온·오프라인 공간의 융합

1 핀테크란

핀테크Fin+Tech가 금융업에 새바람을 불어넣고 있다. 핀테크는 기존의 금융서비스에 ICT 환경을 결합함으로써 복잡한 금융을 쉽고 간편하게 이용할 수 있도록 한 환경을 말한다. 인터넷 뱅킹도 기존의 은행 업무에 ICT 환경을 도입했으므로 핀테크이다. 전통적인 금융사가 금융 산업을 발전시켰다면, 금융을 쉽고 간편하게 만든 주역은 핀테크 서비스이다.

인터넷 은행

국내 1호 인터넷 은행은 케이뱅크이고 2호는 카카오뱅크이다. 인터넷 은행은 무서운 성장세로 기존 은행권 영역을 잠식하고 있다. 인터넷 은행의 강점은 24시간 365일 내내 서비스를 제공하는 편리성과 간편함이다. 특히 비대면이라는 특징은 코로나19 사태를 맞아 더욱 빠르게 성장할 수 있는 원동력이 되었다.

그림 7-7 은행이 주체가 되어 ICT 환경을 도입

카카오뱅크는 기존의 인터넷 뱅킹과 다르게 은행에 방문할 필요가 없는 비대면 금융 서비스이다. 기본적인 틀은 인터넷 뱅킹과 크게 다르지 않지만, 대출을 제외한 대다수 금융 업무를 공인인증서 없이 간편인증으로 쉽게 이용할 수 있다. 은행을 완전히 대체할 수는 없지만 일상생활에 필요한 금융 서비스는 원활하게 제공된다.

그러나 인터넷 은행의 간편한 대출 기능은 가계부채의 증가와 20대 청년층의 신용불량 양산을 일으킬 우려가 있고, 은행의 이익 측면에도 위험요소로 등장했다.

핀테크의 다양한 서비스

핀테크 시대에 새롭게 등장한 오픈뱅킹 서비스는 금융혁신을 위한 핵심 기반시설 중의 하나이다. 오픈뱅킹은 핀테크 사업자가 은행과 별도의 계약 없이 핵심 금융 서비스를 API 형태로 제공하는 시스템으로, 은행이 보유한 결제 기능과 고객 데이터를 오픈 API 방식으로 제3자에게 공개하는 것을 통칭한다. 앱 하나로 모든 은행 계좌의 조회, 입금, 출금 등 6가지 서비스를 제공할 수 있다. 은행에는 자사 고객뿐 아니라 전 국민을 대상으로 서비스할 수 있는 기회가 열리고 소비자 요구에 최적화된 서비스 개발이 가능해진다.

금융 산업이 급변하면서 수많은 사용자를 확보한 대형 플랫폼 기업들이 종합금융업에 진출했다. 초기에는 결제 · 송금 서비스 위주로 카카오, 네이버, 토스 등이 시장에 진입했지만 최근에는 은행, 증권, 보험 서비스로 영역이 확대되고 있다. 코로나19의 확산으로 경제의 불확실성은 커졌지만 금융 산업에는 오히려 기회가 되고 있다. 핀테크는 이제 일상생활에서 필수 산업으로 자리 잡으며 디지털 금융 수요도 빠르게 증가하고 있다.

2020년 개인정보와 산업융합의 접점을 확대한 데이터 3법이 국회를 통과하며 데이터 경제 시대가 개막했다. 개인정보 오남용에 대한 우려도 있지만, 금융업계에서는 기존의 금융 서비스 외에도 유통, 통신, 의료 등 비금융 분야까지 고객 중심의 데이터 비즈니스와 서비스를 확대할 수 있게 되었다. 개인정보 수집 · 사용에 동의한 마이데이터MyData 가입자는 개인화된 맞춤 서비스를 제공받게 되며, 기업은 데이터와 다양한 거래 이력을 기반으로 고객 맞춤형 보험 상품을 제공하고 종합 자산관리 서비스 등을 중개할 수 있다.

2 테크핀이란

핀테크라는 용어가 일반화되기도 전에 테크핀Tech+Fin이라는 용어가 등장했다. 핀테크가 금융기관에 의해 ICT 환경이 도입되는 현상인 것과 달리 테크핀은 ICT 기업이 금융 기술을 활용해 금융업에 도전하며 만든 서비스이다. 은행은 아니지만 금융 영역으로 사업을 확장해 사용자에게 새로운 경험을 제공한다. 테크핀 기업은 고도의 디지털 기술을 기반으로 소비자 친화적인 서비스를 출시하며 보수적인 금융시장에 또 다른 경쟁자로 등장했다.

국내 테크핀 기업

대표적인 테크핀 기업은 네이버파이낸셜, 카카오페이, NHN페이코 등이다. 이들은 은행, 증권사와 직접 제휴해 통장을 개설하고, 고금리, 할인, 멤버십 혜택 등을 주면서 고객을 유치하고 있다. 테크핀 기업의 금융 진출은 고객에게 혜택을 주어 소비자 경험을 향상시키고, 동시에 자사 플랫폼에서 활동하게 하는 락인Lock-In 효과로 이어진다. 생활 밀착형 금융을 중심으로 지불과 결제라는 금융 행위를 기존 금융사보다 간편하게 서비스하면 고객을 묶어두는 효과가 발생하기 때문이다. 따라서 충성 고객이 많은 플랫폼을 바탕으로 다른 사업으로 확장하기 쉽다.

MZ세대와 테크핀

디지털에 익숙한 MZ세대는 테크핀을 대표적인 금융 서비스로 받아들일 가능성이 높다. 테크핀은 전통적인 금융기업과 달리 기술을 바탕으로 오프라인 매장보다는 온라인 환경에서 스마트폰 중심으로 서비스를 제공한다. 매장 임대료와 인건비를 대폭 낮출 수 있어서 자체 비용과 마케팅 비용 절감에 유리하다.

그림 7-8 테크핀으로 결제와 안면 생체인식

특히 네이버와 카카오 등의 대형 테크핀은 디지털에 익숙한 MZ세대에 끼치는 영향력이 크다. 테크핀은 쇼핑, 음악 등 이전에 이용하던 서비스와 밀접하게 연관된 형태로 제공되기 때문에 소비자에게 자연스럽게 접근할 수 있다. 네이버와 카카오가 익숙한 사람은 은행보다 테크핀을 선택할 확률이 높으므로 중장년층보다는 디지털 문화를 즐기는 욜로족이 주된 타깃이다. 대형 테크핀은 기존에 확보한 소비자에게 만족도 높은 서비스를 제공하면 되지만 전통적인 은행은 고객을 찾아다녀야 하는 형편에 있으므로 경쟁력에 차이가 있다.

핀테크는 은행 설립 인가를 받고 특정 분야만 서비스하지만, 카카오페이와 같은 테크핀은 기본적인 활용도와 성격이 다르다. 일단 활용도와 접근성을 향상시키기 위해 앱이 아닌 카카오톡 서비스에 포함시켰다. 카카오페이를 통해 송금이나 결제 기능은 물론 부가적으로 활용할만한 금융 서비스를 제공한다. 또한 ICT 환경을 기반으로 하므로 은행에서 접하기 어려운 기능도 많이 포함되어 있다. 보험 가입, 신용 조회, 대출 비교, 환전 기능까지 다룬다.

간편결제

국내 간편결제 시장은 연간 100조 원 규모로, 모바일을 이용한 결제 비중이 급성장하고 있다. 모바일 결제 시장이 확장됨에 따라 간편결제 서비스의 종류도 증가하고 있다. 간편결제는 신용카드 등의 결제정보를 모바일 디바이스에 미리 등록하고, 생체정보나 비밀번호로 결제하는 방식을 말한다.

이와 같이 ICT 환경의 발전으로 금융이 더 가까워지고, 금융업계와 달리 테크핀은 일상생활에서 금융과 관련된 모든 영역으로 확장되고 있다. 국내 간편결제 시장은 오프라인 매장 결제까지 영역을 확대하고 있다.

■ 종류

간편결제 시장에는 삼성페이, SSG페이, L페이, 카카오페이, 네이버페이, 페이코, 스마일페이, 11페이, 배민페이 등이 진출해있다. 향후에는 몇 개만 살아남아 새로운 금융의 혁신을 만들어낼 것이다. SSG페이, L페이 등을 만든 유통업체는 매장과 쇼핑몰을 방문한 소비자에게 자사의 간편결제를 제공하기 때문에 사용자를 확보하기 쉽다. 그리고 외부 가맹점으로 확장해 결제 서비스의 이용 빈도를 증가시킬 수 있어 마케팅 측면에 강점이 있다. 그러나 자사 외 다른 곳에서는 이용하기 어렵다.

그림 7-9 일상생활에서 금융과 관련된 모든 영역으로 확장된 간편결제, 테크핀

그러므로 단일 유통 채널보다는 다양한 가맹점에서 일반적으로 사용할 수 있는 결제가 유리하다. 따라서 카카오페이, 네이버페이, 삼성페이, 페이코 등이 경쟁에서 앞서 있다. 이들은 최대한 많은 온라인과 오프라인 가맹점을 확보하고 할인과 적립 등의 혜택을 제공한다.

그러나 모두가 승자가 될 수는 없다. 검색, 메신저, SNS 등 인터넷 서비스에는 승자독식Winner Take All의 법칙이 적용되고 네트워크 효과로 인해 1위 기업으로 소비자가 몰리기 때문에 오프라인 매장을 더 많이 확보한 한두 기업이 시장을 평정할 가능성이 높다. 또한 온라인에서의 치열한 전쟁은 오프라인으로의 진출을 가속화할 것이다.

■ 수익 모델

간편결제 서비스의 수익 모델은 기존 금융업계의 수수료 모델과는 다르다. 간편결제는 수수료가 제로에 가깝다. 간편결제는 매출을 올리기 위한 수단이 아니라 고객을 유인하기 위한 미끼 서비스이기 때문이다. 포털 사이트에서 메일, 카페, 블로그, 검색 등의 서비스는 무료로 제공하고 수익은 다른 곳에서 발생시키는 것과 마찬가지이다. 간편결제를 서비스하는 업체는 각종 금융상품의 판매를 중계함으로써 중계수수료를 받고, 결제 데이터와 서비스의 접점에서 발생하는 트래픽을 기반으로 기업에 마케팅 솔루션과 광고를 제공할 것이다.

웹의 검색 광고, 카카오톡의 메신저 광고, 페이스북의 뉴스피드 광고 등 디지털 광고시장에서 간편결제는 차별화 전략을 모색할 것이다. 소비자의 구매 내역, 구매금액 등 온라인과 오프라인의 소비 내역을 바탕으로 최적화된 맞춤형 서비스를 제공할 수 있기 때문이다. 이것은 기존 광고와의 가장 큰 차이점이기도 하다. 실제로 간편결제 서비스는 결제뿐 아니라 멤버십 관리, 청구서 확인, 가계부, 송금 등은 물론 금융상품 검색, 보험상품 추천, 대출, 주식투자까지 가능하다. 앞으로는 오프라인 매장 결제와 관련된 다양한 쇼핑 혜택과 마케팅 솔루션을 제공하면서 금융의 포털 서비스로 진화할 것이다.

3 O2O란

O2O Online to Offline는 온·오프라인 공간을 유기적으로 결합한 서비스이다. 온·오프라인 통합의 시대에 숙박 예약, 자동차 렌트 등 기존에 온라인으로 제공되던 서비스는 오프라인 채널로 사업을 확장하고, 음식 배달, 부동산 중개 등 오프라인 서비스는 온라인으로 영역을 확장하고 있다. O2O 서비스가 일반화되면서 유통업계는 시장을 선점하기 위해 사활을 걸고 치열한 경쟁을 벌이고 있다. O2O 기업은 매출의 대부분을 수수료, 광고료, 이용료, 정기사업료, 가입비 등을 통해 창출한다.

O2O의 영향력은 이제 온라인에 머물지 않고 오프라인으로 확대되고 있다. 과외, 가사일, 인테리어, 청소, 이사와 같이 익숙한 일대일 생활 서비스를 넘어 취미생활, 반려동물 관련 서비스까지 그 범위도 다양해졌다. 하나의 서비스로 단일 틈새시장을 공략하기보다 다양한 서비스의 종합시장으로 각 시장을 공략하는 경우도 있다.

그림 7-10 온라인과 오프라인을 연결하는 서비스인 O2O

글로벌 시장에서 O2O 서비스는 다양한 생활영역으로 빠르게 확장되고 있다. 자동차, 음식, 숙박, 부동산 등 일상생활과 밀접한 여러 영역에서 특화된 O2O 서비스가 증가하고 있으며, 다양한 오프라인 서비스를 제공하는 통합 O2O 서비스 사업도 등장했다. 최근에는 대기업에서도 O2O 서비스를 본격화하고 있다. 국내에서 O2O가 본격적으로 활성화되기 시작한 것은 SNS를 활용하는 쿠팡, 위메프, 티몬 등의 소셜커머스가 등장하면서부터이다. 반값 공동구매로 유명해진 소셜커머스는 전자상거래와 마케팅을 결합한 비즈니스 모델이다.

O2O 서비스는 생활과 매우 밀접한 서비스로 새로운 변화를 불러일으켰지만 다양한 부작용도 있다. 신기술을 기반으로 하는 온라인 기업의 영향력이 강해지면서 자본과 기술에서 열세인 소상공인이 타격을 받고 있다. 가장 심각한 문제는 음식, 운수, 청소 등 영세한 사업자가 많은 골목상권을 침해하는 것이다. 기업이 새로운 O2O 분야에 진출할 때 관련 종사자들과의 충돌로 불협화음이 발생하기도 한다.

그림 7-11 온라인의 노하우를 바탕으로 온라인과 오프라인 매장의 상생 방안을 추구하는 O4O

모바일을 이용한 O2O 확장

O2O는 스마트폰이 본격적으로 보급되고 모바일 기술이 발달하면서 더욱 빠른 속도로 확장되어 이제 일상생활의 모든 영역에서 다양하게 서비스되고 있다. 스마트폰 활용 습관과 쇼핑을 접목해

당일 배송 · 새벽 배송 서비스도 등장했다. 세차나 청소와 같은 생활밀착형 서비스, 매장 방문 전에 미리 주문하는 원격 주문 서비스도 있다. 원격 주문 서비스는 최근의 소비 패턴을 적극적으로 반영한 서비스이다. 비용이 들더라도 시간과 노력을 줄일 수 있는 서비스와 상품을 선호하는 현상으고 해석할 수 있다. 편리함이 곧 경쟁력이기 때문이다. 스타벅스 사이렌오더는 대표적인 성공사례이다. 대기시간의 불편 해결과 고객의 편리함을 위해 개발된 사이렌오더의 누적 주문 수는 1억 건 이상이다.

최근에는 빅데이터, AI 등 신기술과 접목해 소비자의 편의성을 향상시키면서 플랫폼 경제의 새로운 부가가치를 창출하고 있다.

모빌리티를 이용한 O2O 확장

O2O 분야에도 4차 산업혁명이 빠르게 스며들고 있다. 바로 이동성Mobility 혁신이다. 이동성 서비스는 이미 글로벌 시장에서 큰 경제적 효과를 창출하고 있다. 이동성 서비스의 경제적 효과로 인해 '서비스로서의 이동(MaaS Mobility as a Service)'으로 사업 영역이 빠르게 확장될 것으로 예상된다. MaaS는 대중교통, 전동자전거, 퀵보드 등 개인 이동 도구를 포함한 모든 이동수단을 연결해 경로 검색과 예약, 결제를 하나의 앱으로 진행하는 통합 플랫폼을 의미한다. 우버의 승차 공유 서비스, 카카오T 등이 대표적이다.

최근 이동성 시장에서 빠르게 성장하는 영역은 마이크로 이동성 분야이다. 초기에는 이동을 위한 수단으로 활용되던 이동성 서비스가 식품 · 금융 분야까지 확대되며 삶에 영향을 미치고 있다. 가장 빠르게 안착한 분야는 음식 배달 서비스이다. O2O 시장의 활성화로 규모가 확장되면서 플랫폼에 서비스를 제공하는 업체와 플랫폼 노동자도 많아지고 있다.

그러나 배달 오토바이의 경우 과속 운전에 신호 위반까지 감수할 정도로 서비스 경쟁이 치열해져 문제가 되고 있다. 배달 건수가 곧 수입으로 연결되기 때문에 이어지는 악순환이다. 그리고 국내에서는 모빌리티 사업이 쉽지 않다. 각종 규제와 이해관계로 인한 사회적 갈등이 걸림돌로 작용하고 있다.

그림 7-12 오프라인 공간을 위한 온라인 서비스와 증강현실 제품 체험 O4O

4 O4O란

최근에는 오프라인 공간의 의미와 가치가 재조명되면서 O4O[Online for Offline] 서비스가 부상하고 있다. O2O 서비스는 온·오프라인 공간을 단순하게 연결하는 중개 역할만 한다. O2O 서비스가 확장되고 있지만 고객 유치의 한계와 수익 구조 문제 등이 있어 O4O 서비스가 등장했다. O4O는 오프라인을 위한 온라인 서비스로, 온라인 노하우를 통해 오프라인의 매출을 증대시키는 것을 의미하는 마케팅 용어이다.

O4O 서비스는 온라인 기업이 오프라인 고객 확대를 위해 온라인을 활용해 오프라인에서 서비스하는 형태이다. 오프라인 서비스를 위해 온라인 기술을 활용하는 O4O 서비스는 온라인과 오프라인 매장의 상생을 추구한다. 오프라인 유통매장을 온라인 플랫폼과 연계해 온·오프라인의 경계 없이 서비스를 활용할 수 있게 한다. 온라인 기업이 보유한 기술 · 자산, 고객 정보 등을 기반으로 오프라인으로 사업 영역을 확대하면서 새로운 수익을 창출하는 형태이다.

O2O는 단순한 확장을 의미하지만 O4O는 기존 생태계를 그대로 유지하면서 오프라인 공간에서 새로운 기술·경험·편의성 등을 제공한다. 오프라인 환경에서 새로운 시장의 혁신을 선도하는 O4O 서비스의 원조는 아마존의 아마존 고[Amazon Go]이다. 아마존 고는 식료품, 잡화 등을 판매하는 오프라인 마트로, 계산대가 없는 무인점포이다. 국내의 대표적 사례로는 다방 케어센터, 야놀자 코텔 등이 있다.

SECTION 04

새로운 소비 성향

1 옴니채널 서비스

과거에는 백화점·쇼핑몰 등 오프라인 매장에서 상품을 살펴보고 온라인에서 저렴하게 구매하는 쇼루밍Showrooming을 하는 소비자가 많았다. 반대 과정, 즉 온라인에서 물건을 결제하고 인근의 매장에서 물건을 찾아가는 방식은 역쇼루밍Reverse-Showrooming이라고 한다. 스마트폰 등장 이후에는 온라인으로 제품을 확인하고 오프라인에서 구매하는 현상인 웹루밍Webrooming도 등장했다. 이와 같이 온 · 오프라인을 넘나드는 소비자가 많아지면서 온 · 오프라인을 결합한 O2O, 옴니채널 서비스가 탄생했다. 소비자의 이와 같은 구매 행태로 알 수 있는 것은 옴니채널에서는 온라인과 오프라인의 경계가 무의미하다는 것이다.

그림 7-13 온·오프라인, 모바일 등 여러 경로를 통하여 상품을 구매하는 서비스인 옴니채널

옴니채널Omni-Channel은 라틴어로 '모든'을 의미하는 옴니Omni와 제품의 유통경로를 나타내는 채널Channel의 합성어로, 소비자가 온라인, 오프라인, 모바일 등 다양한 경로를 넘나들며 상품을 검색하고 구매할 수 있도록 한 서비스 환경을 말한다. 여러 경로로 상품을 구매할 수 있는 것은 물론 온 · 오프라인 유통 채널을 통합해 매장에 관계없이 최선의 선택을 할 수 있도록 서비스를 제공한다. 진열된 물건을 판매하는 것에 그치지 않고 고객 정보를 자동으로 인식해 상품을 추천하거나 할인 또는 특별 서비스를 제공하기도 한다. 최근에는 대형·소매 유통업체에서 온라인 및 가상점포를 발전된 형태로 운영하면서 옴니채널이 확대되고 있다.

옴니채널은 기존의 온·오프라인 유통 채널에 ICT·모바일 기술 등 소비자 중심의 모든 쇼핑 채널을 하나로 융합해 고객의 편의와 만족을 극대화한 유통전략으로, 리테일 4.0 시대의 핵심으로 손꼽히는 쇼핑 환경이라 할 수 있다.

그림 7-14 모든 쇼핑 채널을 하나로 융합해 고객의 편의와 만족을 극대화하는 옴니채널

O2O 서비스도 넓은 의미에서 옴니채널에 속한다. 온라인과 오프라인을 유기적으로 활용한다는 점에서는 O2O와 옴니채널이 유사하다. 다만 옴니채널은 고객의 이탈을 방지하고 충성도를 높이는 것을 마케팅 전략의 목표로 삼는다. 그러므로 옴니채널은 온·오프라인에서 동일한 품질의 제품을 동일한 가격에 구매하도록 한다. 소비자의 쇼핑 만족도가 동일해야 하기 때문이다. 온라인에서 제품을 결제하고 오프라인에서 수령하는 Drive&Pick 서비스가 가장 간단한 형태이다. 옴니채널의 급성장은 쇼루밍족, 역쇼루밍족, 웹루밍족, 모루밍족 등 다양한 채널을 넘나들며 쇼핑을 즐기는 크로스 쇼퍼cross shopper의 증가와 밀접한 관련이 있다.

2 구독경제

전 세계적으로 '소유'와 '공유'의 소비 형태를 넘어 월정액으로 일정한 비용을 지불하고 사용하는 '구독' 형태의 소비가 빠르게 확산되고 있다. 장기적인 경기 침체와 밀레니얼 세대의 합리적인 소비가 만들어낸 새로운 패러다임이다. 구독경제Subscription Economy는 신문, 잡지 등을 구독하는 것처럼 일정 기간 구독료를 지불하고 상품이나 서비스를 사용하는 신개념 유통 서비스를 말한다. 대표적인 구독경제는 무제한 스트리밍 서비스를 제공하는 넷플릭스, 유튜브, 디즈니+ 등의 OTT 서비스이다. 플레이 이력을 분석해 취향에 맞는 게임을 추천하는 서비스도 있다.

구독이라는 개념이 전혀 어울릴 것 같지 않은 산업에도 구독 서비스가 등장하고 있다. 영화, 만화, 음악 등의 콘텐츠는 물론 의류, 음식, 의료, 생활용품, 영화 관람, 매장 임대, 심지어 주거공간까지 다양한 영역으로 서비스가 확장되고 있다. 전자책, 지식, 그림 구독 등 문화콘텐츠 분야도 확장되는 추세이다. 최근에는 코로나19 확산으로 비대면 콘텐츠 구독 서비스가 생활 깊이 스며들고 있다. 국내에서는 1인가구를 겨냥해 셔츠, 양말, 면도날 등 주기적으로 교체가 필요한 생필품을 배송하는 형태도 인기를 끌고 있다. 향후 산업계 전반에서 새로운 유통 트렌드로 자리 잡을 것으로 보인다.

그림 7-15 소유와 공유 형태의 소비에서 벗어나 일정한 비용을 지불하고 사용

구독경제가 주목받는 이유는 ICT 환경의 발달 그리고 한계비용과 관계가 있다. 아이템 하나에 많은 비용이 매몰되는 소유보다 제한된 자원과 비용으로 최대한의 만족을 얻는 방식을 추구하는 모바일 시대의 또 다른 비즈니스이다.

경제의 불확실성으로 실질 소득이 정체 · 감소하는 상황이지만 풍부한 콘텐츠, 상품에 대한 정보 접근성 증가, 빠른 배송으로 다양한 경험이 가능해지면서 다양한 분야에서 정기구독이 가능해졌다. 따라서 실용적인 소비를 추구하는 소비자는 필요에 따라 한시적으로 사용하는 경험적, 공유적 소비를 추구하는 방향으로 소비 패턴을 바꾸고 있다. 이러한 패러다임은 특히 디지털에 친숙하고 개인의 삶을 중시하는 젊은 세대를 중심으로 더욱 확산되고 있다.

구독은 과거부터 우유, 신문, 잡지와 같은 특정 물품을 정기적으로 배송 받는 형태로 흔하게 접하던 서비스이다. 하지만 최근의 구독경제는 소비자가 원하는 다양한 디지털 서비스·소비재 또는 공급자가 추천하는 물품을 정기적으로 제공받거나 임대하는 개념으로 진화했다.

그림 7-16 젊은 세대를 중심으로 다양한 구독 서비스 이용

구독경제는 최소한의 비용으로 다양한 소비 경험과 편리함을 제공해 소비자 만족도를 극대화할 수 있는 장점이 있다. 이용자는 취향에 맞는 콘텐츠를 감상하거나 제품·서비스를 경험하고, 제공

업체는 소비자 확보와 안정적인 매출을 유지할 수 있다. 콘텐츠 범람으로 선택에 어려움을 겪는 소비자의 욕구를 공략할 방법을 모색하다 보니 AI 기술의 발전에도 영향을 미쳤다. 빅데이터, AI를 활용한 큐레이션 서비스는 소비자의 만족도를 극대화할 수 있다. 과거에는 분산된 개별 소비자의 욕구가 시장에 반영되기까지 많은 시간이 소요됐지만, 스마트폰이 대중화되면서 새로운 서비스의 제공과 빠른 확산이 용이해졌다.

1인 가구의 증가와 자신의 행복을 위해 소비하는 MZ세대가 등장하면서 구독경제 시장은 더욱 커지고 있다. 소비자의 만족도 대비 이용료의 적정성, 물류·재고 관리, 충성회원 확보 등이 성공을 위한 관건이다. 하지만 눈덩이처럼 불어나는 구독으로 고정비 지출 부담이 증가하고, 체계적으로 관리하지 않아 또 다른 지출이 발생하는 경우도 있다.

SECTION 05

유통혁명, 리테일 4.0 시대

1 리테일의 과거

유통산업의 변화 속도가 과거와는 비교할 수 없을 만큼 빠르다. 4차 산업혁명 시대가 열리면서 유통산업에 리테일 4.0이라는 새로운 쇼핑 패러다임이 등장했다. 리테일 4.0은 유통산업에 IoT, AI, 빅데이터, 클라우드 등 4차 산업혁명의 기반 기술을 활용해 변화된 유통시장을 의미한다. 코로나19 이후 비대면 문화의 확산으로 유통의 중심이 오프라인에서 온라인으로 빠르게 전환되며 유통 4.0 시대로 진입하고 있다.

최근에는 블록체인, 증강현실, 가상현실 등 첨단 ICT 환경이 도입되면서 새로운 시장이 열리고 있다. 유통산업은 비교적 전통적인 판매방식이 유지되는 영역이었지만, 최근 ICT 환경을 활용하는 첨단 기술이 도입되며 새로운 국면을 맞이했다. 리테일 테크Retail Tech는 소매Retail와 기술Technology이 결합한 새로운 유통산업을 말한다. 유통 4.0 기술을 백화점, 대형 마트, 편의점, 홈쇼핑, 소셜커머스 등 다양한 리테일 산업에 활용해 초지능, 초실감, 초연결화를 구현한다. 리테일 테크는 인터넷, PC, 모바일 환경을 기반으로 하는 유통 3.0 시대에 도입되어 유통 4.0 시대에 본격적으로 확장되고 있다.

표 7-1 유통산업의 발전사

유통산업 시대	시대별 특징
물물교환 시대	생산자와 소비자가 직접 물건을 교환하는 거래 방식
유통 1.0 시대	화폐와 유통기관의 등장으로 거래 활성화
유통 2.0 시대	유통기관(도소매 채널 확대로 거래 비용의 절감)
유통 3.0 시대	인터넷의 발달로 PC, 모바일 등을 활용하여 시공간을 극복한 온라인·모바일 쇼핑의 등장과 확산
유통 4.0 시대	4차 산업혁명 기반 기술(AI, IoT, BigData, VR, AR 등)을 통한 초지능, 초실감, 초연결 유통서비스 도입

2 리테일의 현재

전통적인 유통기업은 첨단 ICT와 소매유통을 융합한 리테일 테크를 통해 유통 4.0 시대에 혁신의 재도약을 모색 중이다. 온라인 쇼핑몰은 최저가와 배송 속도로 치열한 경쟁을 하고, 오프라인 유통기업은 시장의 주도권을 빼앗기지 않기 위해 리테일 테크 도입을 가속화하고 있다. 최근 유통 업계는 AI 챗봇, VR 스토어, 로봇, 키오스크 등을 도입하고 있다. 리테일 테크의 특징은 수집된 고객 데이터를 바탕으로 과거와는 차원이 다른 고객 맞춤형 경험을 제공할 수 있다는 것이다. 그리고 재고·물류관리 자동화로 시스템의 효율성을 향상시킴으로써 운영비를 절감할 수 있다.

유통 4.0 시대가 열리면서 기술 혁신으로 다양한 산업이 융합되어 업종 간 경계가 붕괴되고 가치 창출의 기반이 근본적으로 전환되었다. 그리고 국가 간 장벽이 완화되면서 국내·외 시장이 통합적으로 확장되고 있다. 이제 유통산업은 상품과 서비스의 거래를 중개하는 역할에 머물지 않고 생산과 소비에 대한 정보를 공유하며 가치를 창출하는 역할을 한다. 현재 진행되고 있는 유통산업의 변화는 4차 산업혁명과 맞물려 더욱 가속화할 것이다.

그림 7-17 ICT 기반의 업무 처리와 AR 마케팅으로 쇼핑 경험의 혁명

리테일 테크의 다양한 사례

리테일 테크를 적용하는 분야에서는 재고 관리, 고객 응답 등 반복적인 일상 업무에서 비용을 절감하기 위해 AI, 챗봇을 도입하고, 블록체인 기술을 바탕으로 시스템 자동화를 구현한다. AI는 다양한 유통 현장에서 챗봇, 실시간·맞춤형 유통 서비스 등에 활용되고 있다. 인터넷 쇼핑몰에서 관심 있게 본 상품이 SNS의 피드 혹은 타임라인에 추천 게시물로 등장하는 것에서 볼 수 있듯이 기업은 사용자의 개인정보와 관심 데이터를 실시간으로 분석해 마케팅에 활용하고 있다.

주문형 생산 방식과 물류 추적 시스템은 IoT를 기반으로 한다. 이 시스템에 빅데이터를 결합하면 맞춤형 마케팅에 활용할 수 있으며, AR과 VR 등 각종 신기술을 더해 소비자 경험을 향상시킬 수도 있다. 로봇과 GPS 기술을 적용한 자동배송 등의 등장으로 유통 패러다임도 변화하고 있다.

오프라인 공간에 온라인의 편리함이 더해지면서 피지털Phygital이라는 새로운 흐름도 형성되고 있다. 피지털은 물리적 공간을 의미하는 '피지컬'과 온라인을 의미하는 '디지털'의 합성어다.

챗봇이 고객과 나눈 대화를 통해 데이터를 축적·분석함으로써 맞춤형 상품을 제안하고, 스마트 로봇 카트는 점포에서 다양한 기능을 수행할 뿐 아니라 물류센터 자동화에도 활용된다. 안면인식 기술은 스마트폰 태그 없는 결제나 무인점포의 도난 방지용 보안 등에 활용할 수 있다. 그 외에도 무선인식기술(RFID Radio-Frequency IDentification) 태그를 통한 셀프 계산대, 물류창고 재고 관리, 빅데이터와 AI를 접목해 적합한 상품을 추천하는 큐레이션 커머스, AR 기술로 가상 이미지를 덧입혀 상품 배치를 확인할 수 있는 매장, 실감형 VR 스토어, 무인 쇼핑, 드론 배송 등 다양한 분야에 리테일 테크를 도입할 수 있다.

로봇, AI, IoT와 같은 기술로 인해 제품의 공급부터 판매, 고객 서비스까지 유통의 모든 단계가 변화하고 있다. IoT와 RFID 기술을 결합하면 재고 파악의 효율성이 높아져 효과적인 재고 관리가 가능하다. IoT 센서로 전 세계 매장의 판매 정보를 실시간으로 수집해 생산 · 공급 물량을 경제적으로 조절하고 모든 상품의 유통 과정을 실시간으로 관리할 수 있으므로 판매량에 따른 재고를 최소로 유지할 수 있다.

미국의 유통공룡 아마존의 아마존고Amazon Go는 터치리스Touchless 결제 방식을 구현한 무인점포이다. 컴퓨터 비전, 인식 센서, 딥러닝 등 AI 기술에 저스트 워크아웃 기술Just Walk Out Technology을 결합해 계산 과정을 거치지 않고 자유롭게 쇼핑하는 무인결제로 진화하고 있다.

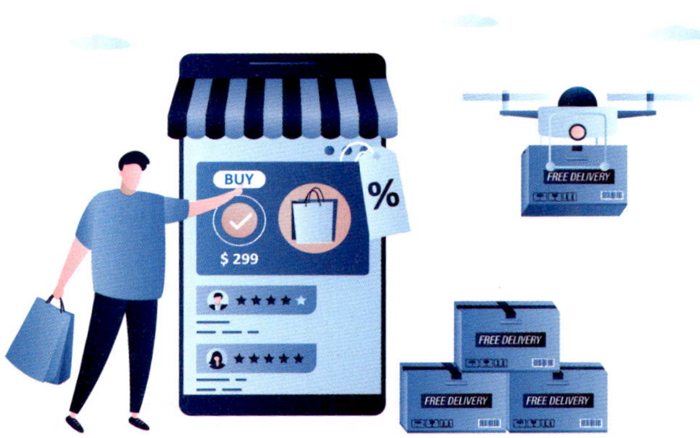

그림 7-18 계산 과정을 거치지 않는 무인점포

3 리테일 4.0의 과제

이처럼 O2O, O4O, 유통 4.0 등의 서비스는 이미 일상 깊숙이 침투하고 있다. 리테일 테크에 거부감을 갖지 않고 적극적으로 수용하는 소비자는 리테일 4.0 시대를 이끄는 역할을 한다. 그러나 유통혁명으로 생활은 윤택하고 편리해지겠지만 누군가의 삶에는 일자리 위협 등의 형태로 영향을 미칠 것이다. 그리고 리테일 4.0인 옴니채널이 소매시장에서 조명을 받고 있지만 기술 습득에 어려움을 겪는 사람도 있을 수밖에 없다. 예를 들어 요즘 패스트푸드점에 있는 키오스크Kiosk 기기 사용이 낯설고 어려워 구매를 포기하는 시니어가 많다.

언택트 마케팅은 개인화된 오늘날의 소비자에게 적합한 마케팅 방식이다. 그러나 사람이 하던 일을 기계가 대신하는 환경에 적응하지 못한 사람들이 불편을 느끼는 언택트 디바이드Untact Divide에 대한 우려도 있다. 유통 4.0 시대에도 모든 서비스의 중심은 사람이어야 한다. 유행, 트렌드에 따라 무조건 기술만 도입할 것이 아니라 유통산업의 기본인 고객 중심, 인간 중심의 철학을 바탕으로 혁신을 위한 ICT 기반 시스템을 구축해야만 유통 4.0의 가치를 제대로 실현할 수 있을 것이다.

요약

01 새로운 단말기와 미디어를 활용해 소비자에게 기업의 메시지를 전하기 위한 디지털 PR Public Relation 개념이 등장했다.

02 페이드 미디어는 비용을 지불하는 광고 미디어이다.

03 온드 미디어는 기업이 소유한 미디어로, 자사 홈페이지와 앱, 브랜드 SNS 계정, 뉴스레터 등이 있다.

04 언드 미디어는 소비자가 생산하는 기업의 평판을 의미한다.

05 인터넷 생태계는 이제 웹에서 모바일로 재편되고 있다. 모바일 디바이스의 대중화로 개인의 일상뿐 아니라 기업의 업무환경까지 변화하며 모바일 퍼스트 Mobile First 시대로 전환되고 있다.

06 딥링크는 인터넷 검색을 하면 해당 콘텐츠의 메인 페이지가 아닌 서브 페이지의 링크로 연결되는 방법을 말한다.

07 비콘은 근거리 위치 인식 기술을 적용한 무선센서이다.

08 모바일 온리 Mobile Only는 모바일 퍼스트 시대를 넘어 PC 없이 모바일로만 전자상거래, 은행거래, 음악 감상, 영화 관람과 같은 일상생활을 하고 비즈니스를 처리하는 인터넷 환경을 뜻한다.

09 핀테크는 기존의 금융서비스에 ICT 환경을 결합함으로써 복잡한 금융을 쉽고 간편하게 이용할 수 있도록 한 환경을 말한다.

10 핀테크가 금융기관에 의해 ICT 환경이 도입되는 현상인 것과 달리 테크핀은 ICT 기업이 금융기술을 활용해 금융업에 도전하며 만든 서비스이다.

11 O2O는 온·오프라인 공간을 유기적으로 결합한 서비스이다.

12 O4O는 오프라인을 위한 온라인 서비스로, 온라인 노하우를 통해 오프라인의 매출을 증대시키는 것을 의미하는 마케팅 용어이다.

연습 문제

객관식 문제

01 페이드 미디어에 대한 설명으로 옳지 않은 것은?

① 소비자의 심리저항이 작다.

② 인터넷 홈페이지에 띠 모양으로 만들어 부착하는 광고를 말한다.

③ 특정 채널에만 고유한 방식으로 기획된다.

④ 기사형, 콘텐츠형, SNS 피드광고 등이 대표적이다.

02 온라인 마케팅이 해결해야 될 과제에 대한 설명으로 옳지 않은 것은?

① 홍보성 게시글 ② 대가성 가짜 후기

③ 바이럴 마케팅 성행 ④ 소셜큐레이션 서비스 성행

03 모바일 온리 시대에 대한 설명으로 옳지 않은 것은?

① 모든 일상이 모바일에서만 처리되는 시대를 말한다.

② 핀테크, O2O를 발판으로 성장동력을 위해 다양한 분야로 진출하고 있다.

③ 카카오뱅크는 국내 유일의 모바일 온리 은행이다.

④ 사업자와 플랫폼 간의 연결을 통해 시장 독점이 가능하다.

04 핀테크에 대한 설명으로 옳지 않은 것은?

① 기존의 업무에 ICT 환경을 도입한 것을 말한다.

② 은행설립 인가를 받지 않고도 특정 분야 서비스가 가능하다.

③ 마이데이터 가입자를 대상으로 개인화된 맞춤 서비스 제공이 가능하다.

④ 오픈뱅킹 서비스가 대표적이다.

05 간편 결제에 대한 설명으로 옳지 않은 것은?

① 승자독식 법칙에 의한 단일 유통채널 결제 방식이 사용자 확보에 유리하다.

② 간편 결제 종류로는 삼성페이, L페이, 카카오페이, 네이버페이 등이 있다.

③ 결제뿐만 아니라 최적화된 사용자 맞춤형 서비스가 가능하다.

④ 매출을 올리기 수단이 아닌 고객 유인을 위한 공짜 미끼 서비스이다.

06 O2O O4O에 대한 설명으로 옳지 않은 것은?

① ICT 환경 기반 온 · 오프라인 융합서비스이다.

② 원격 주문서비스를 통해 대기시간을 불편을 해결하였다.

③ O2O 서비스의 핵심은 이동성 혁신에 있다.

④ O4O 서비스는 온 · 오프라인 공간을 단순하게 연결하는 중개적인 역할을 담당한다.

07 온라인으로 제품을 확인하고 오프라인에서 구매하는 현상을 무엇이라 하는가?

① 역쇼루밍(Reverse-Showrooming)　　② 쇼루밍(Showrooming)

③ 웹루밍(Webrooming)　　④ 모루밍(Morooming)

08 옴니채널 서비스에 대한 설명으로 옳지 않은 것은?

① 온라인과 오프라인의 경계가 무의미한 서비스를 말한다.

② 온·오프라인에서 동일한 품질의 제품을 차별화된 가격으로 고객에게 제공한다.

③ 고객의 편의와 만족을 극대화하기 위해 쇼핑 채널을 하나로 융합하였다.

④ O2O 서비스는 넓은 의미에서 옴니채널에 속한다.

09 구독경제에 대한 설명으로 옳지 않은 것은?

① 일정기간 구독료를 지불하고 상품, 서비스 등을 사용하는 신개념 유통서비스이다.

② 제한된 자원과 비용으로 최대한의 만족을 얻기 위한 비즈니스이다.

③ 특정 물품을 단순 구매 · 계약해서 정기적으로 배송 받는 서비스이다.

④ 최소한의 비용으로 소비자들의 만족도를 극대화한다.

10 유통산업에 대한 설명으로 옳지 않은 것은?

① 유통 3.0: 생산자와 소비자가 직접 물건을 교환

② 유통 1.0: 화폐와 유통기관의 등장으로 거래의 활성화

③ 유통 2.0: 도소매 채널 확대로 거래 비용의 절감

④ 유통 4.0: 4차 산업혁명 기반 기술을 통한 유통 서비스

연습문제

11 리테일 테크에 대한 설명으로 옳지 않은 것은?

① 과거와는 차원이 다른 고객 맞춤형 경험을 제공한다.

② 상품과 서비스의 거래를 중개하는 역할만 담당한다.

③ 시스템 효율성 향상을 통해 운영비 절감이 가능하다.

④ AI, 챗봇, 블록체인 기술을 통해 시스템 자동화 구현이 가능하다.

12 AR, VR 등 각종 신기술을 통해 오프라인 매장을 디지털화 하는 개념은?

① 피지털(Phygital) ② 디지털(Digital)

③ 피지컬(Physical) ④ 디지털 사이니지(Digital Signage)

13 사람의 일을 기계가 대신하면서 이러한 환경에 적응하지 못한 사람들을 무엇이라 부르는가?

① 언택트 ② 온택트 ③ 인택트 ④ 언택트 디바이드

○, × 문제

01 온드 미디어는 콘텐츠 주도권을 개인 소비자가 가지고 있다.

02 바이럴 마케팅은 이메일, SNS 등을 통해 자연스럽게 기업 제품 정보가 바이러스처럼 확산되는 것을 말한다.

03 와이파이는 모빌리티, 스마트워크 등을 뒷받침하는 핵심 기반시설이다.

04 레거시 미디어는 PC 중심인 디지털 퍼스트시대에 등장한 미디어이다.

05 2018년 데이터산업 활성화를 위한 데이터 3법이 국회를 통과하며 데이터 경제 시대가 개막되었다.

06 테크핀은 중장년층 보다 디지털 문화를 즐기는 욜로족을 겨냥한다.

07 O2O 기업들의 매출의 대부분은 수수료, 광고료, 정기사업료 등을 통해 창출한다.

08 O4O는 온라인을 위한 오프라인 서비스로 오프라인 노하우를 통해 온라인의 매출을 증대시키는 것을 의미한다.

09 옴니채널은 리테일 4.0 시대의 핵심으로 '모든'을 의미하는 옴니와 제품의 유통경로를 나타내는 채널의 합성어이다.

10 1인 가구 증가와 자신의 행복을 위해 소비하는 Z세대가 사회에 등장하면서 구독경제 시장은 확장되고 있다.

11 소셜 커머스는 무선인식기술과 AI를 접목해 적합한 상품을 추천해주는 것을 말한다.

12 소셜 커머스는 사람간의 소통을 바탕으로 하는 새로운 전자상거래 방식이다.

13 안면인식기술은 스마트폰 태그 없이 얼굴을 통해 결제 및 도난 방지에 활용되는 기술을 말한다.

단답형 문제

01 (   )은 단말기와 미디어를 활용하여 소비자에게 기업의 메시지를 전달하는 것을 말한다.

02 (   )는 기업이 상품·서비스를 알릴 때 활용 가능한 미디어의 성격을 규정하는 방법이다.

03 (   )는 소비자가 생산하는 기업의 평판을 의미하며 SNS 댓글, 좋아요, 공유 등의 인터랙션 수치, 리뷰, 후기 등 소비자의 재생산성이 포함된 콘텐츠이다.

연습 문제

04 (   )서비스는 정보 범람의 시대에서 개인에게 필요한 정보만을 효과적으로 배포하는 것을 말하며, 현재 페이스북, 인스타그램, 유튜브 등으로 확대되고 있다.

05 (   )서비스는 모바일 디바이스의 확산, 통신망, 동영상 서비스 발전을 기반으로 모바일 문화와 마케팅의 새로운 장르로 인식되고 있는 서비스이다.

06 (   )시대는 디지털 특성을 제대로 활용해 다수 소비자의 요구조건을 최우선 순위에 두고 차별화된 콘텐츠를 제작하는 시대를 말한다.

07 (   )는 PC 없이 모바일에서만 전자상거래, 은행거래, 음악·영화 소비 등 일상생활을 하고 비즈니스를 처리하는 인터넷 환경을 뜻한다.

08 (   )은 편리함+프리미엄의 합성어로 플랫폼의 접근 채널을 모바일로 단일화한 것을 의미한다.

09 테크 기업들은 자사 플랫폼에서 활동하게 하는 (   )효과를 통해 고객 혜택 및 수익창출에 기여함으로써 소비자 경험을 향상시키고 있다.

10 (   )는 기존의 금융서비스에 ICT 환경을 결합한 기술을 말한다.

11 (   )는 신용카드 등 결제정보를 모바일 디바이스 등에 미리 등록하고, 생체정보, 비밀번호로 결제하는 방식을 말한다.

12 (   )서비스는 온 · 오프라인 공간이 유기적으로 결합한 서비스를 말한다.

13 온라인에서 물건을 결제하고 인근의 매장에서 물건을 찾아가는 방식을 (   )이라고 한다.

CHAPTER 08

변화의 물결, 4차 산업혁명

학습목표

- 산업혁명의 역사를 학습한다.
- ICT 혁명의 흐름과 특징을 알아본다.
- ICBMSA 플랫폼의 종류를 파악한다.

SECTION 01 4차 산업혁명의 태동

1 혁신과 기술의 진보

최근 장기적인 경기 불황과 저성장의 늪에서 벗어나기 위해 글로벌 ICT 산업 환경에서 혁신Innovation의 중요성이 더욱 커지고 있다. ICT 산업은 PC 중심 환경에서 벗어나 IoT, AI, 클라우드, 5G 이동통신 등 다양한 분야에서 급속하게 발전하고 있다. 모든 사물과 인간의 연결, 그리고 지능화를 기반으로 4차 산업 환경으로 빠르게 변화하면서 새로운 성장을 위한 인식체계Paradigm의 전환이 진행되고 있다.

산업혁명은 기술 혁신을 바탕으로 사회적·경제적으로 큰 변화를 가져온다. 과거의 패러다임으로는 급속하게 변화하는 환경에 빠르게 대처할 수 없고, 예전과 같은 성장을 지속하기 어렵다. 따라서 혁신을 기반으로 하는 새로운 인식체계로 성장 엔진을 준비하는 것이 국가적인 과제가 되었다.

그림 8-1 기술에 대한 혁신

혁신이라는 용어는 아직 완벽하게 개념이 정립되지 않았으며 상반된 주장도 있다. 혁신의 일반적인 정의는 기존에 존재하는 기술을 가치 있는 방식으로 재조합하는 과정이다. 현실의 일상적인 대상Object을 다른 용도로 사용하는 것이므로 완전히 새로운 발견은 아니다.

과거에는 재조합이 불가능했던 대상들의 혁신이 디지털과 ICT 환경의 발전으로 가능해지면서 새로운 가치를 창출하게 되었다. 그동안 기술 발전이 정체되었던 ICT는 아이디어의 재조합으로 신기술을 창출하는 중요한 도구가 되었다. ICT 환경을 기반으로 재조합에 의한 혁신을 창출하려면 관련된 다양한 주체의 아이디어와 외부에서 기술을 도입하는 개방형 혁신Open Innovation도 필요하다.

혁신의 실사례

혁신의 대표적인 사례로는 갤럭시 노트와 넷플릭스가 있다. 2007년에 등장한 아이폰은 혁신적인 요소로 터치와 섬세한 멀티센서 방식을 도입했다. 손가락 끝으로 모든 기능을 제어할 수 있는 정전식 터치스크린은 이후 스마트폰의 기본 사양이 되었고, 기존에 사용하던 펜은 거추장스러운 존재가 되었다.

애플은 작은 화면의 스마트폰을 고집했지만, 갤럭시 노트는 2011년 펜과 5.29인치 대화면 폰으로 전략을 전환했다. 밀레니얼 세대의 영화·게임·유튜브 등의 콘텐츠 이용이 증가하면서 대화면 폰이 인기를 끌었다. 갤럭시 노트의 가장 중요한 기술적 진화는 배터리와 블루투스 통신 모듈을 탑재한 S펜이다. 스마트폰을 사용하는 데는 일반적으로 손을 이용한 터치가 편리하지만, 아날로그 감성을 담는 등의 정교한 작업에는 펜이 더 효과적이다. S펜은 필기구 → 화구(그리기 도구) → 마우스 → 리모트 컨트롤러로 진화하고 있다. 지금까지의 변화 중 가장 큰 혁신이다. 이제 스마트폰은 업무용, 학습용, 미디어 콘텐츠용으로 다양하게 사용되기 때문에 기능을 차별화할 수 있는 펜의 경쟁이 본격화될 전망이다.

그림 8-2 **S펜, 리모트 컨트롤러로 진화, 넷플릭스 몰아보기**

넷플릭스는 비디오·DVD를 대여·배송하는 전통적인 비즈니스 업체에서 인터넷 기반으로 유료 영상 콘텐츠를 스트리밍 서비스하는 미디어 업체로 변신했다. 2013년부터는 콘텐츠를 자체 제작하는 혁신적인 시도로 오리지널 콘텐츠 시대를 열었다. 특히 데이터 분석 기반의 추천 서비스로 많은 사랑을 받고 있다. 그리고 자체 제작한 콘텐츠 전편을 동시에 공개함으로써 주기적으로 다음 편을 기다려 시청하던 콘텐츠 소비 방식도 바꿨다. 이로써 주말에 프로그램 여러 편을 한꺼번에 몰아서 시청하는 빈지 와칭Binge Watching이라는 새로운 시청 트렌드도 등장했다.

하지만 기술 혁신을 기반으로 지난 20여 년 동안 성장한 ICT 공룡 기업들이 최근 위기에 직면하고 있다. 애플은 포화 상태의 스마트폰 시장에서 성장의 정체를 맞았다. 아이폰을 대체할 성장 동력이 없어 돌파구를 찾는 데 문제가 발생하고 있다. 페이스북은 데이터 관리에서 허점을 드러내면서 불신이 발생해 이용자와 광고주가 이탈하고 수익모델도 흔들리고 있다. 아마존은 독점으로 오프라인 유통업체들이 폐업하는 등의 폐해가 드러나면서 위기 상태에 직면했다. 혁신의 고갈, 그리고 기존의 규제·시스템과 대립하는 문제 등으로 비즈니스 모델 자체의 한계를 드러낸 것이어서 본질적 위기라 할 수 있다. 이와 같이 최근 잇따른 악재로 인해 절대적인 낙관론을 내세우기는 어려운 실정이다.

2 산업혁명과 기술혁명

일반적으로 혁명은 통치 형태가 바뀌는 정치적 혁명을 의미한다. 혁명이 일어나면 기존의 정치체제는 급격하게 변화한다. 단순히 권력만 이양되는 것이 아니라 종래의 관습·제도·방식에도 근본적인 변화가 일어난다. 필연적으로 사회적 혼란이 발생하지만 혁명이 재평가되는 이유는 낡고 부패한 정치체제를 제거하고 새로운 체제로 변화할 수 있기 때문이다. 그러나 혁명이라는 단어가 악용되거나 오·남용되는 경우도 있다.

산업혁명은 발명과 기술의 발전 등으로 정치·경제·사회·문화 등에 급격한 변화를 가져왔다. 산업혁명에서 발생하는 변화는 산업 분야의 급격한 변혁으로 나타날 뿐 아니라 사회 전체의 구조와 성격이 격변하는 대전환을 가져온다. 이처럼 큰 변화는 자주 나타나지 않는다. 지금까지 인류는 세 차례의 산업혁명을 경험했다. 혁명은 새로운 변화를 수용해야 하는 절실함, 해결 수단, 변화의 주체가 있어야 가능하다.

산업혁명은 길게는 100년 동안 진행되기 때문에 당대의 사람들은 변화의 범위와 강도를 실감하기 어렵다. 시간이 지난 후에야 비로소 짧은 기간 동안에 큰 변화가 일어난 것을 인식하게 된다. 1차 산업혁명의 경우 100년 후에 영국의 산업에서 발생한 변화를 추적하는 과정에서 혁명과 같은 변화가 있었음을 감지했다. 지난 세 차례의 산업혁명으로 짧은 기간에 산업 전반은 물론 사회 전체가 크게 변화했다. 그러나 4차 산업혁명은 최근에 시작되었기 때문에 아직 역사의 결과물이 아니고 진행형이다. 세 차례의 경험과 교훈을 바탕으로 의도되고 설계된 네 번째 산업혁명을 만들어야 한다.

산업 발전은 새로운 기술을 바탕으로 이루어지기 때문에 산업을 발전시키는 원동력인 신기술 없이는 불가능하다. 기술혁명이란 신기술이 기존의 기술을 단기간에 대체하며 세상을 혁신적으로 변화시키는 것을 의미한다. 인류 역사 전체를 보면 산업혁명 이전에도 석기혁명, 철기혁명, 농업혁명 등 몇 번의 기술혁명이 있었다. 1차 산업혁명 이후 최근까지 5번 정도의 기술혁명이 있었다.

그림 8-3 기술혁명의 파급력

1차 산업혁명(1770~1850년) 시대의 기술혁명은 증기기관(1차 기술혁명, 1769년)의 발명으로 기계화 시대와 증기 · 철도의 시대(2차 기술혁명, 1829년)를 열었다. 2차 산업혁명(1870~1914년) 시대의 기술혁명은 철강 · 전기를 기반으로 하는 대량생산체제(3차 기술혁명인 공학시대, 1875년)로의 전환을 이끌었고, 이어서 석유와 자동차(4차 기술혁명, 1908년)가 등장했다. 3차 산업혁명(1970~최근) 시대의 기술혁명은 반도체와 전자(5차 기술혁명인 정보통신 시대, 1971년 이후)로, 디지털혁명 또는 자동화혁명과 함께 진행되고 있다.

지금까지 수많은 기술의 개발로 기술혁명이 일어났지만 산업혁명으로 연결되지는 못했다. 일부 범용 기술만이 기술혁명을 넘어 산업혁명으로 이어진다. 범용 기술은 세상을 단기간에 파괴적으로 변화시키는 기술이다. 범용 기술은 지속적으로 진화하면서 끝없이 새로운 산업을 탄생시키는 생명력이 있어 장기간에 걸쳐 여러 분야로 전파된다. 증기기관, 철도, 자동차, AI, 빅데이터 기술이 여기에 속한다. 기술의 가치는 필요로 하는 환경에 따라 결정된다. 증기기관, 벨트컨베이어 시스템 등 사회 환경에 절실하게 필요한 기술이 산업 · 사회 전반으로 빠르게 확산되며 산업혁명을 선도하는 것이다.

최근에 새로운 세상을 열어가는 4차 산업혁명과 관련된 기술은 이미 오래전에 개발된 기술들이다. 최근 개발된 것으로 여겨지는 3D 프린팅 기술은 1980년대 초에 개발됐다. AI 등 오랫동안 조금씩 발전한 기술이 최근 산업 환경의 생산성 향상 한계라는 위기 상황을 해결할 수 있는 수단으로 등장한 것이다. 이러한 기술을 산업에 활용하는 방법을 적극적으로 모색하고 아직은 중요하지 않은 기술도 훗날을 위해 관심을 가져야 한다.

3 ICT 혁명과 제4의 물결

1946년, 최초의 컴퓨터인 에니악(ENIAC Electronic Numerical Integrator and Calculator)이 개발되었다. 컴퓨터의 개발로 아날로그의 디지털화가 이루어졌고, 정보와 통신이 모두 디지털화한 형태로 변화했다. 현재 컴퓨터는 정보화 사회의 기본 도구로 일상생활 속에 깊숙이 파고들었다. 컴퓨터는 ICT 환경을 혁명적으로 변화시키는 도구이다. 이제 컴퓨터 없이는 할 수 있는 일이 거의 없는 시대가 되었다. 컴퓨터가 개발되고 지금의 ICT 환경으로 진화하는 동안 기술혁명의 파도가 세 차례 있었다.

그림 8-4 ENIAC, 최초의 디지털 범용 컴퓨터, 개인용 컴퓨터의 진화

첫 번째 ICT 혁명

첫 번째 ICT 혁명은 소형 컴퓨터인 개인용 컴퓨터(PC Personal Computer)의 등장으로 인한 기술적 패러다임의 변화이다. 1981년에 발전된 집적회로(IC Integrated Circuit) 기술을 사용해 가정, 사무실에서 사용할 수 있는 크기로 IBM PC를 만들면서 PC 시대가 열렸다. 이 시대 최대 수혜자인 마이크로소프트 사가 운영체제(OS Operating System)를 만들면서 컴퓨터의 작동 원리를 몰라도 클릭 몇 번으로 사용할 수 있게 되었다.

두 번째 ICT 혁명

두 번째 ICT 혁명은 인터넷의 대중화에 의한 사이버 공간의 탄생이다. 인터넷이 전 세계의 모든 컴퓨터를 하나의 통신망으로 연결함으로써 이전에 존재하지 않았던 가상공간이 탄생했다. 인터넷은 컴퓨터의 물리적인 연결을 의미하기 때문에 초기에는 자료의 위치를 모르면 필요한 정보를 검색하는 데 어려움이 많아 전문가만 사용할 수 있었다. 이후 일반인도 인터넷을 활용할 수 있도록 1989년 월드와이드웹(WWW), 또는 웹Web이라고 부르는 가상공간이 개발되었다. 이러한 가상공간을 기반으로 거대하고 다양한 비즈니스 모델이 등장하면서 세계 경제구조가 재편되었고 글로벌 ICT 기업들이 급성장했다.

웹은 전 세계에 분산된 다양한 정보를 웹브라우저Web Browser를 이용해 쉽게 검색할 수 있는 서비스이다. 이와 같이 인터넷 기술이 발전하면서 누구나 방대한 용량의 정보에 접근할 수 있게 되었다. 이때 원하는 자료를 찾으려면 검색 작업을 수행하는 검색엔진이 필요하다. 검색엔진인 구글이 두 번째 ICT 혁명의 최대 수혜자가 되었다.

그림 8-5 인터넷과 웹이 만들어 가는 사이버 공간

세 번째 ICT 혁명

세 번째 ICT 혁명은 스마트폰 보급에 의한 물리공간과 가상공간의 연결 확장이다. 스마트폰 시대를 혁명이라 하는 이유는 접근성, 휴대성이 근본적으로 변화했기 때문이다.

PC와 스마트폰은 서비스 방식도 근본적으로 다르다. PC 기반의 서비스는 풀Pull 방식이지만 스마트폰은 푸쉬Push 방식이다. PC는 사용자가 원하는 작업을 수행하고 해당 서비스를 수신하는 형태이다. 스마트폰은 정보 제공자가 입력하고 전송하는 알림 방식으로, 사용자는 간편하게 즉시 확인하고 대응할 수 있다. 스마트폰은 이러한 기능을 바탕으로 생활을 더 편리하게 바꿔놓았다.

새로운 물결, 4차 산업혁명

1980년에 '제3의 물결'로 지식 기반 사회의 도래를 예측했던 미래학자 앨빈 토플러Alvin Toffler는 다가올 '제4의 물결'을 2000년대 중반에 예견했다. 그리고 이제 그 시대가 열리고 있다.

제1의 물결은 수천 년 만에 수렵·채집 사회에서 집단 농경사회로 변화한 농업혁명이다. 농경으로 인해 정착생활이 가능해지면서 국가라는 공동체가 만들어진 시기이다. 제2의 물결은 수백 년 만에 농경사회에서 산업사회로 변화한 산업혁명이다. 이 시기에 과학·기술이 급속도로 발전해 사회는 고도로 산업화되었으며 모든 분야에서 대량화가 이루어졌다. 제3의 물결은 1960년대부터 산업사회에서 정보사회로 전환되기 시작한 정보화혁명이다. 인터넷의 탄생으로 촉발된 지식 기반 사회로의 변화를 의미한다.

이처럼 하나의 물결은 진보된 또 다른 물결을 일으킨다. 제4의 물결에서는 현재의 ICT 환경에서 점점 세력이 커지고 있는 로봇, AI, 3D 프린터, 바이오산업 등이 미래의 산업이 될 것으로 예견된다. 이후에는 제5의 물결, 제6의 물결로 빠르게 변화할 것이다. 가파른 산업 변화 속도에 맞춰 ICT 환경도 혁신적으로 바뀌어야 하며, 이에 적응할 수 있는 사회 시스템 전반의 변화도 필요하다.

SECTION
02 패러다임의 전환

1 산업혁명의 시대적 분류와 특징

우리는 지금 가장 빠른 속도로 변화·발전하는 시대에 살고 있다. 인류는 1779년 영국에서 발명된 수력 방적기로 생산 현장의 기계화를 이루고 이를 통한 비용 절감을 실현했다. 그 후 18세기 중반에 1차, 130년 만인 19세기 말에 2차, 그리고 80년 만에 3차 산업혁명이라는 거대한 변화를 경험했다. 1960년대에 컴퓨터와 인터넷이 등장하고 60년이 지난 지금은 이전에는 경험하지 못한 4차 산업혁명이라는 강력한 혁명의 소용돌이 속에서 살아가고 있다.

그림 8-6 시대별 산업혁명의 도구

1차 산업혁명

1차 산업혁명의 가장 큰 특징은 1769년의 증기기관과 철도의 발명, 열에너지를 이용한 생산 과정 기계화이다. 기계화라는 기술 혁신을 통해 새로운 제조 공정으로 전환된 기계 혁명 시대이다. 증기기관에 의한 기계화혁명으로 영국의 섬유 공업에는 거대한 산업화가 이루어졌다.

1차 산업혁명의 대표적인 분야는 면직물이다. 기계가 사람의 노동력을 대신함으로써 가내 수공업에서 공장 생산 체제로 변화하고 생산성이 향상됐다. 이는 대량생산과 고용의 증가로 이어져 많은 일자리가 창출되고 경제 규모도 비약적으로 확장되었다.

1차 산업혁명은 농업·목축의 농경 사회를 제조업 중심의 사회로 변화시키면서 사회·경제 등에 큰 변화를 가져왔다. 농업 분야의 유휴 노동력은 새로운 일자리를 위해 대도시로 몰려들었다. 산업화에 의한 급속한 도시화는 저임금으로 이어졌고, 노동시간, 주택, 상·하수도, 교육 등 많은 분야에서 문제가 발생했다. 빈부격차의 심화로 자본가 계급인 부르주아지Bourgeoisie와 임금 노동자라는 두 계급이 형성되었다.

2차 산업혁명

2차 산업혁명은 전기 기반의 제조업 혁명으로, 전기를 이용한 대량생산이 현실화되었다. 공장에 전력이 보급되면서 생산라인을 사용한 대량생산과 보급이 가능해지고 영향력도 커졌다. 석유 동력의 내연기관과 제조업의 노동 분업을 통한 생산기술력 향상으로 인류의 삶은 풍요로워졌다. 2차 산업혁명으로 인해 대량생산과 대량소비를 기본으로 하는 중화학 공업의 산업사회로 전환되었다.

표 8-1 산업혁명의 시대적 분류와 특징

단계	시기	기반기술	파급 효과	분야
1차 산업혁명	1769년	증기기관	기계화, 대량생산, 직조직기	기계혁명
2차 산업혁명	19세기 말	전기에너지, 내연기관	효율적인 대량생산, 조립라인	에너지혁명
3차 산업혁명	1960년대	자동화, 전자공학, 인터넷	컴퓨터 기반의 정보혁명	디지털혁명
4차 산업혁명	2020년대	가상 물리 시스템, 5G, AI, IoT	기술발전과 첨단화의 융합	기술혁명

2차 산업혁명에서 탄생한 중요한 산업 분야는 미국의 자동차 산업이다. 1차 산업혁명의 핵심 기술은 독일과 미국으로 전파되었다. 미국은 핵심 기술의 수요가 폭발적으로 증가하면서 2차 산업혁명을 주도하는 나라가 되었다. 이 시대에는 화학·전기·통신 기술, 석유 및 철강 분야에서 기술 혁신이 진행되었고, 이는 2차 산업혁명의 핵심 기술이 되었다.

3차 산업혁명

3차 산업혁명은 반도체·컴퓨터·인터넷 기반의 지식정보 혁명이자 스마트 혁명이다. 미국 중심의 글로벌 ICT 기업이 급부상했고, 전기기술과 정보기술을 기반으로 자동화된 생산 체계가 대량생산 체제의 원동력이 되었다. 개인용 컴퓨터의 보급과 인터넷의 발전으로 거대한 규모의 닷컴 기업이 등장했으며, 스마트폰이 일상화되었다. SNS를 통한 사회적 소통 방식은 개방·혁신·효율로 상징되며, 재스민 혁명처럼 독재정권을 무너뜨리는 기폭제가 되기도 했다.

3차 산업혁명은 현실공간과 가상공간이 인터넷을 기반으로 하나로 통합되어 사람의 활동이 데이터로 저장되는 정보화사회를 실현했다. 현실과 가상공간에서 발생하는 방대한 데이터는 3차 산업혁명의 핵심 결과물이며 빅데이터라는 거대한 공룡의 탄생으로 이어졌다. 빅데이터는 생성되는 데이터 용량이 너무 방대해 기존의 처리 방법이나 도구로는 수집, 저장, 분석이 불가능한 정형 및 비정형 데이터를 의미한다. 이러한 빅데이터를 가공해 의미 있는 데이터를 추출함으로써 도시 관리, 교통 정보 안내, 날씨 예측, 홍수나 산사태와 같은 자연재해 예방, 전력과 수자원 통합 관리 등에 이용할 수 있다.

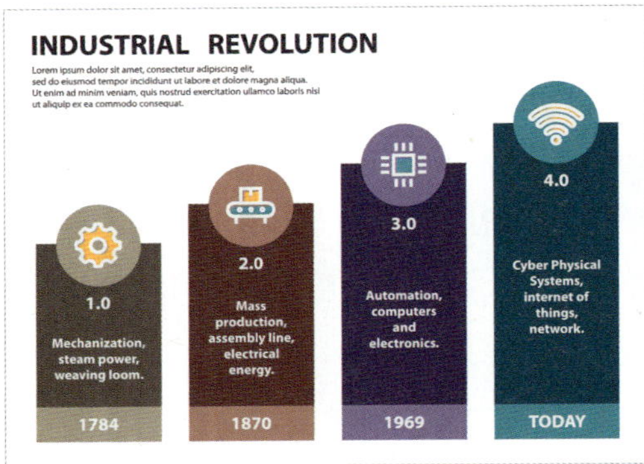

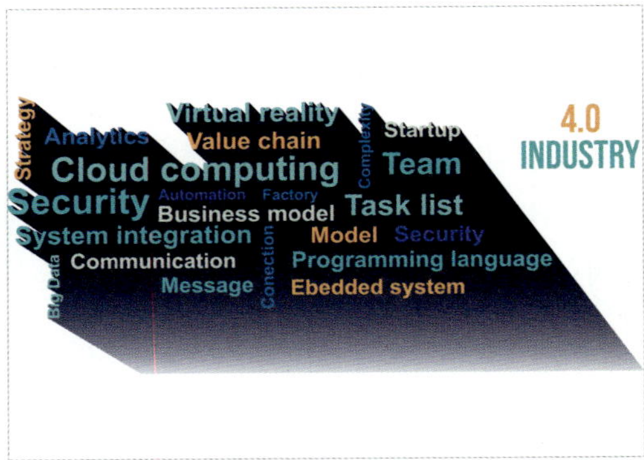

그림 8-7 산업혁명의 시대적 분류와 특징

4차 산업혁명

4차 산업혁명은 물리적 공간과 사이버 공간이 융합되어 새로운 디지털 공간으로 진화하는 과정이다. IoT, 사이버 물리 시스템(CPS Cyber Physical Systems), AI 기반의 만물·초지능 혁명으로, 사람·사물·공간을 초연결 · 초지능화하여 산업 구조와 사회 시스템을 급격히 변화시키는 혁신적인 기술혁명이 일어났다. 1, 2, 3차 산업혁명의 흐름과는 달리 현재까지 축적된 기술을 기반으로 이전과는 전혀 다른 방식으로 이루어지는 새로운 기술융합이다. 1, 2, 3차 산업혁명이 기계로 인간의 노동력을 절감하는 손과 발의 역할을 수행했다면, 4차 산업혁명에서는 인간의 두뇌 역할을 기계가 분담하게 된다.

4차 산업혁명은 디지털 기술의 기하급수적 성장을 바탕으로 이전에 없던 새로운 세상이 열리는 완전히 다른 차원의 변화의 물결로, 기술의 발전과 진화가 성공을 좌우하는 핵심적인 요소가 될 것이다. 기존의 산업혁명과 다른 특징은 산업 구조를 재편하는 동시에 인간의 의식적인 행위가 중요한 사회혁명으로 진행될 것이라는 점이다.

2 4차 산업혁명의 현황과 과제

4차 산업혁명은 전통적인 제조업 등 산업의 전 분야와 ICT 환경의 융합으로 나타나는 혁명으로, 다양한 산업 분야에 신기술이 융합되어 새로운 형태의 제품, 서비스, 비즈니스를 창출한다. 4차 산업혁명 시대의 배경이 되는 신기술은 ICBMSA 플랫폼으로 정의된다. ICBMSA는 4차 산업혁명 성공의 열쇠이자 국가적인 핵심 경쟁력으로, 사물인터넷IoT, 클라우드Cloud, 빅데이터Big data, 모바일Mobile, 보안Security, 인공지능AI을 통합해 서비스를 제공하는 플랫폼이다. 4차 산업혁명은 다양한 학문과 전문영역이 경계 없이 서로 영향을 주고받으며 기존의 시스템을 붕괴시키고 새로운 시스템을 생성하는 파괴적 혁신을 일으킬 것이다.

그림 8-8 4차 산업혁명을 위한 기반기술과 키워드

1940년대 후반 반도체가 발명되면서 이전까지 경험하지 못한 전혀 다른 디지털 세상이 열렸다. 디지털 기술은 대량생산 체제를 자동화된 기계로 대체해 생산성을 혁신적으로 향상시켰다. 자동화된 대량생산 체제는 이제 AI, 빅데이터, 초고속 인터넷, 클라우드 컴퓨팅, 3D 프린팅 등의 기술을 기반으로 융합해 자율화된 생산체제로 진화하고 있다. 이와 같이 산업 패러다임을 변화시키는 혁명은 산업구조뿐만 아니라 사람들의 의식, 교육 등 사회 전반을 획기적으로 변화시킨다.

과거의 혁명이 육체적인 한계를 극복하기 위한 변화의 과정이었다면, 4차 산업혁명은 정신적인 능력의 한계를 극복하기 위한 진화 과정이다. 5G, IoT, 빅데이터, AI와 결합된 초연결, 초지능, 초실감 등의 기술을 기반으로 새로운 변화가 경제 및 사회 전반으로 빠르게 확산될 것이다. 초지능에 의한 변화는 기존의 패러다임으로 형성된 많은 분야에 파괴적인 영향을 미칠 것으로 전망된다. 4차 산업혁명으로 인해 우리 사회는 현실공간과 가상공간이 융합된 혼합공간에서 발생하는 개인정보를 기반으로 모든 비즈니스가 개인 중심으로 운영되는 최적화 사회가 될 것이다.

모든 분야에서 4차 산업혁명이라는 키워드가 등장하고 있지만 미리 예측하는 것은 조심스러운 일이다. 최근 언급되는 4차 산업혁명의 방향은 기술 변화에만 초점이 맞춰져 있다. 일부에서는 아직 3차 산업혁명도 제대로 마무리되지 않았다고 한다. 기술 혁신과 동시에 진행되는 사회 혁신이 아직 완성되지 않았기 때문이다. 이러한 주장의 근거는 기술과 사회라는 두 축이 서로 독립적으로 존재하는 것이 아니라 인류 사회의 진화 과정을 함께 할 때 비로소 한 시대의 변화가 완성된다는 것이다. 산업혁명의 시대에 기술과 사회는 인류 사회 진화 과정의 두 축이다. 그러므로 기술 혁신만으로는 산업혁명이 완성되지 않는다. 기술의 혁신에 따라 사회의 총체적인 변화가 함께 이루어질 때 비로소 산업혁명의 전체 과정이 완결된다.

그림 8-9 4차 산업혁명을 위한 인프라인 5G 무선통신, 데이터 센터

지난 시기의 산업 기술 발전은 새로운 패러다임으로 대전환Paradigm Shift되는 과정이었다. 그리고 4차 산업혁명은 기존의 패러다임이 통합되는 과정이 될 것이다. 새로운 산업 패러다임이 등장하려면 기존의 패러다임을 뒤엎는 새로운 사회적 기반시설Infrastructure이 있어야 한다. 새로운 패러다임이 추구하는 높은 생산성은 기존의 기반시설 환경에서는 실현할 수 없기 때문이다. 이는 과거의 경험에서 충분히 알 수 있다. 증기기관의 발명으로 철도가 개통되고 새로운 물류 체계가 빠르게 확산되었으며, 전기에 의해 전력망이 구축되고 정보를 전달하는 전신망과 전파망이 구축되었다. 항공기술이 발달한 후에 세상의 시간과 공간이 단축되어 사람 · 제품의 이동이 더욱 빨라졌다.

기반시설은 원료·제품을 운반하는 물류체계뿐만 아니라 에너지, 정보 등 다양한 영역이 상호 동반상승Synergy하는 효과를 일으킨다. 4차 산업혁명을 위한 기반시설의 목표는 현실의 환경과 현실을 완벽하게 구현한 사이버 환경을 지연시간 없이 연결하는 것이다. 따라서 초연결 · 초고속 · 초지능 · 초감각 기능을 제공하는 5G · 초고속 인터넷, 클라우드 컴퓨팅, AI, IoT 등과 고기능 센서, 초대용량 스토리지 등이 4차 산업혁명을 위한 핵심 인프라이다. 이런 인프라가 융합을 통해 기능을 발휘할 때 4차 산업혁명이 생산 효율을 눈부시게 향상시킬 수 있을 것이다.

3 4차 산업혁명과 글로벌 분업 체계

최근 기업은 급변하는 국내·외 산업 환경에 빠르게 대응하지 못하면 경쟁력을 상실하게 되므로 혁신 기술을 보유한 기업을 인수 · 합병한다. 혁신 기업과의 인수·합병은 기업의 외적 성장을 위한 전략으로, 두 기업의 역량을 융합함으로써 크게 성장하는 계기가 될 수 있다. 이 흐름은 이미 세계적 대세이다. 최근의 시장 환경에서는 제품의 수명주기가 점점 짧아지므로 단기간에 혁신 제품을 개발해야 한다. 이러한 환경에 대응하기 위해 시장은 글로벌 분업 체계를 구축하는 방향으로 빠르게 움직이고 있다.

글로벌 기업은 다수의 국가와 지역에 걸쳐 형성된 여러 플랫폼 기업을 연결한 가치사슬로 상호 이익을 창출하고 빠르게 첨단 제품을 개발한다. 대표적인 사례인 퀄컴 사는 모바일 디바이스의 핵심인 모바일 칩셋을 설계하고 대만의 TSMC 사에 위탁해 생산한다. 애플은 경쟁사인 삼성의 디스플레이 모듈을 사용한다. 그러나 일본의 반도체 소재 수출 규제, 코로나19로 인한 중국 부품공장 가동 중지로 한국의 자동차 공장과 신제품인 아이폰9의 생산이 멈추는 사태가 발생하기도 했다.

그림 8-10 **4차 산업혁명의 기반기술, 스마트팩토리**

제조업의 혁신이 필요한 원인으로는 소비 형태의 변화, 발전의 지속성, 글로벌화, 제품의 수명주기 단축, 소비 패턴의 변화 등이 거론된다. 플랫폼 비즈니스는 여러 플랫폼이 결합해 새로운 사업을 생성하는 것으로, 플랫폼 제조 기업들이 자신이 보유하고 있는 기능이나 시설을 공유 또는 임대하는 사업이 보편적으로 확대될 것이다.

기존의 제조업이 시장에서 요구하는 효율성을 구현하지 못하는 경우 범용기술의 창조적인 진화와 새로운 범용기술의 출현으로 상호융합의 나비효과에 의해 새로운 산업혁명이 일어난다. 이때 범용기술이란 예전부터 발전해서 활용되기 시작한 시점에 제조 혁신이 필요한 환경과 결합한 기술이다. 4차 산업혁명에서도 예외는 아닐 것이다. 다른 기술과 융합해 디지털 혁명 또는 자동화 혁명의 한계를 돌파하는 신기술이 4차 산업혁명을 이끌 것이다. 4차 산업혁명을 이끌 선도 기술로는 인터넷, 컴퓨팅, AI, 로봇, 모바일 디바이스, 스마트 센서, 디지털 소재, 디지털 공정 등 매우 다양한 신기술이 거론된다. 이러한 신기술을 엔진으로 하고 현재의 기술과 새로운 수단을 제공하는 기술이 융합함으로써 새로운 기술이 탄생한다.

SECTION 03

4차 산업혁명과 기반기술

1 컴퓨터 발달로 보는 현재

컴퓨터의 기원은 동서양에서 수천 년 전부터 사용된 주판과 같은 계산기기이다. 중세 시대에는 아날로그 컴퓨터가 사용되었고, 1937년에 전자식 디지털 컴퓨터가 제작되어 암호 해독, 탄도 계산, 통계처리 등의 대용량 정보 처리에 사용되었다. 컴퓨터는 진공관, 트랜지스터, 집적회로 등 새로운 기술이 융합되면서 1세대 기계식 컴퓨터, 2세대 진공관 컴퓨터, 3세대 반도체 컴퓨터, 4세대 마이크로프로세서 컴퓨터로 진화했다. 프로그램이 가능한 최초의 컴퓨터는 1943년에 만들어졌다.

그림 8-11 1만 년 걸리는 계산을 3분 20초에 끝내는 양자 컴퓨터, 슈퍼컴

컴퓨터는 정보 저장 능력과 속도가 점점 향상되는 반도체 기술로 인해 기하급수로 증가하는 데이터를 처리할 수 있었다. 그런데 최근에는 휴대용 디바이스, IoT의 빠른 보급, 빅데이터 확산, CPS 등 4차 산업혁명을 위한 중요한 기술이 도입되면서 환경이 확장되고 있다. 이에 따라 데이터 생산이 폭증하는 4차 산업혁명을 대비하기 위한 초고속 컴퓨팅의 필요성이 더욱 커지고 있다. 반면 컴퓨팅 속도 향상에는 긴 시간이 필요하고 반도체 기술이 물리적 한계에 접근함에 따라 대안이 필요한 시점이기도 하다.

모바일 통신 가입자는 꾸준히 증가해 2021년에는 57억 명에 달하는 것으로 추산되고 있다. 인터넷의 활용 영역이 더욱 넓어지면서 현재는 컴퓨터뿐 아니라 디바이스 · 인프라 · 공장 등을 연결해 디지털화를 구현하는 필수 플랫폼이 되었다. 인터넷은 모든 정보를 끊김 없이 실시간으로 전달하기 때문에 4차 산업혁명에 생명을 불어넣고 진화해 범용기술이 될 수 있다. 또한 5G, 클라우드, AI, 빅데이터, IoT, 로봇 등 다른 범용기술과의 융합을 통해 산업은 물론 경제·사회 전반에 혁신적인 변화를 일으키는 신경 조직이 될 것이다.

2 스마트 센서와 첨단 소재

센서Sensor는 4차 산업혁명 시대의 핵심적인 기반시설Infrastructure로 꼽힌다. 모든 사물이 데이터를 생성하고 다른 사물과 연결을 통해 가치를 창조하는 IoT 환경을 구현하는 데는 오감의 역할을 하는 센서가 반드시 필요하다. 센서는 외부의 물리적·화학적인 자극이나 신호 변화를 감지하는 디바이스로, 인간이 감지하기 어려운 신호를 감지해 전기 신호로 바꾸어준다. 주변 환경의 전압·전류·전자파·빛 등 전자기적 물리신호뿐만 아니라 온도·압력·속도·습도·혈압·가속도·회전속도·힘 등 기계적인 신호도 측정한다. 위험 요소가 감지되면 경고 신호를 발생함으로써 안전을 지켜주는 역할도 한다.

스마트 센서는 사물과 주위 환경으로부터 정보를 얻을 수 있는 물리적 센서 등으로 다양하게 적용되고 있다. 지금까지 센서가 가장 많이 필요한 분야였던 스마트폰 산업의 성장속도가 둔화되면서 시장이 자율주행차 분야로 이동하고 있다. 자율주행차는 스마트폰 다음의 빅데이터 생산 플랫폼으로, 설치되는 센서의 숫자도 급속히 증가할 전망이다.

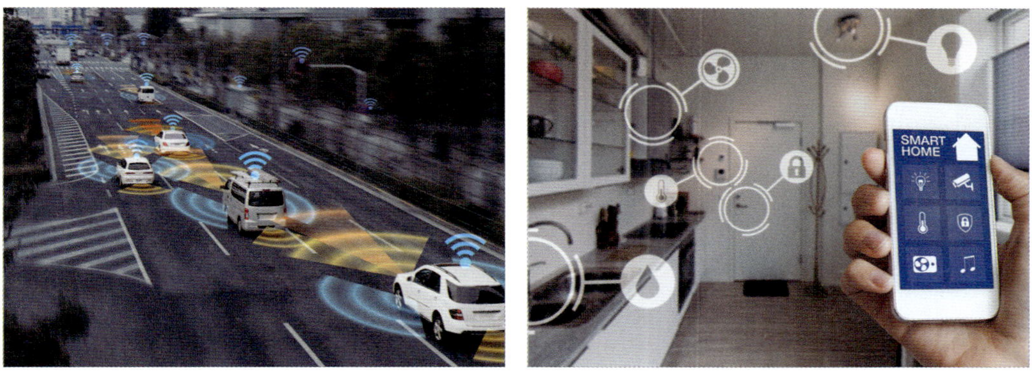

그림 8-12 스마트 센서 기술의 결정체 자율주행차와 스마트홈

스마트폰의 스마트 센서

스마트 센서에 장착된 구동 장치Actuator는 작동 명령을 수행하는 장치로, 감지한 환경 변화의 성격을 파악하고 대응하는 기능을 한다. 스마트폰의 경우 지문인식 센서, 광학 센서, 회전 센서, 위치

정보 센서, 음성 센서, 배터리 센서 등 소형화된 다양한 센서가 탑재되어 있다. 광학센서는 화면 밝기를 자동으로 조절하고 사진을 촬영할 때 조리개와 셔터 속도를 제어해 최적의 이미지를 제공한다.

자동차의 스마트 센서

최근의 자동차는 스마트 센서의 집합체이다. 특히 자율주행차는 스마트 센서 기술의 결정체가 될 것이다. 자율주행차는 센서를 통해 복잡한 대상 물질을 인식하는 컴퓨팅 플랫폼으로, 자율주행차에 장착된 스마트 센서와 도로에 설치된 스마트 센서가 수집한 실시간 정보를 AI로 처리하며, 도로 위의 위험 물체를 감지하면 브레이크가 동작해 차가 멈춘다.

스마트 센서는 IoT를 구성하는 핵심 구성 요소로, 모든 사물이 통신으로 연결되고 AI 기술이 진보하면서 그 중요성이 더욱 커지고 있다. 스마트 센서가 설치된 환경의 변화를 감지해 CPS로 전송하면 AI가 수신·처리해 이상 유무를 판단한다. 이상이 감지되면 오류 수준에 따라 적절한 처리를 위해 주변장치의 운전을 제어하고, 오류 부품의 교체 시기도 결정한다.

IoT 보급이 가속되면서 2021년에는 스마트 센서 약 300억 개가 판매될 것으로 예상된다. 이와 같이 스마트 센서의 사용량이 폭증하면서 소비 전력의 감소, 원활한 데이터 통신, 센서 시스템 통합 등이 이슈로 등장하고 있다. 스마트 센서 기술이 급성장한 데는 마이크로 분야 기술, 패키징 기술, 첨단 소재 기술의 뒷받침이 있었다. 이러한 기술의 지원으로 초소형화, 다기능화, 지능화 및 복합화, 네트워크화 등 새로운 트렌드가 등장했다. 향후 스마트 센서는 다양한 변화를 정확하게 동시에 감지하는 멀티센싱 기술의 일반화로 환경 변화에 더욱 효과적으로 대응하게 될 것이다. 스마트 센서는 4차 산업혁명이 요구하는 데이터를 현장에서 수집해 전달하는 말초감각 기관의 역할을 할 것이다.

인류 발전의 배경에는 소재 기술의 발전이 있다. 소재 기술은 단절 없이 지속적으로 축적되면서 석기·토기·청동기·철기 시대로 진화하는 데 중요한 역할을 했고, 최근에는 국가의 경쟁력을 결정하는 중요한 요인이 되었다. 첨단 소재는 생산 장비의 성능을 결정하고, 생산된 첨단제품은 경쟁국을 뛰어넘어 기술 격차를 넓히는 수단이 된다. 소재 기술은 4차 산업혁명의 키워드인 초고속, 초지능, 초감각, 초연결을 현실화하는 기반이 될 것이다.

2019년 일본의 핵심 소재 수출 규제로 국내 산업 전반에 큰 혼란이 발생했다. 4차 산업혁명 시대에 발생할 수 있는 부작용을 보여준 사건이었다. 소재·부품·장비를 의미하는 '소부장'이라는 용어도 등장했다. 글로벌 분업 체계가 시장에 정착되면서 각국은 고품질의 혁신 제품을 빠르게 저비용으로 공급받았다. 이러한 중심에는 첨단 소재와 제품을 제조하는 부품·장비가 있다. 그러나 글로벌 분업 체계에 문제가 발생하면 국제 교역질서가 혼란에 빠지게 된다.

최근의 첨단 소재 산업은 장기간의 기술 발전으로 최고의 기술을 보유한 몇몇 기업이 독점하고 있다. 따라서 첨단 소재와 부품은 국가 간 통상 영역에서 압박 수단으로 사용될 소지가 많다. 첨단 소재는 사용화까지 긴 시간이 필요하다. 신소재 개발은 성공 가능성이 매우 낮고, 투자비용이 높고, 사업화까지 오랜 시간이 소요된다. 그래도 각 나라가 치열하게 첨단 소재를 개발하는 이유는 글로벌 경쟁에서 우월한 위치를 차지하기 위해서이다.

3 초연결사회의 모바일

이동 수단Mobility은 공간과 시간 제약에서 벗어나는 방향으로 계속 진화하고 있다. 철도 · 자동차 · 비행기와 같은 이동 수단의 등장으로 공간의 제약에서 벗어나고, 전보·전화·인터넷 등으로 시간 제약을 뛰어넘어 전 세계 어느 곳에서든 원하는 사람과 실시간 연결이 가능해졌다. 현재는 스마트폰 · 태블릿 등 인터넷 기반 모바일 디바이스의 등장으로 시 · 공간의 구속을 동시에 초월하게 됐다. 이동수단은 이제 단순히 이동을 위한 도구가 아니라 삶의 공간을 확장하는 근간이 되었다.

스마트폰으로 대표되는 모바일 디바이스의 유용함과 편리함, 관련 산업의 효용성은 우리 삶과 일상을 송두리째 바꿔놓았다. ICT 관련 산업과 비즈니스 세계를 뒤흔들고 있어 모바일 혁명이라고도 한다.

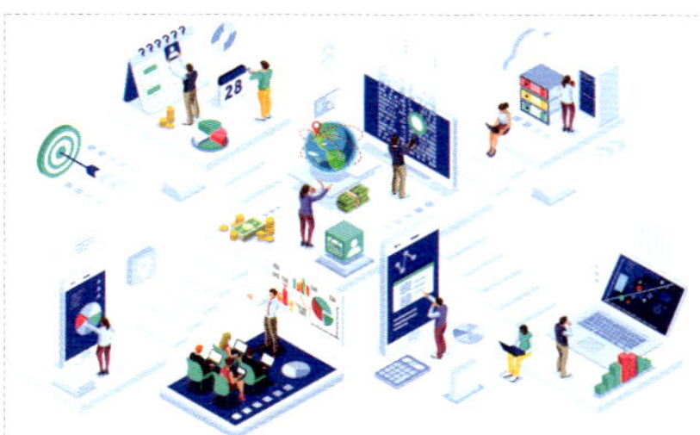

그림 8-13 4차 산업혁명 시대의 강력한 활용 도구로 진화한 모바일 디바이스

모바일 디바이스는 시간·장소·공간의 제약을 초월하기 때문에 인터넷에 접속하는 가장 효과적인 도구가 되었다. 배터리 용량 증가와 대형 화면 스마트폰의 등장으로 멀티태스킹Multitasking이 가능해졌으니 사용 영역은 더욱 넓어질 것이다. 또한 모바일 디바이스는 지연과 끊김이 없는 5G 이동통신 기술의 보급으로 계속 진화해 4차 산업혁명 시대의 가장 강력한 활용 도구가 될 것이다. 5G 환경에서는 100만 개 이상의 디바이스가 연결되어 초고속으로 데이터를 송수신하고, 정보의 사각지대가 해소됨으로써 초연결이 실현될 것이다.

5G 이동통신 기반의 4차 산업혁명 시대에서 모바일 디바이스는 전 세계에 분포된 디바이스의 작

동 상태를 실시간으로 확인·제어할 수 있다. 장소나 시간에 구애받지 않고 다양한 작업을 수행하는 업무 도구로 진화됨으로써 이전의 작업 환경과는 전혀 다른 모습으로 변화될 것이다. 원격으로 공장의 생산 장비를 제어하고, 환자를 진료할 수 있다. 시·공간과 관계없이 비상상황에 대처하기 때문에 대형 사고를 방지하고 생산 시설을 효율적으로 운영할 수 있다. 모바일 디바이스는 단순히 유용함·편리함을 위해 사용하는 도구가 아니라 산업 전반의 생산성을 향상시키는 첨단 도구로 통합 관리자 역할을 하게 될 것이다. 그러나 모바일 디바이스가 4차 산업혁명 시대의 진정한 활용 수단이 되려면 취약한 사이버 보안, 개인정보 보호 등의 문제를 해결해야 한다.

SECTION
04 ICBMSA 플랫폼

4차 산업혁명 시대를 맞아 ICBMSA 플랫폼이 국가의 핵심 경쟁력으로 급부상하고 있다. 4차 산업혁명을 촉발하는 핵심적인 기술은 독립적인 ICBMSA(사물인터넷[IoT], 클라우드[Cloud], 빅데이터[Big Data], 모바일[Mobile], 보안[Security], 인공지능[AI]) 플랫폼이다. ICBMSA 플랫폼은 서로 융합해 상호작용하는 통합 플랫폼으로, 4차 산업혁명 시대를 이끌 것으로 전망된다. 이미 미국, 독일 등 주요 선진국은 ICBMSA 기반의 지능정보기술을 제조업 등 다양한 산업 분야와 융합해 이전에는 없던 새로운 형태의 제품·서비스·비즈니스를 창출하고 있다.

ICBMSA의 요소는 각각 독립적인 기술이지만 톱니바퀴처럼 맞물려 상호작용하는 플랫폼을 이루기도 한다. 인터넷을 기반으로 수많은 IoT 디바이스로 수집한 데이터가 클라우드에 저장되고, AI로 빅데이터를 분석함으로써 유용한 정보가 생성된다. 과거에는 존재하지 않던 새로운 정보가 언제 어디서나 모바일을 통해 공유되면서 새로운 가치를 창출한다. 또한 이러한 모든 과정은 보안이 유지되는 안전한 상태에서 진행된다.

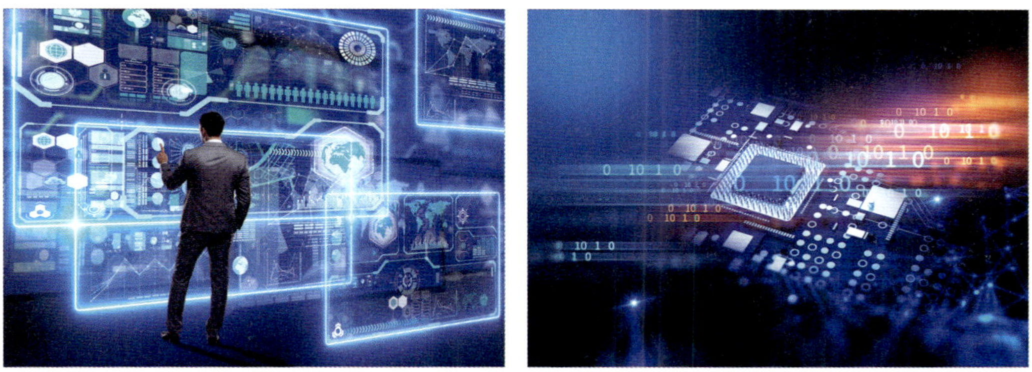

그림 8-14 ICBMSA 기반의 빅데이터 처리

파괴적 혁신은 다양한 학문, 전문 영역이 경계를 파괴하고 영향을 주고받으며 다른 분야와 융합해 4차 산업혁명을 주도한다. 한국은 ICT 환경과 제조업은 탄탄하지만 AI와 IoT, 클라우드 등의 소프트웨어 분야는 취약하다. 그러나 다른 나라에 비해 한발 늦었지만 ICT 강국으로서 상대적으로 우위를 점하고 있는 분야부터 ICBMSA 융합을 추진하면 향후 경제 활성화에 크게 기여할 것이다. 다만 ICBMSA의 경쟁력과 융합 산업의 활성화를 위해서는 규제 장벽을 혁신해야 한다.

1 사물인터넷(IoT)

IoT는 4차 산업혁명을 위한 기반기술 중에서 우리 실생활의 변화와 가장 밀접한 기술이다. 사람·디바이스·공간·데이터 등 모든 것이 네트워크를 기반으로 연결되는 초연결망으로 실현될 변화는 상상을 초월한다. 사용자의 귀가 패턴에 맞춰 미리 실내 온도를 맞추는 조절기, 인체 정보를 실시간으로 전송해 건강 상태를 체크하는 웨어러블 디바이스 등은 이미 사용되고 있다. 미래에는 스마트홈, 스마트빌딩, 스마트시티에서 인간의 모든 활동에 반응하는 IoT 서비스가 상용화될 것이다.

2 클라우드(Cloud)

ICBMSA 플랫폼을 구성하는 모든 분야가 중요하지만 그래도 우선순위는 있다. 1순위를 꼽자면 클라우드 서비스다. IoT를 활성화하려면 클라우드 서비스를 먼저 구축해야 한다. IoT를 통해 수집되는 수많은 데이터를 저장할 수 없다면 IoT 비즈니스가 불가능하기 때문이다.

클라우드 컴퓨팅은 IoT 기반으로 연결된 센서에 의해 수집된 정보를 빅데이터로 분석할 수 있는 저장 공간이자 기반시설로, 4차 산업혁명에서 중요한 역할을 담당한다. 클라우드 컴퓨팅은 네트워크를 통해 원격으로 필요한 작업을 수행하는 기술이다.

그림 8-15 센서에 의해 수집된 정보를 빅데이터로 분석

다양한 분야에서 클라우드 컴퓨팅이 본격적으로 사용되면서 시장이 빠르게 성장하고 있다. 대표적인 클라우드 서비스에는 네이버의 네이버 클라우드, 구글의 드라이브 포토, 애플의 아이클라우드 등이 있다. 중소 소프트웨어 업체는 데스크톱 가상화 사업에 집중한다. 데스크톱 가상화는 클라우드 컴퓨팅의 한 종류로, PC와 스마트 디바이스에서 프로그램 설치 없이 클라우드에 저장된 프로그램을 원격으로 이용할 수 있도록 한다.

3 빅데이터(Big Data)

빅데이터 분야에서도 클라우드 서비스가 중요하다. 특히 SNS와 같은 소셜 서비스나 모바일의 경우에는 빅데이터를 생성하고 분석하며 각종 모바일 앱을 구동하기 위해 클라우드 서비스가 반드시 필요하다. 향후 클라우드 관련 사업이 폭발적으로 증가할 수밖에 없는 이유이다. 클라우스 산업의 실체는 데이터센터 산업이고, 그 핵심은 고성능 프로세서이다.

4차 산업혁명의 승패는 결국 빅데이터의 싸움에 달려있다. AI, IoT, 클라우드 등 4차 산업혁명의 여러 핵심 분야는 빅데이터를 확보하고 가공하기 위한 기술이다. 분석한 데이터를 마케팅과 상품 판매에 적극적으로 활용해 직접적인 수익을 창출하는 기업이 성공하고 있다. 데이터를 기반으로 하는 소비 트렌드 분석 등 빅데이터 기반 솔루션은 단순히 인프라와 서비스의 구축을 넘어 산업에 통찰력Insight을 제공할 수 있다.

4 모바일(Mobile)

스마트폰의 등장으로 생활의 중심이 모바일로 완전히 이동하고, 손안에서 모든 것이 이뤄지는 세상이 되었다. IoT, 클라우드, 빅데이터는 모두 모바일을 기반으로 서비스가 제공된다. 빅데이터 기반의 다양한 생활 밀착형 정보가 모바일 디바이스를 통해 제공되고, 사용자는 다양한 IoT 기반의 서비스를 이용한다. 가장 큰 변화는 O2O 비즈니스로, 유통업계는 서비스 선점에 사활을 걸고 있다.

그림 8-16 모바일, 손안에서 모든 것이 이뤄지는 세상

IoT 경쟁에 가장 적극적인 통신업계는 스마트폰 앱과 기기를 연동한 홈서비스 개발에 나서고 있다. 지능형 스마트 홈서비스는 음성 명령만으로 가전기기를 작동하고, 홈 헬스케어 서비스는 집에서 간단한 건강관리를 가능하게 한다. 그리고 냉장고에 보관된 식재료를 언제든 내부 카메라로 확인하고 앱을 통해 식재료를 주문할 수 있다.

5 보안(Security)

클라우드 컴퓨팅은 핀테크 기술인 블록체인 기반의 '디지털 거래장부'라는 기술과 융합해 성장할 가능성이 높다. 블록체인은 네트워크 환경에서 발생하는 거래 내용을 안전하게 기록·저장하는 기술로, 정보 유통의 보안성을 향상시킬 수 있다.

6 인공지능(AI)

ICBMSA 플랫폼은 실시간으로 빅데이터를 처리·분석하고, AI를 활용해 신규 서비스 개발 환경을 제공한다. 이를 통해 사용자가 분석 업무를 빠르고 효과적으로 수행함으로써 업무의 효율성을 높이고 데이터 기반의 의사결정을 할 수 있도록 지원한다. ICBMSA 플랫폼은 기업의 스마트팩토리 등 4차 산업혁명의 기반이 되는 제조과정의 혁신을 주도하고, 이미지 인식 딥러닝 비전 검사를 통해 제조업체의 품질검사 생산성에 혁신을 가져온다. 챗봇 분야에서는 상품가입 안내 같은 단순 서비스를 넘어 AI 기술을 활용해 실제 상담원과 대화하는 것 같은 고객센터를 구축할 수 있다.

요약

01 ICT 환경을 기반으로 재조합에 의한 혁신을 창출하려면 관련된 다양한 주체의 아이디어와 외부에서 기술을 도입하는 개방형 혁신Open Innovation도 필요하다.

02 첫 번째 ICT 혁명은 소형 컴퓨터인 개인용 컴퓨터의 등장으로 인한 기술적 패러다임의 변화이다.

03 두 번째 ICT 혁명은 인터넷의 대중화에 의한 사이버 공간의 탄생이다.

04 세 번째 ICT 혁명은 스마트폰 보급에 의한 물리공간과 가상공간의 연결 확장이다.

05 제4의 물결에서는 현재의 ICT 환경에서 점점 세력이 커지고 있는 로봇, AI, 3D 프린터, 바이오산업 등이 미래의 산업이 될 것으로 예견된다.

06 1차 산업혁명의 가장 큰 특징은 1769년의 증기기관과 철도의 발명, 열에너지를 이용한 생산과정 기계화이다.

07 2차 산업혁명은 전기 기반의 제조업 혁명으로, 전기를 이용한 대량생산이 현실화되었다.

08 3차 산업혁명은 반도체 · 컴퓨터 · 인터넷 기반의 지식정보 혁명이자 스마트 혁명이다.

09 4차 산업혁명은 물리적 공간과 사이버 공간이 융합되어 새로운 디지털 공간으로 진화하는 과정이다.

10 ICBMSA 플랫폼은 서로 융합해 상호작용하는 통합 플랫폼으로, 4차 산업혁명 시대를 이끌 것으로 전망된다.

연습문제

객관식 문제

01 4차 산업환경의 발전과 관계가 없는 것은?

① 연결 ② 지능화 ③ 고착화 ④ 새로운 인식체계

02 혁신이라는 용어의 정의에 해당하지 않은 것은?

① 다른 용도로 사용 ② 새로운 가치 창출 ③ 기술의 재조합 ④ 새로운 발견

03 넷플릭스와 관계가 없는 것은?

① 오리지널 콘텐츠 ② 플랫폼 업체 ③ 새로운 시청 트렌드 ④ 추천서비스

04 ICT 공룡 기업들이 최근 위기에 직면하게 된 배경에 해당하지 않은 것은?

① 포화 상태의 스마트폰 시장 ② 데이터 관리에 대한 허점

③ 콘텐츠 제작 업체의 난립 ④ 아마존의 독점적인 횡포

05 1차 산업혁명 이후 5번의 기술혁명에 대한 설명으로 옳지 않은 것은?

① 1차 기술혁명, 증기기관 ② 5차 기술혁명, 정보통신 시대

③ 4차 기술혁명, 석유·자동차 시대 ④ 2차 기술혁명, 대량 생산체제 시대

06 범용 기술에 대한 설명으로 옳지 않은 것은?

① 신 산업이 탄생 ② 장기적인 변화 ③ 지속해서 진화 ④ 여러 분야에 전파

07 세 차례의 ICT 혁명과 관계가 없는 것은?

① 개인용 컴퓨터 ② 스마트폰 보급 ③ 정보화 혁명 ④ 인터넷 대중화

08 미래학자 앨빈 토플러가 언급한 새로운 물결의 시대와 관계가 없는 것은?

① 제1의 물결은 수렵, 채집 사회 ② 제2의 물결은 산업사회

③ 제3의 물결은 정보사회 ④ 제4의 물결은 현재 진행형

09 1차 산업혁명에 대한 설명으로 옳지 않은 것은?

① 기계 혁명 ② 계급사회의 형성

③ 대도시로 인구 집중 ④ 제조업의 노동분업

10 2차 산업혁명에 대한 설명으로 옳지 않은 것은?

① 대량생산 체계 ② 영국이 2차 산업혁명을 주도

③ 전기 에너지 ④ 자동차산업

11 3차 산업혁명에 대한 설명으로 옳지 않은 것은?

① 지식정보 혁명 ② 스마트 혁명

③ 새로운 디지털 공간의 탄생 ④ 빅데이터의 탄생

12 4차 산업혁명에 대한 설명으로 옳지 않은 것은?

① 인간의 노동력 감소 ② 산업구조의 재편

③ ICBMSA ④ 새로운 시스템의 생성

13 글로벌 분업체계의 구축에 대한 설명으로 옳지 않은 것은?

① 제품의 수명주기 단축 ② 지속적인 혁신제품의 개발 요구

③ 여러 플랫폼 기업을 연결 ④ 소비 패턴의 변화

14 4차 산업혁명의 기반 기술에 대한 설명으로 옳지 않은 것은?

① 초고속 컴퓨팅의 필요성 증가

② 센서는 핵심적인 기반 시설

③ 인터넷은 가장 중요한 필수 플랫폼

④ 자율주행차는 최고의 빅데이터 생산 플랫폼

15 스마트폰으로 대표되는 모바일 디바이스의 특징에 대한 설명으로 옳지 않은 것은?

① 유용함 ② 편리함 ③ 휴대성 ④ 효용성

연습문제

16 4차 산업혁명 시대에서 ICBMSA에 대한 설명으로 옳지 않은 것은?

① 다양한 산업 분야와 융합
② ICBMSA 플랫폼들이 국가의 핵심 경쟁력
③ 새로운 형태의 비즈니스 창출
④ ICBMSA 플랫폼은 독립적인 하나의 기술

O, × 문제

01 혁신은 새로운 가치를 창출함으로 새로운 발견에 해당한다.

02 혁신은 재조합이 불가능한 대상들을 통해서 새로운 가치를 창출한다.

03 갤럭시 노트의 대표적인 혁신은 대화면이다.

04 넷플릭스의 빈지워칭 시청 트렌드는 콘텐츠를 자체 제작하면서 등장했다.

05 ICT 공룡 기업들이 최근 위기에 직면하게 된 배경은 혁신의 고갈 때문이다.

06 인류 역사에서 1차 산업혁명이 최초의 기술혁명이다.

07 기술혁명은 기존의 기술들을 단기간에 빠르게 대체한다.

08 2차 기술혁명은 철강 · 전기를 기반으로 하는 대량 생산체제이다.

09 범용 기술은 세상을 장기적인 성격을 가지고 변화시키는 기술이다,

10 두 번째 ICT 혁명은 가상공간의 탄생이다.

11 PC와 스마트폰의 서비스 방식은 PC는 푸쉬 방식, 스마트폰은 풀 방식으로 한다.

12 1차 산업혁명은 많은 분야에서 문제를 발생시켰다.

13 2차 산업혁명은 전기 에너지의 보급으로 대량생산이 이루어졌다.

14 4차 산업혁명은 완전히 다른 차원의 변화의 물결로 사회혁명으로 진행될 것이다.

15 기술의 혁신 속도에 따라 산업혁명이 완성된다.

16 스마트 센서 기술의 급성장은 자율주행차 분야의 발전 때문이다.

17 신소재의 개발은 사업화까지 오랜 시간이 소요된다.

단답형 문제

01 ICT 환경에서 장기적인 불황에서 벗어나기 위해 (　　　　)의 중요성은 더욱 증가하고 있다.

02 혁신은 존재하는 기술들을 가치 있는 방식으로 새롭게 (　　　　)되는 과정을 의미한다.

03 S펜의 진화는 필기구 → 화구(그리기 도구) → (　　　　) → 리모트 컨트롤러로 변화되었다.

04 넷플릭스는 여러 편을 몰아서 시청하는 (　　　　)이라는 시청 트렌드를 등장시켰다.

05 산업을 발전시키는 원동력인 (　　　　) 없는 산업 발전은 불가능하다.

06 (　　　　)은 신기술이 기존의 기술들을 단기간에 빠르게 대체하는 기술 발전을 의미한다.

07 2차 산업혁명 시대의 3차 기술혁명은 (　　　　)를 열었다.

08 지금까지 수많은 기술 중에 일부의 (　　　　)만 기술혁명 또는 산업혁명으로 이어졌다.

연습문제

09 ( )은 세상을 단기간에 파괴적인 성격을 가지고 변화시키는 기술이다,

10 두 번째 ICT 혁명은 인터넷 보급의 대중화에 의한 ( )의 탄생이다.

11 PC와 스마트폰은 서비스 방식에 차이가 있는데 스마트폰은 ( ) 방식이다.

12 1차 산업혁명은 ( )으로 생산력 향상으로 대량 생산이 이루어졌다.

13 2차 산업혁명은 대량생산과 대량소비를 기본으로 하는 ( ) 혁명이다.

14 3차 산업혁명은 지식정보 혁명이며, 인터넷에 의한 ( ) 혁명이다.

15 4차 산업혁명 시대의 배경이 되는 신기술은 ( ) 플랫폼으로 정의된다.

16 새로운 산업 패러다임은 기존 패러다임을 뒤엎는 ( )이 필요하다.

17 인터넷은 4차 산업혁명에 생명을 불어넣고 진화하여 ( )이 될 것이다.

18 스마트 센서는 ( )을 구성하는 핵심적인 구성요소이다.

19 글로벌 분업체계의 중심에는 ( )와 제품을 제조하는 부품·장비가 있다.

20 인터넷 기반의 모바일 디바이스들의 등장으로 ( )의 구속을 동시에 초월하게 됐다.

21 ICBMSA 플랫폼을 구성하는 분야 중에 우선순위 1위는 ( ) 서비스다.

CHAPTER 09

ICBM 플랫폼과 기술혁신

학습목표

- 일상생활 속 IoT의 파급력을 알아본다.
- 클라우드 컴퓨팅의 원리를 학습한다.
- 빅데이터의 활용을 알아본다.
- 모바일의 발전 방향을 파악한다.

SECTION

01 4차 산업혁명의 태동

1 IoT란

IoT(Internet of Things)이 개인의 삶과 생활방식은 물론 사회와 기존의 산업 분야에서 가치혁명을 일으키고 있다. 흔히 IoT는 ICT 환경을 기반으로 사물과 사물, 사람과 사물·공간을 연결한다. 즉, 인간·사물·서비스 3가지로 분산된 환경적인 요소에 대해 인간의 개입 없이 상호 협력하여 센싱, 네트워킹, 정보처리 등 지능적인 관계를 형성하는 사물 공간망을 의미한다. 다수의 사물이 상호 연결되고 기계 간 통신(M2M(Machine To Machine))으로 개별 사물이 제공하지 못하는 새로운 기능·서비스를 제공한다. 자동차, 냉장고, 세탁기와 같은 사물에 센서를 장착하고 실시간으로 데이터를 송·수신해 처리·구동하는 기술·환경이므로, 통신과 센서 기술이 핵심이다.

하나 더 알기 **소물인터넷**

소물인터넷(IoST(Internet of Small Things))은 저전력, 저속, 저성능의 사물로 구성된 IoT이다. 간단한 통신 장비로 원격검침, 위치정보 등 다양한 센서에서 수집된 소량의 데이터를 인터넷 환경과 관계없이 저속으로 송·수신한다. 수도·전기·가스 등의 원격검침, 오프라인 매장에서 사물의 정보를 소비자의 스마트폰에 전송하는 저전력 블루투스(BLE) 비콘 등이 대표적이다. IoST는 10년 이상 활용해야 하므로 배터리 수명이 중요하다.

IoST를 구현하는 주파수 대역은 면허 대역과 비면허 대역으로 구분된다. 면허 대역은 이동통신사가 제공하는 LTE 기반의 협대역 IoT(NB-IoT)을 이용하며, 서비스 이용에 비용이 발생한다. 비면허 대역은 SKT 전국 통신망을 쓰거나 자가망을 구축해 이용한다. 데이터 용량에 따라 매달 약 350~2,000원의 저렴한 요금만 지불하면 되므로 통신 장비 등의 추가 구축비용을 절감할 수 있다. 최근에는 블랙박스도 NB-IoT 통신망으로 스마트폰과 상시 연동되어 주차한 자동차 파손과 같은 사고를 실시간으로 알린다.

그림 9-1 소물인터넷의 대표 유형인 비콘

IoT 시장의 규모는 인터넷과 정보통신 등 디지털 기술의 발전에 힘입어 그 규모가 빠르게 확장되고 있다. 실시간으로 교통 상황과 주변 상황을 감지하면서 주행하는 자율주행차, 집 밖에서 스마트폰으로 제어하는 가전제품이 대표적이다. 또한 스마트 홈·빌딩·공장, 에너지·환경, 헬스 케어, 보안, 교통 등 다양한 분야에서 새로운 부가가치를 창출하고 있다.

그림 9-2 온·오프라인의 경계가 사라지는 초연결 사회로 진화

머지않아 사람과 사물, 사물과 사물이 서로 조밀하게 연결되어 온라인과 오프라인의 경계가 점차 사라지는 초연결 사회로 전환될 것이다. 4G 시대에는 실내 등 일부 좁은 면적에 국한된 서비스를 제공했지만, 5G의 IoT는 지구 전체를 연결하는 범위로 확대할 수 있는 것이 특징이다.

초연결 사회를 구성하는 IoT의 사례로는 5G를 기반으로 AI, 보안, 증강현실, 가상현실과 같은 ICT 환경을 접목한 스마트공장, 스마트오피스가 대표적이다. 비즈니스 분야에서는 소비자 간 거래(B2C)보다는 기업 간 거래(B2B) 시장에서 효율성이 더욱 극대화될 전망이다.

2 실생활과 산업 속 IoT

최근에는 주거공간에도 에너지 효율화, 보안 이슈가 맞물리면서 IoT 등 각종 신기술이 적용되는 스마트홈 시장이 빠르게 확장하고 있다. 집안 냉·난방 시스템과 보안 네트워크를 외부에서 스마트폰을 통해 실시간으로 제어할 수 있기 때문이다.

IoT가 일상생활에 끼치는 영향

급속하게 증가하고 있는 1인 가구의 생활환경이 IoT 기술로 인해 빠르게 변화하고 있다. 특히 일상생활과 밀접한 전기밥솥, 공기청정기, 정수기 등의 생활가전에 IoT 기술이 빠르게 탑재되고 있다. IoT가 탑재된 생활가전은 스마트폰으로 원격 제어하고 푸시 알림을 받을 수 있다. AI 플랫폼이 도입되어 있어 음성만으로 전원을 켜고 끌 수 있으며 사용자에게 최적화된 기능을 안내받을 수도 있다.

그림 9-3 가전제품 등 집안의 모든 장치를 연결해 제어하는 기술인 스마트홈

최근에는 빈집을 지키는 역할까지 하고 있다. 주인이 외출했을 때 현관문의 비밀번호를 누르거나 문에 충격이 있으면 집주인의 휴대폰에 경보 메시지를 전송한다. 영상통화 형태로 방문한 사람의 얼굴을 확인하고, 집 안에 있는 것처럼 연출할 수도 있다. 갈수록 편리해지고 고도화되는 IoT 기술의 관건은 해킹으로부터의 보안이다.

IoT가 산업에 끼치는 영향

산업 분야에서 IoT는 이동통신망, 와이파이 등을 이용해 위치기반 서비스, 차량관제, 원격검침, 시설물 감시, 웨어러블 등에 활용된다. IoT 시장은 5G 상용화를 계기로 급성장할 것으로 예상된다. 5G는 4G보다 전송속도가 20배 빠르고, 1km^{2}당 100만 개의 단말기 연결을 지원하기 때문에 다수의 사물을 연결하는 IoT 확산에 최적의 네트워크이다.

스마트오피스는 미래의 사무실로, 5G, AI, IoT, 보안, AR, VR 등 첨단 ICT 환경의 집약체이다. 5G를 통해 사람과 공간, 디바이스, 센서 등이 서로 밀접하게 연결되어 데이터를 송·수신하므로 시·공간의 제약 없이 업무 수행이 가능하다. 따라서 근무자의 업무 효율성 향상, 기업체의 비용 절감, 생산성 향상 효과까지 동반된다.

사무실 곳곳에 설치한 CCTV와 다양한 IoT 센서를 통해 실내 공기의 질, 온도, 밝기, 습도, 공간 이용 빈도, 디바이스 상태 등의 각종 정보가 실시간으로 서버에 전송된다. 수집된 데이터는 AI 기반 딥러닝 기술로 처리되어 에어컨 등의 기기를 제어해 최적의 업무 환경을 유지하는 데 사용된다. 공간 사용 정보를 활용하면 이용률이 낮은 공간의 재배치 등 효율적인 공간관리를 할 수 있다. 이와 같이 대량의 센서와 디바이스에서 수집한 막대한 용량의 데이터를 통해 효율적인 자원관리, 시스템 관제, 보안 등이 가능하다.

그림 9-4 일상생활이 빠르게 변화되는 스마트시티

스마트공장Smart Factory에도 5G, AI, 클라우드 기술을 기반으로 한 제조업의 혁신이 진행되고 있다. 5G와 첨단 ICT 환경을 접목함으로써 다기능 협업 로봇, 유연 생산 설비, 자율주행 로봇, AR 글래스, AI 비전머신 등이 사람과 협업해 생산성을 향상시킨다. 로봇은 근로자의 요청에 따라 제품을 적재하고 자율주행으로 이동해 다음 생산 라인으로 옮기거나 불량품을 운송한다. AR 글래스는 안경을 통해 설비, 부품 정보, 조립 매뉴얼 등을 실시간으로 확인한다. AI 비전머신은 제품이 컨베이어 벨트를 지나가는 동안 다각도로 사진을 찍어 클라우드 서버에 전송하며 사진을 판독해 제품에 결함이 있는지 확인한다. IoT가 더욱 활성화되려면 이처럼 여러 기술이 필요하다.

그림 9-5 IoT 기반의 비즈니스 물류, 공장 자동화 시스템

3 IoT와 빅데이터의 결합

IoT는 사물에 센서를 부착하고 인터넷으로 연결해 데이터를 수집하고 사물의 상태를 파악함으로써 서비스를 제공하는 인프라 기술이다. 센서 등을 통해 각 디바이스가 생산한 데이터를 사람의 직접 개입 없이 사물들끼리 인터넷을 통해 직접 교환한다. IoT는 이제 만물인터넷(IoE Internet on Everything)으로 진화하고 있다. IoE는 말 그대로 만물에 센서를 부착하고 실시간으로 연결해 현재와는 전혀 다르게 변화하는 미래의 생활양식을 선도할 것이다.

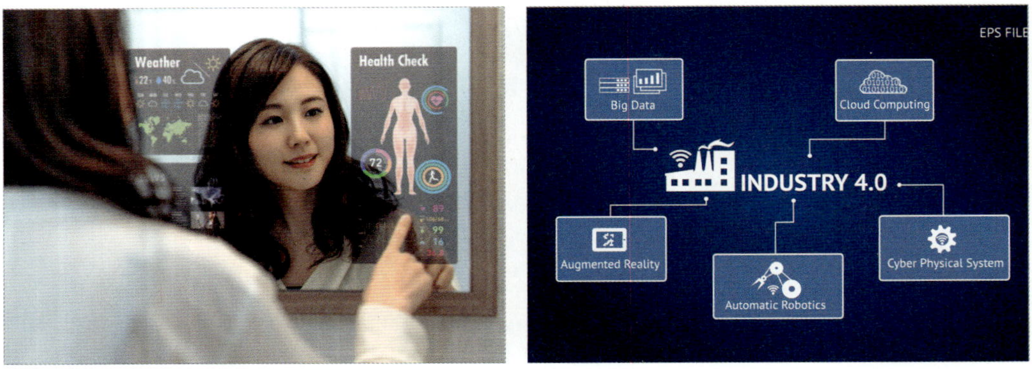

그림 9-6 IoT와 빅데이터의 결합

IoT 기술의 발달로 업체의 제조 환경이 점차 네트워크화되고 IoT 환경으로 변화하며 각 디바이스가 서로 소통한다. IoT는 수많은 센서의 탑재를 의미하며, 이 센서를 통해 많은 데이터를 수집할 수 있다. 데이터가 쌓이면 기계학습을 통해 특정 상황에서 컴퓨터가 스스로 판단을 내릴 수 있다. 이러한 빅데이터 기반의 접근으로 오류의 진단, 수정, 발생 방지에 소모되는 상당한 비용을 절감할 수 있다.

IoT 속 빅데이터의 등장

글로벌 기업의 보고서는 10년 후 가정, 기업이 모두 IoT로 연결될 것으로 전망한다. 세탁기, 냉장고, TV, 에너지 조절장치 등 수십~수백억 개의 디바이스가 온라인으로 연결되는 거대하고 복잡한 웹의 세계가 형성될 것이다. 모든 산업이 완전히 재편되고 지금까지 없던 전혀 새로운 산업이 출현한다는 의미다. 데이터도 폭발적으로 증가할 것이다. IoT 디바이스가 생산하는 엄청난 용량의 실시간 데이터를 어떻게 해석 · 수용하고, 우리의 생활과 디바이스를 개선하는 데 어떻게 활용할지의 문제가 새로운 고민으로 등장했다.

IoT 속 빅데이터의 현재

웹 시대 최고의 가치, 최고의 사용자 경험은 검색이다. 검색은 필요한 정보를 수집하는 데 걸리는 시간을 최소화했고 과거에는 접근이 불가능했던 정보에 대한 접근성을 무한대로 향상시켰다. 사용자가 원하는 정보를 알게 된 네이버, 구글, 다음 등의 검색 사업자는 회원 비즈니스 기회를 만들었다. 이들은 전 세계 사용자가 궁금해 하는 검색 결과를 기반으로 커머스를 통한 수익을 창출하고 있다. 웹 시대에 검색이 만들어낸 새로운 비즈니스 모델이다.

IoT 패러다임 이전부터 금융, 유통회사 등의 서비스 업체는 고객에 대한 대용량의 데이터를 소유하고 있었다. 그러나 이러한 데이터와 IoT 시대에 생산되는 데이터는 본질적으로 다르다. 기존의 데이터가 주로 사용자가 의도적으로 입력한 가상적인 데이터였다면, IoT 시대의 데이터는 자동으로 입력되는 현실적인 데이터다. 이러한 데이터가 어떤 가치를 창출할지 모색해야 한다. 예를 들어 금융사, 유통회사는 소비자가 제품을 구매한 것에 대한 개인정보를 가지고 있다. 그러나 이러한 데이터는 기업이 임의로 사용하는 데 제한이 많다. 사회적 이슈, 시스템 준비 부족 등이 그 원인이다. 기존의 관습과 관념에 얽매여서 어렵게 축적한 데이터를 자유롭게 활용하지 못한 것이다.

그 후 인터넷이 본격화되면서 기존의 개인정보와 다른 개인의 데이터가 컴퓨터와 스마트폰에 축적되고 있다. 이러한 데이터를 기반으로 다양한 비즈니스 모델과 서비스가 연계되면서 새로운 형태의 가치가 창출되고 있다. 예를 들면 가입한 카페 정보와 클릭한 뉴스를 기반으로 개인의 관심사와 연관된 새로운 카페나 뉴스를 맞춤형으로 추천하는 데 활용할 수 있다. 스마트폰의 경우 주소록의 정보를 통해 지인을 검색하고 새로운 지인과 연결할 수 있다. 이러한 과정은 사용자의 승인 하에 이루어진다. 이처럼 기존에 축적된 금융 · 유통의 데이터와 모바일과 인터넷에 의해 생산되는 데이터는 활용 목적이 다르다.

데이터는 좀 더 나은 서비스로 진화하는 데 마중물이 된다. 지금은 또 다른 진화가 필요한 시점이다. 네이버는 사용자가 입력한 검색어를 통해 관심사를 추적하고 검색어 비즈니스 모델이라는 가치를 창출했다. 카카오톡은 스마트폰에 저장된 주소록, 지인과 주고받는 메시지를 통해 광범위한 카카오톡 생태계를 창출했다. 친구들과의 그룹 채팅, 선물 주고받기 등은 데이터를 이용해 카카오톡이 창출한 새로운 사용자 가치이다. IoT는 현재 사용되는 데이터와는 또 다른 특징이 있다. 그러므로 IoT 패러다임에서는 사용자 가치를 어떻게 확장시킬 것인지, 어떤 데이터를 수집해 어떻게 저장할 것인지, 축적된 빅데이터에서 어떤 컨텍스트를 추출해 어떤 가치를 제공할 것인지 등을 결정하는 것이 IoT 전략의 핵심이 될 것이다.

IoT 속 빅데이터의 미래와 과제

IoT 시대에 미래의 가치를 창출하기 위한 가장 핵심적인 요소는 연결된 기계들이 생산하는 데이터다. 데이터를 중심으로 새로운 혁신과 가치가 재형성될 것이다. 자동화를 위해 사용자의 생각, 행동, 선호도, 구매제품 등을 예측하려면 데이터가 필요하다. 데이터를 통해 사용자가 원하는 상황적인 정보를 얻을 수 있다. 이러한 상황 정보와 패턴을 컨텍스트Context라고 한다. 컨텍스트는 평소에 사용자와 관련된 데이터를 꾸준히 측정하고 수집·기록함으로써 얻을 수 있다. 더 중요한 것은 데이터를 수집하는 이유와 해당 데이터가 고객에게 어떤 가치를 창출할 수 있는지 탐색하는 행위이다.

데이터에서 유의미한 패턴을 찾아 사용자의 컨텍스트를 추출할 수 있다. 따라서 IoT 시대에는 사용자 관련 데이터를 정교하게 추적·측정·수집할 수 있는 정교 · 정밀한 측정 센서가 중요하다. 센서에 의해 사용자와 관련된 데이터가 수집되어 클라우드 서버에 기록되고, 데이터가 많아지면 빅데이터가 생성된다. 빅데이터를 분석, 즉 데이터 사이언스를 통해 패턴을 추출하고 패턴을 통해 사용자의 컨텍스트를 추출한다. 이러한 컨텍스트에 의해 사용자는 명령을 입력하지 않아도 자동으로 새로운 형태의 서비스를 제공받는다.

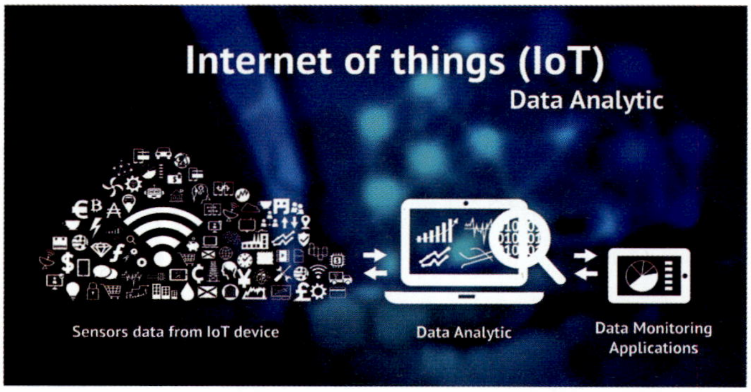

그림 9-7 IoT 기반의 데이터 분석

IoT와 빅데이터가 결합된 환경을 구축하려면 시스템, 서비스 플랫폼, 모바일, 웹 등을 연결하는 새로운 생태계가 필요하다. 새로운 가치를 창출하려면 특정 플랫폼에 종속되지 않고 일관성 있는 사용자 환경을 구현하는 것이 새로운 과제가 될 것이다. 또 사용자의 컨텍스트를 스스로 학습하는 딥러닝 기술, 빅데이터의 유기적인 통합·협력을 지원하는 클라우드 기술, 보안 기술의 개발과 적용 등이 필요하다.

더 나아가 IoT 시대에는 검색을 넘어서 AI를 뛰어넘는 자동화라는 새로운 개념이 요구된다. 스스로 판단하고 알아서 모든 것을 자동으로 해결하는 것이 IoT의 핵심 가치가 될 것이다. 모든 사물은 사람을 위해 존재하고, 사람이 신경 쓰지 않아도 자동으로 모든 것이 처리되는 유비쿼터스 세상을 실현하는 것이 IoT가 제공하는 궁극의 가치이다. 그렇게 되면 기계가 눈앞에서 사라지고 컴퓨터에 검색어를 입력하는 과정은 필요 없어지며 자동으로 모든 것이 이루어진다. 다양한 사물과 사람의 고도화된 연결은 새로운 가치를 창출하고 다양한 서비스와 상품을 제공할 것이다.

4 IoT와 보안

IoT 시장의 급성장으로 일반 주거공간에도 IoT, AI 스피커 등 각종 신기술이 도입되면서 스마트홈 시장이 빠르게 확장하고 있다. TV는 물론 세탁기, 전구 등 모든 디바이스를 인터넷을 통해 휴대전화의 앱에서 원격으로 제어할 수 있다. 그러나 편리함만 강조하다 보면 해킹, 디도스DDoS 공격 등 사이버 공격에 취약해질 수도 있다.

보안 위협의 유형

IoT 기반의 스마트홈, IoT 전국망과 연계된 제조·물류·공공 분야 등이 전 세계 해커의 주요 공격 대상이 되고 있다. 랜섬웨어 등의 악성코드가 디바이스로 침입해 기업의 내부 정보를 유출하거나 다른 기업 또는 공공기관을 공격하기 위한 발판으로 활용하고 있다. 따라서 실시간 모니터링 등 IoT 보안 위협을 차단할 수 있는 사전 감지 시스템을 강화해야 한다. 생활가전 등 IoT로 연결된 디바이스는 해커가 각 가정에 침범할 수 있는 접근 지점Endpoint이 된다. 보안이 취약한 IoT 디바이스는 개인을 감시하는 수단으로 악용될 수 있다.

그림 9-8 IoT 기반의 스마트홈 서비스

IoT 기반의 스마트홈 디바이스의 보안이 미흡하면 사용자는 다양한 위협에 노출된다. 디바이스와 서비스에서 취약한 인증, 웹 취약점, 로컬 공격, 잠재적인 공격 가능성 등 기본적인 보안 문제가 발견된다. 그리고 사용자의 보안 의식이 개선되지 않는 것도 문제다. 비밀번호 설정 등 보안수칙을 생활화하는 습관이 필요하다.

보안 침해의 경로

인증이 취약한 경로는 평문으로 전송, 상호 인증, 강력한 비밀번호 설정이 이루어지지 않은 경우 등이다. 웹 취약점은 스마트홈 웹 인터페이스의 취약점으로 이어져 경로 조작, 원격 코드 실행, 원격 파일 삽입 등을 통해 원격으로 현관문을 열 수도 있다. 로컬 공격은 공격자가 인증 기능이 취약한 와이파이 등을 통해 스마트홈 네트워크에 침입해 자유롭게 추가 공격을 할 수 있도록 한다.

특히 대부분의 IoT 디바이스는 저비용으로 공급을 확대하는 데 집중하기 때문에 보안 등 안전성에 소홀해 사이버 공격에 취약하다. 현재까지 보고된 스마트홈 해킹 사례의 경우 보안성 침해의 경로는 3가지 범주로 구분된다.

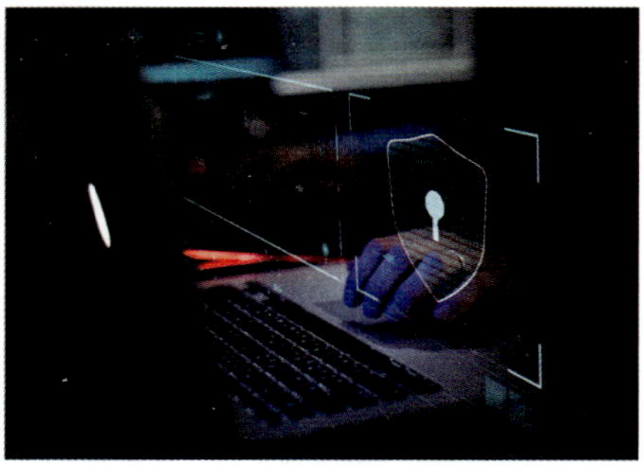

그림 9-9 IoT 기반의 엔드포인트에 대한 보안위협

■ 고의적인 악성코드 삽입

첫 번째는 제품 제작과 유통 과정에서 고의적으로 악성코드를 심는 경우이다. 2015년 중국산 무선 다리미와 전기포트에 악성코드 칩을 탑재하고 이를 통해 스팸 발송, 악성코드 유포, 추후 서버 공격의 가능성을 열어 놓았던 사례가 있다.

■ 제품의 보안성 탑재 미비

두 번째는 제품 개발 단계에서 사용자와 디바이스에 대한 인증 기능, 펌웨어 조작 감지 기능, 데이터 암호화 등의 보안 기능이 미흡한 상태로 출시되는 경우이다. IoT 냉장고가 가정의 모든 디바이스의 허브 역할을 하는 경우 누군가 의도적으로 냉장고에 접속을 시도할 수 있다. 이때 냉장고에 아이디, 비밀번호를 예측 가능하게 설정하거나 초깃값을 그대로 사용하면 문제가 될 수 있다. 이 경우 공격자는 냉장고에 쉽게 로그인해 악성코드 삽입, 펌웨어 등의 위 · 변조를 시도할 수 있다. 그리고 도어록, 가스 누출 감침기 등 냉장고와 연결된 다른 디바이스의 기능을 해제하거나 오동작을 유발하고, 컨트롤러인 냉장고 자체 기능을 마비시켜 피해를 준다. 그리고 디바이스가 네트워크를 통해 교환하는 데이터가 암호화되지 않은 경우에는 제어 데이터를 위 · 변조해 오동작을 유발하거나 데이터를 가로채 사생활 침해 등의 2, 3차 피해를 입힐 수도 있다.

■ 2차 해킹 시도

세 번째는 점령한 IoT 디바이스를 기반으로 인터넷으로 연결된 다른 사이버 공간을 해킹하는 경우이다. 침투와 위 · 변조의 방법은 동일하며, 이 경우는 신속하게 대량의 디바이스를 점령하기 위해 다른 IoT 제품을 이용해 침투의 물리적 거리 한계를 넘어 머신 대 머신으로 해킹을 수행하기 때문에 피해 범위와 대상의 파악이 어렵다. IoT 시대의 보안은 개인정보 유출, 금전적 손실뿐만 아니라 국민의 생명 위협, 국가 기반시설의 불능을 유발시켜 공공의 이익을 해치는 매우 중대한 문제로 발전할 수밖에 없다. 따라서 세계 각국은 제품에 보안 모듈을 탑재하는 것은 물론 IoT 제품 서비스에 대한 보안을 강화하는 법 제도 마련 등을 고려하기 시작했다.

SECTION

02 클라우드 컴퓨팅

1 클라우드 컴퓨팅 환경이란

클라우드 컴퓨팅Cloud Computing은 분산된 컴퓨터의 자원을 가상화 기술로 통합해 제공하는 기술이다. 인터넷과 연결된 중앙컴퓨터에 저장된 소프트웨어, 수집된 데이터의 저장과 처리, 네트워크, 콘텐츠 사용 등 인터넷 접속을 통해 언제 어디서나 수집된 정보를 분석해 원격 서비스를 제공한다. 개인·기업의 컴퓨터에 저장된 프로그램, 문서를 중앙컴퓨터(데이터센터)에 저장하고 웹브라우저 등의 도구로 원하는 작업을 수행하는 사용자 중심의 컴퓨터 환경이다. 인터넷 접속만 가능하면 고성능 기기가 아니어도 원격으로 작업을 수행할 수 있다. 클라우드 컴퓨팅은 기업 내부에 서버와 저장 장치를 소유하지 않고 데이터를 외부 기관에 위탁해 처리하는 아웃소싱Out-Sourcing 대여 서비스이다. 공유경제 모델을 기반시설Infrastructure에 적용한 사례이다. 클라우드는 인터넷에 연결된 수많은 IoT 디바이스가 수집한 데이터를 전송받아 빅데이터 분석을 통해 의미 있는 정보로 재생산하는 공간으로, 4차 산업혁명의 중요한 기반시설이다.

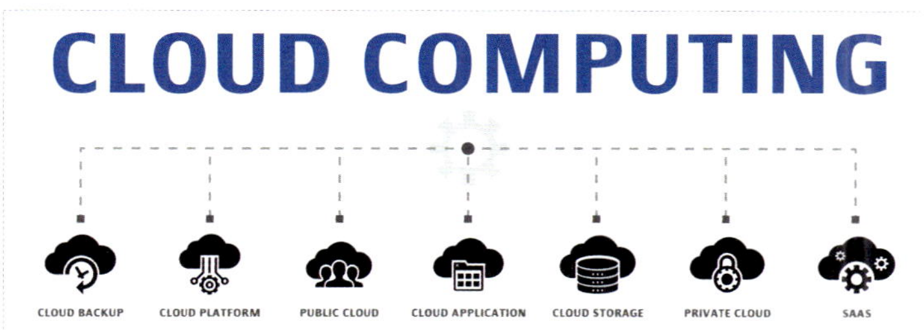

그림 9-10 다양한 기능의 서비스를 제공하는 클라우드 컴퓨팅

클라우드 환경은 데이터를 보관하는 장소에 따라 개방형 클라우드Public Cloud와 폐쇄형 클라우드Private Cloud로 구분된다. 개방형 클라우드는 서비스 제공업체가 인터넷을 통해 불특정 다수의 기업·개인에게 서버, 스토리지 등의 컴퓨팅 자원을 제공하는 형태의 서비스이다. 개방형 클라우드 서비스는 자원을 사용한 만큼 비용을 지불하는 과금 모델이다. 이러한 과금 체계가 무조건 장점이라고 단정할 수는 없다. 필요한 자원에 대한 정확한 비용구조와 적절한 과금 체계를 선택하면 합리적인 비용 구조를 보장받지만, 그러지 않으면 기대했던 비용 절감 효과를 얻지 못한다. 그리고 제한적인 예산으로 필요한 자원을 관리하고 신규 비즈니스를 실행하려면 자체 보유 기반시설의 비용 구조도 파악해야 한다.

기존 서버의 운영 방식

원격 서비스 솔루션인 클라우드 환경에 대비되는 환경은 자체적으로 소유한 서버를 직접 설치·운영하는 전통적인 방식이다. 온프레미스On-premise 또는 폐쇄형 클라우드라고 부른다.

온프레미스 환경은 클라우드 컴퓨팅 기술이 등장하기 전까지 기업이 기반시설을 구축하는 데 주로 사용하던 방식이다. 운영의 복잡성은 낮지만 시스템 구축에 많은 시간과 비용이 필요하며, 설계·변경이 어렵기 때문에 개방형 클라우드 서비스 등장과 함께 사라질 것으로 예상했다. 그러나 개인정보 노출 등의 보안 사고를 예방하기 위해 비즈니스에 중요한 서비스와 데이터는 여전히 온프레미스 환경에서 실행되고 있다.

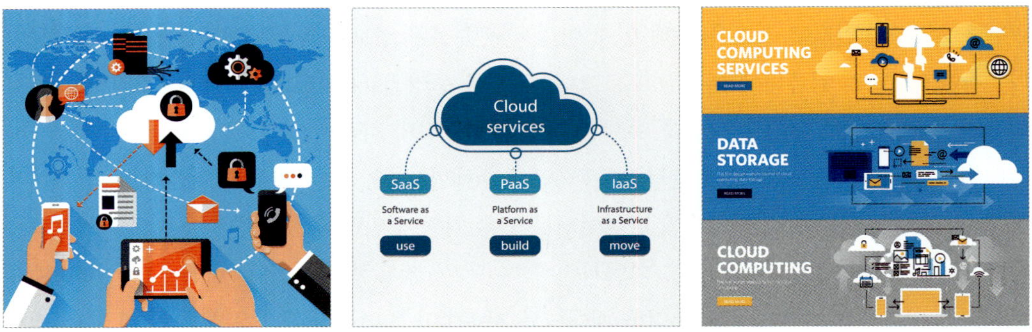

그림 9-11 분산된 컴퓨터들의 자원을 가상화 기술로 통합하여 제공하는 기술인 클라우드 컴퓨팅

폐쇄형 클라우드는 데이터를 외부 기관에 맡기지 않고 자체적으로 기업 내부의 독립된 서버에서 관리한다. 최근에는 장애, 보안 등의 위험 요소를 분산하기 위해 여러 사업자의 개방형 클라우드 서비스를 동시에 사용하는 멀티 클라우드, 또는 개방형 클라우드와 폐쇄형 클라우드를 결합한 하이브리드 클라우드Hybrid Cloud가 가장 이상적인 운영 형태로 도입되고 있다. 그러나 복합적인 환경은 서비스마다 시스템 관리 방식이 모두 다르기 때문에 운영에 문제가 발생할 수 있다. 운영의 효율성이 감소되면 기대했던 비용 절감 등의 효과가 사라지게 된다.

클라우드 통합 관리

이러한 문제를 해결하기 위한 대안으로 클라우드 통합 관리 플랫폼이 출시되고 있다. 통합적으로 관리하기 때문에 각 서비스마다 로그인할 필요가 없고, 하나의 화면에서 자원 활용, 비용 현황, 보안 상태 등을 파악하고 효율적으로 자원을 할당할 수 있다. 여러 클라우드 서비스를 단일 화면에서 운영 · 관리하고 데이터를 자유롭게 이동시키며, AI를 기반으로 자원 사용 패턴과 요구 사항을 분석해 비용을 절감할 수 있는 방안을 추천하기도 한다.

기업에서는 아직 클라우드 서비스를 단순히 전통적인 폐쇄형 환경(온프레미스)을 대체하는 기반시설로 보는 시각이 대다수이다. 클라우드 환경으로 전환하는 많은 기업에서 기존의 ICT 기반시설을 그대로 클라우드로 전환하는 방법을 사용한다. 하지만 이런 방식으로는 클라우드 서비스를 완전히 사용할 수 없다. 클라우드의 효과를 극대화하고 디지털 혁신의 도구로 사용하면 기반시설 분야뿐만 아니라 클라우드 플랫폼·앱으로 활용 범위가 확장된다.

데이터 영역은 활용성과 효용성을 향상시키는 도구이면서 결과물을 생성하는 역할을 한다. 이미 AI·머신러닝은 데이터 과학자의 전유물에서 사용자들이 쉽게 문제를 해결하는 도구로 솔루션화되고 있다. 블록체인 서비스도 플랫폼화되면서 신뢰와 효용성이 향상된 개방형과 폐쇄형 블록체인을 빠르게 구축하도록 진화하고 있다. 이와 같이 진화하는 인프라, 플랫폼, 애플리케이션, 데이터의 4가지 기술적 요소가 비즈니스에 최적화되도록 적절하게 적용해야 디지털 혁신에 성공할 수 있다. 이제는 클라우드 기능의 활용 여부가 기업의 성공을 좌우하는 시대가 되었다.

2 클라우드 컴퓨팅 서비스의 종류

클라우드 컴퓨팅은 사용자가 인터넷에 접속해 직접 필요한 기반시설을 구축하고 관리하며 확장하고, 비용은 사용한 만큼만 지불하는 서비스이다. 인터넷 접속만으로 대규모 컴퓨팅 자원을 쓸 수 있고, 대규모 트래픽이 발생해도 빠르게 대처할 수 있다. 자체적으로 데이터센터를 구축하지 않아도 되므로 비용 면에서 효율적이다. 가상의 서버 환경을 공유하는 기술인 클라우드 컴퓨팅의 종류는 사용자 서비스의 형태에 따라 서비스형 소프트웨어(SaaS Software as a Service), 서비스형 인프라(IaaS Infra as a Service), 서비스형 플랫폼(PaaS Platform as a Service) 등으로 구분된다. 초기의 클라우드 서비스는 대부분 SaaS에 집중되어 있었다.

SaaS

SaaS(서비스형 소프트웨어 솔루션)은 우리 삶의 모습과 기업의 업무 환경을 크게 바꾼 것 중 하나이다. 별도의 소프트웨어를 설치하거나 라이선스를 구매할 필요 없이 인터넷에 접속하고 클라우드를 통해 사용하는 SaaS는 작업 방식 전반에 혁신을 가져왔다. SaaS는 소프트웨어의 다양한 기능 중에서 사용자가 원하는 것만 서비스하는 소프트웨어 배포 방식이다. SaaS가 도입되면서 USB 메모리 등 물리적인 저장장치를 사용하지 않고 파일을 저장할 수 있게 되었다.

SaaS는 클라우드에서 필요한 모든 것을 제공하기 때문에 각종 소프트웨어를 설치 부담 없이 사용할 수 있다. 필요한 소프트웨어를 웹브라우저 환경에서 언제 어디서나 사용할 수 있는 것은 강력한 장점이다. 스마트워크, 실시간 협업 등 시·공간을 뛰어넘는 작업을 할 수 있고, 최신 업데이트도 빠르게 제공받을 수 있기 때문이다. 단점은 인터넷 접속이 가능해야 사용할 수 있고, 외부의 데이터 노출에 대한 위험이 있다는 것이다. 웹 메일, 구글 클라우드, 네이버 클라우드, MS오피스 365, 드롭박스 등이 있다.

그림 9-12 SaaS, IaaS, PaaS 솔루션의 서비스 형태

20년 전에 처음 소개된 SaaS 솔루션은 이제 소프트웨어 개발·출시의 필수불가결한 전제조건이 되었다. 최근 글로벌 소프트웨어 시장의 거대한 흐름이기도 하다. 아마존웹서비스(AWS), MS, IBM, 구글 등의 글로벌 기업에서 SaaS 시장 선점을 위해 재빠르게 움직이고 있어 SaaS 분야의 외산 종속화도 시작 단계에 접어들었다. AI, 클라우드 등과 융합되면서 SaaS 2.0 시대가 시작되었다.

IaaS

IaaS(서비스형 인프라 솔루션)은 업체에서 제공하는 환경에서 필요한 기반시설을 선택하고 OS와 앱은 직접 관리하는 방식이다. 관리 측면에서 개발자와 관리자의 역할을 분담할 수 있다. 따라서 사용자가 가상서버의 하위 레벨은 고려할 필요가 없다. 이것은 장점인 동시에 단점이기도 하다. 접근하거나 제어할 수 없기 때문이다. 아마존의 EC2의 경우 물리적인 서버, 네트워크, 스토리지 등을 구매하지 않고, 원하는 운영체제를 선택해 설치하고 서버로 사용하면 된다. 그 외 모든 관리는 아마존에서 제공한다.

PaaS

PaaS(서비스형 플랫폼 솔루션)은 개발자가 앱을 작성하는 데 필요한 표준화된 플랫폼, 환경을 제공하는 서비스이다. 가상화된 하드웨어와 소프트웨어 등을 필요에 따라 지원하며, 개발과 관련된 모든 환경과 프로세스를 제공한다. 따라서 사용자는 하드웨어 시스템을 고려할 필요 없이 앱 자체에만 집중하기 때문에 빠르게 개발하고 서비스를 제공할 수 있다. 소스코드만 입력하고 컴파일은 클라우드에서 실행하고 결과만 가져오는 것이다. 이미 설치된 미들웨어에 소스코드만 실행시키기 때문에 관리가 매우 편리하다. PaaS는 기본적으로 앱과 플랫폼을 함께 제공하기 때문에 앱이 플랫폼에 종속되어 있어 다른 플랫폼으로 이동은 어렵다.

3 새로운 대안, HCI

국내 기업의 ICT 환경 기반시설은 서버, 스토리지, 네트워크, 관리 소프트웨어가 서로 다른 업체로 분리된 경우가 대부분이다. 따라서 유지보수와 관리체계가 갈라 돌발장애에 대응이 느리고 기반시설 관리와 운영에 유지보수 비용이 많이 발생한다. 이러한 전통적인 환경에서는 가상화 속도가 늦어 클라우드 도입이 늦춰지고 가상화 작업은 더욱 복잡해진다. 이에 대한 대안으로 등장한 것이 HCI Hyper Converged Infrastructure 시스템이다.

HCI 시스템은 ICT와 클라우드 환경을 단순화하는 소프트웨어이다. 서버에 소프트웨어를 탑재하고 클라우드 환경에서 하드웨어 플랫폼을 연동한다. 기존의 장비를 그대로 유지하면서 하나로 융합해 기업의 데이터센터를 개방형 클라우드처럼 운영한다. 모든 기반시설의 자원을 하나의 플랫폼에 통합하고 소프트웨어 기능만으로 자원을 통합 관리하고 유연하게 확장할 수 있다. 비즈니스 중앙화와 실시간 소통·운영·관리를 위해서는 ICT 기반시설의 편의성, 확장성, 민첩성을 향상시키는 것이 필요하다.

HCI는 가상화 기술을 기반으로 컴퓨팅, 스토리지, 네트워크와 기본적인 시스템 관리를 고도로 자동화된 하나의 시스템으로 통합한다. 메인프레임과는 구별되며, 클라우드 환경의 많은 기능을 확장과 관리가 용이한 온프레미스 환경으로 복제한다. 자동화, 필요한 ICT 자원을 미리 준비해 놓고 사용자의 요청에 의해 공급하는 셀프서비스 프로비저닝 Self-service Provisioning 등 클라우드 기능이 하나의 관리 장비에 모두 탑재되어 통합된 HCI는 기업의 가장 안전한 선택처가 되고 있다.

그림 9-13 관리 복잡성과 낮은 확장성 문제를 해결하는 대안인 HCI 시스템

기업에서 폐쇄형 클라우드 환경을 도입하려면 초기 투자비용이, 개방형 클라우드 환경을 도입하려면 보안에 민감한 정보의 이전 문제와 도입 이후의 협력과 운영관리 등이 걸림돌이 될 수 있다. 따라서 각 환경의 장·단점을 결합한 하이브리드 클라우드를 고려할 수 있다. 하이브리드 클라우드를 효율적으로 활용하려면 비용의 효율성, 이동성, 정책과 관리 방식의 3가지 조건을 갖춰야 한다.

비용의 효율성 측면에서 개방형 클라우드는 초기 투자 비용이 낮아 부담이 적지만 장기간 사용하면 많은 비용이 발생할 수 있다. 그러므로 지속적으로 사용되는 자원은 폐쇄형 클라우드에서 운영하고, 특정 시점에만 비용을 지불하는 개방형 클라우드를 적절히 활용하는 것이 좋다. 향상된 다른 운영환경으로 이전하는 마이그레이션 Migration 과 리플랫폼 re_Platform 과정에서 영향을 받지 않는 이동성도 중요하다. 폐쇄형 클라우드에서 개방형 클라우드로 이전할 때 플랫폼과 운영체제가 다를 수 있기 때문이다. 진정한 하이브리드 클라우드는 자원을 간편하게 이동시킬 수 있어야 한다. 정책과 관리 방식도 고려해야 한다. 개방형과 폐쇄형 클라우드를 함께 사용하면 관리가 복잡해진다. 반면 하이브리드 클라우드는 정의된 규정을 필요에 따라 확장해 사용할 수 있다.

4 엣지 컴퓨팅

엣지 컴퓨팅Edge Computing은 다양한 단말기에서 발생하는 데이터를 클라우드와 같은 중앙집중식 데이터센터로 전송하지 않고 데이터가 발생한 현장 또는 근거리에서 실시간으로 처리하는 기술이다. 데이터 송 · 수신 과정에서 잠복시간을 줄이고 실시간으로 분석 결과를 도출하는 것이 목표다. 빠른 데이터 처리가 핵심인 5G의 핵심 기술 중 하나로, 데이터 용량이 폭증하는 IoT, 5G 시대의 데이터 전송을 위한 기술이다. 엣지 서버는 클라우드 기반의 분산 데이터 서버를 의미하며, 사용자와 가장 가까운 위치에 설치된다.

등장 배경

엣지 컴퓨팅은 개방형 클라우드의 중앙집중식 서비스의 한계를 보완하는 플랫폼으로 등장했다. 다양한 IoT 디바이스가 전송하는 데이터 용량이 증가하면 중앙집중식 데이터센터에서 모든 데이터를 처리하는 데 문제가 발생한다. 네트워크 상태, 데이터 용량에 따라 지연현상이 발생하기 때문이다. 엣지 컴퓨팅은 방대한 데이터를 중앙집중식 서버에서 처리하는 클라우드 컴퓨팅의 단점을 보완한다. 데이터가 수집되는 현장 또는 주변에서 곧바로 데이터를 분산 처리하고 연산 결과를 적용할 수 있다. 따라서 데이터센터로 데이터를 전송하고 처리 결과를 기다리는 대기시간 감소와 운영비용 절감 효과도 나타난다.

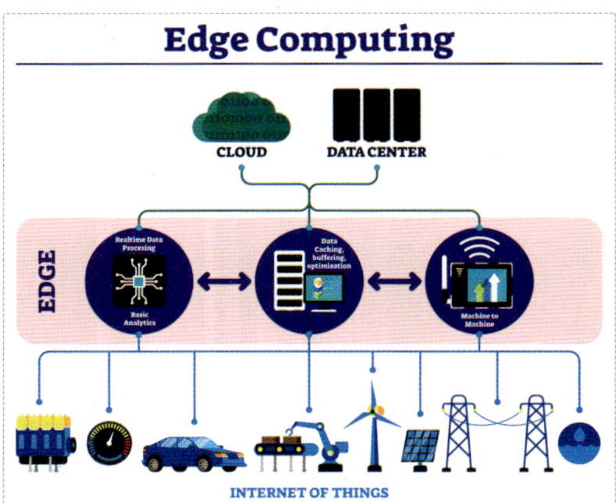

그림 9-14 엣지 컴퓨팅의 개념

엣지 컴퓨팅은 아마존 웹 서비스(AWS), MS의 애저와 같은 개방형 클라우드 서비스의 한계를 보완하는 플랫폼으로 등장했다. 클라우드 컴퓨팅은 기업·개인이 컴퓨터 시스템의 유지·보수·관리를 위한 비용과 서버 구매 · 설치·업데이트 비용, 소프트웨어 구매 등 비용·시간·인력을 감소시키는 효과를 가져왔다.

활용 분야

향후 자율주행차, 원격의료, 스마트공장, 게임 산업 등 방대한 용량의 데이터 전송이 발생하는 다양한 분야에서 지연 없는 엣지 컴퓨팅 기술이 사용될 전망이다. 엣지 컴퓨팅의 대표적인 적용 사례는 자율주행차이다. 차량에 탑재된 센서에 의해 네트워크 지연, 데이터 전송 오류 없이 실시간으로 주변 상황에 대한 각종 데이터를 수집하고 신속하게 판단하면서 주행한다. 주변 도로의 상황, 앞 차와의 간격, 차량의 흐름, 신호등 등 다양한 상황을 인식하고 차량이 제어되면 진정한 자율주행이 가능해진다.

대량의 IoT 기술이 적용되는 스마트시티 시대에는 엣지의 중요성이 더욱 강조된다. 엣지 컴퓨팅은 AI와 융합된 디바이스에서 즉시 관련 기능을 처리하는 반도체 업계에도 대형 변수로 등장했다. 디바이스에서 AI를 지원하는 칩 개발에 주력하고 있다. 원격 서비스가 아니라 디바이스에서 직접 AI 기능을 수행하는 것은 속도와 사생활 보호 측면에 장점이 있다. 엣지 컴퓨팅은 향후 모바일 디바이스의 성능 한계를 보완하는 역할을 할 것이다. 단말기만으로는 모든 작업을 수행하기 어렵기 때문에 단말기 근처의 엣지 컴퓨팅 기반시설이 단말기의 성능을 강화하는 보완재가 될 전망이다.

모바일 엣지 컴퓨팅(MEC Mobile Edge Computing)은 기지국에 컴퓨팅 시스템을 구축하는 기술로, 기지국 · 교환국에 대용량 컴퓨팅 서버를 배치하고 네트워크 환경에서 초저지연·대용량, 초고속 데이터 서비스를 제공한다. 기존의 환경에서는 스마트폰에서 발생한 데이터가 기지국 · 교환국을 거쳐 인터넷을 통해 데이터센터에 저장되고 처리된 후 역방향으로 인터넷, 교환국, 기지국을 거쳐 스마트폰으로 전송된다. 그러나 MEC는 스마트폰에서 발생한 데이터를 중앙 클라우드가 아니라 기지국 · 교환국의 서버에서 즉시 처리해 전송한다. 즉, 스마트폰 – 기지국 – 교환국 – 인터넷 – 데이터센터 등의 전송 단계가 스마트폰 – 기지국의 2단계로 줄어든 것이다. MEC는 다양한 디바이스 근처에 소규모 서버들을 엣지 네트워크로 배치함으로써 지연시간 문제를 해결하고 데이터 처리 속도를 비약적으로 향상시킨다. 클라우드 게임, 스마트팩토리, 자율주행 등에서 유용하게 활용된다. 5G 네트워크는 현재 엣지 컴퓨팅을 효과적으로 지원할 수 있는 가장 경쟁력 있는 기반시설로 등장했다.

SECTION 03

빅데이터

1 빅데이터의 개념

최근 ICT 분야의 최고 화두는 단연 빅데이터Big Data이다. 1990년대에 인터넷이 지구촌 전체로 확장과 스마트폰의 보급으로 정형 · 비정형 데이터가 급증하면서 정보의 홍수, 정보화 시대라는 용어들이 등장했고 최근의 빅데이터 개념으로 진화했다. 새로운 데이터 시대가 열리면서 급증하는 데이터와 이를 처리하기 위한 컴퓨팅, 엣지, 클라우드 환경의 확산이 빠르게 진행되고 있다. 데이터를 기반으로 하는 AI · 머신러닝의 기술 발달로 업무 처리와 협업 방식이 변화되고, ICT는 일상생활의 조력자 역할을 할 전망이다.

빅데이터는 기존의 방법·도구로는 생성·수집·저장·분석이 어려운 대용량(수십 테라·페타 바이트)의 정형·비정형 데이터를 의미한다. 디지털 환경에서 메시지를 전송할 때, SNS에 포스팅할 때, 온라인 쇼핑을 할 때, 스마트폰으로 위치정보를 전송할 때 등 모든 순간에 정보가 생성되는데, 이때 생성되는 막대한 정보가 빅데이터이다. 이런 데이터는 기존의 데이터베이스 관리 도구에 의한 수집, 저장, 관리, 분석 능력을 넘어서는 규모이며 형식도 다양하다. 1차 산업혁명 시대의 석탄처럼, ICT 환경과 스마트 혁명 시대에는 빅데이터가 혁신, 경쟁력 강화, 생산성 향상을 위한 중요한 원천이라 할 수 있다.

빅데이터의 분석 능력을 갖춰 개별적으로 흩어져 있는 정보를 바탕으로 개인과 집단의 행동 패턴을 미리 예측할 수 있는 기업이 시장을 지배할 것이다. 그러나 빅데이터는 사생활 침해 가능성과 보안 문제를 안고 있다. 빅데이터에는 공공데이터를 비롯한 다양한 분야의 데이터와 수많은 개인정보도 포함되기 때문이다. 이러한 데이터가 보안 문제로 유출되면 사회적으로 큰 문제가 발생할 수 있다.

2 빅데이터의 특징과 7V

빅데이터의 특징은 3V라 하여 용량Volume, 속도Velocity, 다양성Variety의 3가지 속성으로 정의하였지만, 이후 신뢰성Veracity, 가치Value가 추가되어 일반적으로 5V로 정의한다. 최근에는 정확성Validity, 휘발성Volatility이 추가되어 7V로 정의하기도 한다.

- **용량 :** 데이터의 크기로, 테라·페타·엑사·제타 바이트 이상의 데이터 속성을 의미한다.
- **속도 :** 대용량의 데이터를 빠르게 처리·분석하는 속성이다. ICT 융 · 복합 환경에서는 데이터가 매우 빠른 속도로 생산되기 때문에 이를 실시간으로 저장, 유통, 수집, 분석 처리하는 능력이 성능을 의미한다.
- **다양성 :** 다양한 형태의 데이터를 수용하는 속성을 의미하며, 데이터의 정형화 정도에 따라 정형Structured, 반정형Semi_Structured, 비정형Unstructured 데이터로 분류할 수 있다. 정형 데이터는 구조화된 데이터, 고정된 필드에 저장된 데이터로 관계형 데이터베이스, 스프레드시트 등에 저장된 데이터이다. 반정형 데이터는 고정된 필드는 아니지만 스키마를 포함하는 데이터로, 연산이 불가능한 XML, HTML 등에 사용되는 데이터이다. 비정형 데이터는 고정된 필드에 저장되지 않은 데이터로, 연산이 불가능하고 일정한 형태가 없는 데이터이다. 사진, 오디오, 비디오, 소셜 미디어 데이터, 로그 파일 등과 같은 데이터이다.
- **신뢰성 :** 데이터에 부여할 수 있는 신뢰 수준에 대한 속성이다.
- **가치 :** 빅데이터를 저장하기 위해 시스템을 구현하는 비즈니스적 유용성에 대한 속성이다.
- **정확성 :** 어떤 결정을 내리는 데 타당한지 여부를 판단하는 속성이다. 방대한 데이터를 분석해 일정한 패턴을 추출하는 과정에서 정보의 양이 많아지는 만큼 데이터의 신뢰성이 떨어지기 쉽다. 따라서 수집한 데이터가 정확한지, 분석할 가치가 있는지 등을 판단한다.
- **휘발성 :** 데이터의 저장 기간과 사용 기간에 대한 속성이다.

이밖에도 빅데이터의 새로운 V로 가변성Variability, 시각화Visualization를 추가하기도 한다.

- **가변성 :** 소셜 미디어의 확산으로 자신의 의견을 SNS에 게시하는 것이 쉬워졌지만 자신의 생각을 표현한 문장이 맥락에 따라 의도와 다르게 오해를 불러일으킬 수 있는 속성이다.
- **시각화 :** 정형·비정형 데이터의 수집 및 분석을 통해 용도에 맞게 가공된 정보를 사용자가 이해하는 정도이다. 그렇지 않으면 빅데이터의 가공을 위해 소모된 시간 · 경제적 비용이 무용지물이 되기 때문이다.

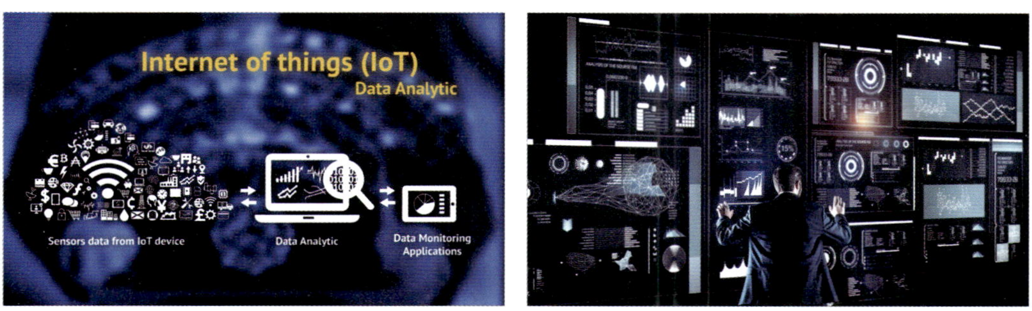

그림 9-15 IoT 기반의 빅데이터 분석

빅데이터는 정형, 반정형, 비정형, 다양한 종류의 대규모 데이터에 대한 생성, 수집, 분석, 표현 등의 특징이 있다. 빅데이터 기술이 발전할수록 복잡하고 다변화된 현대 사회를 더욱 정확하게 예측해 효율적으로 작동시킬 수 있다. 최근 저장 용량이 증가하고 처리 능력이 향상되면서 빅데이터는 다양한 분야에서 활용되고 있다. 구매 이력, 로그 분석, 위치기반 서비스를 결합해 사람들이 원하는 것을 실시간으로 제안하는 기술까지 확장되었다.

SECTION
04 모바일과 5세대 이동통신

1 5세대 이동통신

무선인터넷 서비스는 우리 삶의 큰 부분으로 자리를 잡았다. 1999년 12월 엔탑(n.TOP, SKT) 서비스가 출시되면서 모바일 디바이스를 이용해 정보 검색, 이메일, 게임, 모바일 뱅킹 서비스 등 혁신적인 서비스를 제공하였다. 통신환경이 3G에서 4G로 도약하면서 스마트폰, 모바일 뱅킹, 전자상거래 시장에 혁명적인 변화가 있었다. 5G 통신망은 이보다 더 큰 혁명이다. 기존 LTE 환경에서 불가능했던 다양한 산업적 과제를 5G 환경에서는 해결할 수 있기 때문이다. 즉, 5G의 경쟁력 확보는 4차 산업혁명을 위한 첫 관문 역할을 할 것이다. 이제 다시 한 번 무선통신 기술의 진화가 시작되었다. LTE(4G)를 능가하는 차세대 네트워크 기술인 5세대(5G) 이동통신 서비스 상용화를 2019년 3월에 이동통신 3사가 세계 최초로 동시에 시작했다. 자동차, 제조 등 다른 산업과 융합을 통해 혁신을 촉진하는 핵심적인 사회 기반시설Infrastructure이다. 5G는 4G보다 20배 빠르고 광대역 연결도 평균 10배 빨라진다. 그러나 5G 전용 서비스와 콘텐츠 부족, 비싼 단말기, 지원금 감소, 수도권·광역시 중심의 5G망 구축이 걸림돌이 되고 있다.

5G 네트워크의 핵심은 와이파이와 LTE(4G)보다 더 넓은 대역폭, 그리고 더 뛰어난 초대용량·초고속·초연결성·초저지연 통신이다. 28GHz 대역은 최대 800MHz 대역폭의 초광대역 주파수를 활용, 이동통신서비스의 진화를 촉발할 것으로 기대를 모았다. 기존 LTE의 전송속도가 1Gbps였다면 5G는 20배 빠른 20Gbps까지 전송이 가능하다. 입력 지연도 LTE는 0.01초 수준이지만, 5G는 10배 빠른 1,000분의 1초로 즉각적으로 반응한다. 이와 함께 단위면적($1km^2$)당 연결 가능한 장치 수도 10배 많은 백만 개에 달한다. 이런 장점을 종합하면 5G는 LTE보다 20배 많은 데이터를 10배 빠르게 전달하며, 연결 가능한 장치도 10배에 달한다.

그림 9-16 5G와 관련된 영역

5G는 기존의 LTE와는 다르게 모든 사물을 네트워크 환경으로 끌어들이는 강력한 기반시설로 구분된다. 지금까지 시도되지 않은 새로운 신규 비즈니스 모델이 창출될 수 있다. 기술의 발전으로 유선에서만 가능했던 분야에 무선네트워크 기술의 접목이 가능해진다. 5G 네트워크는 실감 콘텐츠 분야뿐만 아니라 산업 측면에서도 중요하다. 촉각 수준의 빠른 동시반응 속도로 자율주행차, 로봇 · 드론 제어, 스마트팩토리 등의 실시간 서비스도 가능하다. 환자는 병원에 직접 가지 않고도 원격진료를 통해 건강관리를 할 수 있다. 응급진료의 경우에도 5G와 센서 기술을 활용하면 의사가 환자의 상태를 정확히 파악할 수 있다. 파악된 정보를 통해 구급대원에게 정확한 대처 방법을 알려 생존율을 비약적으로 향상시킬 수 있다.

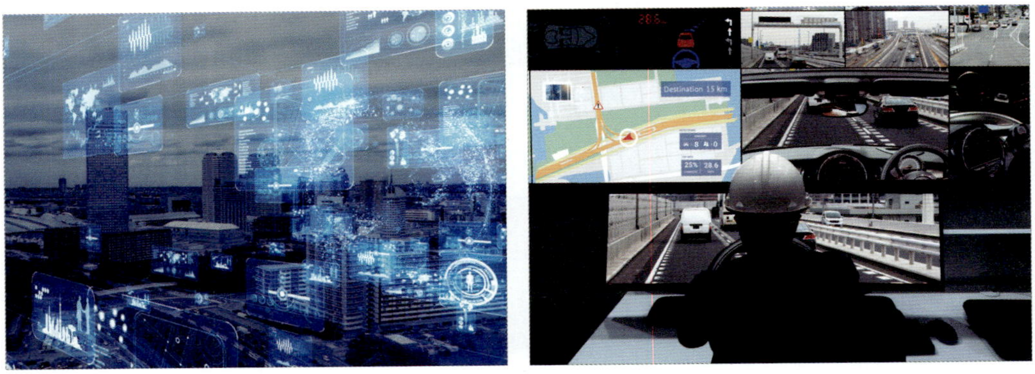

그림 9-17 **스마트 시티와 원격 자동차 운전**

5G 시대 변화의 또 다른 핵심은 초연결성이다. 기존 IoT 개념은 몇 개의 스마트 디바이스(스마트폰, 태블릿 PC, 노트북, 스마트 TV 등)만 연결되었지만, 이제는 모든 디바이스가 상호 연결되는 초연결HyperConnect이 핵심인 시대가 도래할 것이다. IoT는 LTE 시대에 등장했지만 일반화되지는 못했다. 5G 시대에 모든 디바이스가 네트워크에 연결되면 센서를 기반으로 하는 자율주행차, 스마트팩토리 등 첨단 기술이 보편화된다. 센서는 4차 산업혁명의 원동력으로, 센서를 통해 수집된 데이터는 5G를 기반으로 더 큰 가치를 창출할 것이다.

5G가 상용화되면 우리의 생활 모습도 많이 변하게 된다. AR·VR 기술을 기반으로 SF 영화에서나 볼 수 있었던 홀로그램 통화기술이 보편화될 전망이다. 기존의 LTE 환경에서는 전송속도와 지연시간의 문제 때문에 관련 기술을 제대로 구현할 수 없었다. 그러나 5G 환경에서는 가상·증강·홀로그램 3가지 기술을 실시간으로 표현하고 통화할 수 있다. 홀로그램 통화는 음성·영상통화보다 한 단계 진보한 기술이다. 통화 상대방에게 나의 모습과 주변의 환경을 홀로그램으로 띄워 함께 전달할 수 있다. 5G 스마트폰도 이러한 차세대 통화 기술에 따라 촬영과 허공에 홀로그램을 표현하도록 진화할 것이다.

5G 시대가 되어 AR·VR이 유망한 분야로 등장한 것 역시 초고속, 초저지연 특성 덕분이다. VR은

정지 화면을 초당 120회 재생해야 영상이 끊어지지 않는다. 그러므로 5G 네트워크의 전송속도와 저지연성이 제공되어야 실시간으로 영상을 볼 수 있다.

또한 개인이 촬영·수신 영상을 즉석에서 가공해 사람들과 실시간으로 공유하는 모습이 더욱 보편화될 것으로 보인다. 전송지연율이 거의 없기 때문에 자율주행차의 기본 통신망이 될 것이다. 그러나 아직은 빠른 속도를 활용할 수 있는 서비스나 콘텐츠가 많지 않다. 4G의 경우에는 유튜브 같은 킬러콘텐츠 서비스가 있었지만, 5G는 아직 상용화의 시작 단계에 있는 자율주행차, 홀로그램, 고화질 VR 정도이다. 따라서 5G 통신망이 전국에 깔려도 효용가치는 그리 높지 않을 것이다. 그러나 서서히 증가할 것은 분명하다. 5G에서는 모바일 시대에 적응하지 못한 노키아, 4G 토종기술로 LTE보다 5년 빠르게 상용화했지만 LTE 경쟁에서 밀려 서비스를 종료한 와이브로와 같은 실패를 반복하지 않아야 한다.

2 5G 상용화 2년의 명과 암

5G는 기술적인 관점에서 보면 모두 최상의 성능을 갖추었지만 보편적으로 사용되기까지는 시간이 필요하다. 국내 통신 장비와 단말기의 글로벌 경쟁력 향상을 이유로 충분한 필드 테스트 없이 서둘러 상용화한 탓이다. 5G 서비스가 상용화된 지 2년이 지났지만 이용자는 속도가 제대로 나오지 않아 불만을 제기하고 있다. 신호가 잘 잡히지 않고, 작업 중에 끊겨 LTE로 전환된다. 5G 기지국의 부족으로 LTE망을 일부 공유하는 5G-LTE 복합 규격, 즉 NSANon-Stand Alone 방식을 사용했기에 나타나는 현상이다. NSA는 5G로 연결되지 않으면 LTE 망으로 접속되는 방식이다. 전국망이 갖춰져 있지 않은 초기 단계로 5G 서비스의 품질 문제가 있어 상당수 지역과 실내에서 LTE로 서비스를 이용해야 한다. 5G 기지국은 전국망이 완성된 LTE 기지국(87만 개)의 1/5 수준이다.

5G의 초고속·초저지연·초연결 속성으로 인해 다양한 융합산업과 실감형 콘텐츠가 유망 신산업으로 떠오르고 있다. 우리나라는 세계 최초로 5G를 상용화해 공장, 로봇, 클라우드, 미디어 등에 적용해 새로운 산업 융합을 시작했지만, 사용자를 위한 체감 서비스는 별로 없다. 여전히 LTE를 오락가락하며, 20배 빠른 5G는 없고 더 비싼 요금을 지불하고 있다. 소비자의 불만이 있자 다양한 신규 5G 요금제를 선보였지만 선택지는 여전히 제한적이다.

5G에 대한 문제는 LTE망의 품질 논란으로 이어져 이용자의 불신을 키웠다. LTE 속도 저하의 원인은 NSA 방식 때문이다. 5G 연결이 안 될 경우 LTE로 트래픽이 증가하면서 속도 저하에 영향을 미쳤다는 주장이다. 지난 2년간 커버리지와 속도가 크게 개선됐음에도 5G의 평균 다운로드 속도는 LTE 대비 4.4배(LTE 1Gbps/153.1Mbps, 5G 20Gbps/690.47Mbps, 2020년 하반기 기

준)에 그쳤다. LTE의 20배라는 5G의 꿈의 속도를 실현시킬 28GHz 대역 상용화가 진행되지 못한 탓이다. 지금까지 소비자에게 28GHz 대역 5G를 서비스하지 않았다.

통신업계는 28GHz 대역 상용화를 안 하는 것이 아니라 못하는 것이라고 항변한다. 이전까지 국내에서 출시된 5G 스마트폰의 경우 모두 28GHz를 지원하는 안테나가 제외됐다. 애플 아이폰12의 경우 미국에서는 28GHz를 지원하는 안테나가 탑재됐지만 국내에선 빠졌다. 하지만 28GHz 대역 5G 상용화 지연의 책임은 이동통신사로 향했다. 2021년까지 15,000개의 기지국 구축을 약속했지만 지난 2년간 구축한 기지국 개수가 없기 때문이다. 이러한 환경에서 통신사들은 탈통신을 내세우며 네트워크 인프라의 고도화보다는 D(데이터) · N(5G와 6G) · A(AI) · F(플랫폼)'에 집중하고 있다. 그 결과 네트워크에 대한 개발자의 관심은 줄고, 젊은 인재는 차세대 네트워크 개발 대신 AI로 몰리고 있다.

그러나 기지국을 많이 구축한다고 해서 28GHz 대역의 5G가 상용화되는 것은 아니다. 전문가 의견에 따르면 현재 28GHz 대역 5G를 상용화하기에는 기술적 한계가 있다. 28GHz 등 초고주파 대역은 전파의 회절성(휘어지거나 통과하는 성질)이 약해 장애물을 피하지 못하므로 속도가 LTE 이하로 급격히 저하된다. 회절성이 부족한 전파의 특성으로 이동통신사가 서비스 모델 발굴과 망 운영에 어려움을 겪으며 제대로 활용되지 않고 있다는 것이다.

그림 9-18 5G 시대로의 도입

이러한 단점을 보완할 기술은 아직 개발되지 않았으므로 5G는 B2C보다는 초저지연이 필요한 스마트공장과 같은 B2B에 적합하다고 한다. 최근 미국 통신사 버라이즌의 경우 기지국의 커버리지를 확장하고 28GHz 대역을 주력망으로 삼았지만 속도 감소 문제가 있어 중·저대역 확보로 전략을 선회했다. 따라서 해외에서 네트워크 구축 동향이나 서비스 활용 방안을 찾기는 어렵다. 현재 국내 28GHz 대역 기지국은 44개로, 5G 통신망을 상용화하는 데는 더 시간이 소요될 것이다.

5G 단독규격(SA)은 5G 기지국을 LTE 코어망과 연동하는 비단독규격(NSA) 기술과 달리, 기지국과 코어망을 모두 5G 표준으로 사용한다. 이동통신 3사는 28GHz 대역 5G의 효율적인 구축 방

안과 최적의 서비스 모델을 개발해 상용화를 진행할 예정이다. 5G 단독규격(SA)을 상용화하고 성능과 활용도를 향상시키기 위한 방안을 모색하고 있다.

5G 서비스는 여전히 품질 및 가격 논란이 있지만 1,400만 명의 가입자를 확보하며 본격적인 대중화를 앞두고 있다. 이동통신사도 이전보다 합리적인 가격대의 요금제를 제공하고 있다. 5G B2C 가입자 증가는 과거 3G, LTE와 비교해 새로운 기술 전환과 보급 속도가 상당히 빠른 편이다. 따라서 증가 추세를 고려하면 B2C 5G는 휴대폰 가입자를 넘어 다양한 멀티미디어, 실감미디어 서비스로 확장될 기반이 마련되었다는 평가이다.

B2C 5G는 확산이 진행되고 있지만 B2B 5G는 각종 산업에 적용하는 데 필요한 기술 검증과 초기 도입 비용 등을 고려하면 쉽지 않은 환경이다. 그러나 5G 서비스 특성을 고려하면 B2B 분야에서 더 많은 성과의 창출이 가능하다는 평가이다. 특히 MEC 기술이 가장 적합한 산업으로 기대를 받고 있다. MEC는 분산 클라우드 환경에서 코어망의 혼잡을 피하고 중앙의 클라우드 서버 대신 사용자 단말기 주변에서 데이터를 처리한다. 따라서 코어망의 트래픽 감소와 무선 서비스의 지연속도를 획기적으로 감소시키고 전송 경로를 줄여 초저지연을 제공할 수 있다.

현재 우리나라는 LTE에서 5G 환경으로 전환되는 과도기에 있다. 5G 통신망에서는 자율주행차·스마트공장 등 용도별로 가상화를 활용하는 '네트워크 슬라이싱' 기술 적용이 가능하다. 밀리세컨드(ms, 0.001초)급 초저지연 성능 구현으로 실감형 콘텐츠 등 사용자 대상의 서비스 품질을 향상시키고 B2B 시장에서 새로운 기회를 제공할 것이다. LTE에서 5G로의 전환은 3G에서 LTE로 전환되면서 스마트폰을 PC처럼 사용할 수 있게 된 것보다 더욱 큰 혁신과 도약을 가져올 것이다.

요약

01 IoT는 ICT 환경을 기반으로 사물과 사물, 사람과 사물·공간을 연결한다.

02 소물인터넷은 저전력, 저속, 저성능의 사물로 구성된 IoT이다.

03 클라우드 컴퓨팅Cloud Computing은 분산된 컴퓨터의 자원을 가상화 기술로 통합해 제공하는 기술이다.

04 클라우드 환경은 데이터를 보관하는 장소에 따라 개방형 클라우드Public Cloud와 폐쇄형 클라우드Private Cloud로 구분한다.

05 온프레미스 환경은 클라우드 컴퓨팅 기술이 등장하기 전까지 기업이 기반시설을 구축하는 데 주로 사용하던 방식이다.

06 별도의 소프트웨어를 설치하거나 라이선스를 구매할 필요 없이 인터넷에 접속하고 클라우드를 통해 사용하는 SaaS는 작업 방식 전반에 혁신을 가져왔다.

07 IaaS는 업체에서 제공하는 환경에서 필요한 기반시설을 선택하고 OS와 앱은 직접 관리하는 방식이다.

08 PaaS는 개발자가 앱을 작성하는 데 필요한 표준화된 플랫폼, 환경을 제공하는 서비스이다.

09 HCI 시스템은 ICT와 클라우드 환경을 단순화하는 소프트웨어이다.

10 엣지 컴퓨팅Edge Computing은 다양한 단말기에서 발생하는 데이터를 클라우드와 같은 중앙집중식 데이터센터로 전송하지 않고 데이터가 발생한 현장 또는 근거리에서 실시간으로 처리하는 기술이다.

11 빅데이터는 기존의 방법·도구로는 생성·수집·저장·분석이 어려운 대용량(수십 테라·페타 바이트)의 정형·비정형 데이터를 의미한다.

연습문제

객관식 문제

01 IoT에 대한 설명으로 올바르지 않은 것은?

① 인간의 개입 없이 상호협력하여 지능적인 관계를 형성한다.

② 비즈니스 분야에서는 B2B보다는 B2C 시장에서 더 극대화 될 것으로 전망된다.

③ 스마트 홈·빌딩·공장, 헬스케어, 보안 등 다양한 분야에서 부가가치를 창출하고 있다.

④ IoT 기술의 핵심은 통신, 센서 기술이다.

02 소물인터넷에 대한 설명으로 올바르지 않은 것은?

① 저전력, 저속, 저성능의 특징을 갖고 있다.

② 저전력 블루투스(BLE) 비콘 등이 대표적이다.

③ 비면허 대역을 통해 협대역IoT(NB−IoT)을 지원한다.

④ 저전력이 특징이므로 배터리 수명이 중요하다.

03 클라우드 컴퓨팅 환경에 대한 설명으로 적절하지 않은 것은?

① 데이터를 외부 기관에 위탁해 처리하는 아웃소싱 대여 서비스이다.

② 장소에 따라 개방형 클라우드와 폐쇄형 클라우드로 구분된다.

③ 공유경제 모델을 기반기설에 적용한 대표적인 사례이다.

④ 폐쇄형 클라우드 서비스는 자원을 사용한 만큼 비용을 지불한다.

04 온프레미스 환경에 대한 설명으로 옳지 않은 것은?

① 기업 기반시설 구축에 주로 사용되었다.

② 원격 서비스를 제공하므로 개인정보 노출 및 보안 사고에 대한 예방이 가능하다.

③ 운영의 복잡성이 낮으며, 시스템 구축에 많은 시간이 필요하다.

④ 설비투자에 많은 비용이 지출된다.

05 클라우드 컴퓨팅 기술 종류 중 이에 해당하지 않은 것은?

① SaaS ② PaaS ③ TaaS ④ IaaS

연습 문제

06 클라우드 컴퓨팅 서비스에 대한 설명으로 적절하지 않은 것은?

① 사용자가 직접 필요한 기반시설을 구축하며, 비용한 사용한 만큼만 지불한다.

② 대규모 컴퓨팅 자원을 쓸 수 있으며, 대규모 트래픽 발생 시 빠르게 대처할 수 있다.

③ 초기의 클라우드 서비스는 대부분 IaaS에 집중되어 있었다.

④ 자체적으로 데이터센터를 구축하지 않아도 되므로 비용면에서 효율적이다.

07 하이브리드 클라우드 관리방식 중 3가지 조건에 해당하지 않은 것은?

① 효율성 ② 이동성

③ 정책 ④ 사용성

08 빅데이터의 특징 중 3V에 해당하지 않는 것은?

① 정확성(Validity) ② 용량(Volume)

③ 속도(Velocity) ④ 다양성(Variety)

09 빅데이터 7V 속성에 대한 설명으로 옳지 않은 것은?

① 가치: 비즈니스적으로 유용한지에 대한 속성이다.

② 정확성: 타당한 데이터 여부를 판단하는 속성이다.

③ 다양성: 다양한 형태의 데이터를 수용하는 속성이다.

④ 휘발성: 데이터를 얼마나 빠르게 처리·분석하는지에 대한 속성이다.

10 보안 침해 경로와 가장 거리가 먼 것은?

① 고의적인 악성코드 삽입 ② 제품의 보안성 탑재 미비

③ 보안 의식수준 미약 ④ 2차 해킹 시도

○, × 문제

01 IoT는 이동통신망, 와이파이 등을 이용해 위치기반 서비스, 차량관제, 원격검침, 시설물 감시, 웨어러블 서비스를 제공한다.

02 컨텍스트는 평소에 사용자와 관련된 데이터들을 직접 수집 · 기록함으로써 얻을 수 있다.

03 개방형 클라우드는 데이터를 외부 기관에 맡기지 않고 자체적으로 기업 내부의 독립된 서버에 클라우드 환경을 구축한다.

04 클라우드 서비스는 아직까지도 단순히 전통적인 폐쇄형(온프레미스) 환경을 대체하는 기반 시설로 보는 시각이 대다수이다.

05 IaaS는 가상화된 하드웨어와 소프트웨어 등을 필요에 따라 제공하며, 모든 개발과 관련된 환경 및 프로세스를 제공한다.

06 PaaS는 하드웨어 시스템을 고려할 필요 없이 앱 자체에만 집중하기 때문에 빠르게 개발하고 서비스를 제공할 수 있다.

07 IoT와 빅데이터 서비스를 통해 새로운 가치를 창출하기 위해서는 특정 플랫폼에 종속적이며, 일관성 있는 사용자 환경의 구현이 가장 중요하다.

08 사물인터넷은 사람이 신경 쓰지 않아도 자동으로 모든 것을 해결해 주는 것이 가장 중요한 핵심 가치이다.

09 엣지 서버는 클라우드 기반의 분산 데이터 서버를 의미하며, 사용자와 먼 위치에 설치된다.

10 모바일 엣지 컴퓨팅은 기지국에 컴퓨팅 시스템을 구축하는 기술을 말한다.

11 대부분의 IoT 디바이스들은 보안 등 안전성보다는 저비용으로 공급 확대에 집중하기 때문에 사이버 공격에 취약하다.

연습문제

단답형 문제

01 (　　　　　　)은 저전력, 저속, 저성능의 특징을 갖는 사물들로 구성되어 있으며, 다양한 센서에서 수집된 소량의 데이터를 저속으로 송수신한다.

02 (　　　　　　)는 미래의 사무실로 5G, AI, IoT 등 첨단 ICT 환경의 집약체를 말한다.

03 (　　　　　　)란 데이터를 통해 사용자가 원하는 상황적인 정보를 획득하는 것을 말한다.

04 IoT는 사생활 침해, 제어 데이터의 위변조, 데이터 유출로 인한 피해를 막기 위해 (　　　　) 기술을 사용한다.

05 (　　　　　　　)는 서비스 제공업체가 인터넷을 통해 불특정 다수의 기업 · 개인에게 서버, 스토리지 등의 컴퓨팅 지원을 제공하는 형태의 서비스를 말한다.

06 (　　　　　　　　)란 기존 개방형 클라우드와 폐쇄형 클라우드를 결합한 형태의 서비스이며, 장애, 보안 등의 위험요소를 분산시키기 위해 사용된다.

07 (　　)는 소프트웨어의 다양한 기능 중에서 사용자가 원하는 것만을 서비스하는 소프트웨어 배포 방식이다.

08 (　　)는 앱과 데이터가 핵심이며, 개발자가 앱을 작성하는데 필요한 표준화된 플랫폼, 환경을 제공하는 서비스이다.

09 (　　)시스템은 ICT와 클라우드 환경을 단순화하는 소프트웨어를 말한다.

10 (　　　　　　)은 데이터를 중앙집중식 데이터센터로 전송하지 않고 근거리에서 실시간으로 처리하는 기술을 말한다.

CHAPTER 10

AI의 태동과 현재

학습목표

- AI의 등장과 발전을 알아본다.
- 머신러닝과 딥러닝의 특징을 학습한다.
- AI의 사회적 과제가 무엇인지 알아본다.

SECTION

01 AI의 개요

1 AI의 등장과 발전

AI Artificial Intelligence에 대하여 일반 대중들 사이에서 거론되기 시작한 것은 최근 5~6년 전의 일이지만 AI의 역사는 1950년대부터 시작되었다. AI는 인간의 인지, 추론, 학습의 사고과정에 필요한 지적인 능력을 컴퓨터에 구현하고 문제를 해결하는 기술이다. AI에 대한 연구는 60년이 넘었지만 1970년대와 1990년대 두 번의 암흑기를 거쳤다. AI는 1956년 존 매카시 교수가 학회에서 'AI'라는 용어를 처음으로 사용하면서 사람을 닮은 기계라는 개념으로 등장했다. 이후 1970년대까지 관련 연구와 투자가 활발하게 진행되며 인간과 비슷한 지능의 기계가 출현할 것으로 예측했다. 그러나 당시의 컴퓨팅 성능과 저장공간의 부족으로 한계에 부딪혔다.

침체기

AI에 관한 연구는 1950년 영국 수학자 앨런 튜링이 '계산 기계와 지능'이라는 논문을 발표하면서 시작되었다. 이후 많은 연구가 활발하게 진행되었지만, 1980년대 잠깐 반짝하고 연산능력의 한계, 비용 대비 효율성의 이유로 큰 진전을 보지 못했다. 1997년 IBM의 딥블루가 세계 체스챔피언을 이겼을 때 언론들은 영화와 소설 속에서 존재하던 AI 시대가 현실로 다가올 것으로 호들갑을 떨었다. 그러나 현실은 기대하는 만큼 실생활을 바꾸는 기술을 구현하지 못해 과대광고, 시기 등으로 거품이 붕괴되었다. AI 기술에 변수가 많고 복잡한 현실을 적용하는 한계가 너무 컸기 때문이다.

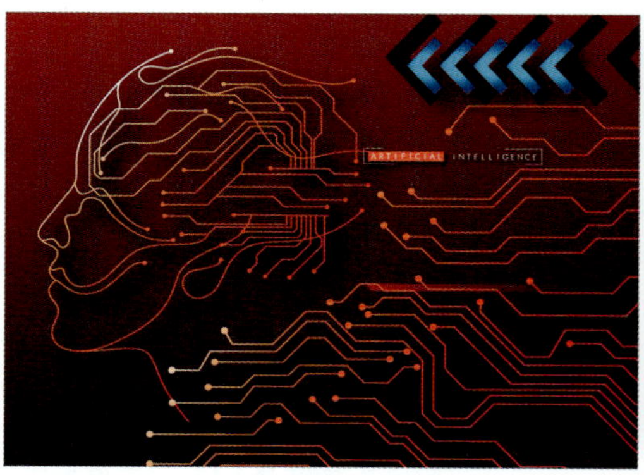

그림 10-1 AI, 다양한 분야에서 AI 활용

재도약기

이후 1990년대부터 AI 기술 개발의 주도권은 자금을 가지고 있는 ICT 기업들에 넘어갔다. 최근에 AI 시장이 개화한 이유는 ICT 기반 환경의 발전과 연관이 있다. 과거보다 컴퓨팅 처리 성능이 비약적으로 발전했기 때문이다. 최근에 등장한 딥러닝Deep Learning이 AI 연구에 새로운 돌파구를 제시하면서 혁신적인 AI가 등장하고 있다.

컴퓨터의 연산처리 능력 향상, 대용량의 데이터 저장 등을 기반으로 필요한 정보의 검색이 가능해졌다. 컴퓨팅 성능의 향상으로 AI에 대한 새로운 가능성이 열렸다. 인간의 신경망에 대한 연구도 다시 시작되었다. 인공신경망 연구는 사람이 외부 자극을 눈, 피부, 코 등 감각기관으로 느끼고 이를 뇌에 전달하고 처리하며 학습하는 방식이다.

TIP IBM 사의 AI인 '왓슨'은 의학, 법률, 금융 등 다양한 전문분야에서 활용되고 있다. 이 대표적인 사례로 의학, 법률, 금융 등 전문영역에서 특정 질문을 입력하면 중요한 키워드를 AI가 이해하고, 해답을 검색해 찾아준다.

AI는 새로운 물결을 맞이하고 있다. 20년이 지나면서 컴퓨팅 성능은 더욱 비약적으로 발전했고, AI를 위한 기반시설인 클라우드 환경이 확산되었기 때문이다. 그리고 AI가 학습할 양분인 데이터 역시 빅데이터로 엄청나게 저장되고 있다. AI는 인터넷을 기반으로 데이터센터에 방대한 용량의 데이터를 수집하고 최적의 해답을 찾으며 학습한다.

2 AI 기술의 개요

AI는 인간의 인식, 판단, 추론, 문제 해결 등에 의한 처리작업 지시와 인간 두뇌의 지적 능력을 컴퓨터를 통해 실현하는 기술이다. AI는 정보의 인식, 지식의 체계화, 학습 기능과 같이 3가지 분야로 크게 구분된다.

- **정보의 인식 :** 2·3차원 패턴의 인식, 음성의 인식, 언어의 인식 등을 연구한다. 정보의 인식은 지식과 추론규칙을 바탕으로 이미지 이해, 머신비전, 음성이해, 자연언어 이해 등이 이루어진다.
- **지식의 체계화 :** 각종 지식을 컴퓨터에 어떠한 형식으로 저장하는 지식의 표현문제를 다룬다.
- **학습 기능 :** 축적된 지식을 바탕으로 추론규칙을 자가 형성하는 방법과 지식의 구조의 유사도를 검출하여 이들을 통합하는 메타 지식을 형성하는 방법을 연구한다.

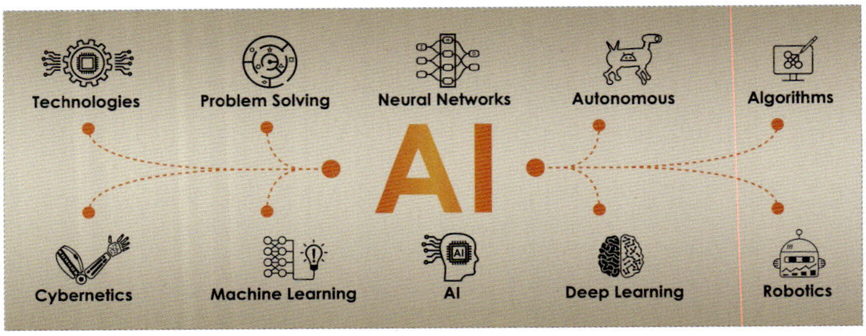

그림 10-2 AI와 연관된 개념과 기술

2000년대 초반부터 AI 기술들이 대형 시스템에 탑재되면서 기계번역, 데이터 마이닝, 산업 로봇, 물류, 음성인식, 은행, 의료진단, 검색엔진 등 다양한 용도로 사용되고 있다. 다양한 분야에서 쏟아지는 엄청난 용량의 디지털 데이터의 고속처리와 정확한 판단으로 빠른 의사결정을 위한 AI 역할은 4차 산업혁명의 필수적인 기술이 되었다. 특히 인간의 뇌를 구성하는 신경계의 기본 단위인 신경세포 뉴런Neuron의 기능을 모방한 AI 전용소자가 개발되면서 AI의 기능은 급격하게 향상되고 있다.

AI는 삶의 질을 더욱 풍요롭게 할 것으로 기대되는 4차 산업혁명을 대표하는 주요 기술로 가장 많이 언급된다. AI 기술은 컴퓨터 비전, 자율로봇, 스마트 공장, 자율주행차, 자연어 처리 등을 실현할 것이고, 의사, 변호사, 판사, 교사, 세무사, 회계사까지 AI가 대체할 전망이다. 2016년 알파고가 바둑 최강자에게 승리하며 AI의 충격을 실감하게 되었다.

AI가 탑재된 자율주행차가 센서를 통해 사고를 감소시키고 차량이 운전자의 의향을 파악하고 자율주행 단계를 조절하여 도로의 효율이 향상될 것이다. 로봇은 서빙로봇, 셰프봇, 안내로봇 등 다양한 단순노동을 자동화하고, 거동이 불편한 독거노인의 정서적인 안정과 건강을 챙겨주는 등 사람의 친구가 될 것이다.

하나 더 알기 **인간과 토론하는 AI**

최근의 IBM 사의 AI인 프로젝트 디베이터Project Debater는 복잡한 주제에 대해 인간과 토론할 수 있다. 인간과 토론 모습에서 AI는 대용량의 자료를 검색하고 분석하는 단계를 넘어서 토론자의 반대 의견을 듣고 분석한 후 다시 이를 반박할 수 있는 수준까지 진화했다. 특히 컴퓨터의 유창한 말솜씨와 빼어난 문장 구사력으로 자신의 주장을 펼쳤다. 이제는 AI가 사람을 설득하는 기술을 배우고 있다.

약AI와 강AI

AI는 크게 약AIWeak AI와 강AIStrong AI 2가지로 구분된다. 약AI는 바둑으로 유명한 알파고, 의료분야의 왓슨Watson처럼 특정 분야에 한정된 작업을 처리하며 자의식이 없는 AI를 말한다. 강AI는 사람처럼 자유로운 사고가 가능한 자아를 지닌 AI를 말한다. 인간처럼 여러 가지 작업의 수행이 가능하기 때문에 범용AIArtificial General Intelligence, AGI이라고도 한다.

현재는 약AI를 중심으로 발전하고 있으며, 상담 챗봇서비스, 영상·이미지 추천서비스, 기업의 인사업무, 신용평가와 금융상품 등 다양한 분야에 최적화된 AI 서비스가 개발·운영되고 있다. 자아를 가진 강AI는 등장하지 않았다. 인간이 입력한 명령과 규칙을 위반하면서 스스로 생각하고 판단하며 인류 문명에 도전하는 AI는 아직 시기상조이다. 그러나 AI를 악용하여 발생하는 사회적 문제는 존재하고 갈수록 심각해지고 있다.

3 다양한 산업 속 AI

AI는 전기처럼 AI를 사용하는 모든 산업 분야에서 필수적인 기술로 활용될 것이다. 모든 산업에서 전기는 핵심 기술은 아니지만 필수적인 기반시설이다. AI도 가까운 미래에 AI가 필요한 모든 분야에서 마치 전기와 같은 기반시설이 될 것이다. AI를 적시에 도입 여부가 향후 기업의 경쟁력은 물론 생존을 결정할 것이다. 그러나 산업현장에서는 AI를 도입하여 지능화하기 위한 준비가 부족한 것이 현실이다. 생산공장에서 수작업으로 하던 불량품 검사에 AI를 도입하면 투자 대비 큰 효과를 누릴 수 있다.

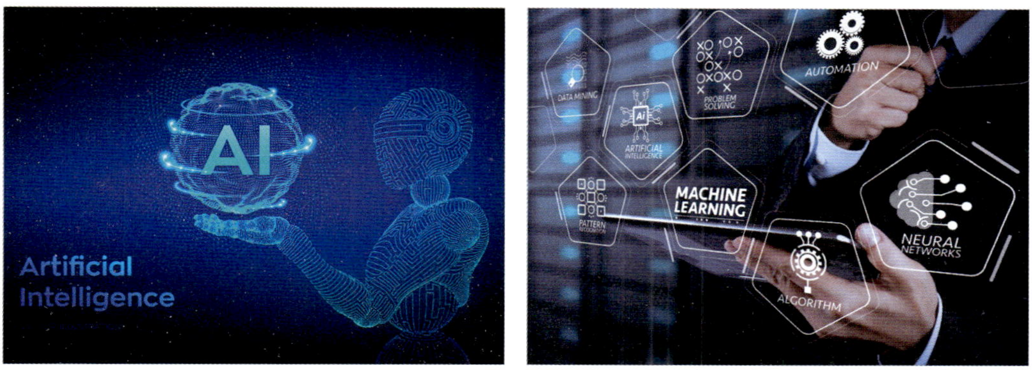

그림 10-3 **4차 산업혁명의 핵심 기술, AI**

대표적인 AI 활용 분야를 AI 기술 분야로 나누어 살펴보면 다음과 같다.

수학, 과학 분야

컴퓨터의 기본 용도인 계산 능력을 활용하여 문제를 해결하는 분야이다. 구글의 알파폴드2AlphaFold2라는 단백질 구조 분석 AI는 아미노산의 서열만으로 실제 만들어진 단백질의 구조를 예측하는 AI이다. 따라서 의약 개발, 생물학 연구에 놀라운 발전을 가져올 것으로 예측된다. 이 분야의 AI는 인류의 동반자로 역할하기 때문에 장려되고 활성화될 필요가 있는 영역이다.

그림 10-4 관리 측면에서의 AI 활용

사물, 음성 인식 분야

인간의 능력 영역으로 그동안 컴퓨터가 성능을 발휘하지 못한 분야가 있다. 사물인식, 음성인식과 이해하는 작업이다. 최근 AI가 주목을 받는 배경에는 이 분야의 발전 때문으로 AI 스피커가 등장하고 자율주행차가 등장하게 되었다. 이러한 분야에서 AI의 목표는 우선 사람만큼 수행하고, 다음 목표는 사람을 추월하는 능력을 갖는 것이다. 그러나 인간은 오랜 기간의 진화를 통해 놀라운 능력을 습득했기 때문에 인간만큼 능력을 갖는 것은 쉽지 않다. 따라서 AI의 핵심적인 과제는 정확도를 향상시키는 것이다. 자율주행차에 탑재된 AI는 사물인식의 정확도에 따라 그만큼 안전해지기 때문에 앞으로의 발전이 더욱 기대되는 분야이다.

경영 관리 분야

마지막으로 인간과 컴퓨터가 능력을 발휘하기 쉽지 않은 분야가 있다. 대표적인 경우가 사람을 채용하는 작업으로 참으로 어려운 일이다. 사회적·조직적 과제에 AI를 활용하려는 시도가 확장되고 있다. 채용, 인사, 행정, 사법, 경찰 분야에 이르기까지 적용 범위가 매우 다양하다. AI는 기업 활동 중에서 가장 사람의 영역인 면접과 인사관리, 상담 등으로 깊숙이 파고 들고 있다. AI는 면접관이 대면하고 판단했던 상황대처 능력, 소통 능력, 성향, 조직·업무의 적합도 등을 학습한 데이터를 기반으로 판단한다. 제시한 문제에 대한 해답을 포함해 말하는 자세, 자주 사용하는 단어, 표정, 말의 빠르기 등이 모두 판단의 근거가 된다.

그러나 사람들이 모여 사회를 이루고 함께 살아가는 것은 복잡한 과정이다. 따라서 AI를 도입하면 간단하고 빠르게 수학적으로 최적의 판단을 제공할 것이라는 기대는 지나친 낙관이다. 해당 분야의 가장 큰 문제는 인간만큼이 아니라, 인간보다 우수해야 한다는 것이다. 만약 AI가 인간을 그대로 따라 처리하면 오히려 더 나쁜 결과를 나타낼 수 있다. 인간의 여러 편견, 고정관념이 그대로 재현될 수 있기 때문이다. 그리고 근본적으로 '잘한다'는 의미와 정의가 어렵다는 문제도 있다. 어떤 사람을 채용해야 잘한 것인지 판단하기 어려운 것과 마찬가지다.

미래의 AI 시대에 대해서는 각종 비관론과 낙관론이 존재한다. 일자리 문제, AI가 일자리를 대체하면서 실직자 증가, 양극화의 심화를 우려한다. 그러나 다른 한편에서는 AI가 단순 일자리를 대체하면서 사람들이 창조적인 업무의 수행이 가능해지고, 소프트웨어 관련 일자리의 증가로 일자리 감소분을 대체된다고 한다. 또한 AI의 판단 착오로 발생된 피해에 대한 법적·윤리적 책임 문제도 대두된다. 따라서 사회의 혼란을 피하기 위한 제도도 마련되어야 한다.

SECTION
02 AI와 딥러닝

1 딥러닝의 개요

AI의 학습법은 크게 머신러닝Machine Learning과 딥러닝Deep Learning으로 구분된다.

머신러닝

머신러닝은 컴퓨터가 대용량의 데이터를 스스로 학습하고 알고리즘을 통해 학습의 결과를 추출하는 학습 방법이다. 최근의 AI 연구에서는 수학/통계 기반의 머신러닝 기법이 여전히 많이 사용되지만 딥러닝이 차지하는 비중이 계속 증가하고 있다.

딥러닝

딥러닝은 고도화된 심층 인공 신경망Deep Artificial Neural Network 알고리즘이라고 한다. 사람의 두뇌 속 신경망의 처리 과정을 인공적으로 적용하여 인간과 유사하게 행동하는 컴퓨터 알고리즘을 구현한 학습 방법이다. 아직까지는 진짜 사람처럼 감정을 느끼지는 못하지만 모형의 목적이나 구조에 따라 세부적으로는 달라질 수 있다. 인공신경망의 기본 구조는 입력과 출력Input/Output으로 구성된다. 빅데이터를 활용하여 수많은 입력과 출력을 반복시키며 제시된 입력값에 대하여 가장 정확한 값을 출력시킬 수 있도록 학습시킨다.

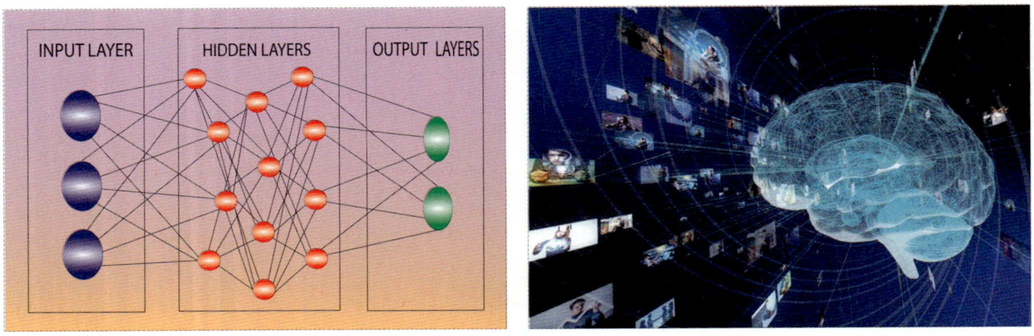

그림 10-5 신경망 뉴런 네트워크의 학습 인지 개념

인간의 신경망 구조에서 시냅스Synapse는 학습과 기억에 관여하는 역할을 담당하며 기억과 기억을 연결한다. 시냅스는 초기에 약했다가 학습에 따라 점점 강해지며 기억이 형성되는 과정이 진행된다. 이것이 모든 생명체가 학습하는 원리이다. 따라서 이러한 원리를 그대로 시스템으로 모방하면 시스템은 인간과 같이 생각하는 능력을 갖춘다. 이것이 뇌의 신경세포들의 결합된 모습을 그대로 모방한 것이 인공신경망 회로이다.

[그림 10-5]에서 원들이 신경세포인 뉴런이다. 뉴런을 연결한 직선들은 시냅스이며, 시냅스의 세기는 동일하지 않고 언제든지 변경될 수 있다. 하나의 뉴런으로 수많은 신호가 입력되고 신호가 일정 세기 이상이 되면 신호를 출력한다. 지금은 인공신경망의 네트워크가 비교적 단순하지만 인간의 뇌와 가장 가깝게 만든 것이 인공신경망 기반의 모델인 딥러닝이다.

딥러닝에서 목표 달성을 위해 꾸준히 학습시키는 방식은 다음과 같다. 초기에는 백지 상태에서 하나의 입력이 히든 레이어(블랙박스, AI 엔진)를 통과한 출력(결과)로 실패하면 신호를 다른 뉴런으로 변경하여 변화된 연결망의 출력(결과)으로 승리할 때까지 신호를 계속 변경하며 출력을 찾는다.

■ 자가학습과 패턴인식

딥러닝의 주요 특성은 자가학습과 패턴인식이다. 자가학습은 데이터의 분포를 직접 파악하고 추정한다. 이전에는 제시된 입력과 출력의 관계를 사람이 직접 지정해 주었다. 그러나 딥러닝은 이러한 사전 지정 없이 스스로 분포의 형태를 파악하기 때문에 아무리 복잡한 관계도 파악할 수 있다.

단순한 선형 분포에서 비트맵 이미지와 같은 복잡한 입력도 수치화하기 때문에 이를 통한 패턴인식도 가능해진다. 변수들의 관계가 복잡할수록 기존의 방법보다 딥러닝이 오차가 작아 정확한 예측이 가능해진다. 입력 데이터와 모든 조건은 동일하고 분석 방법만 변경되었지만 딥러닝이 오차가 적게 발생한다.

그림 10-6 AI와 다양한 활용

따라서 딥러닝은 입력과 출력 사이의 관계를 정교하게 모델링하는 기술이다. 일반적인 인식처럼 AI는 사람의 일을 대신할 뿐만 아니라 기존의 분석 방법들도 대체할 수 있다.

딥러닝의 경량화, 온 디바이스

딥러닝 기술을 구현하기 위해서는 클라우드, 서버와 같은 대용량의 저장공간이 필요하다. 그러나 최근에는 가볍게 구현하여 스마트폰, 소형 디바이스 환경에서도 AI가 독립적으로 동작하는 수준까지 구현되고 있다. 이를 온 디바이스 AI 기술이라고 한다. 온 디바이스 AI는 추론 역할을 분담하고, 클라우드 AI는 학습 역할을 맡아 빅데이터 수집과 분석을 담당한다. 개인정보가 클라우드 서버로 전송되지 않기 때문에 사생활 침해 문제를 해결하고 인터넷이 끊겨도 사용할 수 있다는 장점이 있다.

TIP 시리, 빅스비 등 음성인식 AI의 경우 사용자의 음성이 서버로 전송되고 처리되어 결과를 제공하는 방식이다.

알고리즘 경량화는 딥러닝 데이터 학습의 순위를 세분화하는 동시에 우선순위를 두는 방식이다. 클라우드 사용량을 1/5 정도로 감소시키고 독립적인 구동이 가능하기 때문에 자율주행에서도 핵심적인 기술이다. 자율주행차가 인터넷이 차단되어 멈춘다면 심각한 인명사고와 교통망 정체나 마비 등이 발생한다. 결국 보안, 효율성, 비용 측면에서 AI 기술이 발전할수록 경량화 기술도 함께 진화해야 한다. 고성능의 AI를 위해서는 복잡한 연산이 필요하고 이 과정을 감소시켜 서버 용량을 줄이는 작업이 필수적일 수밖에 없다.

2 AI의 사고와 학습방식

AI를 통해 원하는 수준의 결과를 얻기 위해서는 효과적인 데이터 처리 모델을 구축하고, 모델의 알고리즘을 정제된 데이터로 학습시키는 과정이 필요하다. 이러한 AI를 학습시키는 방법은 접근 방식에 따라 지도학습Supervised Learning, 자율학습Unsupervised Learning, 강화학습Reinforcement Learning으로 구분된다. 지도학습과 강화학습은 특정한 목표를 달성하기 위해 성능을 꾸준하게 향상시킨다. 지도학습의 목표는 개와 고양이를 정확히 구분하는 것이고, 강화학습의 목표는 제대로 걷는 것이다.

지도학습

지도학습은 인간이 사전에 만든 정제된 데이터 세트를 통해 AI를 가르치는 방식이다. 구글의 AI인 알파고 리AlphaGo Lee, 마스터Master처럼 인간이 기존에 축적한 데이터(기보)를 통해 학습시킨다. 알파고는 기보(데이터)를 입력해 주면 이를 보면서 학습하는 프로그램이다. AI가 개와 고양이를 구분하도록 가르치기 위해 인간이 직접 사진을 나눠서 보여주는 방식이다.

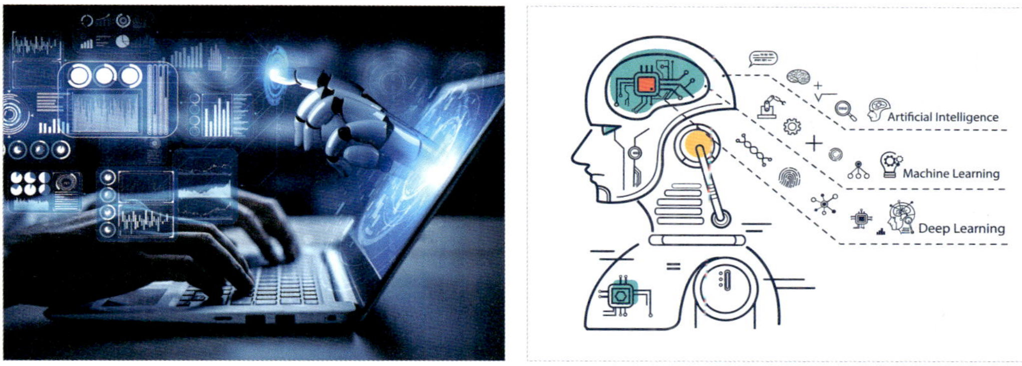

그림 10-7 AI 학습

자율학습

자율학습은 데이터 세트에서 AI가 스스로 특징을 찾아 일정한 구조를 찾아가는 방식으로, 알고리즘이 개와 고양이 사진 여러 장을 비교하며 각각의 특징을 찾아 이를 범주화하고 이를 구분한다. 자율학습은 입력 데이터에 대한 목표값이 특별히 존재하지 않는다. 즉 개와 고양이 사진을 놓고 둘의 차이를 정확히 인식하는 것이지, 개인지 고양이인지 답할 필요는 없다는 의미이다.

자율학습 방법론 중에 하나로 생성적 적대 신경망Generative Adversarial Networks, GAN이 있다. GAN은 다수의 AI가 서로 경쟁하며 성능을 향상시키는 방식이다. 진짜 같은 가짜를 생성하는 딥러닝 모델(생성 모델)과 진위를 판별하는 모델(감별 모델) 사이에 경쟁을 통해 목표를 달성한다.

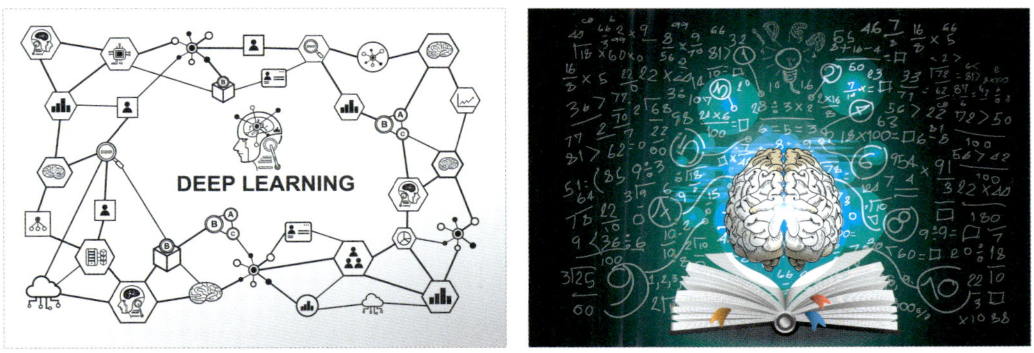

그림 10-8 인간을 모델로 한 딥러닝

예를 들어 2개의 AI가 존재하고 하나는 어떤 화가의 그림을 그리고, 다른 하나는 원본 그림과 AI 그림을 분석하여 차이점, 오류를 검출하여 가짜 작품으로 판단한다. 이러한 결과를 바탕으로 AI 스스로 차이점을 줄이며 더 나은 그림을 그린다. 감별 모델이 가짜를 찾아내면 생성 모델은 이를 수정하는 과정을 반복하며 진행된다. 따라서 부자연스러운 부분이 점점 감소하면서 결국 마지막에는 정교한 영상이 제작된다. AI가 데이터를 스스로 교차 검증하면서 점점 더 진짜 같은 가짜를 생성하는 것이다. 진짜와 거의 차이가 없는 수준의 결과를 창출할 수 있다. 이러한 반복 작업을 통해 실제 인물을 촬영한 사진이 아니라 존재하지도 않는 인물의 이미지까지 제작할 수 있다.

자율학습 방법론은 인간이 지정된 목표보다 스스로 생각하면서 더 나은 결과를 이끌어 내는 점에서 창의성을 가진 AI의 등장을 기대하는 기술이다. 3D 가상현실 공간을 실제 공간과 유사하게 개선한다. 최근 딥페이크 기술도 GAN을 기반으로 실제 인물과 차이점을 구별하기 어려운 합성 동영상을 생성한다. 물론 이를 악용할 가능성도 존재한다. 공교롭게도 이러한 조작을 발견하는 일 역시 AI의 역할이다. 앞서 언급한 감별 모델의 역할처럼 인간의 눈으로는 알 수 없는 퇴색 등을 감지한다. 이미지에서 픽셀 유동화가 일어난 부분을 찾아내거나, 심도가 어색한 부분을 찾아내 진위 여부를 판별하는 방식을 통해 AI를 악용하는 사례를 막을 수 있을 것이다.

하나 더 알기 **알파고 제로의 자율학습**

알파고 제로AlphaGo Zero는 이전의 알파고와는 달리 기보를 입력하는 대신 바둑의 규칙만을 입력한다. 알파고 제로는 그 규칙에 따라 독학으로 스스로 바둑을 두면서 어떻게 해야 승리하는지 파악한다. 72시간 만에 알파고 리를 100대 0으로 완벽하게 이기며 강화학습의 효과를 나타냈다.

강화학습

강화학습은 AI가 스스로 여러 시도를 수행하며 최적의 결과를 찾는 방식으로, 아이가 넘어지면서 걸음마를 배우는 것처럼 누가 가르쳐주지 않아도 스스로 최적의 조합을 끌어낸다. 강화학습은 AI가 특정 목표를 향해 학습하도록 동기를 부여하기 위해 처벌과 보상이라는 인센티브를 활용한다. 학습의 핵심 기능은 딥러닝이지만, 인센티브가 개념이 추가되어 처리하는 방식은 일반적인 딥러닝과는 차이가 있다.

이와 같은 결과는 컴퓨터의 성능 향상이 가장 큰 배경이다. 컴퓨터 사고 작용 공간은 한정된 인간의 뇌와는 다르게 거의 무한대이기 때문이다. 여러 컴퓨터를 동시에 사용하는 병렬처리와 클라우드 컴퓨팅 기술이 배경이 되었다. 그러나 강화학습은 차세대 AI 기술의 핵심이지만 강화학습으로 실전에서 효과를 나타내려면 아직 갈길이 멀다.

TIP AI의 발전으로 컴퓨터가 인간의 지능을 넘어서는 '기술적 특이점'이 약 2045년 안에 나타날 수 있다는 주장도 있다. 그러나 인간이 수행하는 모든 지적인 업무를 성공적으로 처리하는 기계 지능은 너무 어려워 수백 년 후에도 이뤄지지 않는다는 주장도 있다.

3 AI 플랫폼과 서비스

AI 시대를 위한 글로벌 기업들의 경쟁이 시작되었다. 구글, IBM, MS 등은 AI에 대한 연구를 진행하며 생태계 조성과 AI를 접목한 서비스를 경쟁적으로 선보이고 있다. 또한 AI 서비스를 손쉽게 개발할 수 있는 오픈 API Application Program Interface를 공개, 데이터 플랫폼을 외부에 공유하고 사용자가 직접 응용 프로그램과 서비스를 개발할 수 있도록 지원하고 있다.

AI 관련 외국 플랫폼

AI 분야에서 선두 기업은 구글 사이다. 구글 사는 알파고와 자율주행차 분야에서 두각을 나타내고 있다. 헬스케어 분야에서는 환자 정보를 실시간으로 수집해 의사의 빠른 진단을 돕는 스트림스, 건강 관리 플랫폼 구글 핏, AI 수술 로봇 개발과 신약 개발에도 집중하고 있다. 그리고 음성기반 AI 비서 서비스인 구글 어시스턴트를 메신저, 스마트홈 등으로 적용 범위를 확대하고 있다. 최근에는 뇌신경을 모방한 기계번역으로 번역 서비스의 품질을 향상시켰다. 텐서플로는 머신러닝 플랫폼이며 알고리즘으로 오픈소스를 공개하여 별도로 머신러닝을 개발하지 않고 구글 클라우드를 통해 다양한 분야에 머신러닝을 활용할 수 있다.

그림 10-9 AI의 의료혁명

IBM 사는 오래전부터 AI 연구를 진행하고 있다. 2011년 IBM 사의 AI 플랫폼 왓슨은 미국의 유명 퀴즈쇼에서 인간을 누르고 우승했다. 왓슨은 사람과 유사한 방식으로 데이터를 분석하고 정보를 처리한다. 인간의 언어를 이해하고 학습하며 가설을 제안한다. 현재 왓슨은 의료, 유통 등 다양한 산업분야에 적용되고 있다. 의료 AI '왓슨 포 온콜로지'는 수십만 페이지의 의학 정보를 학습했고, 의사의 진단과 처방을 돕는다.

MS 사는 AI의 민주화를 주장하며 AI 기술 공유를 통하여 모두가 AI 기술을 손쉽게 활용하여 사회를 긍정적으로 변화시키도록 지원하고 있다. AI가 인간의 언어를 이해하고, 얼굴인식, 음성인식,

이미지 분석, 자연어 처리와 관련된 머신러닝 API를 개발자들에게 무료로 공개했다. 이를 기반으로 새로운 컴퓨팅 시대를 열어 앱 개발자들 누구나 AI 관련 API를 활용할 수 있다.

AI 관련 국내 플랫폼

국내에서도 국가 차원에서 주도권 확보를 위한 투자로 한국형 AI 기술 개발 등에 노력하고 있다. 네이버와 카카오 사는 글로벌 업체들이 한국 시장에 본격 진출하기 전에 플랫폼 생태계를 선점하기 위해 노력 중이다. 자사의 플랫폼 영향력 확장을 위해 협력업체 확보를 진행하고 있다. AI 플랫폼은 탑재된 제품, 기업이 많을수록 사용자는 많아지고, 일단 시장을 선점하면 후발주자가 진입하기 어려운 구조이기 때문이다. 따라서 가전제품, IoT 디바이스, 자동차 등에 자사의 플랫폼을 활발하게 연동시키고 있다.

그러나 현재 국내 AI 기술 수준, 투자 규모는 미국 등 기술 선진국에 한참 뒤쳐진 상태로 기술 격차는 따라잡기 쉽지 않다. 따라서 정부도 다가올 AI 시대를 대비하고 국내의 AI 산업 육성을 위해 지능정보사회 선도 AI 프로젝트를 추진하며 구체적인 기술개발과 산업을 육성하기로 했다. 그러나 AI 기술과 산업 발전을 위해 당장 필요한 것은 핵심 인력의 확보이다. AI 관련 기술은 전문적이고 복잡하기 때문에 고급인력이 필요하지만 전문 인력 배출이 매우 적은 수준이다.

SECTION 03

AI의 사회적 과제

1 알고리즘의 현황

지금은 AI 기술이 일상에 더욱 깊숙이 파고들면서 알고리즘이 지배하는 사회이다. 음성인식, 검색, 모빌리티, 통신 등 다양한 분야에서 우리 일상의 동반자로 진화하고 있다. 알고리즘의 사전적 정의는 주어진 문제를 해결하기 위한 단계적인 절차·규칙이나 전반적인 시스템을 의미한다. 최근에는 컴퓨터가 자동으로 특정 작업을 처리하게 작성하는 절차, 규칙, 명령어들을 통칭한다.

사용자가 동영상, 음악, 뉴스 등 콘텐츠를 소비할 때 알고리즘은 사용자의 행동 기록과 각종 개인적인 정보 등을 분석한다. 그리고 소비자마다 소비 취향과 관심사를 파악하여 개인에게 알맞은 맞춤형 콘텐츠, 광고 등을 제공한다. 구글, 페이스북, 트위터 등 소셜 미디어의 알고리즘은 사용자가 소비한 콘텐츠의 종류, 반응한 시점과 형태, 좋아하는 주제 등을 파악해 이용자가 선호하는 콘텐츠를 선별해 제공한다.

TIP 네비게이션 앱의 기능도 저장된 방대한 교통데이터를 기반으로 특정 구간의 평균 트래픽을 산출하여 예상시간을 알려주는 것도 알고리즘의 결과물이다.

알고리즘에 대한 인위적인 개입

일반적으로 사람들이 AI는 사람이 아닌 기계이기 때문에 정확하고, 객관적일 것이라고 기대한다. 그러나 AI 기반의 쇼핑 · 검색 알고리즘의 조작 의혹, 공정성 논란으로 콘텐츠의 노출과 배열을 결정하는 알고리즘에 대한 사회적 감시 요구가 거세지고 있다. 또한, 유튜브 등의 영상 추천 알고리즘은 편향성이 크다는 비난을 받고 있다.

AI는 수많은 코드로 구성된 알고리즘이다. 코드의 개발과 구성하며 알고리즘을 작성하는 작업은 인간인 개발자의 몫이다. 따라서 작업 과정에서 개발자의 목표, 이념 등이 알고리즘에 반영되기 때문에 결코 객관적일 수 없는 이유이다. 결국 AI가 판단하는 근거와 규칙이 되는 알고리즘의 작성은 사람의 역할이고, 기준은 사람이 결정하기 때문이다.

검색 알고리즘의 조작 논란이 발생할 때마다 IT 기업들은 AI 알고리즘 서비스에 인위적인 개입이 없다고 해명해왔다. 그러나 기계가 처리한다는 이유로 중립성이 보장되는 것은 아니다. 포털의 뉴스 배열은 사람 대신에 AI 알고리즘을 통해 서비스되지만 초기 AI 설계에서는 사람이 준비한 데이터를 기반으로 학습하고, 특정한 방향성으로 결과값이 도출되도록 알고리즘을 제작할 가능성도 배제할 수 없다.

따라서 AI 알고리즘은 인간이 추구하는 가치나 편견에서 자유롭기는 어렵다. 현재 AI 알고리즘도 초보적인 수준이기 때문에 현실의 편향된 데이터를 토대로 그대로 학습할 수 밖에 없다. AI가 스스로 자신의 알고리즘을 확인하여 편향성을 스스로 수정·보완하는 수준은 되어야 중립성을 기대할 수 있다.

그림 10-10 AI 추천 알고리즘에 의한 콘텐츠 추천

편향성이라는 문제

AI 알고리즘의 또 다른 문제는 편향성을 조장한다는 것이다. 편향성은 AI 알고리즘 개발자의 선입견과 편견이 설계하는 AI에 그대로 반영되는 현상이다. 전문가들도 알고리즘의 객관적 여부를 판단하기는 매우 어렵다고 한다. 이미 정답이 설정된 불량 검사, 건강 상태, 상품 설명 등의 문제가 아니라 판단이 요구되는 되는 경우에는 쉽게 단정하기 힘들다. 알고리즘이 스스로 판단을 하거나 감정에 좌우되진 않지만 알고리즘 자체가 주관적일 수 있기 때문이다.

편향성은 유튜브, 넷플릭스 등의 플랫폼에서 주로 문제가 발생한다. AI 추천 알고리즘이 확증편향을 부추겨 사회 분열을 조장할 수 있다는 것이다. 확증편향이란 자신의 가치관, 신념, 판단, 취향에 맞는 정보만을 주목 · 수용하고 그 외의 정보는 무시하는 사고방식이다. 개인 맞춤형 추천 영상을 지속적으로 접하고 자신이 취향과 생각에 부합되는 영상만 접하면서 편향된 정보에 갇히는 현상인 필터버블Filter Bubble 현상이 발생한다.

부적절한 알고리즘의 조건

일반적으로 나쁜 알고리즘의 조건에는 불투명성, 불공정성, 확장성이 있다.

■ 불투명성

불투명성은 알고리즘의 모델 조건이 비공개인 경우를 의미한다. 선착순인 콘서트장에 일찍 입장했는데 앞에서 가장 앞줄은 사용금지라고 한다면 불합리하다고 느끼지만, 장애인들을 위한 자리라는 설명을 들으면 이해하게 된다. 이러한 사례는 투명성의 중요성을 강조하지만 플랫폼 기업들은 영업 비밀을 이유로 알고리즘이 지식재산권임을 주장하는 사례가 많다.

■ 불공정성

불공정성은 파괴적인 피드백 루프Feedback Loop를 의미한다. 파괴적 피드백 루프는 서로 연관된 관계를 통해 상황이 악순환되는 경우를 의미한다. 가난한 사람, 신용 상태 나쁘다는 가정을 알고리즘에 반영할 경우 이들은 대출심사 거부, 높은 금리를 적용받을 확률이 높아진다.

■ 확장성

알고리즘의 불공정성은 확장성 개념으로 연결된다. 확장성은 불공정성에 해당하는 사람들이 아파트 임대, 구직, 자동차 렌트에 기준이 되어 삶 전체에 부정적 영향을 미치는 현상으로 나타난다.

이러한 나쁜 알고리즘은 기업에 많은 수익을 가져다주기 때문에 자발적으로 개선되기 어렵다. 그리고 특정 계층에 미치는 영향도 다르게 양면성을 나타난다. 불공정성에 의해 피해를 발생시키지만 어떤 계층에는 세상을 살기 편한 도구가 된다.

인간은 학습하고 적응하며 개선하고 진화한다. 그러나 알고리즘은 개발자들이 이를 코드로 전환하여 이식할 때까지 변하지 않는 것이 개선되기 어려운 문제이다. 나쁜 알고리즘 문제를 해결하기 위해 투명성을 확보를 위해 일정 부분 규제가 필요하다. 책임 있는 알고리즘의 개발을 위해 기술 공개를 바탕으로 한 감사도 필요하다. 효율성이라는 가치만을 추구하지 않도록 사회적 합의가 필요하다.

2 플랫폼 속 알고리즘

최근에는 수많은 콘텐츠가 넘쳐나는 콘텐츠 홍수 시대이다. 플랫폼에서는 사용자 개개인의 관심을 기반으로 AI 맞춤형 추천 서비스를 제공하고 있다. 개인 맞춤형 서비스를 제공하기 위해서는 사용자의 데이터 확보와 개인의 생활 패턴과 관심사에 맞춰 데이터를 분석하고 가공해 빠르게 전달하는 능력이 중요해졌다. 확보한 데이터를 사용자에 따라 선별, 가공, 분석하는 능력이 결국 서비스의 경쟁력을 좌우하기 때문이다. 결국 사용자들이 서비스를 많이 활용하여 사용량이 많으면 많을수록 더욱 정확한 맞춤 서비스 추천이 가능해진다.

알고리즘의 추천 시스템

AI가 사용자에 맞춰서 콘텐츠를 노출하는 원리의 핵심은 데이터를 필터링하는 것이다. 그러나 AI 추천 알고리즘의 작동 방식은 공개하지 않지만 분석과 연구를 통해 어느 정도는 밝혀졌다. 협업 필터링과 콘텐츠 기반 필터링으로 2가지 선별방식이 작동하여 추천서비스가 제공된다.

■ 협업 필터링

협업 필터링은 다수 사용자 사이의 유사성과 행동 패턴을 기반으로 콘텐츠를 추천하는 방식이다. 사용자의 행동 정보 분석이 선행되어야 한다. 사용자와 유사한 성향·취향을 가지고 있는 다른 사용자들이 좋아한 콘텐츠, 구매 빈도가 높은 제품을 바탕으로 사용자에게 추천한다. 협업 필터링에서는 사용자의 데이터가 축적돼야 효과적인 추천이 가능하다. 데이터가 부족하면 제대로 추천하기 어려운 상황인 콜드 스타트 현상Cold start이 일어난다.

TIP 콜드 스타트란 충분한 데이터가 축적되지 않아 사용자에 대한 추론이 어려운 상태를 말한다.

■ 콘텐츠 기반 필터링

콘텐츠 기반 필터링은 콘텐츠 자체를 분석하여 사용자 기호와의 유사성을 비교, 콘텐츠 사이의 유사성을 기준으로 추천하는 방식이다. 사용자가 '좋아요'를 클릭한 영화의 키워드를 바탕으로 이와 유사한 영화를 추천한다. 또 유사한 개인정보를 가진 사용자들이 선호하는 영화를 제시할 수 있다. 축구의 득점 장면 영상을 자주 시청하면 추천 목록에는 공통분모가 있는 축구 관련 콘텐츠가 가득하게 나타난다. 이러한 추천 방식은 다수 이용자 행동 양식 대신에 콘텐츠 자체에 주목하기 때문에 콜드 스타트를 개선할 수 있다. 그러나 정밀한 콘텐츠 프로필의 규정이 어렵고, 평가자의 주관성 개입, 추천 콘텐츠의 다양성이 상대적으로 떨어지는 것이 문제이다.

이와 같은 2가지 AI 추천 알고리즘은 사용자 기반의 분석 정보가 많을수록 더욱 치밀하고 정교해진다. 알고리즘은 사용한 검색어, '좋아요' 클릭 지점 정도의 단순 정보만 수집하는 것이 아니라 우리가 잠깐 시청한 영상, 전부 시청한 영상, 스크롤 중에 잠시 멈춘 화면, 시청 중에 빨리감기·되감기 정도, 사용 계정, 체류 시간, 특정 요일·시간대의 행동, 시청 장소 등 사용자 개개인의 막대한 정보를 수집한다.

유튜브의 알고리즘

클릭을 유도하기 위해 기계학습이 적용된 영상 플랫폼의 추천 알고리즘으로 가장 대표적인 업체가 유튜브와 넷플릭스이다. 유튜브는 검색과 플랫폼의 추천으로 콘텐츠를 제공한다. 유튜브에서 사용자가 시청하는 영상의 70%는 추천된 영상에서 발생한다. 초기 추천 서비스의 가장 중요한 요소는 조회수였다. 일반적으로 추천한 조회수가 높은 콘텐츠는 클릭 비율도 높았다. 그러나 알고리즘의 원리를 파악하고 클릭을 유도하기 위해 유해성 영상을 만드는 채널 운영자가 증가했다.

이후 사용자들은 추천에 유혹되어 클릭한 콘텐츠의 품질에 대한 실망과 염증으로 추천 영상에 대한 기대감은 하락했다. 구글은 조회수 기반의 추천방식이 최선의 방법은 아님을 시인하고 2012년 동영상 추천방식을 변경했다. 새로운 추천방식의 핵심 요소는 시청시간으로 동영상을 클릭해 끝까지 시청하는 비율로 우선순위가 결정된다. 시청시간이 사용자 참여를 가장 잘 나타내는 지표가 되기 때문에 낚시성 콘텐츠, 짧게 제작된 콘텐츠는 우선순위가 높지 않다. 그래서 길게 제작된 영상도 사용자가 관심을 가질 만한 영상을 제작하면 불리하지 않다.

현재와 같은 정밀한 추천 알고리즘은 2016년부터 시작되었다. 유튜브는 기존의 추천 알고리즘에 머신러닝을 도입하면서 개인화된 추천서비스와 유해 콘텐츠 검열도 집중하기 시작했다. 온라인상에 사람들에게 불쾌감을 주거나 불법적인 콘텐츠를 찾아 추천 알고리즘이 차단한다.

그러나 음모론, 혐오 콘텐츠가 시청시간을 증가시키면, 근거 없는 콘텐츠더라도 다른 콘텐츠보다 더 많이 추천된다. 추천 알고리즘이 민주주의의 질서를 유지하고 건강한 정보를 양산하는 데 최적화돼 있지 않다는 것이다. 따라서 유튜브의 알고리즘 정책은 시류에 따라 보완, 발전해야 할 것이다.

하나 더 알기 **유튜브 영상의 우선순위 요소**

구글은 자사의 추천 알고리즘에 대해 기업 경쟁력의 핵심이라 상세하게 밝히지는 않는다. 그러나 유튜브 추천 알고리즘을 분석한 결과를 종합하면 다음과 같다. 콘텐츠의 우선순위는 조회수, 조회수 증가속도, 시청시간, 사용자 참여도(좋아요 · 싫어요 · 댓글 · 공유 등), 참신성, 채널의 영상 업로드 빈도, 세션 시간, 지역 등이다. 세션 시간은 시청한 채널에서 다른 동영상 시청, 체류하는 시간을 의미한다. 그리고 개인 맞춤형 추천을 위해 시청한 주제와 시청하지 않는 주제를 파악하고, 과거의 시청 데이터를 참고해 최종적인 추천 동영상의 목록이 완성된다. 방송사 등 전통 언론사의 제작한 영상, 긴 재생시간과 인기 키워드가 포함된 제목, 생중계 콘텐츠 등이 높은 우선순위를 받는 경향이 있다.

넷플릭스의 알고리즘

넷플릭스는 1억 9,300만 명 이상의 가입자를 보유하고 유튜브와 다른 방식의 추천서비스를 제공한다. 2007년 미국에서 영상 스트리밍 서비스를 시작으로 현재는 190개가 넘는 국가에서 넷플릭스가 서비스되고 있다. 넷플릭스는 1998년 창업 초기 DVD 대여 서비스부터 영상을 추천하는 노하우를 축적했다. 추천 알고리즘은 이용자가 다음 영상을 선택하는 데 도움을 줬다.

TIP 넷플릭스는 자사 알고리즘 성능을 향상시키기 위해 '넷플릭스 프라이즈'라는 경연을 해마다 진행한다.

넷플릭스는 콘텐츠 제작에도 투자하기 시작하며 독점 콘텐츠에 의한 구독결제를 확률을 증가시켰다. 그리고 확보한 구독자가 계속해서 체류하며 영상을 소비하는데, 이때 필요한 것이 영상 추천 서비스이다. 예전의 이용자와 스트리밍 이용자의 사용 패턴은 변화되었고, 서비스가 전세계로 확대되면서 추천할 때 고려할 요소도 증가되었다.

넷플릭스는 자사의 추천 알고리즘에 대해 비교적 투명하게 공개한다. 기본적으로 수집되는 사용자 정보는 좋아요, 선택 영상과 비선택 영상, 시청 시간대, 시청 디바이스 등이 있다. 세부적으로는 시청 중에 되감고 멈춘 지점, 끝까지 시청 여부도 수집된다. 이와 같이 수집한 정보를 분석해 사용자를 특성에 따라 분류한다. 사용자 행동 데이터를 기반으로 유사한 시청패턴의 사람들은 같은 그룹군으로 분류한다.

넷플릭스는 추천 시스템을 위해 영상의 특징들을 태그로 첨부하는 작업을 사람이 직접 영상을 보고 수행한다. '화려한 출연진', '우주 관련 영상' 등과 같은 특징 태그는 사용자로부터 수집한 정보와 머신러닝을 적용한 알고리즘이 이용하여 추천서비스가 동작한다.

플랫폼 알고리즘의 한계

유튜브와 넷플릭스는 지속적으로 추천 알고리즘의 개선을 위해 집중하고 있다. 사용자에게 클릭 가능성이 높은 콘텐츠를 추천할수록 장시간 플랫폼에 체류하기 때문에 추천 알고리즘은 플랫폼을 성장시키는 핵심 요소가 된다.

알고리즘은 이러한 정보를 바탕으로 소셜 미디어에 최대한 길게 체류하도록 치밀하게 계산하여 화면을 배치한다. 따라서 소셜 미디어를 사용할수록 알고리즘은 사용자를 더욱 정확하게 파악하여 추천의 정확도는 증가되고, 사용자는 소셜 미디어에 빠져들 수밖에 없다. 결국 알고리즘은 수집된 개인의 행동과 반응 등에 따라 개인 맞춤형으로 관련된 콘텐츠를 계속해서 추천하기 때문에 사용자는 소셜 미디어에 중독되게 된다.

그리고 알고리즘은 사용자의 호기심, 초조함 등 심리적인 부분까지 자극하여 스마트폰을 계속 열어 확인하도록 만들기도 한다. 새로고침할 때마다 화면에 나타나는 콘텐츠가 바뀌고, 무한정으로 스크롤이 내려가는 화면을 설계하고, 좋아요 클릭과 댓글의 알림 기능 등이 모두 사용자들을 소셜 미디어에 묶어두려는 락인효과Rock In Effect 전략들이다.

추천 알고리즘은 개인의 선택을 기반으로 서비스하는 것처럼 보이지만, 사실은 플랫폼의 의도된 선택을 강요받는 것이다. 또 궁극적으로는 동일한 현실에 대해 상반된 해석을 일으켜 정치적인 갈등 등이 발생할 수 있다. 현재의 추천 알고리즘은 콘텐츠와는 무관하게 시청자가 많은 영상, 댓글이 많은 영상, 주제의 연관성이 있는 영상 등을 판별해 보여준다. 이러한 환경 속에서 자극적인 가짜뉴스와 진실이 혼란스럽고 무질서하게 섞여 버젓이 유통되고 있다. AI가 객관성을 보증할 수 없는 판단과 주관의 영역으로도 범위를 넓히며, 기술의 발달과 함께 AI가 초래할 수 있는 편향성과 불평등에 대한 논의도 진행되어야 할 것이다.

3 딥페이크

AI와 빅데이터 등의 기술을 악용해 범죄에 활용하는 경우가 나타나고 있다. 누구나 고품질의 결과물을 쉽게 생성할 수 있게 되면서 수많은 가짜가 제작되고 있다. 딥페이크Deep Fake는 AI 기술인 딥러닝Deep Learning과 가짜를 의미하는 페이크Fake의 합성어이다. AI 기술로 특정 인물의 사진 · 동영상에서 얼굴형태, 표정, 습관, 음성, 움직임을 분석하고, 다른 음성, 사진 · 동영상을 합성하여 편집하는 기술이다. 최근에는 안면매핑Face Mapping 기술을 동영상에 적용해 컴퓨터 그래픽으로 특정 인물의 입모양, 행동, 얼굴 형태까지 그대로 생성한다. 음성합성 기술로 목소리까지 복제하는 수준까지 도달했기 때문에 진위여부를 가리기 어렵다.

그림 10-11 기술을 악용한 AI 관련 범죄로 사회적 불신 확산

딥페이크의 역기능

AI를 활용하여 사진뿐만 아니라 동영상 속의 사람 얼굴을 감쪽같이 가짜로 바꿔 생성한다. 기존에도 사람이 시간과 노력을 들여 사진·동영상 편집으로 작업이 가능했지만, 이제는 AI가 쉽고 빠르게 편집한다. AI 기술을 이용해 동영상 인물의 말하는 모습과 동작을 편집해서 다른 인물로 옮길 수 있다. 단순히 찡그리는 얼굴, 웃는 표정을 넘어 눈 깜박임, 입술의 떨림, 주변 배경과의 조화까지 완벽하게 편집한다.

그림 10-12 딥페이크와 가상 아나운서

그리고 데이터가 많아질수록 더욱 완벽하게 딥페이크가 가능해진다. AI 학습을 위한 데이터 확보 문제로 합성 영상 · 음성문제는 정보가 많이 공개된 유명인을 중심으로 악용되고 있으나, 개인 미디어의 발달로 유명인이 아닌 개인의 목소리 · 얼굴 데이터 확보가 쉬워지고 있다. 또한 기술 발전에 따라 합성에 필요한 데이터의 양이 적어질 가능성도 있다.

하나 더 알기 **나쁘게 활용된 딥페이크 사례**

딥페이크는 영상뿐만 아니라 소리에도 적용하여 얘기하지 않은 것을 말한 것처럼 제작하여 보이스 피싱에 이용될 수도 있다. 또한 유명인의 가짜뉴스에도 악용되는 사례도 자주 발생한다. 공항에서는 안면인식을 통해 여권 대조 검사를 하지만 테러범이라도 일반인 얼굴과 합성한 여권 사진을 이용하면 이런 시스템은 손쉽게 뚫릴 수 있다.

인간은 긍정적인 정보보다 부정적인 정보에 반응하는 경향이 있기 때문에 딥페이크 사례는 주의해야 한다. 딥페이크의 문제는 거짓을 사실인 것처럼 만들고, 사실을 거짓으로 만들어 사실조차 믿으려 하지 않는 의심이 가득한 사회를 만들 수 있다.

딥페이크의 순기능

물론 딥페이크의 순기능도 존재한다. 각종 동영상을 다양한 언어로 더빙할 때, 딥페이크 기술을 이용하면 제작비를 절감할 수 있다. 사람의 목소리를 AI가 흉내 내어 대신 전화를 걸어 예약을 잡고 간단한 업무처리를 비서처럼 대행해준다. 특정인을 모사하는 것이 아닌 존재하지 않는 사람의 음성을 재창조한 것이다. 존재하지 않는 사람을 실존하는 사람처럼 표정과 몸짓의 영상을 만들고 가상의 아나운서, 영화배우를 창조할 수 있다.

그러나 오용과 남용의 폐단이 빈번해지면서 이같은 장점은 빛을 발하지 못하고 있다. 이미지, 음성, 동영상까지 정교하게 합성해 제작하는 딥페이크 기술이 발전하면서 진실을 위협는 경고등이 켜졌다. 딥페이크 기술을 사용하게 되면서 악용 사례들이 음란물의 범위를 넘어 사회의 신뢰를

흔드는 쪽으로 확대되고 있다. 딥페이크를 탐지하는 기술이 발전하고 있지만 아직은 역부족이다.

이와 같은 사건의 기술적 배경에는 새로운 기계학습 방식인 생성적 적대 신경망GAN 기술의 향상이 있다. 따라서 인간이 이전까지 할 수 없었던 수준의 확장성, 속도, 정교함을 누구나 가질 수 있기 때문에 AI에 대해 경각심을 가져야 한다.

4 AI의 공정성과 편향성

포스트 코로나 시대를 맞아 언택트, 뉴노멀 등의 이슈와 함께 다양한 영역에서 AI에 대한 관심이 더욱 증가되고 있다. 비즈니스 영역에서도 AI의 도입을 고려하는 곳이 많아지고 있다. 그러나 AI에 대한 기대와 관심이 증가될수록 다른 한편으로는 신뢰도, 투명성에 대한 의문의 제기도 증가하고 있다. 특히 AI의 편향성이 가장 뜨거운 논쟁의 대상이 되었다.

최근에 AI, 머신러닝의 알고리즘이 가지고 있는 편향성에 대한 논란이 사회 각종 분야에 영향을 미치고 있다. 대부분은 편향된 AI 데이터의 위험성, 편향성으로 인한 부정적인 결과에 초점이 맞춰져 있다. 나아가 우리의 일상을 지배하는 알고리즘이 사회가 곳곳에서 공정성 시비가 발생하고 있다. 그러나 다양한 요소들이 종합적으로 영향을 미치는 알고리즘의 편향성을 실제로 입증하기는 쉬운 일이 아니다.

알고리즘의 중립성, 공정성, 편향성 논란은 사람을 동물로 인식하는 경우처럼 이미지를 잘못 인식한 명백한 기술적 오류와 편향된 데이터의 입력에 따른 결과의 도출로 분류된다. 기술적인 오류를 편향으로 비판하는 자체가 편견일 수 있다. 그리고 장기간에 걸쳐 수집된 AI 학습용 데이터도 편견과 편향에 치우치는 데이터가 매우 많이 포함되기 때문이다.

그림 10-13 AI의 신뢰도, 투명성에 대한 의문과 비판

AI, 머신러닝 알고리즘은 다양한 경로를 통해 수집된 데이터 집합을 활용하여 훈련된다. 알고리즘은 데이터에 대한 판단을 위하여 훈련 과정에 필요한 특징 또는 입력 등이 사용된다. 따라서 출력은 일부 특징 집합의 경우 특정 결과로 편향될 수 있고, 이와 같이 편향된 특징 집합을 토대로

구축한 시스템은 훈련 과정에 입력되지 않은 일부 유형의 데이터에 대해서는 성능 저하와 최적화되지 않은 결과를 제공한다.

AI 편향성은 기본적으로 알고리즘이 특정 결과에 대해 어느 정도의 편향성을 갖고 판단하고 어떤 특징들의 부분집합에 의존한다는 것이다. 대표적인 사례로 백인을 대상으로 훈련된 안면인식 시스템의 경우 다른 문화 집단의 사람에 대해서는 정확하게 판단하지 못한다. 판단의 대상이 되는 데이터를 충분히 확보하지 않고 특징을 판단하기 때문에 훈련 과정에 투입하지 않은 일부 다른 형태의 데이터에 대해서는 좋지 않은 성능을 나타내는 것이다.

AI 편향성의 역기능

AI의 편향성은 기술의 동작 원리에서 출발한다. 사람의 지능을 모방한 AI의 결과물은 데이터라는 원인에 따라 좌우되기 때문이다. 구글 포토AI가 흑인여성을 고릴라로 분류한 사건 등이 데이터 학습과정에서 발생된 오류이다. 편향된 데이터에 의해 범죄율 예측, 대출 한도 문제 등으로 흑인에게 불리한 결과를 제공한 사례도 있다.

여기서 중요한 점은 기계는 주입된 정보에 따라 결과를 출력한다는 것이다. 어떤 배경, 지식, 선입견도 포함되지 않고 학습한 대로 결과를 출력한다. 따라서 기술을 두고 편견, 공정성에 대해 판단하고 AI 활용에 불필요한 두려움을 키우는 것은 문제가 있다. 오히려 주입된 정보의 공정성, 학습과정의 문제를 지적하고, 내부 교육과 윤리의 기준을 마련해야 한다. 치우침 없는 정보의 주입과 기술의 정교화를 통해서 결과의 오류를 감소시켜야 한다.

대표적인 AI의 편향성 사례인 MS 사의 AI 테이는 백인 우월주의자, 여성·무슬림 혐오자 등의 사용자들이 의도적으로 비속어, 인종·젠더 차별 발언을 되풀이해 학습시켜 세뇌시켰다. 이를 학습한 테이가 대량학살을 지지, 유대인 학살 부정, 각종 차별 발언, 비속어 등 혐오발언을 쏟아내면서 출시 16시간 만에 중단되었다. MS 사가 다량의 데이터를 확보하기 위해 테이를 대중 참여형으로 제작되면서 인종차별부터 배우며 잘못된 방향으로 가는 길이 만들어졌다. 결국 사회 · 문화적 실험이 되었고 성숙도를 갖지 못한 우리사회에 윤리적 · 도덕적 숙제를 제시했다.

아마존이 개발한 고용패턴을 학습시킨 AI는 여성을 배제하면서 폐기되었다. OpenAI 사의 GPT-3는 최신형언어 학습 AI 모델로 역시 혐오 발언 문제엔 취약했다. 1,750억 건의 영어권 인터넷 문서를 기초 데이터로 학습하면서 문서 내의 각종 소수자, 인종, 혐오 등 내용을 그대로 반영한 결과였다. 구글의 AI 윤리기술 책임자는 구글의 AI 기술이 성적 · 인종적으로 편향되었다는 논문을 게재하고 해고당했다. AI 모형의 편향성으로 부정적인 결과에 대한 사례는 많다. 대표적인 경우가 미국의 범죄통계에서 흑인, 히스패닉 등 소수인종에 대해 대표성을 많이 부여한 과거 데이터를 훈련에 사용한 경우이다.

그림 10-14 AI 알고리즘의 부작용

이러한 논란과 비교되는 사건이 1966년 정신과 상담사를 모방한 일라이자Eliza 프로그램이 있다. 전화로 상담하는 사람들을 응대하는 역할을 맡았다. 사람들은 일라이자라는 컴퓨터 프로그램을 사람처럼 여기며 위로를 받았다. 상담자의 말을 적절히 바꿔 공감을 보여주거나, 질문을 환기해주는 정도의 대화에도 큰 위안을 받았다. 예를 들어, 환자가 "내 인생의 문제는 A예요"라고 말하면, "A 때문에 많이 힘드세요?"나 "A가 해결되면 정말 마음이 편해질까요?" 같은 방식으로 답변하는 것이다. 단순한 기능이었지만, 사람들은 자신의 얘기를 들어주고, 이해해주고, 공감해줬기 때문에 도움이 되었다고 생각했다. 55년 전 일라이자는 사람들을 위로할 수 있었는데, 기술적으로 훨씬 더 뛰어난 다른 AI는 다양한 논란의 대상이 되었다.

이러한 AI가 사용자들을 개인의 성향에 따라 필터링된 정보를 계속 접하게 하면서 사용자 스스로 편향된 정보에 갇히는 필터버블 현상에 빠지게 하고, 자신의 관심사에 부합하는 정보에만 주목하고 다른 정보는 무시하는 확증편향 사고방식으로 가득 찬 대중심리가 알고리즘을 불신하는 악순환도 반복된다. 알고리즘의 위기보다 심각한 것은 더욱 편견과 편향이 만연하는 현대사회의 위기가 더욱 문제가 되고 있다.

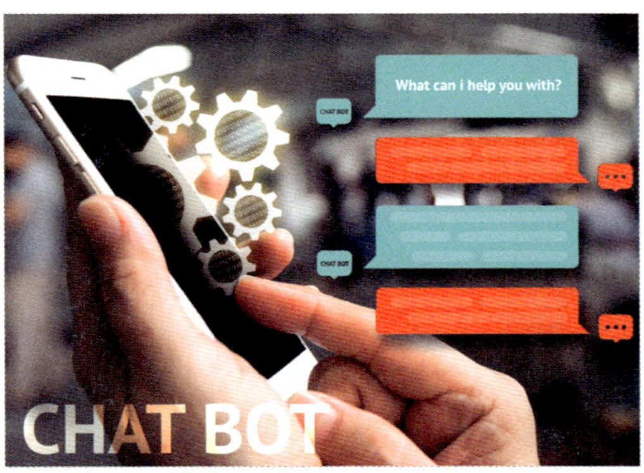

그림 10-15 AI 채팅봇

그러나 알고리즘의 동작과정에는 개입하지 않아도 알고리즘의 제작은 결국 사람의 몫이기 때문에 개발자, 서비스 업체의 주관, 의도, 선택이 내포될 수 있다. 그리고 오류의 발생, 서비스 환경의 변화에 따라 수시로 업그레이드하는 과정에서 공정성 시비의 요인들이 추가될 수 있다. 플랫폼 입장에서는 업데이트이지만 소비자 측면에서는 일부 관련자들의 자의적인 판단에 의해 조작으로 인식될 수 있다. 따라서 사회적으로 영향이 큰 알고리즘의 경우 영업기밀 침해, 시스템 악용Abusing 등 부작용을 최소화하면서 기준과 원칙을 투명하게 검증할 수 있는 해법을 찾아야 한다.

AI 편향성의 순기능

그러나 편향성이 모두 나쁜 것은 아니다. 마케팅 분야에서는 편향된 데이터로 훈련한 경우 더 좋은 결과를 가져올 때가 있다. 편향성은 일반적으로 부정적인 측면을 주로 다루지만, 실제로는 중립적인 모델보다 특정 방향으로 편향된 모형이 마케팅에서 더 적합한 결과를 제공할 수 있다. 완전히 중립적인 모델은 목표로 설정한 성과를 제공하기에 적합하다. 그러나 훈련에 필요한 편향성 없는 충분한 다량의 데이터 선별에 많은 시간이 필요하다. 학습 과정도 더욱 심도 있게 진행되기 때문에 많은 비용과 시간이 필요하다. 따라서 데이터의 편향성을 역으로 활용하여 AI 도입 과정의 초기 비용을 줄일 수도 있다.

그림 10-16 추천 알고리즘, 편향된 학습을 통해 개별 고객에게 적절한 제안

마케팅에서 특정 고객들을 대상으로 서비스를 제공하려면 해당 고객들과 관련 데이터 집합으로 알고리즘을 훈련시키는 것이 필요하다. AI 모형이 편향성을 통해 알고리즘이 의미 있는 결과를 제공하도록 설계하는 것이다. 예를 들어, 젊은 여성들의 패션 제품을 판매하는 기업의 경우 추천 알고리즘은 그들만의 고유의 편향성을 기반으로 또래 집단이 선호하는 제품들을 추천하여 추가 구매를 유도할 수 있다. 그리고 고객의 구매 관련 결정이 증가할수록 AI 모형은 반복되는 고객의 선호도 학습을 통해 개별 고객에게 더욱더 적절한 제안을 한다.

AI 모형은 동작 과정에서 수집되는 데이터를 추가로 활용해 더욱 정확하게 판단할 수 있다. AI 추천 엔진은 기존의 고객과 유사한 소비자들을 대상으로 먼저 제안을 시작하고 새로운 고객에 대해 점점 더 알아가면서 해당 고객과 관련성 높은 상품, 서비스를 추천한다. 예를 들어 화장품 광고의 경우 초기에는 여성들을 대상으로 집중하지만 추후 남성에게도 서비스를 확대한다. 그리고 화장품을 추천하기 위한 AI 모형에 필요한 특징을 추가하여 성과를 단계적으로 최적화해 나갈 수 있다.

AI 모형 도입 초기에 편향성을 활용하지만 계속해서 편향성을 고수한다면 발전은 없다. 특정 연령대에서 성과를 나타냈지만 추후 확장이 어려워지고 편향성 극복도 해결되지 않으면, 추천 확장은 더욱 어려워지고 경쟁으로 비용도 계속 증가하게 된다. 성과를 나타낸 특정 그룹에 대해서만 타깃팅하기 때문이다.

그림 10-17 데이터의 편향성을 활용한 추천 마케팅

따라서 커다란 잠재적 가치를 가진 틈새 고객을 놓치고 시장 점유율의 지속적이 확대가 어려워진다. 편향성의 존재 여부, 정도 등에 대한 평가와 조치를 적절한 때에 수행해야 한다. AI의 편향성 극복을 위하여 데이터의 수집방식 변경과 변경된 환경에서 알고리즘의 성능과 영향을 확인한다. 그리고 서로 다른 데이터 집합을 사용하여 각각의 테스트를 진행하면 좋은 결과를 제공하는 집합을 확인할 수 있다. 이러한 절차를 통해서 모형의 성능을 최적화하고, 새로운 데이터가 모델의 효율성을 감소시키지 않도록 할 수 있다.

수집 데이터의 정제절차도 중요하지만, 충분한 평가와 검토가 없다면 매우 큰 비용이 발생한다. 따라서 알고리즘이 제공하는 추천서비스에 얼마나 많은 가치를 두는지 평가하는 것이 중요하다. AI 모형 정제, 수집 데이터의 정제에 대한 판단은 특정 분야의 지식을 활용해 모형을 더욱 정제할 수 있다. 초기 결과는 훈련 데이터에 따라 결정되지만, 모형이 지속적으로 작동되면 시스템 자체에서 데이터를 수집하고 학습하면서 결과는 다르게 나타나게 된다. 온라인 광고의 경우 알고리즘은 훈련 데이터를 기반으로 특정 광고를 게재할 위치를 결정한다. 그리고는 제공한 광고에 대해 사용자들의 반응 형태를 분석함으로써 모형은 추후 광고를 게재할 위치를 학습하고 조정한다. 이와 같이 편향성이 갖는 의미를 인지한다면 오히려 편향성을 이로운 방향으로 활용할 수 있다.

요약

01 AI는 인간의 인지, 추론, 학습의 사고 과정에 필요한 지적인 능력을 컴퓨터에 구현하고 문제를 해결하는 기술이다.

02 딥러닝에서 목표 달성을 위해 꾸준히 학습시키는 방식은 다음과 같다. 초기에는 백지 상태에서 하나의 입력이 히든 레이어(블랙박스, AI 엔진)를 통과한 출력(결과)로 실패하면 신호를 다른 뉴런으로 변경하여 변화된 연결망의 출력(결과)으로 승리할 때까지 신호를 계속 변경하며 출력을 찾는다.

03 AI는 크게 약AI^Weak AI^와 강AI^Strong AI^ 2가지로 구분된다.

04 약AI는 특정 분야에 한정된 작업을 처리하며 자의식이 없는 AI를 말한다.

05 강AI는 사람처럼 자유로운 사고가 가능한 자아를 지닌 AI를 말한다.

06 머신러닝은 컴퓨터가 대용량의 데이터를 스스로 학습하고 알고리즘을 통해 학습의 결과를 추출하는 학습 방법이다.

07 딥러닝은 사람의 두뇌 속 신경망의 처리 과정을 인공적으로 적용하여 인간과 유사하게 행동하는 컴퓨터 알고리즘을 구현한 학습 방법이다.

08 알고리즘 경량화는 딥러닝 데이터 학습의 순위를 세분화하는 동시에 우선순위를 두는 방식이다.

09 지도학습은 인간이 사전에 만든 정제된 데이터 세트를 통해 AI를 가르치는 방식이다.

10 자율학습은 데이터세트에서 AI가 스스로 특징을 찾아 일정한 구조를 찾아가는 방식이다.

11 강화학습은 AI가 스스로 여러 시도를 수행하며 최적의 결과를 찾는 방식이다.

연습 문제

객관식 문제

01 AI에 대한 설명 중 옳지 않은 것은?

① 1980년까지 연구와 투자가 활발하게 이루어졌지만 연산능력의 한계, 비용 대비 효율성의 이유로 진전을 보지 못했다.

② AI는 크게 정보의 인식, 지식의 체계화 2가지로 구분된다.

③ AI 시장의 개화는 컴퓨터의 연산처리 능력 향상, 대용량의 데이터 저장 등을 기반으로 필요한 정보의 검색이 가능하면서 부터이다.

④ AI는 인터넷을 기반으로 데이터센터에 방대한 용량의 데이터를 수집하고 최적의 해답을 찾으며 학습한다.

02 AI 기술 발전이 가져다 준 우리사회의 모습 중 긍정적 역할과 가장 거리가 먼 것은?

① 단순노동의 자동화

② 생산 공장에서의 불량품 검사

③ AI가 탑재된 자율주행차

④ 독거노인의 정서적인 안정

03 고도화된 심층 인공 신경망 알고리즘 기술을 활용해 인간의 두뇌 속 신경망 처리 과정을 인공적으로 적용시키는 AI 기술은?

① 머신러닝　　② 딥러닝

③ e-러닝　　④ 데이터마이닝

04 AI 데이터 학습방식에 대한 설명으로 올바르지 않은 것은?

① 접근방식에 따라 지도학습, 자율학습, 강화학습으로 구분된다.

② 지도학습은 정제된 데이터 세트를 통해 AI를 가르친다.

③ 지도학습은 데이터 세트에서 AI가 스스로 특징을 찾아 일정한 구조를 찾아간다.

④ 자율학습은 생성적 적대 신경망을 통해 서로의 경쟁 성능을 향상시킨다.

연습 문제

05 AI 기술의 사회적 문제에 대한 설명 중 이에 해당하지 않은 것은?

① 알고리즘에 대한 인위적인 개입

② 필터버블 현상 발생

③ 소프트웨어 관련 일자리 증가

④ 양극화 심화

06 부적절한 알고리즘의 조건 중 이에 해당하지 않은 것은?

① 불확실성 ② 불투명성

③ 불공정성 ④ 확장성

07 AI 추천 알고리즘에 대한 설명으로 옳지 않은 것은?

① 데이터를 선별, 가공, 분석하는 능력이 결국 서비스의 경력이다.

② 사용자들의 서비스 사용량이 많으면 많을수록 더욱 정확한 맞춤 서비스가 가능하다.

③ 개인 맞춤형 서비스를 제공하기 위해서는 효율성이라는 가치만을 추구해야 한다.

④ 사용자 기반의 분석 정보가 많을수록 더욱 치밀하고 정교해진다.

08 유튜브 추천 알고리즘에 있어 우선순위 요소에 해당하지 않은 것은 ?

① 조회 수 ② 썸네일

③ 세션 시간 ④ 사용자 참여도

09 딥페이크에 대한 설명으로 옳지 않은 것은?

① 특정 인물의 사진·동영상에서 얼굴형태, 표정, 습관, 음성, 움직임을 분석해 이를 다른 음성, 사진·동영상에 합성하는 기술을 말한다.

② 안면매핑 기술을 동영상에 적용해 컴퓨터 그래픽으로 특정 인물의 입모양, 행동, 얼굴 형태까지 그대로 생성가능하다.

③ 얘기하지 않은 것을 말한 것처럼 제작해 이를 보이스 피싱에 악용할 수도 있다.

④ 합성에 필요한 데이터 양이 적을수록 더욱 완벽한 딥페이크가 가능하다.

10 AI 편향성의 역기능 문제를 해결하기 위한 대안으로 옳지 않은 것은?

① 기술적인 오류를 편향으로 비판하는 자세가 필요하다.

② 주입된 정보의 공정성, 학습과정의 문제를 지적하고, 내부 교육과 윤리의 기준을 마련해야 한다.

③ 치우침 없는 정보의 주입과 기술의 정교화를 통해 결과의 오류를 감소시켜야 한다.

④ 사회적으로 영향이 큰 알고리즘의 경우 부작용을 최소화 하면서 기준과 원칙을 투명하게 검증할 수 있는 해법을 찾아야 한다.

11 자신의 가치관, 신념, 판단, 취향에 맞는 정보만을 주목 · 수용하고 그 외의 정보는 무시하는 사고방식을 무엇이라 하는가?

① 인지편향 ② 최신 편향

③ 확증편향 ④ 제로 리스크 편향

12 주어진 문제를 해결하기 위한 단계적인 절차 · 규칙이나 전반적인 시스템을 무엇이라 하는가?

① 프로세서 ② 스케줄링

③ 프로토콜 ④ 알고리즘

13 AI 알고리즘은 서로 연관된 관계를 통해 소비자의 상황이 악순환 되는 경우를 만들 수도 있으며, 이는 불공정성을 유발시킬 수도 있다. 무엇이라 하는가?

① 피드백 루프(Feedback Loop) ② 루프(Loop)

③ 공개루프(Open Loop) ④ 피드백(Feedback)

O, × 문제

01 AI는 인간의 인식, 판단, 추론, 문제 해결 등에 의한 처리작업 지시와 인간 두뇌의 지적 능력을 컴퓨터를 통해 실현하는 기술이다.

02 AI는 정보의 인식을 통해 지식의 표현 문제를 다루고 있다.

연습문제

03 딥러닝 목표 달성을 위해 변화된 연결망의 출력이 승리할 때까지 신호를 계속해서 변경하며 학습한다.

04 딥러닝의 주요 특성은 기계학습과 패턴인식이다.

05 딥러닝 기술은 알고리즘 경량화를 통해 데이터 학습의 우선순위를 세분화한다.

06 자율학습은 데이터 학습 시 동기부여를 위해 인센티브 개념이 추가되었다.

07 AI 편향적 알고리즘 문제 중 불투명성은 불공정에 해당하는 사람들이 삶 전체에 부정적 영향을 미치는 현상으로 나타나는 것을 말한다.

08 AI가 사용자에 맞춰서 콘텐츠를 노출하는 원리의 핵심은 데이터를 확장시키는 것이다.

09 콘텐츠 기반 필터링은 콘텐츠 자체를 분석하여 사용자 기호와의 유사성을 비교, 콘텐츠 사이의 유사성을 기준으로 추천하는 방식을 말한다.

10 AI 편향성은 일반적으로 부정적인 측면을 주로 다루고 있지만 실제로는 특정 방향으로 편향된 모델보다 중립적 모델이 마케팅에서 더 적합한 결과를 제공할 수 있다.

11 마케팅에서 특정 고객들을 대상으로 서비스를 제공하려면 해당 고객들과 관련 데이터 집합으로 알고리즘을 훈련시키는 것이 필요하다.

12 AI 편향성은 AI 모형 도입 초기에 활용되며, 추천 확장 시 계속해서 특정 고객들을 대상으로 편향된 서비스 제공이 가능하다.

13 딥러닝은 변수들의 관계가 복잡할수록 기존의 방법보다 딥러닝의 오차가 크므로, 이럴 경우 정확한 예측이 어렵게 된다.

14 딥러닝 기술을 구현하기 위해서는 대용량의 저장 공간이 필요하며, 최근에는 소형 디바이스 환경에서도 AI가 독립적으로 동작하는 수준까지 구현되고 있다.

15 알고리즘 위기보다 심각한 것은 편견과 편향이 만연하는 현대사회의 풍토이다.

단답형 문제

01 (   )는 인간의 인지, 추론, 학습의 사고과정에 필요한 지적인 능력을 컴퓨터에 구현하고 문제를 해결하는 기술이다.

02 AI는 지식의 구조 유사도를 검출하여 통합하는 (   )을 형성하는 방법을 연구한다.

03 AI는 인간의 뇌를 구성하는 신경계의 기본 단위인 신경세포 (   )의 기능을 모방한 AI 전용 소자가 개발되면서부터 AI의 기능이 급격하게 향상되었다.

04 (   )는 복잡한 주제에 대해 인간과 토론하는 IBM사의 AI 프로젝트를 말한다.

05 AI의 학습법은 크게 (   )과 (   )으로 구분된다.

06 (   )은 컴퓨터가 대용량의 데이터를 스스로 학습하고 알고리즘을 통해 학습의 결과를 추출하는 학습 방법을 말한다.

07 인간의 신경망 구조에서 (   )는 학습과 기억에 관여하는 역할을 담당하며, 이는 초기에는 약했다가 학습에 따라 점점 강해지게 된다.

연습문제

08 데이터 학습방식 중 (   )은 AI가 스스로 여러 시도를 수행하며 최적의 결과를 찾는 방식을 말한다.

09 (   )는 AI와 클라우드 AI를 통해 데이터 수집, 분석, 추론을 진행하며, 이를 활용한 대표적인 서비스로는 시리, 빅스비가 있다.

10 AI 알고리즘 편향성 문제의 본질은 나쁜 알고리즘에 있으며, 이러한 조건 중 (   )은 알고리즘의 모델 조건이 비공개인 경우를 의미한다.

11 (   )은 다수 사용자 사이의 유사성과 행동 패턴을 기반으로 콘텐츠를 추천하는 방식이다.

12 넷플릭스는 자사 알고리즘 성능을 향상시키기 위해 (   )라는 경연을 해마다 진행한다.

13 (   )는 딥러닝과 가짜를 의미하는 페이크의 합성어이다.

14 구글의 (   )는 아미노산의 서열만으로 실제 만들어진 단백질의 구조를 예측하는 AI을 말한다.

15 (   ) 현상이란 필터링 된 정보를 계속 접하면서, 사용자 스스로 편향된 정보에 갇히는 현상을 말한다.

CHAPTER 11

디지털 콘텐츠와 멀티미디어

학습목표

- 텍스트와 이미지 콘텐츠에 대해 알아본다.
- 2D 그래픽과 3D 그래픽의 차이점을 학습한다.
- 디스플레이의 진화 흐름에 대해 알아본다.

SECTION 01

생각과 감정의 표현 미디어, 텍스트

1 텍스트의 개념과 특징

인류는 오래전부터 소통수단으로 텍스트Text를 사용했다. 텍스트는 일반적으로 문자, 글자, 글이라는 용어로 사용된다. 인류의 문명을 발전시킨 문자의 발명은 매우 중요한 사건이다. 문자를 사용하기 시작하면서 지식을 체계적으로 정리 · 기록하여 이전 세대의 지식을 온전하게 다음 세대로 넘겨줄 수 있었다. 이후 이들은 문자를 통해 이야기를 기록하면서 인간은 무한공간과 무한시간이라는 새로운 세상을 열게 되었다.

지금까지 가장 오래된 문자는 수메르 문명이 점토판에 남긴 쐐기문자Cuneiform이다. 기원전 3,000년경부터 약 3천 년 동안 메소포타미아를 중심으로 고대 오리엔트에서 광범하게 사용된 상형문자이다. 그러나 일반적인 우리의 상상과는 다르게 문서의 내용들이 왕의 업적이나 신에 대한 이야기가 아니다. 인류 문명에서 인간이 처음 만들었던 문자의 대부분은 숫자로 대출 기록, 세금 등 금전거래에 대한 가장 오래된 회계장부 문서였다.

그림 11-1 기록 매체의 진화

사람들이 사용한 글자들은 수메르인들의 점토판, 이집트의 파피루스, 중국의 죽간, 종이 형태와 같이 기록매체의 진화를 통하여 현재의 책으로 명맥이 이어져 왔다. 종이는 문자, 인쇄술과 함께 인류 문명을 발전시킨 3대 발명품으로 지식, 정보의 공유와 확산 및 대량생산이 가능하게 되었다. 그리고 컴퓨터가 등장하면서 모든 문자는 키보드를 통해 입력하고 사용하게 되었다.

텍스트는 특정한 의도를 가지고 글자 · 문자를 사용하여 소통할 목적으로 작성된 문서를 의미하거나, 콘텐츠를 구성하는 본문·내용을 의미하는 용어이다. 멀티미디어 환경에서 텍스트는 사람이 인공적으로 만든 2차원 형태의 미디어로 종이, 디바이스의 디스플레이 등 출력 매체에 인쇄되거나 표현되는 정보이다. 텍스트는 콘텐츠에 포함되는 멀티미디어 데이터 중 가장 많이 사용되며, 같은 의미를 여러 사람에게 전달하기 쉽고, 적은 용량으로 많은 정보를 효율적으로 처리하고, 가장 수월하게 조작할 수 있는 데이터이다

텍스트는 모든 생각, 상황 등을 간단하게 즉시 문장으로 표현할 수 있다. 그러나 동일한 문장을 동영상, 음성으로 표현하려면 많은 노력과 기술을 필요로 한다. 텍스트는 음성과 동영상 등 다른 종류의 멀티미디어 데이터보다 기억 용량을 적게 차지한다. 용량이 작고 가벼워서 빠른 전송이 가능하다. 또한, 인터넷 검색, 정보공유 측면에서 음성보다 탁월하며 장소에 구애받지 않는다. 특이한 점은 다른 멀티미디어 데이터와는 달리 사용하는 언어에 제한을 받는다는 점이다. 문서를 작성하기 위해서는 작성하려는 언어를 지원하는 도구를 사용해야만 텍스트 처리에 문제가 발생하지 않는다.

2 텍스트와 문자코드

컴퓨터와 스마트 미디어에서 문자를 사용하기 위해서는 이진코드로 표현된 코드 시스템Code System을 사용한다. 코드 시스템은 문자들을 구분하기 위한 문자코드로 각각의 문자에 약속된 일정한 규칙에 따라 0과 1을 할당한다. 코드 시스템은 사용하는 언어에 따라 코드형식이 다르다. 알파벳 사용권에서는 8비트(1바이트) 코드를 사용하고, 동양권에서는 16비트(2바이트) 코드를 사용한다.

TIP 동일한 8비트를 사용하는 경우에도 사용하는 코드에 따라 차이가 있다.

코드 시스템은 이전의 아스키 코드ASCII, American Standard Code for Information Interchange Code, EBCDICExtended Binary Coded Decimal for Interchange Code가 표준으로 사용되었다. 1995년 유니코드Unicode는 각 나라의 코드 시스템을 하나로 통합하고 표준으로 현재 사용되고 있다.

아스키 코드

아스키 코드는 가장 기본적이고 널리 사용되고 있는 코드 체계로 메모장이나 프로그램 개발 도구에서 사용된다. 7개 비트를 사용하기 때문에 표현할 수 있는 문자의 수는 2^7, 즉 128개이다. 영어의 알파벳 외에 점 문자, 물결 표시문자를 사용하는 독일, 프랑스 같은 나라에서는 8비트인 확장 아스키 코드Extended ASCII를 사용한다. 코드 시스템은 사용하는 코드체계에 따라 동일한 코드가 다른 문자로 표시된다.

EBCDIC 코드

EBCDIC 코드는 IBM사에서 서버급의 중대형 컴퓨터에 사용하기 위해 개발되었다. EBCDIC 코드는 8비트를 사용하기 때문에 표현할 수 있는 문자수는 2^8=256개이다.

하나 더 알기 **한글 인코딩**

우리가 사용하는 한글의 경우는 8비트 코드체계로 표현할 수 없다. 따라서 기존 코드 체계와는 다르게 한글을 표현하기 위한 별도의 코드 시스템이 필요하게 되었다. 한글은 자음 14개, 모음 10개로 구성된다. 컴퓨터에 한글을 입력할 경우 글자를 초성, 중성, 종성으로 구분하여 표현하고 입력된 자음과 모음을 조합하여 텍스트를 생성한다. 이 경우 초성에 표현 가능한 글자수는 19개가 되고 중성은 21개, 종성은 28개가 된다. 한글에서 글자 하나는 이러한 초성, 중성, 종성의 조합으로 생성되는데, 조합이 가능한 전체 글자 수는 19×21×28=11,172자이다.

그림 11-2 조합형 코드와 완성형 코드의 글자 표현 방식

이러한 방식으로 만들어지는 한글 코드는 조합형 코드와 완성형 코드가 있다. 조합형 코드는 글자를 표현을 할 때 초성, 중성, 종성에 대한 각각의 코드를 저장하고 실제로 출력할 때 조합한다. 각각의 낱글자가 중심이 되는 방식으로 각각의 낱글자에 코드를 부여했다. 완성형 코드는 완성된 한 글자 한 글자에 초점을 두는 방식으로 초성, 중성, 종성의 낱글자들을 미리 조합하여 글자들을 모두 코드로 완성시켜 놓았다. 글자를 출력하기 위해서는 자소(낱자) 구분을 위해서 먼저 조합형 코드로 변환해야 된다. 1992년 완성형 코드(KSC 5601)는 조합형 코드가 포함되면서 표준으로 제정되었다.

유니코드

코드 체계는 각각의 국가에 따라 다양하고 매우 복잡하다. 영어를 위한 아스키 코드, 불어, 독일어 등을 위한 확장 아스키 코드, 동양권의 언어를 위한 16비트 코드, 그 외 언어가 복잡하여 24비트 코드를 사용하는 경우도 있다. 이처럼 국가마다 코드 체계가 서로 다르면 프로그램 개발자에게 커다란 부담이 된다. 요즘 같이 컴퓨터와 인터넷의 대중화로 글로벌한 시대에는 더더욱 모든 나라에서 공통으로 사용할 수 있는 코드 체계가 필요해졌다.

이러한 필요성에 따라 각 나라의 코드 체계를 통합하여 개발된 코드가 유니코드이다. 유니코드를 사용하여 문자와 컴퓨터 사이의 호환성으로 원활한 정보교환이 가능해졌다. 유니코드는 전 세계의 모든 문자를 8비트 단위인 옥텟Octet으로 표현한다. 기본적으로 하나의 문자를 4개의 옥텟으로 표현하나, 2개의 옥텟만을 사용하는 코드 세트code set가 정의되어 있어 주로 이 코드 체계를 사용한다.

3 전자문서와 문서시장의 변화

모바일 디바이스의 발전으로 컴퓨터에서만 열람하던 전자문서를 이제는 스마트폰, 태블릿PC 등에 저장하고, 언제, 어디서나 열람이 가능하다. 문서를 열람하여 읽고, 필요하면 즉시 직접 수정한다. 그런데 이러한 환경에서 PC에서 제작한 문서를 스마트폰에서 열람하면 서식의 변형, 서체의 변경, 심지어 열람이 불가능한 경우도 있다. 문서의 표준이 필요한 이유가 여기에 있다. 이전까지는 문서편집기는 MS워드, 아래한글, 엑셀, 파워포인트 등을 각각의 문서파일로 인식했다. 이러한 문서들은 다음과 같은 2가지 문제점을 가지고 있다.

■ 버전 차이로 인한 호환성 불가

첫 번째는 각각의 문서형식은 편집을 위해 최적화되어 있다. 문서작성에 향상된 편집기능을 제공하기 위하여 지속적으로 새로운 버전의 소프트웨어를 제공하는 것이 문제이다. 새로운 버전과 이전 버전 사이에 작성된 문서의 호환성 문제가 발생한다. 구 버전 소프트웨어로 신 버전 문서를 열면 서식, 내용이 제대로 표시되지 않는다.

그리고 폰트의 호환성 문제도 발생한다. 운영체제, 소프트웨어 버전, 디바이스에 따라 문서가 다르게 나타난다. 문서작성에 사용된 폰트가 PC, 스마트폰에 설치되지 않으면 문서열람이 불가능하다. 편집의 최적성으로 누구나 쉽게 문서내용의 변경이 가능하기 때문에 보안, 보관, 관리가 힘든 전자문서이다.

그림 11-3 오피스 소프트웨어

■ 특정 기업에 종속된 폐쇄형 문서

일반적으로 많이 사용되는 HWP, DOC, XLS, PPT 도구는 특정 기업에 종속된 폐쇄형 전자문서이다. 문서시장 대부분을 한글과컴퓨터와 마이크로소프트가 지배하는 환경에서 소프트웨어의 저작권이 문제가 된다. 따라서 새로운 버전의 문서 개발도 이들 기업에 의해 종속되기 때문이다.

ODF의 등장

이와 같은 문제를 해결하기 위해 도입한 것이 개방형 문서 표준인 ODF^Open Document Format 기반의 전자문서이다. ODF 전자문서의 도입으로 그동안 사회, 경제적으로 비효율적으로 인식된 종이문서 사용이 감소되면서 종이없는 사회를 실현하게 되었다. 전자문서의 사용으로 교통비, 종이문서 보관비 등 많은 규모의 사회적 비용을 절감하는 효과가 나타난다. 개방형 표준 전자문서는 대표적으로 개방형 문서 표준형식(ODF), XML(HTML), PDF 등을 사용하고 있다.

ODF는 문서를 다른 시스템과 상호교환하기 위한 문서구조와 인터페이스를 정의한다. 문서의 편집처리에 필요한 논리 구조와 출력을 위한 레이아웃의 정보가 있다. ODF의 도입으로 소프트웨어의 종류와 버전에 무관하게 모든 데이터와 문서가 상호교환이 가능해진다. ODF는 리브레오피스^Libreoffice 등 오픈소스 오피스에서 제안된 표준포맷으로 시장을 넓혀가고 있다.

하나 더 알기 **개선이 필요한 ODF**

ODF 기반의 전자문서 형식도 문제가 있다. 첫 번째 문제는 개발 주체의 불명확성으로 주기적으로 소프트웨어의 성능을 개선하는 폐쇄형 전자문서형식보다 품질이 떨어진다. 개방형 문서표준을 제대로 따르지 않는 저질 소프트웨어가 시중에 유통되고 있다.

그림 11-4 개방형 문서 표준인 ODF의 역할

국내 문서작성 시장은 'DOC', 'HWP'로 양분된 환경의 특이성 때문에 기업과 사용자들은 MS 오피스와 한글 오피스를 함께 설치한다. 이중 설치의 번거로움과 구매비용도 문제가 된다. 그리고 전자문서의 장기 보존을 위한 개방형 표준이 필요해졌다. 정부와 공공기관의 주도로 개방형 문서 표준인 ODF가 추진되면서 기존 오피스 시장도 빠르게 재편되었다. 민간에서도 특정 기업에 종속되어 있는 폐쇄형 문서 환경의 문제가 항상 걸림돌이었다. 그동안 독점적인 비표준의 HWP 문서 서식은 제대로 호환되지 않아 정보교환과 처리가 원활하지 않았다.

ODF의 도입으로 다른 문서형식과 호환성을 제공하는 표준으로 다양한 전자문서 서식의 활용이 가능해졌다. 표준화를 이루면 기업과 사용자는 편리하게 다양한 문서작성이 가능하다. 따라서 하나의 프로그램으로 2가지 문서형식으로 모두 편집과 저장이 가능해졌다. 오랫동안 막혀 있던 문서형식의 장벽이 사라지고 기업에서도 부담을 덜게 되었다.

모바일 시대가 본격화되면서 문서작업 방식도 달라졌다. 최근의 오피스 소프트웨어는 PC 중심의 설치방식에서 사용의 편의성을 위하여 모바일과 클라우드 환경으로 이동하고 있다. 출시된 클라우드 환경의 오피스 서비스들은 별도의 프로그램 설치없이 PC, 웹, 모바일 환경에서 서로 연동해 사용이 가능하다. 텍스트, 그림, 도표 정도의 간단한 문서작성이 목적이라면 알맞은 저작도구는 다양하게 존재한다. 복잡한 수식과 편집과정을 요구하지 않는 문서작성은 클라우드 서비스를 이용하면 손쉽게 해결할 수 있다.

클라우드 저장소

클라우드 서비스는 제작된 문서를 PC 환경에서 벗어나 클라우드 저장소에 저장한다. 온라인으로 클라우드에 접속하여 기존의 PC 환경과 동일하게 문서내용을 PC, 태블릿PC, 스마트폰 등과 같은 모든 플랫폼에서 열람, 편집작업이 가능해졌다. 사용자는 클라우드 서버에서 문서 프로그램을 실행하기 때문에 모든 운영체제에서 문서작성을 할 수 있다. 클라우드 서비스 사용자가 증가하고, 클라우드 기술이 ICT 업계 전반으로 확장됨에 따라 MS워드와 한글도 클라우드 문서도구인 오피스365와 넷피스를 출시했다. 클라우드 문서도구의 문서편집 기능은 일반 워드프로세서보다 떨어지지만, 대신 공유와 협업이라는 강력한 특징을 제공한다. 폴라리스 오피스 앱은 전세계 8억 명의 사용자가 이용하고 있다.

그림 11-5 클라우드 환경의 오피스 서비스

SECTION
02

시각적 재현 미디어, 이미지

1 이미지의 커뮤니케이션 기능

이미지Image라는 단어는 영상, 심상, 그림 등으로 번역된다. 이미지에 대한 정의는 사용하는 분야별로 다양하게 기술한다. 영화 분야에서는 스크린 상에 나타나는 장면의 시각적인 재현이라고 기술하고, 애니메이션 분야에서는 사람이나 사물에서 받는 느낌 즉, 심상과 같이 마음속에 떠오르는 영상을 이미지라고 기술한다. 모든 이미지는 전달하는 정보를 구체화함으로써 내용을 보다 선명하게 인식하게 한다.

멀티미디어 환경에서 이미지는 2차원 평면에 나타나는 시각적 표현물이다. 요즘에는 스마트폰과 디지털 디바이스에서 이미지를 생성·저장한다. 입력된 이미지는 기억장치에 저장되고 처리된다. 이미지는 텍스트로 전달하기 어려운 내용을 그림이나 그래프로 쉽고 명확하게 전달한다. 저장용량도 다른 데이터에 비해 상당히 크다.

그림 11-6 이미지가 주는 메시지와 정서적인 반응

이러한 배경으로 최근에는 SNS 트렌드가 문자에서 사진 · 동영상으로 이동했다. 따라서 현대인들의 소통방법이 글자 위주에서 음성으로 그리고 비주얼 커뮤니케이션인 이미지로 변화되고 있다. 스마트폰에 익숙한 요즘 젊은 세대들이 주로 이용하는 SNS는 모두 사진·동영상이 우선으로 글보다는 사진이 끌린다. SNS 트렌드가 문자에서 사진·동영상으로 이동하면서 글보다 SNS에 사진을 올리는 것이 간편하고 이해하기도 쉽기 때문이다. 스마트폰에 익숙한 젊은 세대들은 사진과 영상을 남기는 것이 습관화돼 있고, 글보다는 이미지가 익숙한 세대이기 때문에 최근 유행하는 SNS들은 이런 이용자들의 습관에 맞춰 성장하고 있다. 이미지로 감정 표현하는 1020 세대를 위해 사진, 10초 안팎의 짧은 영상을 제작하는 다양한 영상 앱들이 출시되어 여러 사람이 영상들을 공유하거나 메시지를 전송한다.

그림 11-7 **비주얼 커뮤니케이션, 사진 한컷이 중요한 판단의 기준**

2 픽셀과 해상도

모든 디지털 이미지들을 크게 확대하면 그림의 경계선에 작은 사각형들이 계단처럼 붙어 있다. 이와 같이 디지털 이미지들은 네모 모양의 매우 작은 점들이 모여서 하나의 그림을 보여준다. 이미지의 구성요소인 네모 모양의 점들을 픽셀Pixel 또는 화소라고 한다. 해상도Resolution란 디스플레이 장치나 인쇄물에서 이미지의 정밀도를 나타내는 지표이다. 단위는 인치당 픽셀의 개수를 사용하는데, 디스플레이 장치의 해상도는 PPIPixel Per Inch를 사용하고 인쇄물의 해상도는 DPIDot Per Inch를 사용한다.

같은 면적에 픽셀의 개수가 많을수록 해상도가 높은 이미지가 되고, 그림이 더 선명하고 정교하다. 하지만 1인치에 표현되는 픽셀 수가 많을수록 메모리 용량이 많이 필요하고 컴퓨터 속도는 느려진다. 반면 원래 이미지를 픽셀 단위로 저장하고 표현하게 되면 불가피하게 이미지 손상이 생긴다. 이러한 문제를 해결하기 위해서는 해상도를 증가시켜 픽셀 격자Grid의 간격을 줄여야 한다. 따라서 높은 해상도로 메모리 용량을 많이 차지하거나 해상도가 낮아 원본 이미지가 손상되지 않도록 이미지 사용 목적에 맞게 적절한 해상도를 적용해야 한다.

그림 11-8 **디스플레이의 픽셀과 해상도의 관계, 해상도가 높을수록 더 선명**

하나의 픽셀에는 이미지를 표현하기 위한 색상 정보가 저장된다. 하나의 픽셀에 색상을 표현하기 위해서는 여러 비트가 필요하다. 픽셀의 색상 수는 픽셀을 구성하는 비트의 수로 결정된다. 만약 픽셀이 1비트인 경우 0 또는 1을 표현할 수 있으므로(2^1) 색상은 검은색과 흰색 2가지만 나타낼 수 있다. 픽셀이 8비트인 경우에는 2^8으로 256가지의 색상을 표현할 수 있다. 24비트인 경우에는 2^{24}으로 16,777,216가지의 색상을 표현할 수 있다.

하나 더 알기 **발전하는 디스플레이 기술**

사람의 눈이 인식하는 화소는 한계가 있어 어느 정도 이상을 넘어가면 더 이상 이미지를 세밀하게 보지는 못한다. 그럼에도 불구하고 디스플레이 기술은 인간의 눈이 확인할 수 있는 한계 넘어서 무한진화 중이다. 새로운 소재의 발견으로 커브드 디스플레이, 폴더블, 롤러블 등의 플렉서블 디스플레이, 투명 디스플레이를 넘어 신축성이 특징인 스트레처블 디스플레이Stretchable Display까지 발전하고 있다.

3 이미지의 저장 형식

웹에서 구현하는 이미지 형식은 다양하다. 그중 대표적인 유형과 그에 맞는 특장점을 알아보자.

비트맵

비트맵Bit Map, BMP 이미지 형식은 1983년 마이크로소프트에서 윈도우즈의 GUIGraphical User Interface를 위해 개발했다. 윈도우즈의 기본적인 이미지 파일 형식은 BMPBitmap이다. 이미지를 저장하는 여러 파일형식 중에서 제일 간단하며 윈도우 OS의 그래픽, 이미지를 저장하는 기본형식이다. 현재는 윈도우뿐만 아니라 많은 이미지 처리 프로그램에서 비트맵 이미지 형식을 지원하고 있다. 1970년대 후반 컴퓨터 그래픽 기술의 발전에는 비트맵 이미지 처리기술의 등장이 배경이 되었다.

비트맵 이미지는 그림을 미세한 화소Pixel로 세밀하게 분해하고 각 화소의 색상과 위치를 설정하고 저장한다. 일반적으로 컴퓨터에서 사용되는 디지털 이미지는 비트맵 방식이다. BMP 형식은 복잡한 형태의 그림, 사진도 표현할 수 있는 것이 장점이다. 화질은 우수하지만 데이터 용량이 매우 커서 보관과 전송의 문제를 가진다.

비트맵 이미지 형식은 이미지를 저장하는 파일형식 중 구조가 가장 단순하며, 빠른 이미지 처리를 위한 전용형식으로 사용된다. 일반적으로 데이터를 압축하지 않고 사용하지만 RLE 압축 방식도 지원한다. 일반적으로 비트맵 이미지는 이미지의 표현력이 좋고 처리속도가 빠른 반면 확대할 경우 해상도가 떨어지는 단점이 있다. 이러한 단점은 컴퓨터의 저장용량과 디스플레이 처리속도가 증가되고 네트워크 대역폭이 증가되면서 현재는 크게 문제가 되지 않는다.

JPG

JPG 이미지 형식은 웹에서 가장 범용적인 이미지 저장형식으로 디지털 이미지 파일의 대명사이다. JPG 표준은 현재 웹사이트, 인쇄, 출판, 광고 등에서 가장 보편적으로 사용되는 이미지 형식이다. RGB, CMYK 컬러모델을 지원하며 이미지 데이터를 압축하여 저장하기 때문에 이미지의 이동, 복사, 전송, 저장, 재생 속도를 획기적으로 향상시키는 성과를 거두었다.

이미지의 호환성은 우수하지만 압축률에 따라 해상도가 떨어지는 단점이 있다. 압축률을 증가하기 위해서 대량의 이미지 정보를 삭제하면 세세한 부분의 이미지가 제거되기 때문에 이미지의 품질은 낮아진다. 또한 압축과정에서 해상도의 일부 손실이 있지만, 이미지가 손상된 것을 느끼지 못할 정도의 압축은 25:1의 압축률이다.

디지털 카메라 기술의 발전으로 1억 화소의 사진들이 등장하면서 이미지의 압축률이 가장 큰 문제가 되었다. 스마트폰이 카메라를 대체하고 사진으로 소소한 일상을 모두 담고 소통하는 시대에서 JPG 파일은 한계에 부딪혔다. JPG는 이미지 화질의 선명도를 계속 증가시킬 수 있지만 이미지 용량의 크기가 비례하여 증가하는 단점이 있다. 모바일 기기 사용이 증가하는 최근 저장공간을 좀먹는 주범이고, 대용량 이미지를 전송할 때 데이터 사용량 증가의 주범이 되었다. 따라서 압축효율이 높은 형식에 대한 요구가 대두되기 시작했다.

GIF

GIF Graphic Interchange Format 형식은 JPG, PNG, BMP 등과 함께 웹 표준 이미지로 가장 널리 사용된다. 아이콘 기반 OS, 온라인 환경을 위해 1987년 등장하여 각종 웹페이지 이미지로 널리 사용되었다. 무손실 압축 방식인 LZW Lempel.Ziv.Welch 알고리즘을 사용하여 이미지 품질의 손상 없이 용량을 감소시킨다.

GIF 압축기술은 1.5:1~2:1의 비율로 압축하며, 이미지 품질의 손상없이 파일용량을 원본의 최대 40%까지 감소시킨다. 따라서 저장공간의 절약과 인터넷 환경에서 빠르게 이미지를 전송하기 위해서 개발되었다. 따라서 정밀한 사진보다 단순한 색상으로 이루어진 선, 아이콘 Icon 등에 사용하면 유용하다. 화질 대비 용량이 작지만, 최대 256색상을 사용하는 이미지만 구현할 수 있다. 압축기술의 특허 때문에 널리 사용되는데 한계가 있었다.

GIF가 35년 넘게 기술적인 변화없이 인기를 누리는 이유는 3단계 도약의 역사적인 배경으로 분류된다. 첫 번째는 PC통신을 위한 GIF 이미지 기술의 탄생이다. 인터넷 속도가 느린 예전의 웹브라우저에서 BMP보다 적은 용량으로 높은 활용성을 나타냈다. 두 번째는 초고속 인터넷의 보급으로 개인용 홈페이지 시대에 움직이는 GIF가 활성화되었다. 세 번째는 이미지 공유사이트인 텀블러의 등장으로 GIF가 대세가 되었다. 미니홈피처럼 GIF로 자신의 개성을 표현하며 좋아하는 콘텐츠를 짧은 GIF 동영상 클립을 제작하고 공유했다.

PNG

PNG Portable Network Graphics 이미지 형식은 1996년에는 무손실 압축형식으로 등장했다. GIF 형식의 필수적인 LZW 압축기술의 사용료에 대항하기 위해 오픈소스로 탄생한 파일형식이다. 저작권 문제뿐만 아니라 GIF 속도의 한계, 색상의 한계 등 여러 가지 문제점들을 보완하여 출시했다. PNG는 GIF와 같은 무손실 압축 이미지 규격이면서도 JPG과 동일한 트루컬러(1,677만 가지의 색)를 표현한다. 따라서 GIF 형식을 대체하여 인터넷에서 원본 이미지를 그대로 표현할 수 있다. GIF 형식이 용량대비 화질은 좋지만 문자, 선, 세밀한 격자 등이 있는 이미지에서 품질이 떨어진다는 단점이 있다. PNG 형식은 이러한 문제를 보완한다.

PNG 형식은 GIF보다 압축효율이 10~30% 정도 향상되어 GIF보다 적은 용량으로도 이미지 표현이 가능하다. 또한 화면을 짝수와 홀수 줄로 분리하여 교대로 주사·재생하는 GIF의 특징인 인터레이싱Interlacing 기능과 투명기능도 제공한다. GIF의 단색 투명색과 달리 8비트 알파 채널을 이용한 부드러운 투명색을 지원한다. PNG 형식은 JPG와 GIF의 장점을 모두 갖추고 있으며, 화질은 BMP 정도의 높은 수준을 유지한다. 그러나 파일용량이 JPG나 GIF보단 크고, 애니메이션 기능은 별도로 제공하는 단점도 있다. GIF 형식의 핵심인 LZW 알고리즘에 대한 특허는 2003년 6월 만료되었다.

하나 더 알기 **GIF와 모바일의 만남**

GIF 이미지 형식은 30여년전 인터넷 초기부터 저용량 형식으로 사용되었지만 모바일 시대에 움짤의 인기로 강력한 힘을 발휘하고 있다. 최근 모바일 메신저, 소셜 미디어의 확산, 발달된 네트워크 기반시설을 바탕으로 빠르게 영역을 확대했다. GIF는 시각적인 효과가 강해서 축약어, 이모티콘 등으로 전달이 어려운 복잡 · 미묘한 감정을 전달하거나 효과적인 메시지 전달에 효과적이다. 잘 만들어진 GIF는 글보다 정서적인 반응을 전하기에 적합하기 때문이다.

그림 11-9 GIF animation, 하나의 파일에 다수의 이미지를 저장하고 동영상 같은 효과를 표현

SECTION
03 캐릭터 제작의 핵심, 컴퓨터 그래픽

1 컴퓨터 그래픽 기술의 진화

컴퓨터 그래픽Computer Graphic, CG은 컴퓨터를 사용하여 제작된 이미지와 그들의 구현을 위한 기술을 통합하여 부르는 말이다. 시각예술의 한 분야로 과학과 미술의 결합으로 실제보다 더 실제 같은 현실을 만들어 낸다.

컴퓨터 그래픽 기술은 텍스트만 나타나던 화면에 3D 그래픽을 표현함으로써 컴퓨터와 상호작용을 향상시켰다. 이후 이러한 개념은 발전을 거듭하며 오늘날 윈도우, 맥OS 등 그래픽 기반의 컴퓨팅 환경을 탄생시켰다. 그리고 모니터의 화면에서 벗어나 사용자가 컴퓨터 세상에 직접 들어가 여러 프로그램을 제어하는 HMDHead Mounted Display 개념이 등장했다. HMD는 점점 발전해 가상현실 게임이 탄생하고, 센서 기술이 등장하면서 사용자는 가상현실 세계에서 상호작용하는 디스플레이로 발전하고 있다.

그림 11-10 컴퓨터 그래픽으로 합성한 흐린 하늘과 제작 과정

ICT 환경의 발전으로 시각적인 특수효과를 표현하는 비주얼 이펙트VFX, Visual Effects 분야가 많은 발전했다. 소프트웨어뿐만 아니라 컴퓨팅 능력, 기억용량 등 하드웨어의 발전과 애니메이션 전문가들의 효과적인 활용과 역량도 향상되면서 시각화 기술은 비약적으로 성장했다. 모션 센서를 장착한 사람의 움직임을 형상화된 캐릭터에 입혀 처리한 특수효과를 실시간 시뮬레이션으로 즉각적으로 확인도 가능해졌다. 실존하는 오브젝트를 사진 촬영 후 클라우드에 올리면 3D 모델링으로 자동 변환하는 기술도 등장했다. 비용절감을 위한 기존 프로세스의 재활용 등 이러한 기술들은 콘텐츠 제작에 영향을 미쳐 더 극사실적인 콘텐츠를 만들 수 있는 기반이 되고 있다.

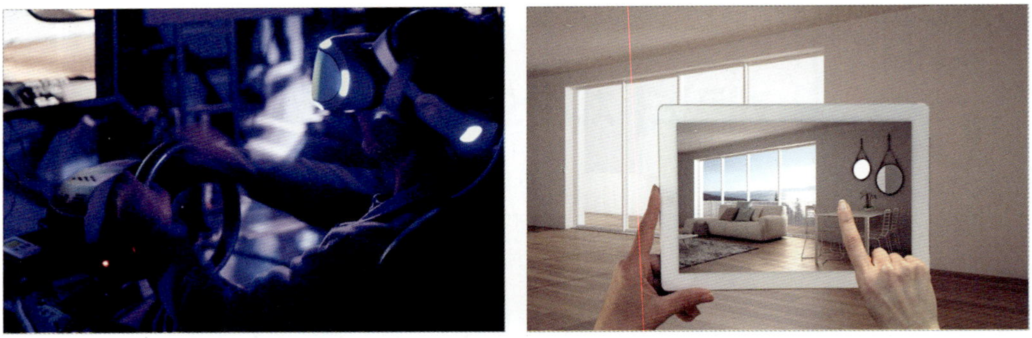

그림 11-11 3D 자동차 운전 시뮬레이터, 3D 시뮬레이션 증강현실

현재 컴퓨터 그래픽 기술은 게임, 가상현실, 영화, 방송, CF, 애니메이션 등 광범위하게 이용된다. 최근에는 영화뿐만 아니라 실생활의 다양한 분야에서 컴퓨터 그래픽 기술이 폭넓게 활용된다. 올림픽과 각종 선거방송 등을 통해 컴퓨터 그래픽의 대중화에 기여했다. 범죄자를 찾는 3D 몽타주부터 교육용 입체지도까지 다양하다. 특히 상업적인 용도 외에 회화, 디자인 등과 같은 창작예술 분야뿐만 아니라 시뮬레이션, CAD, 의료, 과학, 군사, 교육 등과 같은 분야에서도 활용되고 있다.

향후 미디어 및 엔터프라이즈 산업의 핵심은 가상현실VR이 될 것이다. 콘텐츠를 소비하는 방식, 제작방식 모두 VR 기술이 큰 영향을 미쳐 영화, TV, 게임 콘텐츠가 3D 홀로그램으로 제작될 것이다. 더 나아가 콘텐츠 제작에도 VR이 활용되어 미래에는 VR 헤드셋을 끼고 상호작용하면서 손으로 직접 만지며 콘텐츠를 컴퓨터 그래픽을 구현하는 시대가 될 것이다.

2 2D 그래픽과 3D 그래픽

2D 그래픽은 이미지를 2차원적인 평면 공간에서 다루는 분야이다. 3D 그래픽은 이미지를 3차원적으로 디자인할 수 있도록 해준다. 두 기술의 특장점을 알아보고 구별해보자.

2D 컴퓨터 그래픽이란

2D 컴퓨터 그래픽은 2차원 평면에 x와 y라는 2가지 좌표만으로 구현된 이미지이다. 2D 애니메이션, 일러스트, 문자 디자인 등에 사용되었다. 초기에는 설계도면이나 플로터Plotter를 이용하여 표현했지만 이후에 컴퓨터를 이용한 그래픽 이미지로 표현되었다. 2D 컴퓨터 그래픽은 픽셀의 집합으로 이미지를 만드는 래스터 그래픽Raster Graphic 방식을 사용하다 선의 집합으로 이미지를 생성하는 벡터 그래픽Vector Graphic 방식으로 발전하였다. 제작 소프트웨어로는 드로잉, 페인팅, 이미지 프로세싱, 2D 애니메이션 같은 프로그램을 사용한다.

2D 컴퓨터 그래픽은 대상의 형태, 성분, 색채 등 각종 성분을 컴퓨터에 입력한 후 이미지 변환을

통해 이미지를 만들어낸다. 대상의 형태, 색상, 질감, 휘도 등을 의도대로 변형할 수 있고 복잡하고 규칙적으로 만들어진 도형(또는 모형)을 대량 복사할 수 있다. 2D 컴퓨터 그래픽에 움직임을 입히면 2D 애니메이션이 된다. 2D 애니메이션과 비교하여 3D 애니메이션은 X축과 Y축의 평면 공간에 Z축을 추가해 배경과 사물, 캐릭터 등을 입체적으로 표현한다.

그림 11-12 2D 그래픽의 예시

초기 2D 컴퓨터 그래픽은 단순하고 기하학적인 추상물을 표현하거나 그림 합성, 변형 등에 사용되었다. 낮은 기술 수준으로 이미지의 현실감이 떨어져 시각효과를 추가하여 사용하기도 했다. 그러나 기술이 발전하고 그래픽 처리장치GPU, Graphics Processing Unit가 보편화되면서 보다 정교하고 사실적인 표현이 가능해졌다. 3D 그래픽에 밀려 사용빈도가 감소되는 것 같지만 인쇄물, 영상편집, 일러스트, 만화, 애니메이션 등 아직도 사용 분야는 다양하다.

3D 컴퓨터 그래픽이란

3D 컴퓨터 그래픽은 2차원 이미지를 3차원 공간에 존재하는 형태로 인식하도록 속임수를 사용한다. 대상이 되는 모델의 기하학적 데이터를 (X, Y, Z)축의 공간 좌표를 이용하여 3차원으로 표현한 후 2차원 화면에 나타낸다. 공간좌표는 (X, Y, Z)축을 이용해서 대상의 폭, 높이, 깊이를 나타낸다. 좌표축의 의미는 맥스Max, 마야Maya 등과 같은 그래픽 프로그램에 따라 다르게 사용된다. 3D 컴퓨터 그래픽을 만들기 위해서는 대상의 빛, 농도, 원근, 재질 등 많은 속성의 상호작용을 고려하여 2차원의 표면에 사실적으로 표현해야 한다. 3D 컴퓨터 그래픽에서 이미지의 표현방식은 2D 컴퓨터 그래픽과 많은 공통점이 존재하여 때로는 구별이 모호한 경우가 있다. 2D 컴퓨터 그래픽 이미지를 다루는 프로그램이 조명효과를 표현하기 위해 3차원 알고리즘을 사용하거나 3D 컴퓨터 그래픽 이미지를 다루는 프로그램이 반대로 2차원 기술을 사용하는 경우가 있다.

3D 컴퓨터 그래픽 제작 과정

컴퓨터 그래픽에서 모델링은 컴퓨터 내부의 3D 가상공간에 수학적인 모델을 이용하여 3차원 모형을 만드는 것을 의미한다. 입체적인 3차원 물체의 형태를 형상화하는 작업이다. 3차원 컴퓨터 그래픽의 첫 단계는 모형Object을 생성하는 것이다. 제작과정은 물체를 표현하는 모델링Modeling 작업, 음영처리를 하는 셰이딩Shading, 실제 물체와 비슷한 질감을 표현하는 매핑Mapping, 연산처리로 최종적인 화면을 만드는 렌더링Rendering 단계를 거쳐 실제 물체와 유사한 중량감과 질감이 완성된다.

표 11-1 3D 모형 제작 과정

3D 모형 제작과정				
모델링(Modeling)	렌더링(Rendering)			
	투영(Projection)	은면처리(Hidden Surface)	셰이딩(Shading)	매핑(Mapping)

모형을 표현하는 방법에는 폴리곤Polygon 방식과 스플라인 곡선Spline Curve을 사용한다. 폴리곤 방식은 모형의 모든 표면을 삼각형 또는 다각형으로 표현한다. 스플라인 곡선방식은 곡선으로 일정한 형식으로 뼈대를 만든 다음 곡면을 표현하여 형상화하는 방식이다.

각각의 표현방식은 고유의 장단점을 갖지만 폴리곤 모델은 가장 각광받는 기법이다. 하드웨어와 소프트웨어 측면에서 구현이 간편하고 컴퓨터의 성능이 뒷받침해주기 때문에 적절한 시점에 불필요한 다각형들을 제거함으로써 비교적 쉽게 성능 향상을 얻을 수 있다. 대부분의 상용 소프트웨어들은 사용자가 이들 장단점을 최대한 활용할 수 있도록 여러 방식의 모델링 방법들을 제공하지만, 일반적으로 최종 결과물은 다각형 모델이다. 3D 모형 제작과정은 주로 3D 그래픽 도구를 이용하며, 결과물은 현실의 물체와 달리 데이터로 저장한다. 컴퓨터 그래픽에서 모든 요소들은 객체Object이며, 컴퓨터에 형태Shape와 질감Texture이 수치로 표현된다. 모델링된 3차원 모형은 프레임마다 모델이 변하도록 동작을 입력하여 애니메이션으로 출력한다. 또는 프로그래밍과 모델의 결합으로 다양한 시뮬레이션을 수행하고, 게임으로 저장하고, 3D 프린터를 이용해 실제 모형으로 출력할 수 있다.

그림 11-13 모델링에 의한 3D 렌더링 결과물

TIP 모델링을 통해 탄생한 3차원 모형은 재질과 조명 등을 설정하여 실제 물체와 비슷한 질감으로 표현하도록 최종 결과를 출력하는데, 이러한 출력 과정을 렌더링Rendering이라고 한다.

SECTION

04

고부가 가치 콘텐츠, 애니메이션

1 애니메이션의 개요

애니메이션Animation은 만화, 그림 등 정적인 매체에 생명을 불어넣어 움직임을 나타내는 역동성과 사운드 등을 추가하는 촬영기법 또는 영화를 총칭한다. 서로 연계된 정적인 수많은 장면을 빠르게 전환하여 시청자들에게 잔상효과로 착시를 발생시키는 기법이다. 잔상효과는 주로 TV, 영화, 애니메이션에서 활용한다. 특정한 정지된 영상을 빠르게 전환하면 뇌가 방금 전 영상을 기억하고 다음의 영상이 겹쳐지면서 움직이는 영상으로 보이는 착각의 효과이다.

그림 11-14 전통적인 애니메이션과 디지털 애니메이션

세계 애니메이션 산업은 미국과 일본이 선도하고 있다. 미국의 경우는 극장용 애니메이션 위주로 시작했다. 미키 마우스, 도널드 덕, 구피 같은 캐릭터들과 관련 산업의 파급효과로 상업성에 눈을 떴다. 전통적인 미학적 관점에서 애니메이션을 재현하기 위해 막대한 예산과 시간을 들여 제작했다. 마치 동물이 살아있는 것처럼 움직임을 표현하기 위해 1초당 24프레임으로 제작하며 다양한 기법을 사용했다. 애니메이션에 특화된 캐릭터, 가속도·중력 계산에 의해 과장하는 등 특유의 연출법을 사용했다. 단순한 손 그림이 아닌 점토 애니메이션, 종이 애니메이션, 스톱모션 애니메이션, 피사체로 사람을 이용하는 픽실레이션Fixilation 애니메이션 같은 다양한 방법을 일본보다 적극적으로 사용했다. 이는 애니메이션의 움직임을 표현하는 데 중점을 두기 때문이다.

그림 11-15 풀 애니메이션(미국), 연속적인 그림으로 자연스럽고 유연한 동작을 표현

일본의 경우는 움직임에 특별한 의미를 두지 않고 만화의 연장선으로 인식한다. 일본 애니메이션은 20세기 영화기술이 발달할 무렵 영화 특유의 기법인 편집 개념을 애니메이션에 적용하였다. 자본 부족으로 프레임 절약을 위해 적극적으로 활용한 기법으로 일본 만화 특유의 연출과 시너지 효과를 가져왔다. 1초간 촬영하는 그림의 개수가 적은 것은 일본 애니메이션 특징이 되었고 오늘에 이르렀다.

그림 11-16 리미티드 애니메이션(일본), 같은 동작의 동일한 그림을 반복적으로 사용

애니메이션은 크게 전통적인 애니메이션Traditional Animation과 디지털 애니메이션Digital Animation으로 분류된다. 전통적인 애니메이션은 일반적으로 2D 애니메이션이며, 모든 과정이 수작업으로 진행된다. 대표적인 예로 필름을 이용하여 제작한 만화영화가 있다. 디즈니 등을 중심으로 수많은 고전 애니메이션이 제작되었으며 만화산업이 성장한 일본에서도 일본식 2D 애니메이션을 제작하였다. 디지털 애니메이션은 컴퓨터 애니메이션Computer Animation이라고도 한다. 제작과정의 일부분 또는 전체에서 컴퓨터를 활용하여 만든다. 컴퓨터 하드웨어와 그래픽 소프트웨어의 발전으로 제작방식이 디지털로 변경되었으며 컴퓨터 그래픽 기술을 이용한다. 최근에는 고도로 발전하는 3D 그래픽 기술을 이용해 3D 애니메이션이 많이 제작되고 있다. 실사영화와 기존의 셀 애니메이션으로 양분된 영상시장에서 고부가가치 산업으로 새롭게 부상하고 있다.

디지털 애니메이션은 전통적인 만화영화의 다양한 기법들을 계승하면서 컴퓨터 그래픽 등 새로운 기술들을 활용하여 새로운 애니메이션 기법을 구축하였다. 컴퓨터 그래픽 기술의 발전은 전통적인 애니메이션에서 디지털 애니메이션으로 이어지는 진화과정과 함께 한다.

2 3D 디지털 애니메이션

디지털 애니메이션Digital Animation은 오늘날 애니메이션 제작방식의 주류가 되었고, 3D 애니메이션으로도 불린다. 디지털 애니메이션은 첫 작업으로 2D·3D의 원화 이미지, 모델들을 스캔작업으로 디지털 데이터로 컴퓨터에 저장한다. 그 후에 데이터의 일부 변수를 변화시키면서 프레임 단위로 애니메이션을 제작하여 화면에서 연속적으로 움직이도록 구현하는 기술이다. 그래픽 입력장치인 디지타이저Digitizer를 이용하여 컴퓨터에 그림을 직접 그리고 이후 단계를 진행하는 방식이다.

디지털 애니메이션은 전통적인 셀 애니메이션의 상업적인 한계를 극복하기 위하여 1980년대 중반부터 활발하게 사용되었다. 디지털 애니메이션은 존재하지 않는 물체, 움직임의 표현, 특정한 상황을 강조할 수도 있다. 디지털 애니메이션은 셀 애니메이션의 전통과 기법을 계승하면서 컴퓨터 그래픽 기술과 다양한 기술적인 요소들을 이용하여 특유의 사실성을 기반으로 새로운 애니메이션을 제작하고 있다.

그림 11-17 컴퓨터 애니메이션

3D 디지털 애니메이션의 특장점

3D 디지털 애니메이션은 컴퓨터를 사용하여 입체적인 3차원 가상공간에 제작하는 애니메이션이다. 창의적인 작업을 제외한 동화와 채색작업을 컴퓨터로 빠르고 효과적으로 처리하여 제작비가 감소된다. 최근에는 제작 소프트웨어의 기술발달로 더욱 정교하게 실사에 가까운 영상을 제작한다. 가상공간에 배경과 3차원 캐릭터를 배치하고 여러 카메라를 제어하면서 촬영하는데, 카메라의 움직임과 각도 등을 변화시키면 역동적인 장면이 만들어진다. 특히 카메라 앵글이 자유롭게 비행할 수 있기 때문에 관찰자의 시선을 거의 무한대로 확장시킨다. 최근에는 사람들의 상상력을 직접 재현하는 장점으로 급격하게 확산되고 있다.

그림 11-18 《겨울왕국 2》 애니메이션 영화 최초로 관객 천만명을 돌파

3D 애니메이션은 최신 그래픽 기술을 사용할 뿐만 아니라 하나의 캐릭터에 대한 모델링이 완료되면 모델링 데이터를 재사용하여 다양하게 변형한 뒤 또 다른 모델을 만들 수 있다. 오브젝트의 회전, 이동, 위치 변화는 물론 크기, 색상, 명도, 표면구성, 시간에 따른 변화를 표현할 수 있다. 또한 카메라 위치, 방향, 초점, 거리 등과 같은 매개변수와 빛의 효과, 조도, 렌더링 등에 연관된 매개변수를 변화시켜서 향상된 애니메이션을 만들 수 있다. 동일한 배경이나 캐릭터를 프레임마다 다시 그리는 일반적인 애니메이션 방식과는 다른 3D 디지털 애니메이션만의 장점이다. 3차원으로 만든 캐릭터는 외형적인 특징을 강조할 수 있으며 2D 애니메이션과는 비교되지 않을 정도로 실사와 같은 그래픽으로 표현할 수 있다.

3D 디지털 애니메이션의 한계

2D 애니메이션은 정지된 캐릭터들의 변화되는 동작을 연속으로 촬영하여 제작한다. 착시현상을 이용한 방식이다. 반면 3D 애니메이션은 컴퓨터로 계산하여 캐릭터들을 움직이게 만든다. 모델링 과정에서 3차원 모델은 실제 공간이 아닌 가상공간에서 계산된 데이터와 부호로만 존재한다. 컴퓨터로 계산과정을 거치면 현란한 움직임까지 표현할 수 있다. 그러나 아직까지 '사람' 캐릭터를 사실적으로 표현하는 데는 많은 어려움을 가지고 있다. 사람의 표정이나 행동을 사실적으로 표현하기 위해서는 상당히 복잡한 과정과 정확한 데이터가 필요하기 때문이다.

최근에는 기술발전으로 실사영화에 가까운 영상미를 표현하지만, 이러한 화면을 구현하기 위한 렌더링의 비용 역시 증가하고 있다. 장편의 애니메이션 제작은 슈퍼컴퓨터에서 장면의 연산을 수행하기 때문에 많은 시간과 자본이 요구된다. 《겨울왕국》의 얼음성 건설장면에서 엘사가 발코니로 걸어나오는 장면은 218프레임으로 구성되었다. 이때 1프레임의 렌더링은 132시간 정도 소모되었다. 얼음을 표현하는 3D 소프트웨어의 특성상 통과하는 빛이 많으면 그것을 일일이 계산해서 표현하기 때문이다.

3D 디지털 애니메이션 제작이 증가하면서 또 다른 문제도 나타났다. 인간 캐릭터의 경우 표정,

행동 등 사실적인 표현에 한계를 나타냈다. 얼마 전까지 사실적인 인간 캐릭터의 움직임을 표현하는 것은 상당히 복잡한 과정을 요구했다. 컴퓨터에 의해 표현된 3D 캐릭터 모델은 데이터 또는 정해진 계산에 의해서는 매우 현란한 움직임도 나타낸다. 그러나 실제 사람의 표정, 행동에는 일반적으로 주관적인 감정, 생각이 개입된다.

그림 11-19 **다양한 모션 캡처 기술에 의한 영상의 표현**

따라서 이러한 현실의 사실성을 있는 그대로 표현하기 위해 데이터 또는 정해진 계산으로 컴퓨터 모델을 조정하는 것은 거의 불가능했기 때문이다. 사실적인 표현을 많은 기술적 시도들이 있었지만 실망스러운 결과만 반복되었다. 이러한 문제를 해결하기 위해 최근에는 모션캡처Motion Capture, 퍼포먼스 캡쳐Performance Capture 기술이 등장하였다. 모션캡처 방식은 연기자의 동작을 스캔·캡처하여 비용과 시간을 효율적으로 절약해주기 때문에 많은 3D 디지털 애니메이션에서 사용된다. 퍼포먼스 캡쳐 기술은 얼굴의 세부 움직임, 감정표현까지 정교한 스캔·캡처하여 실사같이 세밀한 표현까지 나타낸다.

SECTION
05 청각 미디어, 사운드

1 사운드의 개요

소리는 사람의 오감(시각, 청각, 촉각, 미각, 후각) 중에서 청각을 통해 전달되는 미디어로 일반적으로 사운드Sound라고 한다. 자연의 소리, 음악, 소음 등이 모두 사운드이다. 일반적인 정보 전달의 중요한 수단은 시각과 청각이다. 청각은 기능상 시각보다 훨씬 빠르고 정교하다. 사운드, 소리, 음 등의 용어는 일반적으로 모두 동일한 의미로 사용된다. 소리는 포괄적인 개념으로 사람의 귀에 들리는 모든 종류의 음파를 의미한다.

소리는 물체의 충격으로 발생된 물질의 떨림이 다른 매개체에 의해서 퍼져 나가는 현상이다. 떨림은 일반적으로 진동(음파)이라고 하며, 소리를 발생시키려면 진동을 만들어야 한다. 진동의 전달을 위해서는 매개체가 필요하다. 소리를 전달하는 대표적인 매개체는 공기이다. 공기가 없으면 소리를 전달할 수 없고, 물속에서는 소리 전달이 가능하다.

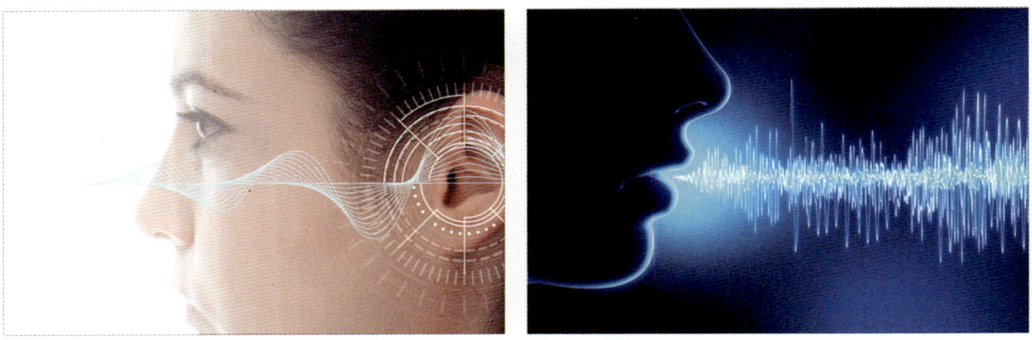

그림 11-20 소리의 생성과 전달

음파와 활용 범위

음파는 공기와 같은 매개체가 물체의 진동으로 주기적으로 발생하는 파동을 의미한다. 사람(발음체)이 말하면 목의 성대가 떨리면서(물체의 진동) 공기(매개체)로 전파되고 파동(음파)이 퍼져 나가 상대방 귀에 전달되면 '소리'로 들리게 된다. 음파는 사람이 들을 수 있는 소리의 파동으로 20Hz~20KHz의 주파수를 가청음파, 가청주파수 대역, 오디오Audio라고 한다. 정상적으로 듣지 못하는 소리는 초저주파(20Hz 미만), 초음파(20KHz 이상)로 구분된다. 따라서 사운드 신호를 처리하는 경우 가청주파수 대역을 미리 파악하면 사운드 처리에 매우 유용하다.

일반적으로 음파를 음악, 언어 분야와 관계된 것으로 생각하지만 활용 범위는 무한히 넓다. 음파기술은 음파의 처리, 가공, 계측, 해석을 위해 개발된 기술이다. 과거에는 주로 지뢰탐지기, 수중음파탐지기 등 군사장비, 신장의 돌, 혈전 분쇄 등 의료용 초음파 진단기기에 사용되었다. 음파기술은 관련 기술의 발전으로 우리 생활과 밀접한 분야로 활용 범위가 확대되고 있다. 예를 들어 음파 칫솔은 강력한 음파진동(31,000회/분)으로 미세하고 강력한 공기 방울이 플라크를 제거한다. 음파 커피머신은 음파기술이 사용되어 커피를 빠른 시간에 추출한다.

최근에는 음파를 활용한 정보통신과 모바일 결제로 발전하였다. TV 광고의 음파에 따라 앱이 해당 상품 사이트로 연결한다. 세컨드 스크린 서비스로 짧은 광고로 부족한 다양한 정보들을 효과적으로 소비자들에게 전달한다. 모바일 음파결제 방식은 비가청 음파결제 방식으로 특정 음파의 수신인증을 통한 간편결제 서비스이다. 음파 결제방식은 바코드 방식보다 단순하고, 스마트폰 제조사와 상관없이 사용이 가능하다. 그리고 별도의 결제 단말기가 필요없고, 전자파 대신 음파를 이용하기 때문에 몸에 해롭지 않은 장점이 있다.

그림 11-21 음파결제, 특정 음파 수신 인증을 통한 간편결제 서비스

하나 더 알기 **스피커 없이도 소리를 듣는 시대**

최근에는 모자를 쓰면 이어폰, 헤드폰이 없이도 소리를 들을 수 있는 기술을 개발했다. 모자에 부착된 골전도 진동장치에 의해 머리뼈로 소리를 만들어 전달한다. 현악기의 원리를 응용하면 자동차 패널의 특정 부분이 진동하면서 소리가 생성되어 차량 전체로 확산된다. 스마트폰, TV의 경우도 이미 스피커 없이 화면자체에서 입체적인 소리가 발생한다. 모자뿐만 아니라 진동을 소리로 바꾸는 다양한 기술이 실생활에 적용되면서 스피커 없이 소리를 듣는 시대를 열고 있다.

2 사운드의 구성요소

이전에는 공간으로 퍼져 사라지는 음악을 듣기 위해 금속, 플라스틱 판에 소리의 진동(파동)을 새겨 넣었다. 파동은 겹쳐지는 각 지점에서 파동의 높이가 서로 더해지거나 내려가는 특성이 있다. 파동이 겹치며 간섭무늬가 나타나는 것처럼 소리가 겹치며 음악이 탄생한다. 파동의 특징은 주기성이다. 공간에 퍼진 진동은 모양이나 시간에 따라 모두 주기적으로 나타난다. 그리고 파동의 파장과 진동수 사이에는 특별한 관계가 있다. 여기서 진동수는 주기의 역수로 1초 동안 진동한 횟수를 말한다.

사운드는 공기를 매개체로 진동하는 압축성 파동 형태를 나타낸다. 이를 음파라고 하는데 음파는 일정한 진동수로 반복하는 파형이다. 이때 파형은 동일한 모양으로 나타나는데, 이를 사이클Cycle이라고 한다. 하나의 사이클에서 음파의 압력 변화가 완전하게 1회를 반복할 때 소요되는 시간을 주기Period라고 한다. 1초당 반복되는 파동(진동수)의 측정단위는 주파수Frequency이며 헤르쯔Hertz, Hz로 표시한다. 그러나 모든 사운드의 음파가 주기적으로 나타나는 것은 아니다. 악기음, 사람의 음성 등은 주기적인 형태를 나타내지만 물이 흐르는 소리, 재채기 같은 소리는 비주기적인 형태를 나타낸다.

물질은 진동하는 형태에 따라 각각 다른 소리가 발생한다. 진동의 빠르기에 따라 소리의 높낮이가 구분되고, 진동폭의 크기에 따라 소리의 크기를 구분한다. 또한 진동하는 형태로 물체의 특징을 알 수 있다. 소리의 발생 위치는 두 귀에 도달하는 소리의 미세한 시간차이로 인식한다. 또한 소리는 온도에 따라서 다른 속도로 전달된다. 낮에는 지표면 온도가 높기 때문에 소리는 위로 갈수록 빨리 전달되어 진행 방향이 위로 굴절한다.

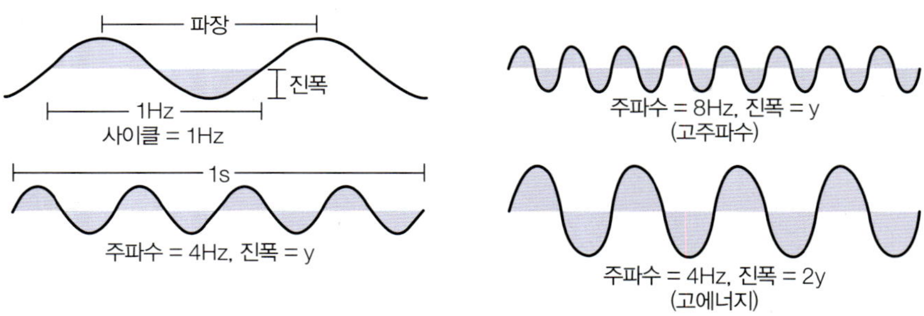

그림 11-22 **주파수, 진폭, 사이클의 관계**

세기

소리를 구성하는 3대 요소는 세기(크기), 높낮이, 음색이다. 소리의 세기는 소리의 크고 작음을 나타내며, 진폭Amplitude에 의해 결정된다. 진폭은 파형의 기준선에서 최고점까지의 거리를 의미한다. 진폭이 크면 진동 에너지가 증가하여 큰 소리, 진폭이 작으면 작은 소리가 된다.

높낮이

소리의 높낮이는 소리의 높고 낮음을 나타내며, 주파수에 의해 결정된다. 주파수가 높으면 고음, 낮으면 저음의 소리를 발생한다. 일반적으로 각각의 소리가 가지는 주파수는 음원의 형태에 따라 다르다. 진동수가 다르면 소리의 높이가 달라진다.

남자의 목소리가 여자보다 낮은 것은 남자의 성대가 여자보다 길어서 낮은 진동수의 소리를 내기 때문이다. 현악기, 관악기도 마찬가지이다. 또한 크기가 큰 물체에서 나는 소리가 작은 물체에서 나는 소리보다 주파수가 낮다. 음악에서 사용하는 음계(도~도)는 음의 높이Pitch 차이를 나타내며, 음계의 주파수 차이에 의해 발생한다. 낮은 도에서 다음 높은 도까지의 음계를 옥타브Octave라고 부르며, 1옥타브에서 높은 도의 주파수는 낮은 도의 2배가 된다.

음색

소리의 음색은 소리의 맑고 탁함을 나타내며, 소리의 특성을 결정하는 파형에 의존한다. 물체의 특성에 의해 독특한 형태로 발생하는 음파의 모양과 관계가 있다. 파동의 모양에 의해 같은 음의 높낮이, 같은 크기의 소리라도 피아노와 오르간처럼 악기가 다른 소리로 들리게 된다. 사람의 말소리도 누구의 목소리인지 구별하는 것처럼 발음체의 차이에 따라서 소리가 다르게 느껴지는 현상을 의미한다.

이러한 음색을 결정하는 가장 중요한 요인은 파장구조이다. 소리는 기본진동(기본파)에 세밀한 분할파동으로 발생된 여러 개의 배음(2,3,4 배음)이 합성되어 복잡한 파형의 소리가 만들어진다. 배음은 악기에 따라 다른 형태로 발생하며 악기에 따른 배음구조의 차이가 음색을 결정하는 중요한 요소가 된다. 즉, 파형과 진동수의 차이로 나타나는 음의 독특한 색깔을 말한다.

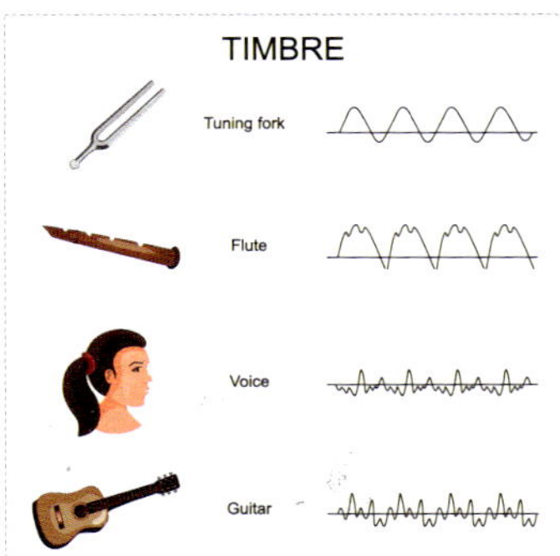

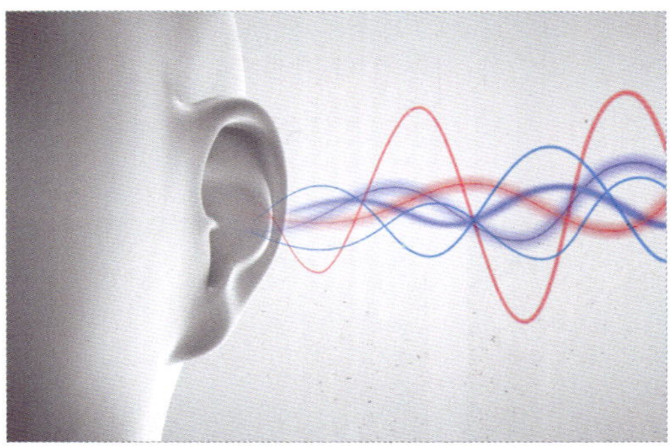

그림 11-23 음색, 파형, 진동수 차이로 나타나는 음의 독특한 색깔

하나 더 알기 다양한 소리 제어

소음은 60 데시벨(Decibel, dB) 이상인 소리로 불규칙한 주파수 파장을 나타내며 듣는 사람에게 불쾌감을 느끼게 한다. 그러나 집중력을 향상시키고 마음을 안정시키는 백색소음도 있다. 다양한 음높이의 소리를 합하면 넓은 음폭의 백색소음이 된다. 일반 소음과는 달리 백색소음은 균일하고 일정한 주파수 파장을 나타낸다. 백색소음은 거부감이 없고 작업을 방해하지 않고 귀에 거슬리는 일반소음을 덮어주면서 집중력과 업무 능력도 향상시키는 역할도 한다. 벽시계의 똑딱거리는 소리, 행기 기내의 바람소리, 파도 · 바람 소리 등 일정 주기에 따라 반복되어 긴장을 완화하고 심리적 안정감을 준다.

최근에는 몸과 정신을 이완시키는 ASMR[Autonomous Sensory Meridian Response]이라는 소리가 인기이다. ASMR은 자율감각 쾌락반응을 의미하며 정상적인 학술용어는 아니다. 소음은 현대인을 괴롭히는 대표적인 공해 중의 하나이다. 따라서 소리 제어기술로 생생한 소리를 들려주고, 주변소음을 완전히 차단하기 위하여 소음제거[Noise Cancelling] 기술이 개발되었다. 소음제거 시스템은 1950년대에 기내소음이 심한 항공기와 헬리콥터에서 근무하는 파일럿을 위해 처음 개발되었다. 소리 제어기술의 대표적인 것이 헤드폰, 이어폰의 소음제거 기술이다. 소음제거 기능이 적용된 헤드폰은 주변의 잡음이 줄어들고 음악만 또렷하게 들린다. 소음제거 기술의 원리는 간단하다. 소리는 파동(음파)의 형태로 전달되는데 소음(+3 진폭)과 반대 파형(−3 진폭)의 음파를 이용하면 소음을 제거할 수 있다. 소음을 반대 모양의 소음으로 제거하는 것이다.

3 디지털 사운드

아날로그 사운드의 역사는 1877년 에디슨이 발명한 축음기로 거슬러 올라간다. 축음기는 녹음과 재생이 가능한 미디어로 당시 사람들의 큰 관심을 받았다. 그러나 신호의 처리속도가 빠른 장점이 있지만 잡음에 의해 신호가 변화되는 단점이 있다. 이후 1948년 LP 레코드[Long Playing Record]가 개발되어 소리의 연속적인 진동을 그대로 저장하기 때문에 아날로그의 대명사로 꼽혔다.

디지털 사운드는 전화시스템을 향상시키기 위해 가장 먼저 도입되었다. 소리가 원래의 아날로그 형태의 정보에서 디지털 형태의 2진법(0/1) 정보로 변환되어 처리된다. 전화의 경우 비교적 한정된 범위의 사람의 목소리만을 다루기 때문에 8비트를 이용한다. 디지털 정보는 전화선으로 상대방 전화기에 전달되고 다시 디지털 신호를 아날로그 신호로 전환하여 사운드로 재생한다.

(a) 카트리지 (b) LP 레코드 (c) LP 플레이어(턴테이블)

그림 11-24 아날로그 사운드의 대표적인 매체

디지털 사운드는 녹음과정에서 소리를 2진법 숫자로 변환시키기 때문에 녹음장비에서 발생되는 소음 등 기계음은 저장되지 않는다. 대부분의 디지털 녹음기는 간섭하는 신호를 검출하고 제거하도록 설계되어 있기 때문이다. 아날로그 사운드에 비해 음질이 매우 좋으며 실제 소리와 거의 동일한 음질을 유지한다. 원음을 여러 번 재녹음하거나 원음의 편집, 믹싱, 복사, 저장 등과 같은 여러 가지 작업을 반복적으로 수행해도 소리의 음질은 원음과 항상 동일하다. 잡음이나 왜곡에 거의 영향을 받지 않기 때문이다.

디지털 사운드는 아날로그 사운드 이후 음향기술의 획기적인 발전과 보다 향상된 음질에 대한 연구 결과로 도입된 기술이다. 컴퓨터에 탑재된 사운드 카드Sound Card는 소리를 저장하고 출력하는 기능을 수행한다. 사운드 처리 기능은 영상처리 기능이 있는 HDMIHigh Definition Multimedia Interface를 갖춘 현대의 비디오 카드에도 존재한다. 대부분의 사운드 카드들은 아날로그 사운드의 음파를 ADCAnalog to Digital Converter 장치를 사용하여 0과 1로 구성된 디지털 데이터로 변환하여 저장 · 녹음한다.

디지털로 변환된 데이터는 반대로 DACDigital to Analog Converter 장치를 사용하여 아날로그 형식의 사운드로 변환하여 출력된다. DAC의 성능이 뛰어날수록 음의 왜곡과 잡음을 더 효과적으로 감소시킨다. 고음질 음악 파일에 담긴 방대한 정보를 잃지 않고 제대로 해석하기 때문에 우리 귀에 들리는 소리도 좋아진다. 정보의 손실이 적을수록 원음에 가까운 소리가 나오기 때문이다.

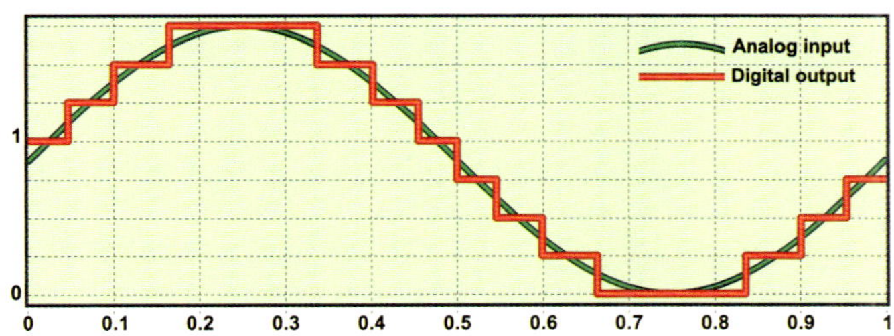

그림 11-25 D/A 변환 장치를 사용하여 디지털 데이터를 아날로그 사운드로 재생

일반적으로 고성능 카드들은 하나 이상의 사운드 칩을 포함하여 향상된 데이터 속도와 여러 기능을 동시에 지원한다. 따라서 실시간 음악, 음향효과에 쓰이는 의도적인 왜곡과 같은 합성된 소리의 디지털 출력을 실시간으로 제공한다. DAC 장치가 인식하는 디지털 데이터를 소리로 변환하기 때문에 장비 자체에서 발생하는 기계음은 전혀 출력되지 않는다. 대표적인 디지털 사운드는 음악 CD, DVD, MP3 등 음원과 컴퓨터에서 처리되는 소리신호 등이 있다.

컴퓨터에서 사운드 신호를 처리하기 위해서는 아날로그 소리의 음파신호를 디지털 신호로 변조Modulation하는 과정이 필요하다. 아날로그 신호의 변조 과정은 ADCAnalog to Digital Converter 장치를 이용하여 변환시켜 준다. ADC 장치를 사용하여 표본화Sampling, 양자화Quantization, 부호화Encoding 과정을 거쳐 1/0의 2진수의 숫자로 저장한다. 반대로 재생과정은 디지털 데이터를 DAC 장치를 사용하여 아날로그 사운드로 변환시킨다.

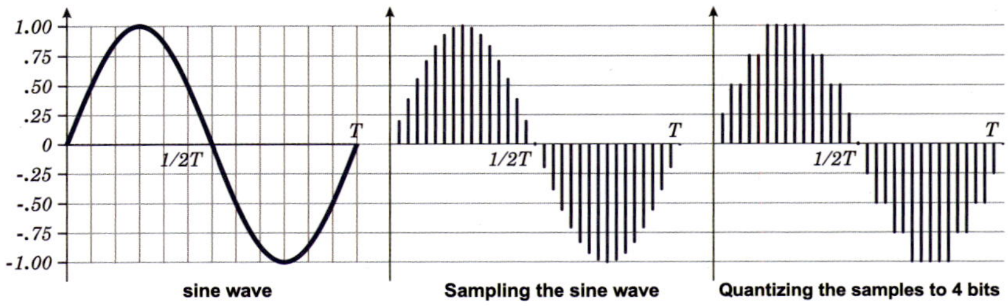

그림 11-26 아날로그 신호의 표본화

표본화

표본화 과정은 연속된 아날로그 신호파형을 이산적인 디지털 형태로 변환하기 위해 일정한 시간 간격으로 세분화하여 소리의 세기를 측정하는 단계이다. 이를 다른 말로 샘플링이라고 하며, 변환된 신호값을 표본이라고 한다. 음악 감상용 디바이스에서는 훨씬 더 큰 추출 비율이 사용된다. CD에서는 초당 44,100(44.1KHz)번 샘플을 추출하고, DVD의 경우 48KHz, DVD 오디오 스테레오의 경우는 초당 최대 24비트 192,000(192KHz)번 샘플을 추출한다. 표본화 비율이 증가하면 원음에 가까운 소리로 저장할 수 있지만 데이터 용량은 증가하게 된다.

양자화

표본화된 신호는 소리의 해상도를 결정하는 양자화Quantization 과정을 수행한다. 양자화는 표본화를 통해 검출된 주파수 위치에 이산적인 값을 배정하는 과정이다. 입력된 파형신호를 유한한 개수의 근사값으로 표현한다. 양자화 과정에서는 양자화 비트수에 따라 신호의 출력 레벨 간격이 결정된다. 비트의 개수가 증가하면 단계가 세밀해져 입력신호를 충실하게 디지털로 표현한다. 하지만 기억용량이 증가되고 원음에 잡음까지 포함될 수 있는 문제가 있다.

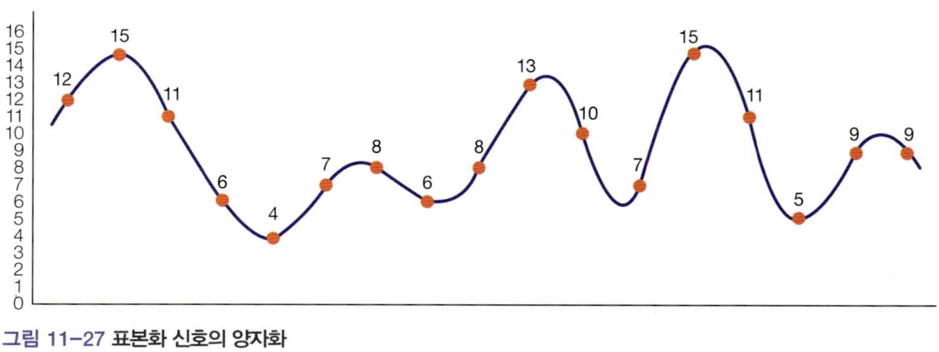

그림 11-27 표본화 신호의 양자화

부호화

표본화된 각 점에서 값을 표현하기 위해 사용되는 비트수에 따라 값을 표현하는 정밀도가 결정된다. 입력된 파형신호의 왜곡을 감소시키기 위해서는 신호의 특성과 상태에 따라서 8비트, 16비트, 24비트 등과 같이 양자화 비트의 개수를 조절하여 양자화 오차를 적절한 수준으로 유지해야 한다. 부호화는 아날로그 신호를 디지털 신호로 변환시키는 최종 단계로 0과 1이라는 디지털 데이터로 소리를 저장한다. 부호화된 디지털 사운드는 아날로그 미디어와는 다르게 보존능력이 매우 우수하다. 그러나 이미 양자화 과정에서 원본신호에 대한 근사값으로 표현되었기 때문에 사운드 품질에서는 불리한 측면도 가지고 있다.

4 3D 입체음향

사운드를 디지털 신호로 저장할 때 고려해야 하는 또 다른 요소는 사운드 채널이다. 사운드 채널Sound Channel은 2개 이상의 음향 신호를 전송하기 위한 통로를 의미하며, 모노 사운드Mono Sound와 스테레오 사운드Stereo Sound로 구분된다. 모노 사운드는 양쪽의 스피커에서 재생되는 소리가 동일하다. 하지만 스테레오 사운드는 표본화 과정에서 각각의 마이크를 통해서 양쪽 채널에 독립적으로 다른 음원신호를 저장하기 때문에 양쪽 스피커에서 출력되는 소리도 다르다. 구성이 복잡한 반면 음질은 모노 사운드에 비해 뛰어나다. 소리를 보다 입체적으로 느낄 수 있다.

스테레오 사운드는 좌우 채널을 사용하는 일반적인 스테레오, 전후좌우의 4개 채널을 사용하는 스테레오, 그 이상의 채널을 사용하는 멀티채널 스테레오 등 다양하게 존재한다. 서라운드 사운드도 스테레오에 포함된다. 최근에 컴퓨터, 스마트폰으로도 HDMI 포트를 사용하여 TV나 모니터에 연결할 수 있게 되면서 멀티채널 사운드의 출력이 가능해졌다.

사운드 채널은 모노와 스테레오 사운드를 기반으로 4채널, 5채널, 5.1채널, 6.1채널, 7.1채널 사운드 등이 개발되었다. 4채널은 모노 사운드에 스테레오 사운드가 추가되어 생성하여 채널 사이의 간섭이 발생하고 스테레오 분리가 완벽하지는 않기 때문에 시장에서 인정받지 못했다. 그러나 5.1 채널부터는 소리를 각각의 채널별로 채집, 녹음하기 때문에 재생시 음장감이 뚜렷하다. 저음 부분을 별도의 채널로 구성하여 서브 우퍼를 통해서 재생함으로써 현장감도 우수하다. 오늘날에는 일반 PC에서도 4채널, 5.1채널 사운드 시스템이 널리 사용되고 있다. 최근에 10.2 채널은 UHD 입체음향의 표준으로 채택되었다.

소리를 디지털 사운드로 저장하기 위해서는 많은 파일용량이 필요하다. 디지털 CD의 사운드 용량은 1분당 10.6MB 정도 된다. 디지털 사운드의 파일용량은 표본화 비율Sampling Rate과 양자화 비트의 크기, 사운드 채널의 개수, 압축의 형태에 따라 결정된다.

기존의 입체음향

1970년대의 입체음향은 2채널의 스피커로 구현되는 스테레오 방식이 대다수였지만, 돌비사가 1975년에 중앙과 후방 채널 스피커를 추가한 극장용 돌비 스테레오Dolby Stereo 기술은 한층 향상된 입체감을 제공했다. 그리고 1990년대 디지털 방식의 음원의 등장으로 입체음향도 디지털화를 수용했다. 이후 5.1채널 돌비 AC-3 등 다양한 입체음향 규격이 개발되었다.

돌비 애트모스(2012년)는 상하좌우뿐만 아니라 천장에도 독립된 스피커 채널을 추가해 최대 64대의 스피커를 통한 360도 전방위 입체음향을 구현할 수 있다. 가상현실(VR), 초고화질(UHD) 콘텐츠의 확대로 3차원 입체 음향에 대한 관심이 증가하고 있다. 3D 입체음향 기술은 음원의 현장에 직접 가지 않아도 청취자가 재생된 음향으로부터 공간적 느낌(방향감, 거리감, 공간감)을 지각할 수 있는 음향을 말한다.

사람이 음원에 대해 공간적 · 입체적으로 지각할 수 있는 것은 소리 전달체계(귓바퀴에 의한 반사, 회절, 공진 등의 현상)의 특성에 의해 두 귀에 들리는 신호간의 차이 때문이다. 외부에서 발생하는 사운드는 두 귀에 도달하는 소리의 시간 차이, 소리의 세기 차이로, 음원의 방향과 위치, 거리감을 알 수 있다. 최근 입체음향 기술은 3차원 공간에서 음원의 방향과 거리(음장감)를 스피커를 통해 재현하기 위한 방향으로 발전하고 있다.

10.2 채널은 UHD 입체음향의 표준으로 채택되었다. UHD 10.2 채널은 청취자를 중심으로 머리 위, 귀 높이, 바닥에 설치된 스피커 10개와 2개의 서브우퍼로 구성한 음향 시스템이다. 평면 2D 스피커에 맞춘 구성이 아닌 길이와 높이, 폭을 포함한 다차원 공간 소리를 재현하였다. 배경음악과 각종 음향효과를 각각 10.2 채널로 분해한 다음 총 12개의 우퍼와 스피커를 이용해 소리 이동이나 여러 효과음 등을 입체적으로 자연스럽게 구현한다.

그림 11-28 음원의 방향과 거리(음장감)를 스피커를 통해 재현

모바일의 입체음향

그러나 모바일 환경에서 소리는 아직까지도 2채널의 한계를 벗어나지 못하고 있다. 사용자들이 모바일 환경에서 음원 감상은 헤드폰·이어폰을 이용하거나 스테레오 스피커를 이용한다. 이는 헤드폰·이어폰이 좌·우 소리의 평면음향을 들려주는 것이 가장 큰 원인이다. 모바일 디바이스의 크기와 사운드 구현의 물리적인 한계도 있다. 최종적으로 재생되는 음질의 품질은 스피커 성능에 따라 달라진다. 모바일 환경의 스피커는 재생음량의 제한, 주파수 응답 특성도 떨어져 고음질 원음을 제대로 재생하지 못한다. 디바이스의 경량화, 소형화로 얇아지는 모바일 스피커에서는 강하고 화려한 스피커 음질을 기대하기 어렵다. 외부소음으로 볼륨을 키우면 출력에 왜곡이 발생하고 최대 2개의 채널인 모바일 환경에서는 서라운드 사운드 재생이 불가능하다.

모바일 디바이스는 인터넷을 기반으로 콘텐츠를 소비하기 때문에 많은 제약을 받는다. 제한된 인터넷 대역폭 때문에 대용량 콘텐츠를 전송을 위해 코덱을 통한 압축이 필수적이다. 압축으로 파일용량은 감소되지만, 음질은 저하된다. 스테레오로 제작된 콘텐츠는 문제가 없지만 돌비 디지털과 같이 멀티채널 코덱을 이용하여 5.1채널 등으로 믹싱된 콘텐츠는 재생할 때 문제가 발생할 수 있다. 서라운드 효과는 각 채널에 대한 음의 정보가 각각의 스피커로 재생될 때 극대화되는데, 압축과정에서 2채널 스테레오로 다운믹스 되면서 본래 서라운드 사운드를 잃기 때문이다. 또, 다양한 유통경로와 변환과정을 거치면서 문제가 발생할 수 있다.

그러나 최근에 고해상도 음원, 서라운드 사운드 등 현장감 높은 콘텐츠에 대한 요구가 증가하면서 사운드 솔루션도 모바일 디바이스 음향의 한계를 극복하기 위한 다양한 솔루션이 개발되면서 계속 진화하고 있다. 돌비는 음원을 분리하는 채널분리 기술과 2가지 재생 환경에 맞는 각각 가상 렌더링 기능을 통해 환경이 2채널이지만 360도 전방위에서 소리를 재생한다. 돌비는 제한된 비트 전송률Bit Rate 내에서 원음의 정보를 최대한 유지하며, 압축과정에서 음원의 물리적 특징을 파악하고 추출해 재생단말과 약속된 값을 속성 정보 형태로 저장한다.

그림 11-29 서라운드 사운드

이러한 솔루션을 통해 해당 코덱이 탑재된 모든 기기는 음원 제작자 의도대로 원하는 음질을 재생할 수 있다. 멀티채널은 고음질 서라운드 사운드 전송을 위한 가장 중요한 요소이다. 돌비는 기술 노하우를 토대로 최대 7.1채널까지 압축한다. 물리적으로 소리를 구분하는 것이 아니라, 소프트웨어적으로 변형해 방향에 따른 소리를 조금씩 다르게 들려주는 가상 7.1채널을 구현한다.

이러한 평면 음향의 한계를 극복하고 향상시키기 위한 방법으로 바이노럴Binaural 기술이 등장했다. 바이노럴 기술은 1994년 MIT 미디어랩이 머리전달함수HRTF, Head Related Transfer Function를 이용해 개발했다. 머리전달함수 기술은 사람이 여러 곳에서 들리는 소리를 감지하는 과정을 역으로 이용, 음원개수가 2개라도 입체적인 소리가 들리는 착각을 주는 기술이다. 이를 통해 음원을 감상하면 영화관에서 감상하는 입체감을 느낄 수 있다.

5 무손실 고음질 음원

오디오 파일 형식Audio File Format은 디지털 사운드 데이터를 저장하는 방식이다. 디지털 사운드 데이터를 저장하는 방식에는 압축Compression 방식과 비압축Uncompression 방식이 있다. 대부분의 디지털 사운드 데이터들은 용량이 매우 크기 때문에 압축하여 저장한다. 압축하는 방식에 따라서 손실 압축Lossy compression 포맷과 무손실 압축Lossless compression 포맷으로 분류된다.

일반적인 디지털 사운드는 16비트 레벨의 44KHz 표본화 주파수로 생성된 PCM 신호로 생성되어 파일 형태로 CD에 저장된다. MP3도 16비트 레벨의 44KHz 표본화로 디지털 사운드를 저장하는데, 파일 용량은 CD의 1/10 정도다. 가청주파수를 벗어나는 소리를 제거하는 손실 압축을 했기 때문이다. 이처럼 사람 귀에 들리지 않는 소리를 제거했지만 CD에 녹음된 사운드보다 음질이 떨어진다는 한계가 있다. 이러한 한계를 극복하고 MP3처럼 용량은 감소시키면서 음질은 보전하는 무손실 코덱이 등장했다.

일반적으로 유통되는 디지털 음원은 MP3 방식을 사용한다. 파일 용량을 줄이기 위해 비가청주파수 영역을 삭제하는 방식으로 제작된다. 이러한 과정에서 원본 오디오의 90% 정도의 용량이 감소되지만 파일에 저장된 데이터도 손실이 발생하기 때문에 음질도 함께 떨어진다. 손실 압축 방식의 대표적인 코덱은 AACAdvanced Audio Coding이며, 무손실 압축방식은 자이프닷오르그 재단의 FLACFree Lossless Audio Codec, 애플의 ALACApple Lossless Audio Codec 등이 있다.

FLAC 음원은 비가청주파수 영역까지 손실 없이 압축하여 음향이 풍부하고 세밀하여 사용자가 마치 스튜디오 현장에서 감상하는 듯한 온전한 사운드를 느낄 수 있다. 디지털 음원의 품질을 측정하는 기준은 해상도로 불리는 양자화 비트수, 표본화 비율(샘플링 주파수), 정보량(Bitrate) 등인데, 일반 MP3 파일에 비해 무손실 FLAC(24bit)는 소리의 표현이 4배 이상 정교하고, 정보량은 28.8배 크다.

AAC 코덱

AAC 코덱은 디지털 오디오에서 쓰이는 표준적인 손실 데이터 압축 방식이다. 이전까지 기술적인 문제가 있었던 MP3의 샘플 주파수(8KHz~48KHz)의 한계를 확장(8KHz~96KHz)하였다. MPEG-4 표준에서 채택한 새로운 오디오 코덱으로 MP3보다 효율적이고 음질은 CD와 비슷하다. 저장 소리의 폭이 조금 더 넓어졌고 소리에 따라서 최신 신호처리 기술인 가변 비트레이트Variable BitRate를 조정하여 음질이 저하되는 것을 방지하였다. AAC 코덱은 애플의 아이튠즈에서 사용하면서 보편화되었다. 유튜브, 애플의 아이폰 · 아이팟 · 아이튠즈에 사용되는 기본 오디오 포맷으로 사용되고 있다.

FLAC/ALAC 코덱

FLAC와 ALAC 코덱은 CD보다 용량은 작으면서 CD의 음원을 고스란히 저장하는 무손실 압축 방식의 코덱이다. 무손실 압축으로 압축 효율은 낮지만 원본 음원을 충실히 재현할 수 있다. 두 코덱 모두 24비트 레벨의 양자화 비트, 192KHz 표본화 주파수를 사용하여 인코딩하기 때문에 CD 이상의 음질을 구현한다. MP3나 CD 음질보다 음질이 500~1000배 높아 음반 제작 단계의 원음을 그대로 재생한다. FLAC와 ALAC 코덱의 등장으로 음원 시장에는 커다란 변화가 나타났다. LP, CD, MP3 등과 같은 미디어가 아날로그 소리의 특성을 얼마나 정확하게 표현할 수 있는지(고음질의 음원을 저장하는 것)에 초점이 맞춰진 것이다.

이러한 환경에 대응하기 위해서 음원 시장은 고음질의 무손실 코덱을 사용하는 디지털 음원에 초점을 맞추고 있다. 고성능 오디오 코덱칩을 장착한 32비트 하이파이 음원도 끊김 없이 재생하는 스마트폰이 등장했다. 스마트폰의 성능이 향상되면서 고음질 음원 파일을 저장하고 재생하는 데 무리가 없으며, 기본 제공하는 이어폰 역시 보통 이상의 품질이다. 또한, 스트리밍 서비스를 통해서도 무손실 고해상도 음원을 쉽게 접할 수 있으며, 이러한 형태의 음악 파일만 전문적으로 유통하는 인터넷 서비스까지 등장했다.

SECTION

06

콘텐츠의 중심, 동영상

1 영상미디어의 개념

컴퓨터 모니터, TV, 비디오, 사진 등이 모두 영상미디어에 해당한다. 이와 같이 다양한 매체를 사용하는 영상은 표현 및 전달형식은 차이가 있지만 복제와 재생이 가능한 특징을 나타낸다. 대표적인 영상미디어는 TV이다. 예전의 영상미디어는 시각적인 영상을 의미하는 개념으로 사용되었다. 그러나 멀티미디어 시대에서는 복합적인 이미지와 음향을 포함하는 시청각(시각+청각) 미디어를 의미하는 개념으로 확장되었다. 영상미디어는 사회 각 분야에 영향을 끼치고 있다. 의미 있는 메시지를 전달하고, 문화를 형성하며, 관련 산업을 창출하여 경제적으로 기여한다. 이를 각각 영상소통, 영상문화, 영상산업이라고 한다.

그림 11-30 방송 제작을 위한 스튜디오의 전경

영상미디어는 대상을 언어, 문자, 그림, 이미지 등과 같이 개념화시켜 표현하는 전통매체와 달리 구체적이고 상세하게 표현한다. 받아들이는 대중 입장에서는 상당히 직접적이고 감각적으로 다가온다. 따라서 전달되는 메시지를 사실이라고 믿는 경향도 크다. 이러한 점을 잘 이용한다면 제작자의 의도를 효과적으로 전달하는 자기표현 수단이 된다.

최근의 영상미디어는 낯선 문화콘텐츠를 짧은 시간에 효과적으로 경험하는 도구로 등장했다. 젊은층을 중심으로 정보, 뉴스 등 미디어 소비패턴이 동영상을 중심으로 빠르게 이동하면서 동영상 시장이 급성장했다. 과거 텍스트 기반의 콘텐츠 소비패턴이 초고속 인터넷을 활용하여 언제 어디서나 동영상 시청이 가능한 환경으로 변화되었기 때문이다.

영상 콘텐츠는 익숙한 경로로만 소비되는 경향 때문에 시장을 뺏기면 떠난 이용자를 다시 복귀시키는 일은 쉽지 않다. SNS의 경우 출시 초기 입소문으로 가입자가 폭발적으로 증가한다. 그러나 사용자 증감에 민감하게 대응하지 못하면 사용자에 의해 또 다른 사용자가 몰려오는 네트워크 효과를 인식하지 못하고 시장에서 퇴출된다. 따라서 스마트 세대가 원하는 모바일·동영상 콘텐츠를 꾸준히 공급할 인플루언서, 창작자들의 확보가 요구된다.

2 영상미디어의 속성

영상은 일반 대중에게 특정한 의미의 메시지를 전달하기 위해 만든다. 따라서 영상을 만드는 일은 소통행위이자 사회적 활동이라고 볼 수 있다. 영상을 만들기 위해서는 표현기술과 전달매체가 필요하다. 한 시대의 가치관을 표현하기 때문에 사회문화적 기준, 관습, 동향 등도 포함해야 한다. 또한, 의미를 표현하기 위한 재현 체계와 언어적 약속도 필요하다. 영상미디어의 속성을 세부적으로 살펴보자.

기술적, 물질적 속성

영상은 표현양식의 기술적 속성, 전달매체의 물질적 속성에 영향을 받는다. 이미지를 표현하는 기술과 전송하는 기술에는 모두 물질적인 매체가 존재하는데, 영상은 이러한 물질적인 매체의 속성에 제약을 받는다. 예를 들어 제주도의 대표적인 관광코스인 올레길을 사진, 그림, 동영상으로 표현했을 때 받아들이는 사람에게 전달되는 느낌이나 의미는 각각 다르게 나타난다. 사진의 경우에는 있는 그대로 받아들여 정적이고 수동적으로 느낀다. 그림의 경우 작가의 의도와 메시지에 따라 감성적으로 느껴지는 경우가 많다. 동영상의 경우에는 움직임을 비롯한 다양한 요소들이 포함되어 있기 때문에 가보고 싶고, 체험해보고 싶다는 생각이 들 수 있다. 이와 같이 영상표현을 위한 기술적인 속성, 물질적인 전달매체의 종류에 따라서 전달되는 메시지의 의미 해석도 다르게 나타난다.

그림 11-31 제주도 올레길을 표현한 그림과 사진에서 오는 느낌

사회적, 문화적 속성

영상은 그 시대를 대표하는 소통수단이다. 시대에 따라서 동일한 의미가 서로 다른 영상으로 표현되기도 하며, 반대로 동일한 영상에 대해서 다르게 해석되기도 한다. 예를 들어 1970년대에는 통통한 여성을 아름다운 여성으로 표현하였고, 2000년대에는 날씬한 여성으로 표현하였다. 최근에는 아이돌 스타의 영향으로 마른 체형을 아름다운 여성으로 표현한다. 선호하는 여성 이미지가 시대와 사회에 따라 다른 모습으로 표현되는 것을 통해 영상미디어가 사회적·문화적인 속성을 갖는 매체라는 것을 알 수 있다.

재현 속성

재현은 존재하지 않은 대상을 시각적으로 존재하는 것처럼 특정한 방식으로 표현하는 것으로 묘사Representation라고도 한다. 재현은 문화, 관습, 사회적인 약속을 기반으로 대상에 명칭을 부여하고 표현하여 대상과 명칭 간에 관계를 만들고 하나의 의미로 해석한다. 대중문화 속에서 여성의 모습은 그 자체가 사실로 수용되는 경향이 있다. 따라서 현실적일 필요가 있고 공감이 필요하다.

3 TV의 진화

TVTelevision는 그리스어로 멀리 있는 것을 의미하는 Tele와 라틴어로 보는 것을 의미하는 Vision이 결합되어 생성된 용어이다. 원거리에 존재하는 대상을 전기적 신호인 전파로 변환하여 거리와 무관하게 실시간 영상으로 보여준다. 전파수신이 가능한 수상기가 존재하면 장소에 무관하게 어디서든 시청이 가능하다. 시청자에게는 즉시성, 동시성, 현장성을 최대한 이용하여 전달된다.

브라운관과 디스플레이

TV 역사는 디스플레이의 진화 과정이다. TV는 1878년 독일에서 브라운관(K.F.브라운)이 발명되고 움직이는 영상을 보여주며 우리 일상의 생활필수품이 되었다. 150년 이후 빠른 속도로 진화하는 기술을 기반으로 얇고, 대화면, 자연의 색상을 재현하는 방식으로 발전했다. 두껍고 볼록한 브라운관은 종이처럼 얇은 유기발광다이오드Organic Light Emitting Diodes, OLED 패널로 변화되었고, 흑백영상은 8K로 불리는 초고화질 컬러영상 시대를 열었다. SF영화에서 보던 홀로그램 TV, AR·VR 방식의 미래 TV가 등장할 날도 멀지 않았다.

그림 11-32 TV의 진화

2000년대 액정 디스플레이Liquid Crystal Display, LCD는 패널 뒤쪽의 백라이트(조명)의 빛이 액정을 통과하면서 각각 다른 패턴으로 굴절되어 영상을 만든다. 두께를 10cm 정도로 줄인 LCD TV의 등장은 단숨에 시장을 장악했다. PDPPlasma Display Panel TV도 등장했지만 2장의 유리기판 사이에 고전압 플라즈마를 형성해 영상을 만들지만 발열문제, 대규모 전력소모 등 기술력이 LCD에 미치지 못했다. LCD TV와 LED TV는 백라이트가 냉음극 형광램프(CCFL)와 LED의 차이일 뿐 패널 자체는 LCD로 같다.

브라운관 시대 이후 디스플레이 시장은 LCD 시대부터 발전을 거듭하면서 두께 · 화질 경쟁을 시작했다. 그러나 LCD가 처음부터 TV에 사용된 것은 아니었다. LCD가 30인치 이상의 대형 TV 시장에서 원가, 기술 경쟁력에 대한 부정적인 시각으로 노트북, 모니터 제품에 주로 사용되었다. 그러나 삼성 · LG가 40인치 이상의 LCD 개발에 성공하면서 대형 TV 시대가 본격적으로 시작되었다. 그리고 기존 LCD의 문제점인 시야각 · 휘도 · 응답속도 등 단점이 해결되면서 LCD는 TV의 대표적인 디스플레이가 되었다.

발광 다이오드로 불리는 LED는 거리의 조명 등에 사용되지만 TV 디스플레이에서도 이미 핵심 소재로 사용된다. 사실 LED TV는 LCD 디스플레이를 비춰주는 백라이트유닛(BLU)을 LED로 대체했을 뿐이다. 제조업체마다 빛을 비추는 방법은 다르지만 LED는 가장 자연스런 빛을 방출하는 소재로 인식되고 있다. 따라서 LED TV 화질은 과거의 어떤 제품보다 뛰어났다.

그림 11-33 TV 디스플레이의 진화

TV 디스플레이의 핵심은 단연 화질이다. TV의 역사는 디스플레이의 기술 변화에 따라 진화를 거듭했다. 1897년 아날로그 시절 브라운관(CRT) 흑백으로 시작한 디스플레이는 2000년대 PDP·LCD 기반의 평판 디스플레이 시대로 이어졌다. 최근에는 빛의 마술로 불리는 발광 다이오드(LED) TV까지 진화했다. LED 디스플레이는 높은 색상을 명확하게 표현하는 색 재현율과 얇은 디스플레이 구현이 가능한 OLED·QLED로 이어졌다. 과거 브라운관 TV에서 최근의 OLED와 QLED TV까지 TV는 선명도를 향상시키는 광원의 발전, 기술력을 통한 두께의 혁신 등 TV의 진화는 빠르게 진행했다. 이런 외형 변화와 함께 질적 변형도 거듭하고 있다.

OLED와 마이크로 LED TV

지금은 OLED 시대이다. OLED는 스스로 빛을 내지 못하는 LCD와 달리 전기가 흐르면 유기물질이 스스로 빛을 내기 때문에 백라이트가 필요 없다. 패널만 있으면 되기 때문에 LCD보다 TV가 3~4㎜로 더 얇고 반응속도도 1,000배 이상 빠르다. 플라스틱 OLED는 자유롭게 휘거나 구부릴 수도 있다. 롤러블Rollable TV는 OLED의 성질을 활용한 차세대 제품이다. TV를 켜면 둘둘 말아둔 화면이 펴지면서 영상을 보여주는 방식이다. LG전자는 2019년 롤러블 TV를 시장에 출시했다. 삼성전자는 차세대 TV로 마이크로 LED TV를 출시했다. 마이크로미터(㎛ · 10−6) 단위의 LED를 회로기판에 촘촘히 배열한 TV이다. 백라이트, 컬러필터 없이 색을 표현하고 패널의 크기를 자유롭게 만들고, OLED보다 내구성이 뛰어난 것도 장점이다.

그림 11-34 OLED 4K UHD TV와 OLED 패널로 구성한 터널

OLED의 여러 가지 문제에도 불구하고 TV 시장은 여전히 OLED가 이끌고 성장 가능성도 밝다. 소비자들은 다소 비싸고 번인Burn-in 발생 가능성을 인지하고 있으나 화질, 무한한 명암비, 디자인, 뛰어난 시야각, 완벽한 검은색 표현력, 즉각적인 응답시간 등 장점이 명확한 제품으로 인식하고 구매한다. 기존 LCD TV는 검은색을 표현할 때 백라이트 빛을 액정으로 차단한다. 아무리 정교해도 빛이 새어 나와 완벽한 검은색을 표현할 수 없다. TV는 어두운 부분과 밝은 부분을 얼마나 극명하게 보여주는지에 따라 화질의 좋고 나쁨이 결정된다.

OLED TV는 초대형 사이즈인 경우 가격대가 매우 높아 화면 크기보다는 화질과 품질 경쟁력으로 마케팅을 주도한다. LCD TV는 인치당 가격대가 낮아 초대형 제품이라도 시장 점유율을 확대하기가 비교적 수월하다. LCD 시장에서는 중국업체의 급격한 성장과 저가공세로 주도권이 중국으로 옮겨갔다. 따라서 과잉 공급된 LCD 대신 OLED로 차세대 디스플레이 구현에 나서는 것이 경쟁력 면에서 OLED의 무한한 확장성에 유리하다.

디스플레이 산업의 발전으로 두께 0.88㎝의 초슬림 TV부터 8K(7680×4320 해상도)를 지원하는 제품까지 다양한 TV가 등장했다. 다음 세대의 TV는 LG와 삼성이 차세대 디스플레이로 미래 TV 시장을 이끌고 있다. 유기물 기반으로 화면에 잔상, 얼룩이 생기는 번인 현상에서 자유롭지 못한 OLED를 뛰어넘을 QD(퀀텀닷)-LED 패널의 TV가 등장할 것으로 예상된다. 그동안은 OLED, 마이크로LED, 롤러블 TV 등이 치열한 경쟁하는 시대가 될 것이다.

하나 더 알기 **3D TV의 흥망성쇠**

3D TV는 2개의 영상신호 이미지를 분리하여 입체적으로 보이게 한다. 2010년 전후에 세계적인 붐을 일으키며 차세대 멀티미디어 시장의 주역으로 기대를 모았지만 빠르게 위축되어 4년여 만에 3D 거품이 꺼져 지금은 존재감이 희미해졌다. 3D를 구현하기 위해 고가의 하드웨어, TV를 볼 때 전용안경 착용, 킬러콘텐츠의 부족, 콘텐츠 투자 실패 등 활용상의 불편함 때문이다.

스마트TV와 8K UHD 방송

스마트TV는 방송시청은 물론 인터넷 기반의 양방향 서비스가 가능한 다기능 차세대 TV이다. TV, 스마트폰, PC 등 3개의 스크린을 이동하면서 끊김 없이 동영상 시청이 가능한 TV를 말하며, 커넥티드 TV라고도 불린다. 인터넷 검색, 게임, 앱 설치, SNS 등 다양한 기능을 쌍방향으로 활용한다. 인터넷에 연결된다는 점에서 IPTV와 유사하지만, IPTV보다 쌍방향 기능이 강화되었다. 스마트 TV의 종류로는 일체형 스마트TV와 분리형 스마트TV가 있다.

그림 11-35 TV, 스마트폰, PC 등 스크린 이동하며 끊김없이 동영상 시청

스마트 TV는 TV에 탑재된 컴퓨터의 개념을 뛰어넘어 스마트홈을 위한 중심 디바이스로 탈바꿈하고 있다. TV 업계의 인식변화가 외형보다 내적 기능의 향상에 집중하기 시작했다. 따라서 스마트 TV는 OS의 진화로 기능이 추가되면서 위상이 높아졌다. 소니 안드로이드TV, 파나소닉, 중국 등 국가, 업체별로 OS가 다르지만 삼성 타이젠, LG 웹OS보다 성능이 떨어진다는 평가이다. 삼성 타이젠은 IoT 허브의 역할로 스마트홈 키트 스마트싱스와 연동해 TV 리모컨으로 실내 IoT 디바이스를 제어한다. LG는 에브리온TV를 앱으로 내장하여 IoT가 적용된 생활가전과 연동, 디바이스 상태를 TV에서 실시간 확인, 제어한다. 특히 사용 편의성에 집중하여 화면의 특정부분을 확대하는 매직줌, 스마트폰 화면을 TV에 띄우는 매직 모바일 커넥트도 제공한다.

하나 더 알기 **안드로이드와 애플의 스마트 TV**

그동안 스마트TV 플랫폼 주도권 경쟁에서 고전했던 구글이 안드로이드TV로 반격에 나섰다. 구글의 안드로이드TV는 구글TV(2014년)를 대신할 TV 플랫폼으로 전세계 수억명의 소비자들이 사용하고 있다. 안드로이드TV는 셋톱박스가 TV에 내장되어 크롬캐스트 같은 스마트 미디어를 별도로 설치하지 않고 대형 TV로 100개 이상의 유료TV 방송을 시청할 수 있다. 미국 이외 지역에서 애플TV, 로쿠, 아마존 파이어TV보다 더 인기를 끌고 있다.

애플은 차세대 성장동력으로 스트리밍 TV 서비스를 시작했다. 수년간 오리지널 콘텐츠 제작에 수십억 달러를 투자했고 영화 제작자와 계약을 맺는 등 양질의 콘텐츠 확보를 위해 노력했다. 삼성과 LG는 코로나19로 증가한 글로벌 홈족을 위해 스마트 TV로 인기 콘텐츠를 즐길 수 있는 플랫폼 서비스를 확대하고 있다. 집 안에서 머무르는 시간이 많아지면서 TV 시청시간도 자연스럽게 증가되고 있기 때문이다. 국내 TV업체들은 인터넷동영상서비스OTT 디즈니+ 등 인기 콘텐츠 서비스를 확대하며 글로벌 TV 시장 공략하고 있다.

8K TV는 65인치 이상 대화면 TV스크린 시대를 여는 기폭제가 되고 있다. 8K 기술은 지금까지 경험하지 못한 깊이 있는 현실감으로 새로운 시청경험을 제공한다. 일본은 2020년 도쿄올림픽에서 8K UHD 실험 방송을 실시할 예정이고 글로벌 TV시장에서는 삼성, LG, 중국 업체 등이 8K TV 경쟁에 돌입한 상황이다. 기업들은 AI 화질 엔진의 화질 업스케일링Upscaling 기술 등으로 시장 창출을 시도하지만, 아직 8K 콘텐츠가 없기 때문에 소비자들이 화질 차이를 인식하지 못할 것이라는 회의론도 제기된다.

화질 업스케일링은 AI 알고리즘이 SD, HD, FHD, 4K 콘텐츠를 밝기, 명암, 화면 번짐 등을 보정해 8K 수준의 고화질로 변환한다. 진짜 8K 영상을 만드는 것은 아니고 저화질 화면의 화소를 격자모양으로 배치한 후, 알고리즘이 빈 공간을 주변의 색상으로 채우는 방식이다. 원래 영상의 정보량 부족과 빈 공간의 색상을 완벽히 추론할 수 없어 한계가 있어 화질저하를 피할 수 없다.

TV에 탑재된 AI 프로세서(퀀텀 프로세서)가 딥러닝 기술을 기반으로 동영상을 분석하여 부족한 해상도를 판단하고 보강한다. 이 엔진은 화질뿐 아니라 사운드까지 영상에 맞춰 스포츠 경기(관중의 환호성), 뉴스 영상(아나운서의 목소리)에 따라 자동으로 최적화한다. 삼성은 QLED 8K TV로 8K 콘텐츠 부족 문제를 AI 화질 업스케일 엔진을 통해 해결했다. LG는 스스로 빛을 내는 자발광 제품으로 8K OLED TV를 공개했다. 뛰어난 8K 화질을 위해서 3,300만개의 화소를 정밀하게 제어한다.

그림 11-36 화질 업스케일 엔진을 통해 8K 수준 고화질로 변환

이러한 단점에도 업체에서 8K TV를 출시하는 것은 시장을 선점하기 위함이다. 2013년 4K TV의 출시의 경우에도 콘텐츠가 사실상 전혀 없었고 지금도 많지 않다. 추후 기술 발전과 후발주자와 경쟁으로 가격 하락과 대중화가 되었고, 차세대 TV인 8K까지 출시까지 이끌었다. 8K 시장도 결국 비슷한 길을 걷게 될 것으로 보인다.

4 디스플레이의 진화

해상도와 화질

디지털 TV는 디스플레이 패널Display Panel뿐만 아니라 화질도 눈부시게 발전했다. TV 화질은 디스플레이 패널에 얼마나 많은 픽셀이 담겨있느냐에 따라 해상도Resolution가 달라진다. 해상도는 화면을 구성하는 전체 픽셀의 양을 의미하는 개념으로 화면의 정밀도를 나타내는 지표이다. 브라운관에서부터 시작된 디스플레이의 해상도는 수평(가로) 주사선과 수직 주사선의 곱(×)의 형태로 표시한다. 이때 기준이 되는 주사선은 수직 주사선이다. 각 주사선이 교차하는 화면의 한 점을 픽셀Pixel이라고 한다.

TV은 2차원 영상을 화면에 표현하기 위하여 주사Scanning라는 방법을 사용한다. 이것은 2차원 영상을 1차원 정보로 변환하여 화면으로 전송하는 방법이다. 이 과정에서 1차원 영상정보가 수많은 선으로 나타나는데 이러한 선 하나를 주사선Scanning Line이라고 한다. 주사선은 화소 혹은 픽셀의 집합으로 구성되며, 화면은 수많은 주사선의 집합으로 이루어진다. 영상의 화소 정보는 화면 왼쪽의 시작점에서 오른쪽 끝까지 영상 화소가 연결되면 하나의 영상 화소선이 형성된다. 한 줄이

끝나면 다음 줄로 내려와 다시 같은 방법으로 진행된다. 주사선의 개수가 많을수록 영상의 정밀도가 향상되어 화면은 선명해진다. TV 화면을 구성하는 주사선의 개수는 TV 전송방식 또는 화질에 따라 다르다.

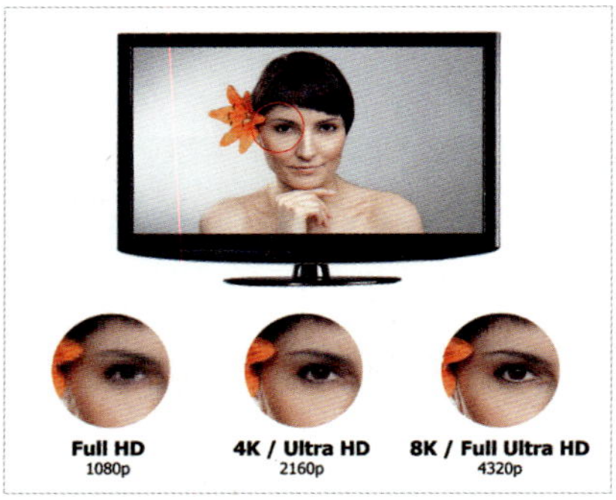

그림 11-37 디스플레이 패널의 가로와 세로 주사선의 개수와 해상도 차이

하나 더 알기 **주사선의 발전**

주사선 기반의 해상도의 대표적인 표준은 VGA(Video Graphic Array, 640×480)와 수퍼 VGA(SVGA, 800×600), XGA(eXtended Graphic Array, 1024×768)이다. 현재 사용하는 LCD 모니터의 경우 VGA와 XGA를 기준으로 가로, 세로 주사선을 증가시켜 다양한 형태의 해상도를 구현한다. HDTV의 화질의 표준 등급은 SD(852×480) 시작해 보통 6년 주기 사이클을 나타내며, 2000년 HD(1280×720), 풀 HD(1920×1080) QHD(2,560x1,440), 4K(UHD 3,840×2,160), 8K(7,680×4,320) 순으로 발전해왔다.

디스플레이 시장은 국내업체가 주도하며 승부의 결정은 화질이다. 화질 개선에는 헤르츠(Hz) 향상이 가장 중요하다. TV에서 헤르츠는 사용자가 시청하는 영상이 변하는 횟수를 말하며, 초당 프레임 수를 의미하는 프레임 비율Frame Rate · 속도Frame Per Second와 동일한 개념이다. 숫자가 크면 동일한 시간동안 영상재생 빈도수가 많아지기 때문에 잔상없는 선명한 화질을 제공한다. 삼성과 LG는 서로 기선 제압을 위하여 속도를 계속 향상시키고 있다.

영상의 화질은 단순히 픽셀이 많다고 화질이 좋은 것은 아니다. 디스플레이 패널의 단위면적당 픽셀 개수인 PPIPixel Per Inch에 따라 결정된다. PPI가 높을수록 픽셀이 더욱 조밀하게 있어 고해상도를 지원한다. 그러나 영상을 이루는 수평주사선의 증가에는 한계가 있다. 아날로그 시대에 브라운관 TV는 40인치 이상 제작이 불가능했다. 따라서 동일한 크기의 HDTV의 수평주사선은 1,080이면 충분했었다. 그러나 대화면 TV 시대가 되면서 디스플레이가 120인치 이상으로 커지면서 HDTV는 영상재생의 부족함이 나타난다. 주사선이 거칠게 형성되면 영상 해상도는 떨어지고, 반대로 주사선이 촘촘하면 해상도가 높아져 선명하게 보인다. 따라서 디스플레이 해상도에서는 단위면적을 배제하고 사용하기 때문에 화질을 비교하기 어렵다.

하나 더 알기 **8K 디스플레이**

저해상도 화면을 통해 콘텐츠를 시청할 때는 문제가 발생한다. 해상도가 낮은 화면으로 실제 현실세계를 재현하면 많은 정보들이 소실 · 왜곡된다. 따라서 직선 모양인 물체를 저해상도 디스플레이에서 나타내면 계단 모양으로 잘린 선처럼 보인다. 8K 디스플레이는 이러한 정보소실의 문제를 해결해준다. 8K 고해상도 환경에서는 원근에 의한 입체감, 사물의 질감, 사람의 감정을 표현하는 세밀한 표정변화 등 세밀한 정보들을 정확하고 실제와 유사한 수준으로 구현한다. 따라서 소비자는 실제 환경처럼 생생하고 깊이감 있게 영상을 즐길 수 있다.

HDR과 색재현율

TV는 대형화, 슬림화 등 디자인 경쟁과 HD, 풀HD, QHD, UHD 등 화질 경쟁을 넘어 디스플레이 기술 시대로 진입했다. 이전에는 해상도와 화면 크기가 디스플레이 발전의 중요한 요소였지만 4K TV가 시장의 대세가 되면서 픽셀수 경쟁은 무의미해졌다. 향후 TV 시장은 전통적 해상도 경쟁에서 색재현력Color Gamut이 평가 기준이 될 것이다. 색재현력은 디스플레이가 눈으로 보는 것처럼 자연색감을 얼마나 완벽하게 재생하는 정도를 나타내는 지표이다.

기존 LCD는 약 70%의 색재현율을 나타내지만 OLED는 100%에 가까운 색재현율을 나타낸다. 그러나 LCD 패널이라도 퀀텀닷Quantum Dot(양자점) 기술을 응용한 QLED도 비슷한 수준의 높은 색재현율을 재현한다고 평가되었다. 최근에는 기존영상보다 명암은 10배, 색감은 2배 더 풍부하게 표현하는 고실감영상(HDR) 시대를 열었다. 그동안 HDR 영상은 UHD TV로만 감상했는데, 삼성 갤럭시노트7이 최초로 HDR 기술을 지원하면서, 실감영상 대중화를 열었다.

고색재현율Wide Color Gamut은 디스플레이의 색재현율을 향상하기 위한 다양한 기술을 통칭하는 용어이다. 컬러 필터의 두께 조절, 적·녹·청(RGB)의 농도 및 배합비·안료 종류를 변경해 더 넓은 색영역을 구현, 백라이트(BLU)에 성능이 향상된 고색재현 발광다이오드(LED) 패키지를 적용하는 방법 등이 있다. 색재현율은 색의 3가지 속성인 색상, 채도, 명도를 객관적인 수치로 지정한 것을 의미한다. 색재현율 100%는 사람의 눈으로 볼 수 있는 모든 색을 표현한다는 뜻이 아니라 표준으로 지정한 수준의 색재현범위를 재현하는 것이다. 색재현율이 높을수록 더 많은 색상을 표현, 현실에 가까운 색을 재현할 수 있다. 그러나 정도를 넘어서면 오히려 실제의 색을 과장해서 보여준다는 단점도 있다.

그림 11-38 HDR, 다중 노출로 생성된 하이 다이내믹 레인지 사진

TV 디스플레이의 색재현율 평가하는 대표적인 기준으로 컬러볼륨Color Volume이 있다. 콘텐츠가 제공하는 화려한 색채영상을 제대로 출력하기 위해서는 컬러뿐만 아니라 밝기까지 입체적으로 고려한 컬러볼륨이 중요하다. 색감재현율 역시 화질과 긴밀하게 작용하는 중요한 요소이다. 실제 눈으로 보는 것처럼 자연색을 표현하려면 밝기가 달라져도 정확한 컬러를 구현해야 한다. 컬러볼륨의 증가는 밝은 공간에서 HDR 영상을 생생하게 출력하는 것을 의미한다.

명암비를 향상시키는 HDRHigh Dynamic Range, 명암보정 기능의 등장은 그동안 해상도 중심의 TV 경쟁 구도를 바꾸는 계기가 되었다. HDR은 눈에 보이는 것처럼 밝음과 어둠을 보다 세밀하게 표현할 수 있는 기술이다. 콘텐츠 HDR 기술은 이전의 디스플레이가 표현하지 못한 사실적 화면을 알고리즘을 이용해 구현한다. 기존 TV보다 10배 이상 더 밝고, 50% 이상 더 많은 색을 표현해주는 차세대 기술이다. HDR 기술은 기존 동영상 제작 과정에서 희미하게 처리되는 빛과 색상을 실제 눈으로 볼 때처럼 또렷하게 재현한다. 실시간으로 화면 특정 부분의 휘도 조정으로 밝은 곳은 밝게, 어두운 곳은 어둡게 표현한다. 어둠 속 물체의 그림자, 태양의 눈부심 등 실물을 보는 것처럼 생생하게 재현한다.

그림 11-39 대형 OLED 디스플레이

특히 OLED는 TV와 스마트폰 등에서 사용되고 있고 디스플레이 시장에서 활용 범위를 확대하고 있다. 두께·무게를 감소시키고 시인성(식별이 쉬운 정도)을 향상시킬 수 있기 때문이다. 스스로 빛을 내는 특징으로 명암표현이 풍부하기 때문에 색상의 밝고 어두운 부분을 광범위하게 표현하는 HDR[High Dynamic Range] 기술도 구현할 수 있었다.

그러나 OLED에도 단점이 존재한다. 기본적으로 소재의 생산비용이 많이 들고, 수분·산소에 노출되면 소재의 특성이 변한다. 특히 번인[Burn-in] 현상이 가장 큰 문제이다. 동일한 이미지 · 글자가 정지된 상태로 장시간 노출되거나 같은 이미지를 반복할 경우 일부 색상이 제대로 표현되지 않거나 화면을 꺼도 미세하게 화면에 잔상 · 얼룩이 남는 현상을 말한다. 이는 액정 디스플레이(LCD) 기반 제품에도 존재하는 현상이다. 이러한 문제를 극복하기 위해 디스플레이 제조사들은 미세하게 화면을 이동시키거나 화면을 보정하는 기능을 탑재하기도 한다.

하나 더 알기 **퀀텀닷의 기술**

퀀텀닷은 이러한 OLED의 단점을 해결할 수 있는 기술이다. 퀀텀닷은 지름이 수 나노미터(㎚, 10–9) 이하 크기의 초미세 반도체 입자를 말한다. 1나노미터는 10억분의 1미터이다. 퀀텀닷의 원리는 나노 입자의 크기에 따라 색상이 빨간색(7~8나노), 녹색(6나노), 파란색(5나노 이하)으로 변하는 특징을 이용한다. 입자 크기가 색채를 결정하기 때문에 디스플레이 기술에 활용하기 위해서는 미세한 입자를 균일하게 만드는 반도체 미세공정 기술이 중요하다.

요약

01 이미지의 구성요소인 네모 모양의 점들을 픽셀Pixel 또는 화소라고 한다.

02 해상도Resolution란 디스플레이 장치나 인쇄물에서 이미지의 정밀도를 나타내는 지표이다.

03 디스플레이 장치의 해상도는 PPIPixel Per Inch를 사용하고 인쇄물의 해상도는 DPIDot Per Inch를 사용한다.

04 비트맵 이미지는 그림을 미세한 화소Pixel로 세밀하게 분해하고 각 화소의 색상과 위치를 설정하고 저장한다.

05 JPG 이미지 형식은 웹에서 가장 범용적인 이미지 저장형식으로 디지털 이미지 파일의 대명사이다.

06 GIF 형식은 JPG, PNG, BMP 등과 함께 웹 표준 이미지로 가장 널리 사용된다.

07 PNG 이미지 형식은 1996년에는 무손실 압축형식으로 등장했다.

08 컴퓨터 그래픽은 컴퓨터를 사용하여 제작된 이미지와 그들의 구현을 위한 기술을 통합하여 부르는 말이다.

09 2D 그래픽은 이미지를 2차원적인 평면 공간에서 다루는 분야이다.

10 3D 컴퓨터 그래픽은 2차원 이미지를 3차원 공간에 존재하는 형태로 인식하도록 속임수를 사용한다.

11 소리를 구성하는 3대 요소는 세기(크기), 높낮이, 음색이다.

연습 문제

객관식 문제

01 문자에 대한 설명으로 옳지 않은 것은?

① 기록을 통한 세대간의 지식 공유 ② 최초의 기록 메체는 파피루스

③ 종이는 인류의 3대 발명품의 하나 ④ 처음 만들었던 문자는 금전거래 기록

02 인류 문명을 발전시킨 3대 발명품이 아닌 것은?

① 문자 ② 종이 ③ 인쇄술 ④ 증기기관

03 문자코드에 대한 설명으로 옳지 않은 것은?

① 유니코드는 각 나라의 코드 체계를 통합하여 개발된 코드로 16비트 코드이다.

② 코드 시스템은 사용하는 코드체계에 따라 동일한 코드가 다른 문자로 표시된다.

③ 유니코드는 전 세계의 모든 문자를 옥텟으로 표현한다.

④ 완성형 글자를 출력하기 위해서는 먼저 조합형 코드로 변환한다.

04 이전까지의 문서편집기가 가지고 있는 문제점이 아닌 것은?

① 지속적인 소프트웨어의 업그레이드 ② 폰트의 호환성

③ 언제, 어디서나 열람 가능 ④ 소프트웨어의 저작권

05 최근 클라우드 환경의 문서작업 방식에 해당하지 않는 것은?

① 모바일과 클라우드 환경으로 이동

② 모든 운영체제에서 문서작성 가능

③ 모든 플랫폼에서 열람, 편집 가능

④ 복잡한 문서작성도 가능

06 이미지에 대한 설명으로 옳지 않은 것은?

① 내용을 정확하게 전달하기 어려움 ② 전달하는 정보를 구체화

③ 현대인들의 소통 방법 ④ 기억장치에 저장되고 처리

07 BMP 이미지의 저장 형식에 대한 설명으로 옳지 않은 것은?

① BMP 형식은 화질은 우수
② 데이터 용량 때문에 보관과 전송의 문제
③ 구조가 단순하며, 빠른 이미지 처리
④ 확대할 경우 해상도가 떨어짐

08 BMP 이미지의 저장 형식에 대한 설명으로 옳지 않은 것은?

① 이미지 품질의 손상없이 용량 감소
② 인터넷 초기부터 사용
③ 압축기술의 특허로 사용의 한계
④ 손실 압축 방식으로 1.5:1~2:1 비율로 압축

09 3D 그래픽에 대한 설명으로 옳지 않은 것은?

① 매핑은 실제 물체와 비슷한 질감을 표현
② 2D와 3D는 이미지의 표현방식이 다름
③ 셰이딩은 음영을 처리를 하는 과정
④ 2차원의 표면에 많은 속성을 사실적으로 표현

10 실제 물체와 유사한 중량감과 질감이 완성하는 렌더링 작업에 속하지 않은 것은?

① 투영
② 매핑
③ 모델링
④ 셰이딩

11 애니메이션에 대한 설명으로 옳지 않은 것은?

① 미국과 일본의 애니메이션은 1초당 사용하는 프레임의 수가 다름
② 미국은 미학적 관점에서 애니메이션을 제작
③ 일본은 편집 개념을 애니메이션에 적용
④ 미국은 애니메이션의 움직임을 표현하는 데 중점

12 3D 애니메이션에 대한 설명으로 옳지 않은 것은?

① 전통적인 애니메이션 기법을 계승
② 모델 동작을 스캔하면서 프레임 단위로 제작
③ 카메라의 움직임과 각도 등을 변화
④ 가상공간에 배경과 3차원 캐릭터를 배치

13 사운드에 대한 설명으로 옳지 않은 것은?

① 정보전달의 중요한 수단
② 물질의 떨림
③ 소리를 전달하는 매개체는 공기
④ 물속에서는 소리 전달 불가능

14 사운드의 음파에 대한 설명으로 옳지 않은 것은?

① 1초당 반복되는 진동수는 주파수
② 비주기적인 형태도 나타남
③ 하나의 사이클 시간은 주기
④ 공기를 매개체로 진동하는 압축성 파동

15 디지털 사운드에 대한 설명으로 옳지 않은 것은?

① 음질은 원음과 항상 동일
② 잡음, 왜곡에 영향을 받지 않음
③ ADC 장치를 이용하여 변환
④ 전화시스템에서 가장 먼저 도입

16 컴퓨터에서 사운드 신호를 처리하는 과정에 대한 설명으로 옳지 않은 것은?

① 표본화는 일정한 시간 간격으로 세분화하여 소리의 세기를 측정하는 단계
② 양자화 과정을 수행하면 오차가 발생
③ 부호화는 양자화 오차를 적절한 수준으로 조절
④ 표본화 비율이 증가하면 데이터 용량은 증가

17 모바일 환경의 입체음향에 대한 설명으로 옳지 않은 것은?

① 외부소음으로 볼륨을 키우면 출력에 왜곡이 발생
② 재생되는 음질의 품질은 스피커 성능에 따라 달라짐
③ 음원감상은 헤드폰 · 이어폰을 이용하거나 스테레오 스피커를 이용
④ 멀티채널 코덱을 이용하여 5.1채널 등으로 콘텐츠를 재생

18 고음질의 음원에 대한 설명으로 옳지 않은 것은?

① MP3는 손실 압축 방식
② 32비트 하이파이 음원도 등장
③ 무손실 압축방식은 AAC, FLAC, ALAC
④ 압축 효율은 낮지만 원본 음원을 충실히 재현

19 영상을 제작할 때 필요한 요소에 대한 설명으로 옳지 않은 것은?

① 영상을 만들기 위해서는 표현기술이 필요

② 의미를 표현하기 위한 재현 체계와 언어적 약속도 필요

③ 영상을 만드는 일은 소통행위이자 사회적 활동

④ 사회문화적 기준, 관습, 동향 등도 포함

20 영상미디어의 속성에 대한 설명으로 옳지 않은 것은?

① 영상은 시대에 따라서 동일한 의미가 서로 다른 영상으로 표현된다.

② 영상은 물질적인 매체의 속성에 따라 메시지의 의미 해석은 동일하게 나타난다.

③ 재현은 존재하지 않은 대상을 존재하는 것처럼 특정한 방식으로 표현한다.

④ 영상은 시대에 따라서 동일한 영상에 대해서 다르게 해석되기도 한다.

21 TV에 대한 설명으로 옳지 않은 것은?

① 동시성　② 즉시성　③ 현장성　④ 전달성

22 OLED와 마이크로 LED TV에 대한 설명으로 옳지 않은 것은?

① OLED는 백라이트가 필요 없다.

② 마이크로 LED는 백라이트가 필요하다.

③ OLED는 번인 발생 가능성이 있다.

④ 마이크로 LED는 OLED보다 내구성이 우수하다.

23 기존 LCD의 문제점에 대한 설명으로 옳지 않은 것은?

① 시야각　② 휘도　③ 화질　④ 휘도

24 스마트 TV에 대한 설명으로 옳지 않은 것은?

① 인터넷에 연결

② 양방향 서비스가 가능

③ 스크린을 이동하며 시청 가능

④ 스마트홈 중심 디바이스로 진화

25 해상도와 화질에 대한 설명으로 옳지 않은 것은?

① 디스플레이 패널에 따라 해상도가 다름

② TV 화면의 기준 주사선은 수평 주사선

③ TV의 영상은 1차원 정보를 화면에 전송

④ TV 화면은 수많은 주사선의 집합

26 HDR 기술과 색재현율에 대한 설명으로 옳지 않은 것은?

① QLED는 100%에 가까운 재현

② 향후 TV 시장은 색재현력이 평가 기준

③ 색의 3가지 속성을 수치로 지정

④ 색재현율 100%는 눈에 보이는 모든 색 표현

O, × 문제

01 텍스트는 일반적으로 글이라고 한다.

02 텍스트는 적은 용량 때문에 많은 정보를 효율적으로 처리하기 어렵다.

03 완성형 코드(KSC 5601)에는 조합형 코드가 포함되었다.

04 이전까지의 문서는 버전과 무관하게 호환성을 제공한다.

05 ODF 기반의 전자문서는 폐쇄형 전자문서형식보다 품질이 떨어진다.

06 클라우드 문서도구는 복잡한 문서작성 기능도 제공하다.

07 사진은 간편하고 이해하기도 쉽다.

08 이미지를 픽셀 단위로 저장하고 표현하면 이미지 손상이 발생한다.

09 JPG 이미지 형식은 압축률에 따라 해상도의 변화가 없다.

10 PNG 이미지 형식의 화질은 BMP보다 높은 수준을 제공한다.

11 컴퓨터 그래픽 기술은 래스터 그래픽 방식에서 벡터 방식으로 발전하였다.

연습문제

12 3D 그래픽 기술이 등장하면서 2D 그래픽의 사용빈도가 감소되었다.

13 3D 컴퓨터 그래픽은 2차원 화면에 표현한다.

14 3D 컴퓨터 그래픽에서 모형을 표현하는 모델링은 폴리곤 방식을 사용한다.

15 미국 애니메이션의 경우 피사체로 사람을 이용하기도 한다.

16 최근의 애니메이션은 전통적인 기법에서 벗어나 컴퓨터 그래픽 등 새로운 기술들을 활용하여 새로운 애니메이션 기법을 구축하였다.

17 3D 디지털 애니메이션은 여러 카메라를 제어하면서 촬영한다.

18 인간 캐릭터의 움직임을 표현하기 위해 정해진 계산으로 컴퓨터 모델을 조정한다.

19 물속에서는 소리 전달이 가능하다.

20 1초당 반복되는 파동의 측정단위는 주파수이다.

21 모든 사운드의 음파는 주기적으로 나타난다.

22 소리의 음색은 주파수에 의해 결정된다.

23 디지털 사운드는 DAC 장치를 사용하여 사운드로 출력된다.

24 양자화 과정은 표본화된 신호의 해상도를 결정한다.

25 사운드 채널은 소리를 각각의 채널별로 채집, 녹음한다.

26 모바일 환경에서는 멀티채널 코덱을 이용하여 5.1채널 등으로 콘텐츠를 재생한다.

27 최근에 음원 시장은 24비트 양자화, 192KHz 표본화 코덱을 사용한다.

28 영상미디어는 대상을 구체적이고 상세하게 표현한다.

29 영상은 표현양식의 기술적 속성이 가장 중요하다.

30 TV 시대는 1878년 미국에서 브라운관(K.F.브라운)이 발명되며 시작되었다.

31 LCD TV와 LED TV는 패널 자체는 LCD로 같다.

32 스마트TV는 IPTV를 말한다.

33 TV은 2차원 영상을 화면에 프레임 단위로 표현하는 방법을 사용한다.

34 주사선의 개수가 많을수록 화면의 영상은 선명해진다.

35 HDR 영상은 UHD TV에서 지원하는 기술이다.

36 색재현율은 해상도와 화면 크기에 의해 결정한다.

단답형 문제

01 지금까지 가장 오래된 문자는 수메르 문명이 점토판에 남긴 (   )이다.

02 텍스트는 다른 멀티미디어 데이터와는 달리 사용하는 (   )에 제한을 받는다.

03 코드 시스템은 문자들을 구분하기 위한 (   )로 문자에 약속된 0과 1을 할당한다.

연습문제

04 (   )를 사용하여 문자와 컴퓨터 사이의 호환성으로 원활한 정보교환이 가능해졌다.

05 이전의 문서는 버전 차이로 인한 (   ) 문제가 발생한다.

06 ODF는 문서를 다른 시스템과 상호교환하기 위한 문서구조와 (   )를 정의한다.

07 최근의 오피스 소프트웨어는 PC 중심에서 모바일과 (   ) 환경으로 이동하고 있다.

08 클라우드 문서도구는 공유와 (   )이라는 강력한 특징을 제공한다.

09 멀티미디어 환경에서 이미지는 2차원 평면에 나타나는 시각적 (   )이다.

10 (   )는 디스플레이 장치나 인쇄물에서 이미지의 정밀도를 나타내는 지표이다.

11 JPG 이미지 형식에서 이미지의 손상을 느끼지 못할 정도의 압축률은 (   )이다.

12 PNG 이미지 형식은 GIF의 특징인 (   ) 기능과 투명기능도 제공한다.

13 ICT의 발전으로 시각적인 특수효과를 표현하는 (   ) 분야가 많은 발전했다.

14 초기 2D 컴퓨터 그래픽은 이미지의 현실감이 떨어져 (   )를 추가하여 사용했다.

15 3D 컴퓨터 그래픽은 최종적인 화면을 만드는 (   ) 단계를 거쳐 완성된다.

16 모델링 방식은 각각 고유의 장단점을 갖지만 (   ) 모델은 가장 각광받는 기법이다.

17 애니메이션은 시청자들에게 (   )로 착시를 발생시키는 기법이다.

18 3D 애니메이션은 입력장치인 (   )를 이용하여 컴퓨터에 그림을 직접 그린다.

19 최근에는 실사영화에 가까운 영상미를 구현하기 위한 (   ) 비용이 증가하고 있다.

20 소리는 포괄적인 개념으로 사람의 귀에 들리는 모든 종류의 (   )를 의미한다.

21 공간에 퍼진 진동은 모양이나 시간에 따라 모두 (   )으로 나타난다.

22 1초당 반복되는 진동수의 측정단위는 주파수이며 (   )로 표시한다.

23 소리를 구성하는 3대 요소는 (   ), 높낮이, 음색이다.

24 소리의 높낮이는 소리의 높고 낮음을 나타내며, (   )에 의해 결정된다.

25 다양한 음높이의 소리를 합하면 넓은 음폭의 (   )이 된다.

26 사운드 처리 기능은 (   )를 갖춘 현대의 비디오 카드에도 존재한다.

27 (   ) 비율이 증가하면 원음에 가까운 소리로 저장하지만 데이터 용량은 증가한다.

28 (   )은 2개 이상의 음향 신호를 전송하기 위한 통로를 의미한다.

29 (   ) 효과는 각 채널에 대한 음의 정보가 각각의 스피커로 재생될 때 극대화 된다.

30 최근에 오디오는 용량은 감소시키면서 음질은 보전하는 (   ) 코덱이 등장했다.

31 영상미디어는 제작자의 의도를 효과적으로 전달하는 (   ) 수단이 된다.

32 영상 콘텐츠는 사용자가 몰려오는 (   )를 인식하지 못하면 퇴출된다.

연습문제

33 영상을 만들기 위해서는 표현기술과 (　　　　　　)가 필요하다.

34 영상미디어는 사회적·(　　　　　　)인 속성을 갖는 매체이다.

35 (　　　　　　)는 패널 뒤쪽의 백라이트(　　)의 빛이 굴절되어 영상을 만든다.

36 TV는 시청자에게는 즉시성, 동시성, (　　　　　　)을 최대한 이용하여 전달된다.

37 TV 디스플레이의 핵심은 단연 (　　　　　　)이다.

38 스마트 TV는 탑재된 컴퓨터의 개념에서 (　　　　　　)을 위한 디바이스로 진화하고 있다.

39 TV 화질은 디스플레이 패널의 픽셀의 개수에 따라 (　　　　　　)가 달라진다.

40 TV 화면은 수많은 (　　　　　　)의 집합으로 이루어진다.

41 향후 TV 시장은 전통적 해상도 경쟁에서 (　　　　　　)이 평가 기준이 될 것이다.

42 TV 디스플레이의 색재현율 평가하는 대표적인 기준으로 (　　　　　　)이 있다.

CHAPTER 12

디지털 콘텐츠와 플랫폼의 파급력

01 콘텐츠와 플랫폼의 개요
02 플랫폼과 디지털 경제
03 플랫폼 서비스 산업
04 문화산업과 콘텐츠
05 다양한 콘텐츠의 영향력
요약
연습문제

학습목표

- 플랫폼을 통한 한류 확장의 흐름을 파악한다.
- 4차 산업혁명 시대의 다양한 콘텐츠 기업을 알아본다.
- 새롭게 파생된 콘텐츠 시장을 알아본다.

SECTION 01

콘텐츠와 플랫폼의 개요

1 디지털 콘텐츠와 플랫폼

콘텐츠Contents는 매체Media가 전달하는 내용물을 의미한다. 원래는 서적, 논문 등의 내용, 목차를 의미했지만 현재는 디지털화된 정보를 통칭한다. 영화, 뉴스 등 모든 장르에서 기획, 창작, 가공, 개발 등 제작과정을 통해서 추후에 저작권을 주장할 수 있는 모든 종류의 원작으로 정의한다. 콘텐츠는 국내에서 '내용물 전반'을 지칭하는 저작물, 창작물이라는 의미로 사용하고 있다. 현재는 오프라인뿐만 아니라 유·무선 온라인으로 제공되는 각종 정보물, 영화, 음악, 게임 등 디지털 정보를 통칭하는 용어로 사용된다.

디지털 콘텐츠Digital Contents는 디지털 데이터 형식으로 존재하는 파급력이 매우 강한 콘텐츠이다. 기존의 아날로그 형태의 텍스트, 사운드, 이미지, 동영상 등 각종 정보를 0과 1로 디지털화하여 저장 및 가공 처리한 것이다. 디지털 콘텐츠는 인터넷을 기반으로 유통되는 다양한 형태의 제작물이지만 정보와 단순한 내용물만을 의미하지는 않는다. ICT 환경에서 부가가치를 창출하는 재물로 거래, 서비스가 가능한 형태의 통합적인 개념이다. 최근에는 디지털 융합Convergence의 영향으로 서로 다른 분야의 기술, 서비스, 제품이 빠르게 융합되어 더욱 다양한 디지털 콘텐츠들이 등장하게 되었다.

그림 12-1 문화콘텐츠, CD와 DVD 대여점, 블로그 콘텐츠

인터넷의 발전은 콘텐츠 소비방식을 변화시켰다. 인터넷을 기반의 디지털 콘텐츠는 아날로그 콘텐츠와 비교하여 유통방식에 차이점이 있다. 디지털 콘텐츠는 유통채널의 제한이 없다. 그러나

기존의 신문, 방송, 라디오 같은 아날로그 콘텐츠는 전파와 시간의 제약이 존재한다. 아무리 좋은 콘텐츠를 생성하여도 채널이 확보되지 않으면 유통이 불가능하다. 따라서 인터넷 환경을 기반으로 하는 디지털 콘텐츠가 생산과 소비 측면에서 훨씬 자유롭다. 디지털 콘텐츠 환경이 발전하면서 신문 발행수는 감소하고 있고 TV 시청률도 하락하고 있다. 광고의 경우 인터넷과 모바일 광고는 매년 성장하지만 TV와 신문 광고는 정체되고 있다. 신문사가 무리하게 종편 채널로 사업을 확장하는 것도 이러한 이유 때문이다. 아날로그 콘텐츠와 디지털 콘텐츠를 비교하면 다음 표와 같다.

표 12-1 아날로그 콘텐츠와 디지털 콘텐츠 비교

	아날로그 콘텐츠	디지털 콘텐츠
미디어 종류	기존 미디어(책, 신문, TV 등)에 의해 제공되는 콘텐츠	디지털 기반의 뉴미디어에 의해 제공되는 콘텐츠
정보의 형태	아날로그	디지털
정보의 흐름	단방향	쌍방향
콘텐츠의 주체	제공자와 이용자가 명확히 구분	제공자와 이용자의 구분이 불명확함
콘텐츠의 이용	시간과 공간의 제약을 받음	시간과 공간의 제약이 없음
갱신 비용	업데이트 비용이 증가	업데이트가 쉽고 비용이 저렴
제공 절차	순차적인 방법으로 정보를 제공	정보의 제공 방법이 자유로움
콘텐츠의 생산	전문적인 제작자	아마추어들의 활약

하나 더 알기 **쌍방향성 콘텐츠**

인터넷의 발전은 문화콘텐츠에 대한 소비자들의 인식을 창작과정과 수용과정이라는 2가지 측면으로 변화시켰다. 디지털 시대에서 창작에 대한 인식 변화는 하나의 콘텐츠도 소비자의 취향에 따라 다른 스토리로 생산된다. 대표적인 사례는 인터넷 게임의 스토리 진행방식이다. 진행되는 여러 스토리는 소비자의 선택에 따른 결과이다. 웹소설 《마인드 헌터(2014년)》는 독자와 작가가 함께 스토리를 진행하는 최초의 콘텐츠이다. 각 회차마다 제시되는 2가지 옵션을 독자가 선택하면 이를 바탕으로 다음 스토리를 진행한다. 인터넷의 가장 큰 특징인 쌍방향성을 활용한 경우이지만 인터넷 게임 외에는 도입한 경우가 많지 않다.

수용에 대한 인식 변화는 콘텐츠를 수용하는 모든 과정이 하나의 '놀이 행위Entertainment'로 인식한다. 디지털 콘텐츠는 문자 이전 시대의 구전문학과 유사한 특징을 나타낸다. 따라서 디지털 미디어 · 콘텐츠를 빠르게 수용하는 것은 단순히 편리함을 넘어 우리들의 잠재의식에 내재된 종합예술의 계승 때문일지도 모른다.

디지털 콘텐츠의 등장으로 기존의 문화와 예술은 ICT 환경과 결합하여 다양한 형태로 유통되는 문화콘텐츠Cultural Contents를 생산한다. 문화콘텐츠는 역사, 전통문화, 예술 등 특정한 영역에 한정하지 않고 사람 사이의 모든 소통행위를 의미하며, 음악, 그림, 영상, 게임 등이 있다. 문화콘텐츠는 새로운 성장동력이고 고부가 가치의 원천이다. 일반적으로 디지털 콘텐츠는 상상력을 바탕으로 하는 스토리가 중요하고, 문화적인 요소의 변형과정과 가공·편집 작업으로 새로운 형태의 콘텐츠로 재탄생하는 것과 밀접한 관련이 있다. 최근에는 다른 분야의 기술, 서비스, 제품이 융합Convergence되며 다양한 디지털 콘텐츠들이 등장하였다.

지금은 다양한 정보와 지식이 넘쳐나는 콘텐츠 홍수의 시대이다. 종이에서 영상으로, 최근에는 글로벌 채널까지 경쟁하면서 고품질의 정보를 손쉽게 얻을 수 있다. 따라서 사람들은 무의식적으로 많은 정보와 콘텐츠를 소비하고 있다. 일회성 간헐적으로 소비하는 콘텐츠도 매우 많다. 다양한 채널에서 유익한 정보를 제공해 주고 있지만, 자신만의 콘텐츠 소비패턴을 만들어 가는 것이 필요한 시대이다. 한정된 시간에 다양한 정보가 제공되는 세상에서 똑똑하게 콘텐츠를 소비하는 지혜가 필요하다. 정보편식Filter Bubble에서 벗어나기 위하여 자신에게 필요한 콘텐츠를 선택하는 능력도 필요하다.

사용자들은 디지털 콘텐츠의 핵심적인 소비자인 동시에 평가자이다. 사용자 인터넷을 통해 의견을 교환하고 새로운 지식과 정보를 얻는다. 이를 바탕으로 서비스 공급자에게 더 새롭고, 더 다양하고, 고품질의 서비스를 요구한다. 기업은 사용자의 가치를 정확하게 인식하고 그들이 원하는 제품을 제공해야 한다. 편리성, 고품질, 개인화로 요약되는 사용자 요구를 적극적으로 수용하고 사용자가 원하는 시간에, 원하는 장소에서, 원하는 콘텐츠를 사용할 수 있도록 하는 기업만이 살아남는다.

그림 12-2 디지털 콘텐츠의 급격한 변화

디지털 콘텐츠는 정보통신기술의 빠른 발전과 더불어 사용자 수요가 급격하게 증가하고, 고부가 가치 산업이라 성장 속도가 빠르다. 한번 개발하면 해당 콘텐츠 또는 서비스에만 한정시켜 사용하지 않고 다양한 디바이스에서 활용될 수 있다. 별도의 추가 비용 없이 재생산하여 활용이 가능하기 때문에 주시장보다 파생시장의 규모와 수익이 더 크다. 디지털 콘텐츠는 초기 투자비용이 필요하지만 이후 재생산 과정에서 복제가 가능하기 때문에 추가 비용은 없다.

예전에 방송, 영화, 음악, 뉴스, 만화, 책 등으로 구분되었던 콘텐츠가 지금은 구분이 명확하지 않다. 모든 것이 디지털 콘텐츠로 구성되기 때문에 장르의 구분이 모호하다. 디지털 콘텐츠의 일반적인 특징을 살펴보면 다음과 같다.

- **보존성 :** 디지털 정보는 아날로그 정보와는 다르게 주변 환경에 의해 변형되지 않는다. 세월이 흘러도 항상 동일한 품질을 유지한다.
- **복제성 :** 디지털 콘텐츠는 쉽고 간단하게 복제할 수 있다. 따라서 여러 사람에게 전달하기 쉽다.
- **편집 가능성 :** 디지털 정보이기 때문에 별도의 비용을 추가하지 않아도 자유롭게 정보를 추가, 삭제, 수정할 수 있다.
- **보관의 편리성 :** 저장 비용이 저렴하고 공간의 낭비가 거의 없다.
- **통합성 :** 텍스트, 음악, 이미지, 동영상, 애니메이션 등과 같은 각종 미디어를 결합하여 콘텐츠를 생성한다.
- **결합성 :** 기존의 다양한 디지털 콘텐츠를 결합하여 새로운 콘텐츠를 생성할 수 있다.
- **재생산성 :** 기존의 디지털 콘텐츠를 재활용하여 새로운 콘텐츠를 생성할 수 있다.
- **상호작용성 :** 콘텐츠의 사용자가 동시에 정보의 제공자가 되는 상호작용이 가능하다.
- **비소멸성 :** 한번 생성된 디지털 콘텐츠는 형태와 품질을 반영구적으로 유지할 수 있다.
- **다중 이용성 :** 동시에 수많은 사용자가 사용해도 마모되거나 손상되지 않는다.

2 콘텐츠 소비방식의 변화

오늘날은 모든 사람들이 스마트폰으로 인터넷에 접속하여 정보검색과 다양한 콘텐츠를 소비한다. 방송 프로그램, 영화 등의 콘텐츠를 제공하는 온라인 동영상서비스인 OTT[Over The Top] 서비스가 확산하면서 세계 미디어 시장이 변화하고 있다. OTT 서비스는 TV의 셋톱박스를 의미하는 'Top'을 넘어선 서비스로 전통적인 매체를 위협하는 또 다른 미디어의 주류가 되었다.

디지털 시대의 콘텐츠 소비방식과 수용형태는 예전과는 다르다. 유튜브를 주축으로 형성된 디지털 콘텐츠 시장에서는 다양한 수용자들의 시각과 관점이 공존한다. 동일한 콘텐츠도 해석이 다르고, 자신만의 생각과 견해를 댓글로 표현한다. 콘텐츠 제작자의 의도는 무시되고, 사람들은 해석, 소통, 재생산의 과정을 통하여 자신만의 다른 방식으로 콘텐츠를 수용하고 소비한다. 디지털 디바이스의 대중화와 이용률 증가, 기술의 발전 등으로 수동적인 콘텐츠 소비에서 적극적·능동적인 방식으로 소비방식이 변하고 있다.

특히 가장 큰 특징은 창작의 역할이 생산자에서 소비자로 확대되는 것이다. 따라서 콘텐츠의 생산자와 소비자의 경계가 무너지고, 소비자가 창작자가 되는 생산적 소비자인 프로슈머[Prosumer] 시대를 열었다. 최근에는 SNS의 연결성, 확산성의 특징과 다중채널 네트워크[Multi Channel Network, MCN] 시장의 성장으로 완성도 높은 콘텐츠 하나가 여러 분야에서 다양한 형태로 재탄생 된다. 이러한 현상은 수명이 다한 작품, 캐릭터에 생명을 불어넣어 다시 수면 위로 끌어올리고, 악역의 캐릭터도 새로운 성격을 찾아내고 재해석한다. 예전의 캐릭터의 특징을 모방·재현으로 유사하게 패러디하는 것에서 최근에는 새롭게 찾아낸 성격과 주제를 계속해서 확장시킨다.

하나 더 알기 **코드커팅족**

최근에는 TV 플랫폼 대신에 유튜브, 넷플릭스, 웨이브 등 OTT 플랫폼이 콘텐츠 소비의 중심으로 등장하면서 코드커팅Cord Cutting 현상이 나타나고 있다. 코드커팅은 유료방송에는 가입하지 않고 인터넷으로 방송을 보는 것을 '선을 끊는다'고 표현한 용어이다. 국내에서는 TV가 없다는 의미로 '제로TV'라고도 한다. 소비자의 미디어 소비행태가 다변화하면서 유료방송에 대한 의존도가 낮아지는 현상이지만, 아직 코드커팅을 우려할 만한 수준은 아니다. 코드커팅, 제로TV 현상은 스마트폰 등 모바일 디바이스의 확산 때문이다.

그림 12-3 코드커팅족

넷플릭스가 도입한 드라마 시즌제는 하나의 시즌이 마무리되는 형태이기 때문에 완결성을 갖고 있어 흐름이 끊기는 문제를 발생시키지 않는다. 따라서 완성도에 집중할 수 있어 몰아보기Binge-Watch이라는 새로운 드라마 시청형태를 가져왔다. 평일에 드라마, 만화를 볼 수 없는 직장인이 주말에 한번에 몰아서 시청하게 되었다. 이른바 몰아보기가 콘텐츠 시장을 변화시켜 자신의 스케줄에 맞춰 시청한다. 따라서 특정 드라마 시간대를 기다리는 시청자들은 점점 사라져가고 있다. 입소문이 난 좋은 작품들을 IPTV, OTT 플랫폼으로 몰아보는 새로운 시청자들이 등장하고 있다.

콘텐츠의 소비방식이 다시보기, 스트리밍 형태로 이동하면서 인터넷 기반의 미디어 플랫폼이 다양화되어 콘텐츠 제작업체들은 국내외 채널의 확장이 수월해졌다. 플랫폼들은 시장에서 업체들의 경쟁이 뜨거워지면서 킬러콘텐츠로의 수요와 필요성이 지속적으로 증가되고 있다. 따라서 우수한 지적재산권Intellectual Property, IP의 확보가 성장의 핵심요인으로 인식되면서 플랫폼 자체제작도 늘어나는 추세이다. 특히 한국의 드라마, 영화 등을 평가하는 외국인 유튜버가 증가하면서 글로벌 구독자들이 한국의 미디어 산업에 대한 호기심과 관심도 증가하고 있다.

이와 같은 시장의 변화는 창작자들에게 기회를 제공하지만 예상치 못한 문제가 발생하기도 한다. 콘텐츠의 가치가 증가하면서 저작권 침해, 저작물의 권리문제가 심각해지면서 오히려 저작물의 이용이 불가능한 상황까지 발생한다. 최근에는 스마트 디바이스의 보편화, 유통기술의 다변화로 저작권 침해도 심각해지고 있다. 이러한 부작용을 최소화하기 위해서는 저작권 정책의 개선이 필요하다.

SECTION
02 플랫폼과 디지털 경제

1 플랫폼의 개요와 비즈니스

오늘날 플랫폼Platform이라는 용어는 미디어 분야에서 가장 많이 사용된다. 무언가를 타고 내리는 평평한 공간에서 오늘날에는 다양한 분야에 적용되어 보편적인 개념으로 널리 사용된다. 최근에는 플랫폼 기술, 플랫폼 비즈니스, 모바일 플랫폼, 컴퓨팅 플랫폼 등 다양하게 사용된다. 전통미디어인 라디오, TV는 콘텐츠를 전파로 송출하는 기반시설, 종이신문은 신문을 인쇄하는 시설과 종이가 플랫폼에 해당된다. ICT 환경에서는 컴퓨터 시스템을 구성하는 하드웨어, 소프트웨어를 말한다. 인터넷에서 콘텐츠를 유통하는 다양한 웹사이트가 플랫폼이다.

플랫폼 비즈니스는 ICT 융합 기술의 발달로 다양한 모바일·인터넷 플랫폼을 기반으로 각종 상품·콘텐츠·서비스를 중개하고 수수료로 수익을 창출하는 사업을 말한다. 일종의 장터개념으로 소비자와 기업이 상호작용하며 제품과 서비스를 판매하고 구매할 수 있다. 각 그룹이 얻고자 하는 가치를 공정한 거래를 통해 교환할 수 있도록 구축된 환경이다. 참여자들의 상호작용으로 서로에게 새로운 가치와 혜택을 제공하는 상생의 생태계를 말한다.

그림 12-4 **플랫폼, 교통수단과 승객이 만나는 공간에서 공급자와 소비자를 연결하는 환경**

예전에는 마이크로소프트, 인텔, 시스코, 델 등이 PC 시대의 플랫폼을 지배했다. 오늘날은 인터넷 혁명을 주도하는 플랫폼을 효과적으로 활용한 구글, 페이스북 등 글로벌 플랫폼들이 시장을 지배한다. 스마트폰의 절대 강자였던 노키아도 플랫폼 경쟁에서 물러났다. 제조업과 하드웨어의 경쟁력만으로는 경쟁에서 버틸 수 없다는 메시지를 보여준다. 플랫폼이 기업의 성패를 결정하는 핵심적인 요인으로 등장하면서 플랫폼에 대한 관심이 증가하고 있다.

최근의 기술발전은 더욱 빨라져 변화의 속도를 따라잡지 못한 기업들은 사라지고 새로운 투자는 불투명해질 수밖에 없다. 플랫폼은 이와 같이 변화가 매우 심한 환경에서 빠르게 대응하는 수단이다. 공급자와 수요자들이 서로가 원하는 새로운 가치와 혜택을 교환도록 구축된 환경이다. 플랫폼 조직은 참여자들의 지출로 더욱 전문화되고, 고급 서비스를 저비용으로 제공하는 선순환 과정에 도달하게 된다.

이와 같이 플랫폼에 대한 관심이 증가하는 주요 원인은 ICT 기업들이 플랫폼을 통해 수익확대와 기업이 급성장하는 현상이 나타나고 있기 때문이다. 그리고 기술과 환경의 발전으로 플랫폼 구축과 활용이 더욱 수월해진 것도 또 다른 이유이다. 최근의 글로벌 경쟁의 강화, 고객의 다양한 요구, 기술혁신의 가속화 등으로 제품의 수명주기가 단축되면서 비용증가를 최소화하면서 다품종 소량생산이 요구되기 때문이다. 융복합 기술의 발전으로 산업영역의 경계가 무너지면서 이종산업들의 결합이 플랫폼을 통해 활발하게 진행되기 때문이다.

사용자의 규모

플랫폼의 지배력을 결정하는 핵심적인 요소는 연결을 기반으로 하는 사용자의 규모이다. 사용자의 규모가 플랫폼의 영향력을 나타내기 때문에 많은 사용자를 확보하기 위해 디지털 공간에서 무한경쟁이 진행되고 있다. 페이스북·아마존·구글 등 글로벌 기업과 국내의 네이버 · 카카오 등 많은 기업이 플랫폼 세상을 지배하고 있다. 이러한 기업들은 연결을 바탕으로 한계비용 제로로 공유자원을 활용하는 플랫폼 모델을 새로운 플랫폼 비즈니스Platform Business 모델로 진화시켰다. 최근 구글, 애플, 페이스북, 아마존이 각자의 강점으로 플랫폼을 통해 해당 영역에서 절대강자로 부상하면서 비즈니스 업계도 플랫폼에 대한 관심이 집중되고 있다.

참여 시장

플랫폼 비즈니스 시장은 양면시장이다. 광고주와 독자를 연결하는 신문이 전형적인 양면시장이다. 그러나 대부분의 기업은 물건을 생산·판매하는 단면시장에서 지금까지 경쟁을 계속하고 있다. 이와 달리 플랫폼은 서로 상호작용에 의해 영향을 주고, 폐쇄적보다는 개방적이고, 경쟁보다 협력이 중요한 곳이다. 모든 사람이 참여하여 플랫폼의 확장과 변화가 가능하기 때문에 개방, 공유, 협업의 정신을 강조한다. 플랫폼 비즈니스의 대표적인 모델은 에어비앤비, 우버, 넷플릭스이다. 이들 기업은 직접 소유한 택시나 주택 없이 '연결'이라는 가치를 통해 성과를 달성했다.

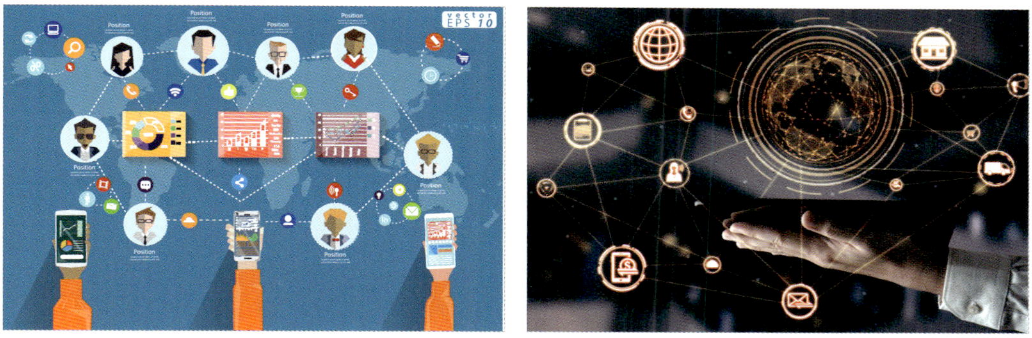

그림 12-5 **플랫폼 비즈니스, 제품 · 서비스 중개로 수익을 창출하는 사업**

가치제안 – 운영방식 – 수익모델

비즈니스 모델은 원래 가치제안과 운영방식, 수익모델로 구성된다. 가치제안은 기업이 고객에게 전달하는 가치이다. 운영방식은 기업이 고객에게 새로운 가치제안이 전달하기 위해 기업의 기반 시설과 처리과정을 말한다. 활용자산, 채널 활용 등이 포함된다. 가장 중요한 부분은 수익모델이다. 비즈니스 모델을 설계할 때 수익을 발생시키는 방법, 다양한 수익모델을 적절하게 결합해 수익을 극대화하는 것이 중요하다. 플랫폼 비즈니스 모델의 가치는 기본적으로 연결의 가치이다. 우버는 운행하지 않는 차와 필요한 사람을, 에어비앤비는 빈방과 사람을 연결한다. 넷플릭스는 소비자가 원하는 영화, 드라마 등 콘텐츠와 연결하는 서비스이다. 양방향으로 상호작용하는 소비자와 생산자의 연결이 바로 비즈니스의 가치이다.

그림 12-6 **디지털 경제, 산업 가치 체인을 지원하는 IOT 및 디지털 비즈니스**

디지털 경제를 기반으로 아마존, 구글, 페이스북은 각각 전자상거래, 검색, 소셜 미디어라는 새로운 분야를 창조했다. 구글은 유튜브와 안드로이드, 페이스북은 인스타그램과 왓츠앱, 아마존은 아마존웹서비스라는 새로운 혁신으로 차세대 주도권인 플랫폼을 장악했다.

2 플랫폼과 한류

유튜브, 넷플릭스 등 인터넷 스트리밍 기반의 동영상 플랫폼의 등장은 수용자들의 매체 이용형태는 물론 기존의 콘텐츠 제작 문법까지 변화시켰다. 전세계를 하나로 연결하는 유통플랫폼의 등장으로 새로운 스타들이 태어나고 K팝의 가치는 전세계에서 돌풍을 일으키고 있다. 다행히 국내의 콘텐츠 제작업계는 이러한 흐름을 파악하여 변화하는 유통환경에 빠르게 적응했다.

한류와 SNS

K팝이 급성장한 배경에는 유튜브와 SNS를 활용하는 연결된 팬Connected Fan의 능력으로 나타나고 있다. 전세계에 분산된 K팝 팬들은 자발적인 팬덤Fandom을 형성하며 3차 한류 열풍을 일으키고 있다. 한류1.0은 한국 드라마 수출로 2004년 일본에서 시작됐다. 한류2.0은 2010년 동방신기, 소녀시대, 카라 등 아이돌 스타의 K팝 열풍이었다. 당시에는 한류를 신조어에 가까울 정도로 기이한 현상으로 인식하고 오래가지 못할 것으로 전망했지만 한류는 K팝과 K드라마가 계속해서 인기를 유지하면서 20여년 간 꾸준히 성장했다. 한류3.0은 애니메이션, 미술, 문학 등 하나의 분야에 국한되지 않고 모든 문화콘텐츠가 전세계로 뻗어나가고 있다.

한류의 성공 요인은 타고난 예술적 재능, 창의력이다. 그리고 특유의 부지런함, 치열한 노력의 결합으로 만들어진 경쟁력 있는 콘텐츠가 한류의 핵심이다. 세계 최고 수준의 K팝, K드라마에 K무비까지 합세하면서 웹툰, 게이머 등은 한류 팬을 확대하고 문화콘텐츠를 확장시키고 있다.

한류와 e스포츠

e스포츠에서 한국의 위상은 영원한 우승 후보로 모든 게이머들이 한국 타도를 외친다. 한국 선수의 장점은 게임 집중력, 판단력이다. 중국은 막대한 자본력으로 e스포츠 산업에 집중적으로 투자를 하면서 한국과 격차를 줄이고 있다.

한국이 e스포츠 분야에서 초강세를 나타내는 배경에는 인터넷 보급의 영향과 PC방 활성화에 있었다. 프로게이머라는 직업이 등장하고 최초로 프로스포츠 정규리그 출범 등 모든 기반시설을 선도했다. 최근에는 다른 나라들도 투자를 늘리면서 상향 평준화되어 미국과 중국이 빠르게 추격하고 있다. e스포츠는 게이머, 게임 개발사, 플랫폼, 프로게이머 구단 등이 복합적으로 영향을 미치는 산업 분야이다.

그림 12-7 치열한 노력의 결합으로 만들어진 경쟁력 있는 e스포츠

한류와 웹툰

웹툰은 대표적인 한류 문화콘텐츠 분야이다. 네이버가 2018년에 웹툰 작가 300여 명의 평균 수익이 2억 2,000만 원이라고 발표했다. 그러나 작품을 게재하는 작가는 전체 작가의 10% 이하 정도이고 나머지 대부분은 자유롭게 작업하는 프리랜서이다. 3,000만 원 미만은 66%이고, 25%의 연수입은 1,000만 원 미만이다. 연재가 종료되면 실직, 도구·장비 구입, 자료수집, 작업실 대여료 등 창작과정의 모든 비용은 자기 부담으로 경제적 어려움을 겪는다. 해외 서비스 계약을 정식으로 맺지 않은 이전 작품이 불법으로 번역돼 유통되기도 한다. 작가의 수익을 빼앗는 불법 다운로드 문제 등 해결해야 할 일들이 많다.

한류 콘텐츠의 시사점

웹툰 작가, 게이머 등이 인기 직군으로 급부상하면서 한류 문화콘텐츠가 주목을 받고 있다. K팝, K드라마의 꾸준한 인기로 한국이 세계적인 문화콘텐츠 강국으로 도약하며 국내 콘텐츠 산업의 밝은 전망을 나타내는 경우가 많다.

하지만 문화콘텐츠는 외형적으로 화려한 만큼 내면의 어둠은 짙다. 심각한 소득 양극화, 열악한 노동환경, 극한 경쟁은 한류의 성장을 가로막는 장애물이 되고 있다. 콘텐츠 제작현장의 환경은 크게 변화되지 않았다. 과도한 노동 문제, 단기간의 제작시간, 창작자의 권리 등의 문제는 개선되어야 한다. 특히 공중파의 중간광고 제한으로 간접광고Product PLacement, PPL가 과열되어 작품의 질이 떨어지기도 한다.

이와 같은 상황은 한류 문화콘텐츠 대부분의 분야에서 유사하게 나타나고 있다는 것이 문제이다. 콘텐츠는 노동력의 산물이지만, 갑을 관행, 불공정계약, 금품요구, 일방적인 계약파기 등 신인·무명작가의 희생을 요구하기도 한다. 영상·드라마·방송 현장도 제작여건은 열악하다. 낮은 임금, 장시간의 근로시간 등이 문제이다. 문화콘텐츠는 상대적으로 많은 노동력을 사용하는 노동집약적인 산업이다. 열악한 작업환경으로 능력·재능 있는 열정이 넘치는 사람들이 현장을 떠나게 된다. 한류 열풍을 계속 유지하려면 대가가 제대로 지급되어야 하고 자신의 경력을 쌓아갈 수 있는 환경을 만들어줘야 한다.

그림 12-8 문화와 경제를 이끄는 신한류

웹툰, 게임, 스포츠 등 장르를 막론하고 콘텐츠가 해외에 수출될 때마다 'K'가 붙는다. 홍보를 위한 일이지만, 이러한 의도가 콘텐츠 자체에는 큰 영향을 주지 않는다. 수용자들의 콘텐츠 수용에서 국적의 중요성은 점차 희미해지고 있기 때문이다. 오늘날은 콘텐츠 중에서도 좋은 콘텐츠만 소비하는 시대이다. 공급자, 소비자의 정체가 중요한 시대가 아니라 수용자와 창작자의 개별적인 연결이 중요해졌다. 장기적으로 문화콘텐츠가 부흥하려면 민족주의적인 시선을 지워야 한다. K팝, K드라마를 보고 한국적이라고 인식하지 않는다는 것이다. K팝에 대한 긍정적인 인식으로 'K'도 그냥 하나의 브랜드로 드라마, 웹툰에 K를 붙이는 것이다.

세계 시장에서 국내 콘텐츠의 수준에 대한 믿음은 점점 더 확대되고 있다. 따라서 음악, 방송, 영화 등 모든 콘텐츠 업계가 공동 운명체인 상황이다. 콘텐츠 업계가 글로벌 시장에서 인정받는 상황과 달리 유튜브, 넷플릭스 등 공룡플랫폼에 대항할 국내 플랫폼이 없는 현실이 아쉬움으로 남는다. 따라서 어느 순간 국내의 콘텐츠가 플랫폼에 종속될 수도 있다. 결국 플랫폼 위주로 콘텐츠 사업이 재편될 수밖에 없기 때문에 콘텐츠 제공자, 창작자들이 많은 창작의 권리와 수익분배 문제를 해결해야 한다.

SECTION 03

플랫폼 서비스 산업

1 애플리케이션 콘텐츠

최근 전세계의 스마트폰 사용자가 25억 명에 이르면서 시장이 포화상태로 접어들고 성장 정체를 나타내고 있다. 그러나 인터넷을 통해 서로를 연결하는 소통의 장에서 혁신의 아이콘인 애플리케이션Application, App 콘텐츠 산업은 차세대 성장동력으로 중요한 부가가치를 창출하고 있다. 특히 콘텐츠 산업뿐만 아니라 전자상거래, 금융, 제조 등 모든 일상생활이` 앱을 활용하는 디지털·온라인 시대에 플랫폼 서비스는 산업환경 전반에 영향력을 끼치고 있다.

하나 더 알기 **거대 플랫폼 기업의 실적**

중국 온라인 유통기업 알리바바는 할인행사에서 1분 36초 만에 1조6,556억원의 매출을 달성했다. 페이스북은 하루 10억 명 이상이 방문하고, 인스타그램은 8,000만 장의 사진이 게시되고, 숙박 공유사이트 에어비앤비에 등록된 숙소는 100만 개에 달한다.

이들 기업의 특징으로 알리바바는 창고가 없고, 에어비앤비 소유의 객실은 하나도 없다. 페이스북과 인스타그램은 콘텐츠를 생산하지 않는다. 대신에 그들을 플랫폼을 제공하고 사람들은 우리 삶 속에 들어온 플랫폼 안에서 소비하고 거래를 한다. 플랫폼을 구축하여 장악한 구글, 애플, 페이스북, 유튜브, 에어비앤비, 우버 등이 전세계 시장을 장악하고 있다.

구글, 페이스북, 유튜브 등 거대한 앱들은 개인의 취향에 따라 맞춤형 정보·미디어를 제공하면서 사람과 사람을 연결하는 플랫폼으로 성장했다. 동남아시아에서는 차량공유 서비스에서 배달, 간편결제, 금융, 헬스케어까지 모든 일상생활을 앱 서비스로 제공하는 거대 플랫폼으로 도약하고 있다. 국내에서 네이버 포털은 검색시장을 중심으로 다양한 생활서비스를 제공하고, 카카오는 카카오톡 메신저를 기반으로 사용자와 콘텐츠·생활, 서비스·기업을 연결하는 거대 플랫폼으로 성장했다.

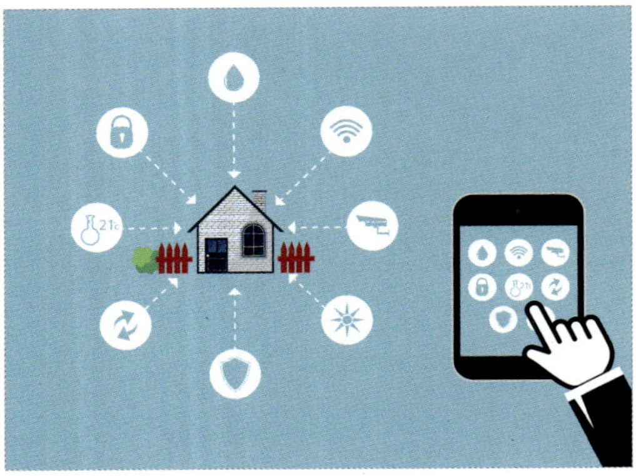

그림 12-9 플랫폼 서비스를 모든 일상생활에서 활용

ICT 융합시대에는 효율성, 전문성에서 강점을 보유한 플랫폼들이 변화를 주도하고, 발전할 수 있다. 플랫폼에는 소재·반도체를 제조하는 제조공정 플랫폼, iOS, 안드로이드와 같은 운영체제, 다양한 기능을 탑재하는 스마트폰과 같은 디바이스 수준의 플랫폼이 사용자들이 원하는 서비스를 제공한다. 플랫폼을 사용자와 연결해 주는 것이 플랫폼 비즈니스이며, 페이스북, 구글, 애플 등 글로벌 플랫폼 기업들의 사업모델이다. 플랫폼 비즈니스는 자원을 공유하여 투자비용 감소와 최상의 서비스를 제공하는 공유경제의 기반이 된다.

2 플랫폼이 지배하는 디지털 세상

인터넷이 현실세계에 깊숙이 스며들며 사회·문화 등 각 분야에 대단한 영향력 행사하고 있다. 인터넷은 이와 같이 현실 세계의 평범하고 소외된 것들에 가치를 부여하여 대중들의 공감을 형성시키는 중요한 역할을 한다. 최근에는 다양한 형식으로 디지털 세계가 현실에 영향을 미치고 있다. 예를 들어, 이전에는 볼 수 없던 소비자가 블로그, 모바일 앱에 매기는 별점, 후기, 댓글, 좋아요 등 데이터에 의해 가치가 결정되는 상황을 쉽게 볼 수 있다. 이제 인터넷 세상은 소외된 대상을 드러내는 단계를 넘어 현실의 질서에 가치를 매기는 역할까지 수행한다.

피지털Phygital은 온·오프라인 환경에서 소비자 경험의 차이를 감소시키기 위한 블렌딩 마케팅Blending Marketing 용어이다. 디지털Digital 세계와 물질Physical 세계의 연결을 의미하는 말이다. 전통적인 오프라인 물리적 상점과 온라인 쇼핑을 결합하는 용어이기도 하다. 디지털과 현실 세계 사이에 수많은 상호관계에 의해 새롭게 구성된 융합의 접경지가 피지털 세계이다. 따라서 잘 드러나지 않는 가상의 데이터 논리가 현실세계에 미치는 관계망이 피지털이다.

1990년대 인터넷 시대는 현실세계의 관계가 디지털과 가상세계로 확장되었지만 2010년대 포스트 디지털(피지털) 세계에서는 가상세계의 새로운 질서와 규범이 역으로 현실세계를 지배하고 새로운 영향력 행사하기 시작했다. 피지털 세계는 데이터 세계의 논리에 의한 현실사회의 특이한 경험을 나타내기도 한다.

그림 12-10 공유경제가 서비스의 수요를 효과적으로 연결

디지털 문화의 현실 속에서 역전효과는 플랫폼 기업의 활동에서 나타난다. 현실세계와 데이터를 연결하면서 새로운 시장 논리를 빠르게 적용하며 지배 흐름을 구축하고 있다. 공유경제 플랫폼은 제품, 서비스가 필요한 소비자들에게 수요를 찾아 효과적으로 연결하는 역할을 한다. 예를 들어 집, 자동차, 노동, 공간, 배달음식 등을 중개하고 수익으로 가치증식에 집중한다. 이러한 시장의 형태를 공유경제Sharing Economy라고 한다.

그림 12-11 공간을 활용한 공유경제

문제는 플랫폼 기업들이 현실과 디지털 세계에서 연결하는 관계의 형태에 따라 크게 흔들리는 현실이다. 피지털이란 영역이 공감능력을 확장하는 새로운 관계망에서 이제는 주체가 온라인 기반의 오프라인 서비스인 앱 기반의 플랫폼 기업, 서구형 공유경제 플랫폼들로 넘어가면서 기존의 성격이 달라지기 시작했다.

플랫폼이 현실 질서의 주도권을 잡고 역전된 상황도 크게 늘고 있다. 배달 앱이 자영업자는 물론이고 배달원의 생계와 노동환경을 점점 틀어쥔다. 이와 같이 플랫폼들은 사회가 원하는 방향과 많이 다르게 움직이고 있다.

SECTION

04 문화산업과 콘텐츠

1 유튜브의 파급력

글로벌 동영상 플랫폼인 유튜브의 등장으로 동영상의 소비패턴이 크게 달라졌다. 구글이 2006년 16억5,000만달러(약 2조원)에 유튜브를 인수했지만 이제는 막강한 파괴력으로 동영상 유통시장을 점령했다. 국내에서도 국민 절반 이상이 평균 2시간 이상을 이용할 정도로 막강하다. 카카오톡, 네이버보다 이용시간이 많고, 검색시장을 대표하는 포털의 역할을 유튜브가 대체하고 있다.

유튜브가 급성장한 원동력은 콘텐츠에 대한 인식체계의 변화이다. 과거에 대부분의 콘텐츠는 텍스트를 기반으로 존재했다. 인쇄술의 발달로 책이 등장하고, 집필 과정으로 탄생한 콘텐츠는 텍스트로 저장·전파되었다. 최근까지 콘텐츠의 주류로 군림한 텍스트는 이미지의 시대에서도 건재하게 역할을 계속했다. ICT 환경의 발달로 텍스트는 문자메시지와 SNS를 통해 연락을 주고받으며 다시 전성기를 맞는 듯했다.

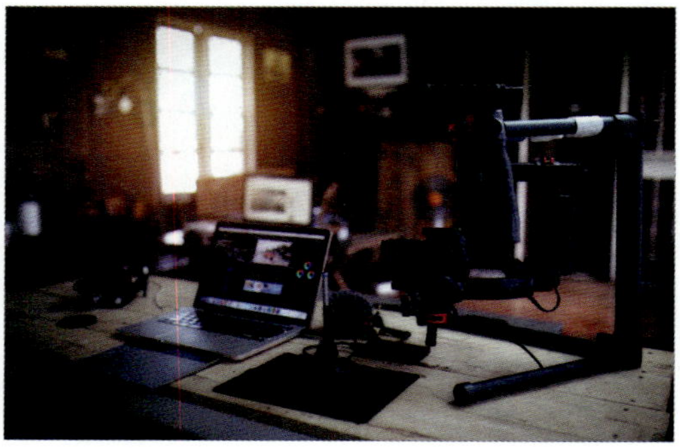

그림 12-12 유튜브의 등장, 혼자서 콘텐츠를 즐기는 시대

하지만 유튜브가 등장하면서 모든 것이 변화되었다. '읽고 쓰기'를 밀어내고 '보고 듣기' 문화를 만들고, Z세대와 함께 검색시장마저 위협하며, 쇼핑·저널리즘까지 모든 인터넷 생태계가 유튜브로 통하고 있다. 콘텐츠 인식체계의 변화는 현재도 진행형으로 유튜브가 동영상을 콘텐츠의 중심으로 변화시키면서 텍스트는 서서히 주변으로 밀려나고 있다.

유튜브는 기존의 문서, 이미지 기반의 소통체계를 동영상으로 바꾸고, 초등학생들이 장래에 가장 선호하는 직업으로 1위인 크리에이터 스타 유튜버Youtuber 시대를 열었다. 유튜버와 광고수익을 분배하는 정책으로 동영상 창작자들에게 놀이마당을 만들어 주었다.

유튜브가 일상화되면서 일반인들의 일상적인 창작과 전문적인 문화산업의 경계가 허물어졌다. 이제는 전문적으로 생산된 문화상품뿐만 아니라 아마추어들이 거대한 생산가치를 만들어내고 대중문화 취향까지 좌우하고 있다. 이제 일반인들의 활동은 새로운 직업으로 문화콘텐츠 시장과 문화산업에서 중요한 부문을 담당하고 있다. 이러한 배경으로 유튜브 플랫폼은 이제 프로와 아마추어의 창작물 모두를 제공하는 콘텐츠 제작의 거대한 저장소가 되었다.

그림 12-13 **영상을 직접 창작하는 인터넷 방송인**

하지만 콘텐츠 제작자들이 기하급수적으로 증가하면서 유튜버들의 고민도 커지고 있다. 식상한 콘텐츠는 성공하기 힘들기 때문이다. 차별화된 콘텐츠 제작과 양질의 콘텐츠에 집중하지만 제작환경이 부족하기 때문에 한계치에 직면하고 있다. 최근에는 다중채널 네트워크Multi Channel Network, MCN가 나타나면서 전문적인 경영기획사의 역할을 하고 있다.

최근에는 맞춤형 알고리즘에 의해 유튜브를 시청하는 사람들이 많아졌다. 맞춤형 알고리즘은 사용자가 소비하는 동영상의 검색어, 시청방식, 시간, 장르, 종류, 빈도에 따라 알고리즘이 특정 조합에 의해 개인 취향에 적합한 추천 콘텐츠 목록을 제시한다. 이러한 기능의 문제는 자신과 다른 취향이 자동 추천되거나 자신 취향의 다른 콘텐츠를 시청하기 어려워진다. 유튜브의 알고리즘은 사용자들을 장시간 플랫폼에 머물게 하려는 전략이다. 따라서 사용시간을 증가시키기 위해 자극적인 맞춤형 콘텐츠, 가짜뉴스를 노출하는 경우도 있다.

2 넷플릭스의 인기 요인

인터넷으로 드라마, 영화 등 콘텐츠를 제공하는 인터넷 동영상서비스인 OTTOver the Top가 확산하면서 전세계 미디어 시장이 변화하고 있다. 넷플릭스Netflix는 대표적인 OTT 사업자이다. 온라인 주문방식과 우편으로 배달하는 DVD 대여업에서 시작해 현재는 인터넷 동영상 스트리밍Streaming 서비스를 제공한다. 넷플릭스는 약 4,200만 장의 영상물을 보유하고, 전 세계 1억 6,000만 명이 넘는 가입자로 해외 서비스를 확대하고 있다. 국내에서는 2016년부터 서비스를 제공했다.

넷플릭스의 시네매치

플랫폼 비즈니스 관점에서 넷플릭스는 매월 일정 금액을 지불하는 소비자가 원하는 영화, 드라마 등 콘텐츠와 연결하는 서비스이다. 넷플릭스가 소비자에게 제공하는 가치는 넷플릭스 시네매치Netflix Cinematch이다. 시네매치는 넷플릭스만의 차별화된 핵심 가치로 소비자의 80%가 만족하는 콘텐츠 추천 알고리즘이다. 다양한 추천 알고리즘은 빅데이터를 이용하여 소비자의 평점을 기반으로 영상패턴을 분석해 사용자의 취향에 적합한 영상을 추천한다. 플랫폼에서 연결의 가치는 최적화한 연결의 가치로 소비자의 참여에 따라 데이터를 분석해 더 정확한 추천이 가능하다는 측면에서 네트워크 효과를 가진다.

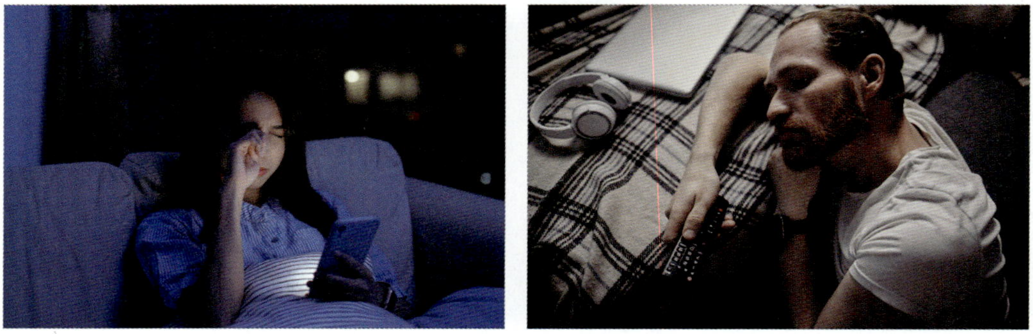

그림 12-14 몰아보기의 역기능

소비자들의 행동변화에 관심을 가지고 글로벌 기업들이 활용하기 시작했다. 사람들의 행동변화는 여러 선택지가 있을 때 합리적인 경우와 감정적인 경우로 나타나는 결과라고 행동경제학에서는 정의한다. 따라서 행동경제학을 역으로 활용하면 합리적이지 않아도 제품을 선택하도록 유도할 수 있다는 것이다. 이러한 개념을 제대로 이용한 기업이 넷플릭스이다. 넷플릭스는 화면구성부터 마케팅까지 소비자들의 행동을 적극적으로 활용하고 있다. 넷플릭스가 최강자 된 배경에는 1개월 무료라는 체험 마케팅에 '소유효과'의 활용, 하나의 회차를 종결하지 않는 새로운 소비방식인 '몰아보기', '구독 서비스'라는 숨겨진 전략이 존재한다.

오리지널 콘텐츠

최근에 넷플릭스는 오리지널 콘텐츠Original Contents를 새로운 가치로 추가했다. 아마존 등 플랫폼 경쟁이 계속되면서 콘텐츠를 통한 플랫폼의 차별성을 강화하려는 것이다. 월정액으로 플랫폼을 무제한으로 이용하는 구독형 OTT의 장점을 제대로 활용하기 위하여 자체제작 콘텐츠를 독점화하는 전략이다.

넷플릭스의 첫 번째 간판 오리지널은 2013년 제작된 《하우스 오브 카드》이다. 당시 1회당 제작비 40억 원, 시즌1 제작비 1,200억 원이 투입되었다. 완성도 높은 콘텐츠를 선보이며 대단한 인기로 유료 가입자가 36.5%로 급증했다. 한편의 드라마 매출로 곧바로 흑자로 전환되며 오리지널 콘텐츠의 저력을 나타냈다.

오리지널 콘텐츠 전략은 새로운 가입자를 끌어들이는 효과뿐만 아니라 장기적으로 기존 가입자를 묶어두는 장치이다. 실제로 OTT 플랫폼은 가입자의 충성도가 매우 낮은 시장이다. 따라서 차별화된 콘텐츠로 가입자를 꾸준히 확보해야 한다. 막강한 콘텐츠 공룡이라 불리는 디즈니의 국내 상륙으로 OTT 플랫폼들의 경쟁은 더욱 치열해질 전망이다. 디즈니는 서비스 출시 3개월 만에 3,000만 명의 구독자를 확보하며 넷플릭스를 위협하고 있다. 2021년에는 한국에서도 서비스를 시작한다.

3 성장하는 오디오 시장

70년대까지는 어느 곳에서든 방송을 들을 수 있는 편리함으로 라디오의 영향이 매우 컸던 시대였다. 80년대 초까지는 레코드판, 즉 LP가 대세인 시대였다. LP의 음악은 투박하기는 했지만 따뜻한 소리를 들려주는 특유의 감성을 전달하는 느낌이 있었다. 81년에 등장한 MTV, 본격적인 컬러방송 시대의 화려한 뮤직비디오와 화려한 무대는 라디오 청취자들을 TV 앞으로 이동시켰다.

에어팟 같은 무선 이어폰과 AI 스피커, IoT 등 음성을 기반으로 하는 디바이스의 기술 발달로 대중화되면서 오디오는 제2의 전성기를 맞고 있다. 지난 35년간 오디오는 ICT업계의 기술진보에서 사각지대였다. TV 화질이 8K까지 진화하고, 통신·네트워크 환경은 1초에 기가비트급으로 파일을 전송하지만 음질은 오히려 35년 전보다 못한 수준의 콘텐츠가 대부분이다. 하지만 ICT산업에서 음성 기능이 발전하면서 오디오 시장도 커지고 있다.

음원서비스와 채널서비스

현재 오디오 시장의 서비스 형태는 음원서비스(멜론·스포티파이 등)와 구독형 채널서비스(애플의 팟캐스트 등)로 구분된다. 음원서비스는 음원시장의 꾸준한 강자라면, 채널시장은 신흥 강자이다. 세계 최대 음악 스트리밍 기업 스포티파이는 음악 외의 콘텐츠에도 투자를 확대하고 있다. 네이버는 2017년 자극적으로 변하기 쉬운 콘텐츠 시장에서 품격있는 지식공유를 위해 어학·교양·육아 등 지식 채널서비스와 오디오북[Audio book] 서비스인 오디오클립을 선보였다. 서비스 2년 만에 750명의 창작자들이 2,000여 개의 채널을 운영하며 재생 횟수는 1,000만 번으로 크게 성장하고 있다. 네이버는 오디오 전문 크리에이터의 양성이 필요한 시점으로 인식하고 오디오클립과 채널의 유료화로 채널 크리에이터들에게 50% 이상의 수익을 보장하고 있다.

그림 12-15 음원서비스와 팟캐스트

오디오클립은 영유아를 키우는 3040 젊은 부모들에게 무료 콘텐트인 귀로 듣는 동화 채널이 인기가 많다. 육아 콘텐트도 인기를 이어가며 육아 듣기는 11만 구독자를 보유한 킬러 채널이 되었다. 인기가 제일 많은 서비스는 질적인(구독자, 재생횟수) 측면에서는 지식 크리에이터들이 활약하는 1인 강연, 낭독형 채널이다. 채널 개수로는 어학이 압도적이다. 오디오는 전문분야에 자기만의 지식인들에게 유리한 전달 방식이며 듣는 사람도 자기계발을 위하여 철학 · 과학 · 문학 등 깊이 있는 지식을 원하기 때문에 완청률이 높은 편이다.

스마트폰 속 오디오 기능

스마트폰 업체들은 사용자에게 차별화된 사운드 경험을 제공하기 위해 하이파이 음원재생 기능을 스마트폰에 도입해왔다. 스마트폰은 디지털 음원을 사용하기 때문에 데이터를 분석하고 아날로그 소리를 생성하기 위해 DAC 칩셋을 탑재한다. DAC 칩의 성능이 향상될수록 음원의 왜곡이 적고 더 높은 샘플링 주파수와 비트를 해석할 수 있다. 대략 10년을 주기로 2비트의 해상도가 증가하는 속도로 발전했다. 1980년도 16비트의 성능을 제공했던 DAC 칩은 최근에는 일반적으로 24비트를 지원하고 있다. 스마트폰이 24비트 고음질 음원재생이 가능한 하드웨어를 갖추고 있다고 해도 현재 내장된 DAC 칩으로는 구현이 불가능하다. 고가의 헤드셋이나 이어폰이 필요하기 때문이다.

그림 12-16 스트리밍 음악 서비스와 무선 블루투스 방식의 스피커

디지털의 경우 동일한 음원도 음질의 등급에 따라 심리적 반응이 다르게 나타날 수 있다. 최상의 음질은 자연스러운 음악과 신호의 전달로 원본의 소리를 들었을 때의 심리상태로 만들어 준다. 가장 완벽한 디지털 음질구현은 LP, 테이프 등에 기록된 아날로그의 상태가 정상적으로 완벽에 가깝게 재생했을 때와 동일한 효과를 나타낸다. 예전에 고음질 사운드를 듣기 위해서는 고가의 오디오가 필요했다. 요즘은 음원파일을 통한 음악감상이 주류로 등장하면서 음향기기 부문에서도 변화를 가져왔다. 대표적으로 스마트폰·이어폰과 일체형 포터블 스피커(블루투스 스피커)의 사용으로 쉽고 간단하게 음질을 향상시킬 수 있다.

스마트폰은 현재 가장 보편적인 고음질 감상수단으로 사용되고 있다. 저장된 음원파일의 재생과 스트리밍을 통해 언제나 음악을 들을 수 있다. 스마트폰 시장의 경쟁으로 최근에는 오디오 전용칩을 내장한 고사양 스마트폰도 출시됐다. 오프라인 환경에서는 워크맨과 같은 DAP Digital Audio Player와 같은 음악전용 플레이어가 사용되고 있다. 그러나 고성능의 음향기기를 사용하여도 결정적인 고음질의 구현은 음원의 최종 출구인 스피커, 헤드폰, 이어폰의 등급이 가장 중요하다. 헤드폰은 이어폰보다는 스피커에 가깝고 넓은 대역을 다루기 때문에 고음질 감상에 좀 더 유리하다. 그 외에도 자동차에서 USB 메모리와 블루투스를 활용한 카플레이 CarPlay 기능이 기존 카스테레오 기기를 대체하고 있다. 컴퓨터용 음악 재생시스템 등 고음질 음악 감상을 위한 시스템은 다양하다.

SECTION
05 다양한 콘텐츠의 영향력

1 5G 시대 속 콘텐츠

4G LTE 시대에는 PC가 스마트폰 안으로 들어왔지만 5G 시대에는 TV가 모바일로 들어와 생방송 시대를 본격적으로 열고 있다. 5G 시대가 열리면서 연결을 통해 실시간 생방송으로 소통하면서 관계를 맺는 생방송 시대를 열고 있다. 따라서 5G 시대는 모바일의 활용보다는 소비자가 시청하는 콘텐츠의 형태, 소비하는 방식이 중요하기 때문에 영상 콘텐츠 사업은 5G 시대의 핵심 키워드로 등장했다. 4G 환경에서는 서비스가 불가능한 콘텐츠들도 서비스가 가능해지기 때문에 콘텐츠의 중요성이 더욱 강조되고 있다. 영상 콘텐츠가 5G 시대의 킬러서비스로 주목받으면서 서로 다른 사업자인 ICT 기업, 콘텐츠 산업들이 결합하는 합종연횡과 인수합병이 본격화되었다. 콘텐츠의 품질과 생산량을 향상시켜 전세계 구독자 1억 5,800만 명의 넷플릭스에 대항하기 위함이다.

(a) 콘텐츠 전송 네트워크(CDN)

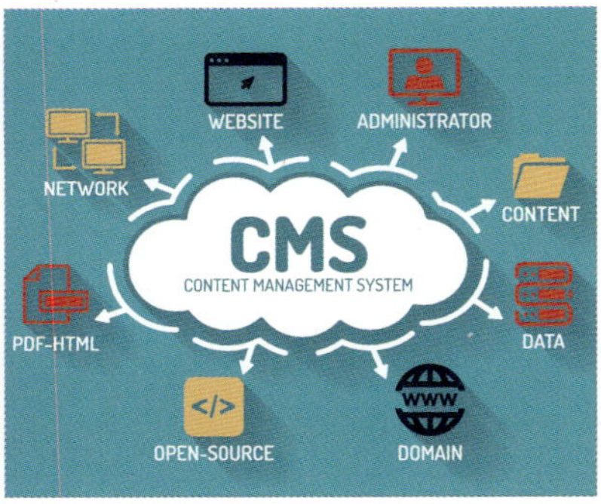

(b) 콘텐츠 관리시스템(CMS)

그림 12-17 콘텐츠 스트리밍 지연을 최소화하는 기술

ICT 기업들은 단순히 콘텐츠를 유통시키는 플랫폼 시장 진출에 머무르지 않고 웹툰, 드라마, 영화 등 제작·투자시장에도 뛰어들었다. 기존의 케이블방송 등 유료방송의 가입을 해지하고 IPTV, OTT 등 새로운 플랫폼으로 이동하는 코드커터족Cord Cutters을 잡기 위한 현상이다. 가입 해지자들은 콘텐츠 시청을 위해 기존의 TV를 끊고, 스마트폰·태블릿 등 디바이스를 넘나들며 다양한 온라인 동영상 서비스인 OTT를 활용한다. OTT는 인터넷을 통해 영화, 드라마 등 미디어 콘텐츠를 제공하는 서비스이다. 셋톱박스가 필요없고 인터넷을 연결해 TV를 볼 수 있는 새로운 콘텐츠 유통방식이다.

국내 현황

국내 시장에서는 넷플릭스가 국내 콘텐츠 업체와 연합하며 확장하고 있다. 2016년 국내 서비스 출시에 시장에는 유료서비스는 성공하기 어렵다고 인식했지만 시장에 안착했다. 초기에는 지상파, 케이블TV의 드라마 판권을 확보하는데 주력했다. 국내 시장의 규모는 작지만 성장 가능성을 높이 평가하면서 콘텐츠 제작사들과 연합하고 있다. 그리고 국내 콘텐츠 제작사들과 독점 콘텐츠Original Contents를 제작·유통하여 국내 이용자들을 사로잡았다. 국내 시장과 아시아 시장을 공략하기 위해 한류 드라마 제작에 본격적으로 뛰어든 것이다. 완성도 높은 독점 콘텐츠 확대는 충성도 높은 고객의 확보와 가입자를 증가시키고 플랫폼 가치를 높이는데 유리하기 때문이다.

넷플릭스의 공략을 저지하기 위해 1세대 토종 OTT 왓챠플레이, SK텔레콤, 지상파 3사가 연합한 웨이브, KT의 시즌 등 토종 OTT들이 견제에 나섰다. 웨이브는 옥수수와 푹의 가입자를 합치면 외형적으로 1,300만 명 이상으로 국내 유일한 대항마가 될 전망이다. 그리고 5G 시대에 적합한 스트리밍, 초고화질 비디오 기술을 기반으로 하는 미디어 서비스와 AI·빅데이터 기반의 콘텐츠 추천 기술 등이 접목되면 플랫폼 완성도는 높아질 것이다.

국내 OTT 업체들은 독점 콘텐츠 제작에는 아직 여력이 부족하다. 넷플릭스와 경쟁하려면 콘텐츠 제작사와 협력을 강화해야 한다. 2021년에는 넷플릭스 외에 글로벌 OTT 시장의 새 강자로 떠오른 디즈니 플러스, 애플TV플러스 등 외국 OTT들의 공세에 웨이브를 비롯한 국내 OTT들의 경쟁이 더욱 치열해질 전망이다. 이동통신사, OTT 업체가 디즈니+와 독점 계약에 성공하면 시장의 판도는 재편성될 것이다.

최근에 SK텔레콤, 카카오 등은 5G 시대의 AI, 가상현실 콘텐츠와 서비스를 직접 창출하기 위하여 콘텐츠에 투자를 확대하기 시작했다. 카카오는 인수합병을 통해 콘텐츠 공룡으로 변모하고 있다. 음원, 제작, IP(웹툰+웹소설)와 한류스타들의 융합 등 충분한 기반시설을 통해 드라마, 동영상 콘텐츠 제작 역량을 키우고 있다. 네이버는 웹툰을 통해 확보한 원천 스토리와 지식재산권(IP)을 영화, 웹 드라마 등 동영상 콘텐츠에 활용하고 있다. 네이버, 카카오가 영상제작에 투자하는 이유는 수익 창출이다. 자체 제작한 영상판권 판매와 광고유치 등으로 수익을 거두기 때문이다.

하나 더 알기 **원소스 멀티유즈**

이와 같이 ICT 기업들이 콘텐츠 투자에 적극적인 배경에는 원소스 멀티유즈One Source Multi Use, OSMU의 파급효과 때문이다. '원소스 멀티유즈' 전략은 하나의 콘텐츠를 영화, 드라마, 책, 드라마, 애니메이션, 게임, 캐릭터, 공연, 테마파크 등 다양한 매체와 방식으로 판매해 부가가치를 극대화하는 방식을 말한다. 우수한 기획을 통해 제작된 1차 콘텐츠를 시장에 성공시킨 후 재투자, 라이센스를 통해 2차, 3차 콘텐츠로 발전시키는 전략이다.

하나의 좋은 독점 콘텐츠만 있으면 드라마, 영화, 게임 등 변화 · 확장을 통해 다양한 플랫폼을 통해서 국내는 물론 해외에서 막대한 수익을 창출할 수 있다. 메신저, OTT 등 플랫폼을 보유한 ICT 기업의 경우에는 플랫폼이 콘텐츠를 제공하여 상승효과를 극대화할 수도 있다. 유료 콘텐츠에 대한 사용자들의 거부감이 많이 감소된 것도 시장을 확장시키는 요소이다.

콘텐츠 시장 속 메기효과

막강한 넷플릭스가 미디어 생태계에서 다른 경쟁자들의 잠재력을 향상시키는 메기효과Catfish Effect를 유발하고 있다. 따라서 생존을 위한 시장 참여자는 계속 증가하고, 콘텐츠 생태계도 계속하여 확장되고 있다. 플랫폼들의 치열한 경쟁으로 독점 콘텐츠의 품질과 생산량이 곧 경쟁력이 되는 시대이다. 제작사의 수익모델은 확대되고 과거보다 높은 콘텐츠 가치를 인정받게 될 것이다.

글로벌 OTT 플랫폼, SK텔레콤, 네이버, 카카오 등 국내외 ICT 기업들이 콘텐츠 시장에 진출하면서 제작사들은 또 다른 기회를 맞이하고 있다. 업체들의 콘텐츠 확보 경쟁으로 제작 수요가 크게 증가하기 때문이다. 넷플릭스 외에도 애플, 아마존, 유튜브도 아시아 시장에 진출하기 위해 국내 드라마 제작을 준비하고 있다. 콘텐츠 확보 경쟁과 방영 채널의 다변화로 드라마 제작 수요는 갈수록 증가할 것이다.

콘텐츠 확보 경쟁은 제작사의 수익구조에도 변화를 가져왔다. 지상파는 제작비를 제공하지만 수익은 보장하지 않고, PPL과 판권 수출 등 부가수익을 일정비율로 분할한다. 반면에 넷플릭스는 제작비 지원과 수익을 보장하지만 판권 등 모든 권리를 가져간다. 최근에는 시즌제 드라마의 도입으로 안정적인 수익을 확보할 수 있게 되었다.

2 뉴트로 열풍과 콘텐츠

뉴트로Newtro 문화와 콘텐츠는 구매력이 있는 30~40대 장년층에게는 추억을 재소비하는 즐거움을 준다. Z세대에게는 신선함과 재미를 제공하는 다양한 콘텐츠들이 좋은 반응을 얻고 있다. ICT 업계에도 뉴트로 형태의 서비스와 이벤트를 계속 진행할 것으로 예상된다.

뉴트로의 주체는 기성세대가 아니라 Z세대의 문화이다. 기성세대의 경험과 기억을 젊은 세대들이 선호하고 기억, 향수도 없지만 재발견하면서 자신의 취향으로 즐기면서 뉴트로라는 개념이 등장한 것이다. 올드미디어인 방송에서 뉴트로 콘텐츠가 유행하는 것은 복고 취향을 자극하기 위함이다. 미래에 대한 대안의 부재와 소재의 빈곤 때문에 뉴트로를 선택하여 연령대 높은 시청자를 잡기 위해 예전 기억을 사용하는 형식과 콘텐츠이기 때문이다. 복고 스타일이 일정한 주기에 의해 다시 유행하는 것이 뉴트로는 아닌 것이다.

하나 더 알기 **뉴트로에 대한 오해**

뉴트로에 대한 가장 대표적인 오해는 글자 그대로 '새로 유행하는 복고'라는 개념으로 인식하는 것이다. 이러한 인식은 기존의 복고와 별다른 차이가 없어 뉴트로와 복고를 구별하지 못하는 경우가 발생한다. 복고는 과거를 소환하는 것이기 때문에 복고는 향수라는 단어와 연결된다. 따라서 향수는 과거의 경험과 기억을 동반하지만 뉴트로는 반드시 일치하지는 않는다.

레트로가 기억의 공통분모를 바탕으로 체험과 기억을 소환한다면 뉴트로는 차별성에 정체성에 있다. 뉴트로는 남들이 외면하거나 생각하지 못한 대상에 주목한다. 심지어 기성세대가 대수롭지 않게 생각한 것을 자신들이 주체가 되어 부각할 때 만족감과 성취감을 느낀다. 이러한 성취감과 만족감이 오래 지속될 때 뉴트로의 생명력도 길어진다.

그림 12-18 다시 유행한 북미권 구전동요 Baby Shark

최근 틱톡처럼 짧은 동영상 플랫폼이 인기도 다양한 창작물이 제작되는 배경이다. 이러한 움직임은 80년대의 문화를 창조적으로 재해석하여 반복·발전시키는 복고감성과 연결된다. 새로운 문화가 생성되지 않기 때문에 과거를 계속 소환하고, 최근 기술의 발달로 누구나 레트로 콘텐츠를 제작할 수 있는 환경이기 때문이다. 갑자기 스타가 되고, 인기를 받는 옛날 노래와 캐릭터들이 계속하여 등장하면서 문화콘텐츠도 풍성해지고 있다.

3 스낵컬처 시대의 콘텐츠

유튜브, 넷플릭스, 디즈니플러스 등 다양한 동영상 플랫폼 서비스의 대중화로 오락부터 정보습득까지 모바일 영상의 시청을 일상화하는 시대가 열렸다. 특히 디지털 네이티브 세대인 10~20대는 스마트폰 영상이 TV보다 더 익숙하다. 스마트폰 활용이 익숙한 이들은 더욱 직관적이고 짧은 영상을 찾고, 시간과 장소에 구애받지 않는 짧은 분량의 콘텐츠를 즐기는 스낵 컬처Snack Culture를 확산시키고 있다. 이러한 현상은 페이스북, 트위터, 스냅챗 등 대표적인 글로벌 소셜 미디어들의 동영상 서비스의 경쟁의 덕분으로 이러한 추세는 계속될 전망이다.

스낵컬처 현상은 간식처럼 출퇴근 시간, 휴식시간 등 5~15분 정도의 짧은 시간에 간편하게 소비하는 문화콘텐츠를 의미하며 새로운 형식의 문화소비방식으로 영향력이 점차 증가하고 있다. 스마트폰, 태블릿PC 등 스마트 디바이스의 대중화로 간편하게 볼거리를 찾는 소비자들이 증가하면서 나타난 현상이다. 대표적인 스낵컬처는 스마트폰을 통해 시청하는 모바일 영화, 웹툰 · 웹소설 · 웹드라마와 같은 짧은 콘텐츠를 말한다. 이러한 소비자들이 증가하면서 동영상 플랫폼들은 자사의 특화된 서비스를 출시하며 경쟁을 계속하고 있다.

그림 12-19 참여하는 콘텐츠 문화

하나 더 알기 **국내 스낵컬처의 성적**

네이버 웹툰은 100개 이상의 국가에서 구글스토어 앱매출 1위이고, 전세계 월간 6,000만 명의 방문자를 기록하며 새로운 K컬처의 주역으로 부상하고 있다. 웹툰은 국내에서 10년 이상 탄탄한 생태계를 구축한 만큼 글로벌 시장에서도 K팝, K영화에 이어 새로운 한류콘텐츠로 인정받을 것이다. 웹툰 콘텐츠 산업은 다른 플랫폼 산업에 비해 성장속도가 느리지만, 지속가능한 생태계를 구축하면 파생되는 지식재산권(IP)의 가치는 무궁무진하다.

인기 웹소설은 월간 100만 명 이상의 독자로 시장이 급격히 커지고 있다. 스낵컬처 바람을 타고 짧은 분량에 기발한 아이디어와 게임성을 엮은 스마트 소설이 등장하기도 했다. 웹소설이 인기를 끌면서 웹소설 작가를 꿈꾸는 사람도 증가했다. 하지만 웹소설을 통해 생계를 유지 정도의 수입을 얻는 전문작가가 되는 것은 쉬운 일이 아니다. 대다수 웹소설들이 유료화되었지만 하루만 기다리면 무료로 풀리는 경우가 많기 때문이다.

최근에는 스낵컬처의 확산으로 많은 분량의 정보, 장시간의 영상을 소비자들이 건너뛰는 현상이 나타나면서 콘텐츠의 길이가 짧아지고 있다. 따라서 동영상 길이도 갈수록 짧아지고 있다. 최근에 짧은 영상은 틱톡이 대표적이다. 예전에 방송국에서는 90분 정도로 프로그램을 만들었지만 지금은 보통 40분 정도이다. 인터넷 스트리밍 기반의 플랫폼에서 콘텐츠를 제작할 때에는 호흡이 빨라야 한다. 시청자들은 갑자기 영상을 중지하고 다른 일을 하기 때문에 제작 문법도 변하고 있다.

전통적인 콘텐츠는 메시지 전달에 중점을 두고 제작했지만, 오늘날 소비자들은 메시지보다 무료함을 달래줄 10분 이하의 콘텐츠를 찾는다. 따라서 1회가 10분 단위로 쪼개지면서 과거의 문제

제기, 전개, 전환, 마무리의 4단계로 이루어진 '기승전결'의 체계 있는 이야기 서술 문법도 변화되었다. '승전결기'라는 형식으로 다음 회차를 기대하게 끝맺음을 처리하는 형식으로 바뀌었다.

하나 더 알기 틱톡의 인기 요인

틱톡은 짧은 길이의 영상을 공유하는 동영상 플랫폼으로 인기는 아시아를 넘어 북미 지역도 사로잡았다. 스낵컬처 콘텐츠보다 훨씬 짧은 시간인 15초에 다양한 특수효과로 자극적이고 익살스러운 분명한 메시지를 즐긴다. 짧은 시간이기 때문에 집중할 필요가 없다는 것이 10대들이 틱톡을 찾는 이유이다. 틱톡은 개인적이지만 타인과의 활발한 소통을 장려하는 플랫폼이다. 노래 · 댄스 · 개그 등 소비자들이 선호하는 다양한 영역으로 구분된 소통공간을 제공한다. 그리고 틱톡이 제시하는 특정 주제에 따라 사용자들이 콘텐츠를 제작해 올리는 '챌린지'를 통해 사용자들의 창의력을 발휘할 수 있다.

최근에는 틱톡이 장악한 짧은 영상 시장에 구글이 1분 동영상 플랫폼 탠지Tangi를 출시했다. 탠지는 자신만의 비법을 짧은 동영상으로 제작하여 공유한다. 아트, 쿠킹, DIYDo It Yourself, 패션뷰티 · 라이프스타일로 등 주제별로 제공한다.

동영상 앱인 바이트Byte도 인기를 얻고 있다. 바이트는 6초 분량의 짧은 영상을 공유하는 플랫폼이다. 최근에는 숏폼Short-F orm 플랫폼인 퀴비Quibi가 글로벌 OTT 시장에서 넷플릭스에 도전장을 냈다. 빨리 베어무는 한 입Quick Bites이라는 의미처럼 10분 안팎의 짧은 콘텐츠만 다룬다.

요약

01 디지털 융합Convergence의 영향으로 서로 다른 분야의 기술, 서비스, 제품이 빠르게 융합되어 더욱 다양한 디지털 콘텐츠들이 등장했다.

02 코드커팅은 유료방송에는 가입하지 않고 인터넷으로 방송을 보는 소비자 행동이다.

03 플랫폼 비즈니스는 ICT 융합 기술의 발달로 다양한 모바일·인터넷 플랫폼을 기반으로 각종 상품·콘텐츠·서비스를 중개하고 수수료로 수익을 창출하는 사업을 말한다.

04 피지털Phygital은 온·오프라인 환경에서 소비자 경험의 차이를 감소시키기 위한 블렌딩 마케팅Blending Marketing 용어이다.

05 원소스 멀티유즈 전략은 하나의 콘텐츠를 영화, 책, 애니메이션, 게임, 캐릭터, 공연, 테마파크 등 다양한 매체와 방식으로 판매해 부가가치를 극대화하는 방식을 말한다.

06 뉴트로Newtro 문화와 콘텐츠는 구매력이 있는 30~40대 장년층에게는 추억을 재소비하는 즐거움을 준다.

07 스마트폰 활용이 익숙한 이들은 더욱 직관적이고 짧은 영상을 찾고, 시간과 장소에 구애받지 않는 짧은 분량의 콘텐츠를 즐기는 스낵 컬처Snack Culture를 선호한다.

연습문제

객관식 문제

01 디지털 콘텐츠에 대한 설명으로 옳지 않은 것은?

① ICT 환경에서의 부가가치 창출이 가능하다.

② 유통채널의 제한이 없으며, 정보와 단순한 내용물만 포함하고 있다.

③ 디지털 기반의 뉴미디어에 의해 제공되는 콘텐츠이다.

④ 제공자와 이용자의 구분이 불명확하다.

02 아날로그 콘텐츠에 대한 설명으로 올바르지 않은 것은?

① 업데이트가 쉽고 비용이 저렴하다.

② 단방향으로 정보를 제공한다.

③ 시공간의 제약을 받으며, 순차적인 방법으로 정보를 제공한다.

④ 아날로그 정보 형태를 띄고 있다.

03 디지털 콘텐츠 소비방식에 대한 설명으로 옳지 않은 것은?

① 콘텐츠의 제작자 의도와는 다르게 자기 자신만의 방식으로 콘텐츠를 수용한다.

② 적극적·능동적 소비방식에서 수동적인 소비방식으로 변화하고 있다.

③ 생산자와 소비자의 경계가 무너지면서 프로슈머 시대가 도래하였다.

④ MCN 시장의 성장으로 인해 완성도 높은 콘텐츠를 다양한 형태로 제공이 가능해졌다.

04 무언가를 타고 내리는 평평한 공간이라는 개념으로 오늘날 다양하게 적용되고 있는 개념은?

① 프로젝트 ② 프로젝션 ③ 프로세스 ④ 플랫폼

05 한류 문화콘텐츠의 내면적 어두움에 해당하지 않는 것은?

① 소득 양극화 ② 선의의 경쟁 ③ 열악한 노동환경 ④ 불공정 계약

06 플랫폼 경쟁 시 타 플랫폼과의 차별성 강화를 위해 제공되는 대표적인 콘텐츠 서비스는?

① 문화 콘텐츠 ② 디지털 콘텐츠 ③ 오리지널 콘텐츠 ④ 모바일 콘텐츠

연습 문제

07 하나의 콘텐츠를 영화, 드라마, 애니메이션 등 다양한 매체와 방식으로 판매해 부가가치를 극대화하는 방식은?

① ASMD(Adaptive Source Multi Device) ② OSMD(One Source Multi Device)

③ OSMP(One-Source Multi Platform) ④ OSMU(One Source Multi Use)

08 넷플릭스처럼 막강한 경쟁자의 존재가 다른 경쟁자의 잠재력을 끌어올리는 효과를 무엇이라 하는가?

① 메기효과 ② 백로효과

③ 나비효과 ④ 펭귄효과

09 시간과 장소에 구애받지 않고 5~15분 정도의 짧은 시간동안 간편하게 콘텐츠를 소비하는 문화를 무엇이라 하는가?

① 서브컬처 ② 하이퍼컬처

③ 스낵컬처 ④ 매스컬처

10 인터넷을 통해 영화, 드라마, 미디어 콘텐츠를 제공하는 서비스를 무엇이라 하는가?

① OTT ② IPTV

③ Cable TV ④ VOD

11 넷플릭스가 최강자가 된 배경 중 이에 해당하지 않은 것은?

① 오리지널 콘텐츠 ② 몰아보기

③ 구독 서비스 ④ 라이선스 콘텐츠

O, × 문제

01 아날로그 콘텐츠를 이용하는 주체는 제공자와 이용자이며, 이들은 서로 명확하게 구분되어 있지 않다.

02 디지털 콘텐츠는 문화적인 요소의 변형 과정과 가공·편집 작업을 통해 새로운 형태의 콘텐츠 생산이 가능하다.

03 플랫폼은 공급자와 수요자들의 서로가 원하는 새로운 가치와 혜택을 만들도록 구축된 환경이며, 변화와 속도에 민감하다.

04 플랫폼의 지배력을 결정하는 핵심적인 요소는 독점을 기반으로 하는 사용자의 규모이다.

05 ICT 융합시대에는 효율성, 전문성에서 강점을 보유한 플랫폼들이 변화를 주도하고, 발전하는 데에는 한계가 있다.

06 플랫폼 비즈니스는 투자비용 감소와 최상의 서비스를 제공하며, 공유경제의 기반이 된다.

07 유튜브 알고리즘 전략은 사용자들을 장시간 플랫폼에 머물게 하는 것이다.

08 OTT 플랫폼은 가입자의 충성도가 매우 높은 시장이기 때문에 차별화된 콘텐츠를 통해 가입자를 꾸준히 확보해 나가야 한다.

09 추억을 재소비하는 즐거움을 주는 뉴트로 문화의 주체는 기성세대이다.

10 전통적인 콘텐츠는 기승전결의 체계 있는 이야기 서술을 선호했지만 스낵컬처가 등장하면서 결기승전의 형식으로 바뀌었다.

11 디지털 콘텐츠 산업 중 만화 산업은 다른 플랫폼 산업에 비해 성장 속도가 더디지만, 지속 가능한 생태계를 구축한다면 거기서 나오는 지식재산권(IP)의 가치는 무궁무진하다.

12 5G 시대에서는 소비자가 시청하는 콘텐츠의 형태나 소비하는 방식보다는 모바일의 활용성이 더 중요하다.

연습 문제

단답형 문제

01 콘텐츠는 국내에서 '내용물 전반'을 지칭하는 저작물, 창작물을 의미하며, 기획, 창작, 가공 개발된 디지털 정보는 (   )를 통해 소비자에게 전달된다.

02 (   )는 역사, 전통문화, 예술 등 특정한 영역에 한정하지 않고 사람 사이의 모든 소통행위를 의미한다.

03 인터넷의 발전은 문화콘텐츠에 대한 소비자들의 인식을 (   )과 수용과정이라는 2가지 측면으로 변화시켰다.

04 콘텐츠 홍수 시대 사용자들은 디지털 콘텐츠의 핵심적인 소비자인 동시에 (   ) 이다.

05 미디어 플랫폼이 다양해지면서 킬러콘텐츠 제작을 위해서는 우수한 (   )의 확보가 중요하다.

06 (   )란 모바일 · 인터넷 플랫폼을 기반으로 각종 상품 콘텐츠·서비스를 중개하고 수수료로 수익을 창출하는 사업을 말한다.

07 문화콘텐츠는 상대적으로 많은 노동력을 필요로 하는 (   ) 산업이다.

08 플랫폼 비즈니스는 투자비용 감소와 최상의 서비스를 제공하기 위해 제공되며, 이는 (   )의 기반이 되기도 한다.

09 (   )는 대표적인 OTT(Over The Top) 사업자이다.

10 (   )란 넷플릭스만의 차별화된 핵심 가치로 소비자의 80%가 만족하는 콘텐츠 추천해주는 알고리즘을 말한다.

CHAPTER 13

멀티미디어 콘텐츠의 성장

01 온라인과 모바일 게임 시장

02 웹툰 시장

03 음원 시장

04 콘텐츠의 2차 저작물 시장

05 실감 미디어 시장

요약

연습문제

학습목표

- 게임의 종류와 운영 방식을 알아본다.
- 원소스멀티유즈의 확장성을 파악한다.
- 실감 미디어 시장의 미래를 알아본다.

SECTION 01

온라인과 모바일 게임 시장

1 온라인 PC 게임

ICT 환경의 발전으로 국내 온라인 게임산업은 탁월한 성장을 계속하고 있다. 90년대부터 2000년대까지 국내 게임 시장을 견인한 가장 큰 주역은 PC 게임 즉, 온라인 게임이었다. 온라인 PC 게임이 매년 비약적인 성장세로 발전한 원동력은 기반시설의 확산, 놀이문화의 결핍, 게임에 대한 인식 전환 등 다양한 분석이 존재한다. 그러나 사용자들의 성향에 맞춘 온라인 게임 장르의 다변화가 성장 발전의 가장 중요한 요인이다. 2000년대부터 온라인 게임은 스타크래프트, 리니지, 메이플스토리 등 다양한 스타일로 진화하여 충성 고객을 확보했다.

MUD

1994년 국내 최초의 머드Multi User Dungeon, Multi-User Dialog, MUD 게임이 PC 통신망을 통해 상용화되며, 온라인 게임의 시대를 열었다. MUD는 컴퓨터 통신망에서 제공되는 가상공간을 이용하여 다수의 소비자가 동시에 채팅 형식으로 서로 대화를 나누면서 진행하는 게임이다. 다른 사용자와 협력 · 대결하면서 자신의 역할을 수행한다. 전화선을 통해 접속하고 그래픽이 아닌 텍스트 기반이기 때문에 현 시점에서는 조악해보이지만, 다양한 게임 장르를 만든 근간이기도 하다. 그러나 폭발적인 반응으로 최초로 게임의 중독성, 폭력성, 유해성이 사회적 문제로 부각되기도 한다.

MUG

이후 MUD 게임에 그래픽 요소를 첨가하여 채팅 형식에서 그래픽 기반으로 진행되는 머그Multiple User Graphic, MUG 게임이 탄생했다. 이후 MUG 게임은 96년까지 꾸준한 성장세를 이어갔다. 하지만 각자에게 할당된 캐릭터로 게임을 하는 롤플레잉 장르가 대부분이었다.

포화상태의 MUG 게임 시장에서 넥슨은 3년 만에 세계 최초로 그래픽 환경을 지원하는 새로운 형태의 MUG 게임인 바람의 나라를 탄생시켰다. 바람의 나라가 MMORPGMassively Multi player Online Role Playing Game 장르를 시작하면서 MUG 게임들은 97년 이후 전성기를 누렸다.

RPG, MORPG, MMORPG

RPG Role Playing Game는 캐릭터 하나로 게임을 운영하는 방식을 뜻한다. MORPG Multiplayer Online Role Playing Game는 자신의 캐릭터와 소수의 인원이 게임을 하는 방식이다. 대표적인 게임으로는 디아블로가 있다. 더 나아가 천 단위 이상의 게이머가 동시 접속하는 장르를 MMORPG Massive Multiplayer Online Role Playing Game라고 한다. 리니지가 대표적인 MMORPG이다.

그림 13-1 MMORPG와 1인칭 슈팅 게임(FPS)

FPS, TPS

FPS First Person Shooter는 1인칭 시점에서 전투를 벌이는 게임이다. 1인칭 시점이기 때문에 몰입도가 높다는 장점이 있다. 대표적인 게임으로는 배틀그라운드가 있다. 슈팅게임 열풍 이후, 온라인 게임은 장르의 변화가 나타나기 시작했다. TPS Third Person Shooter는 3인칭 시점의 게임이어서 게이머가 캐릭터 등 뒤에서 있는 듯한 효과를 가진다. FPS에 비해 넓은 시야 확보가 가능하다.

MOBA

MOBA Multiplayer Online Battle Arena는 여러 명의 게이머가 팀을 이뤄 게임을 운영하는 방식이다. 팀을 이루기 때문에 팀원간의 협력이 중요하다. 대표적인 게임으로는 리그 오브 레전드가 있다.

이외에도 스포츠 게임이나 플레이 방식이 쉽고 단순한 캐주얼 게임 등이 있다. 테트리스, 애니팡, 카트라이더가 캐주얼 게임의 대표적이며 일반 대중을 타겟으로 한다.

2 국내 PC 게임의 변천사

90년대 초반에 개발됐던 온라인 게임들은 무협과 가상세계 등 배경만 다르고 모두 롤플레잉 장르에 국한돼 있었다. 그러던 중에 1998년에 엔씨소프트의 리니지가 폭발적인 반응을 모으고 동시접속자 1만 명을 돌파하자 MMORPG가 대세가 되었다. 1999년에는 포트리스가 간단한 조작법과

귀여운 캐릭터로 모든 연령층에 인기를 얻었다. 그리고 퀴즈게임 열풍을 일으킨 넥슨의 아바타 육성게임 '퀴즈퀴즈'의 성공은 장르의 다변화의 가능성을 보여줬다.

2000년대에 국내의 온라인게임의 개발능력과 서버기술은 세계 수준에 도달했다. 뮤 온라인으로 시작된 3D MMORPG 시대는 향상된 그래픽 수준으로 외국 기업을 능가했다. 넥슨과 엔씨소프트가 바람의 나라와 리니지로 해외 수출을 시작한 이후 온라인게임 수출은 한국을 게임 수입국에서 수출국이 되는 계기를 마련했다. 고스톱과 포커 등 보드 게임들을 통해 틈새시장을 공략한 한게임과 넷마블이 게임 발행 산업의 새로운 가능성이 열기도 했다.

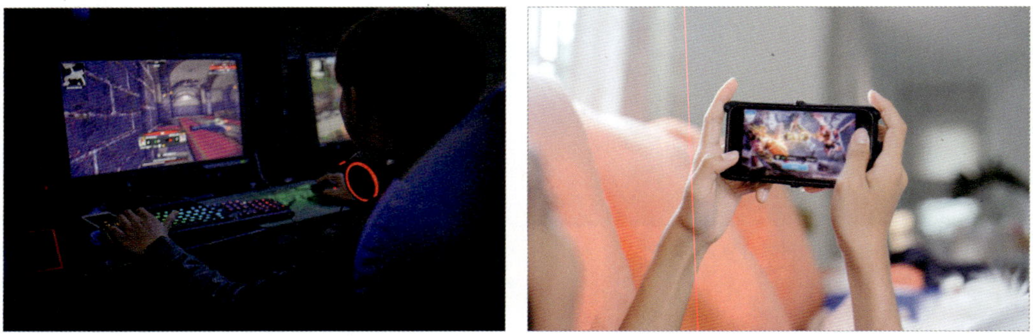

그림 13-2 온라인 PC 게임, 게임 장르의 다변화로 성장발전

게임산업의 발전과 함께 게임 서비스 전문 제작회사들이 등장하면서 서비스 형태의 분업화가 진행되었다. 개발사가 게임을 개발하고 직접 서비스하는 방식에서 벗어나 발행을 목적으로 하는 게임 포털, 발행사들이 탄생하였다. 발행사들은 온라인 게임 시장의 규모를 키우고 영세한 게임 회사들의 시장 진출을 도왔다. 그러나 불평등 계약 등 문제점을 발생시키며 역기능에 대한 지적이 뒤따랐다.

20년 전에 스타크래프트가 출시되었을 때는 '경기하는 게임' 시대였다. 그러나 이제는 e스포츠, 트위치, 게임방송 등 '관전하는 게임' 시대로 변화되었다. 2018년 롤드컵 리그 글로벌 결승전 시청자는 약 1억 명으로 이전에는 없던 새로운 게임의 소비형태가 등장했다. 보고 배우려는 것이 아니라 전문 게이머의 수준 높은 게임진행을 관전하며 즐기는 새로운 종류의 놀이 문화로 게임의 확장인 동시에 질적인 변화이다. 게임방송 시장이 커지면서 게임 인플루언서의 몸값도 높아지고 있다.

3 모바일 게임의 변천사

모바일 시대에서 게임은 문화인 동시에 사회현상으로 자리를 잡으며 디지털 시대에 여가활동의 하나가 되었다. 특히 청소년 세대에게 게임은 친숙한 여가활동이며 동시에 친구들과 소통을 위한 도구가 되었다.

세계 최초의 모바일 게임은 1994년 덴마크의 하게누크Hagenuk사가 MT-2000을 출시하며 탑재한 테트리스이다. PC의 퍼즐게임 테트리스는 1984년 소련에서 탄생했다. 모바일로의 전환은 느린 편이었다. 모바일 게임의 대중화에 배경에는 핀란드의 노키아Nokia가 있다. 1997년 출시해 3억 5천 만대 이상 팔린 '노키아6610'에는 아케이드 게임인 스네이크가 탑재되었다. 뱀이 장애물을 피해가도록 움직이는 게임으로 내장 적외선 포트를 이용해 최대 2명이 함께 즐기는 최초의 2인용 모바일 게임이다.

그림 13-3 **레트로 모바일 게임, 테트리스**

그후 2007년 애플이 아이폰3G 출시와 앱스토어를 만들어 모바일 게임시장을 완전히 장악했다. 2009년 아이폰이 KT를 통해 출시되면서 스마트폰 기반의 모바일 게임시장이 폭발적으로 성장했다. 이통사가 콘텐츠를 독점하는 폐쇄적 시장에서 '앱 장터'라는 새로운 유통방식이 열렸다. 개발자에게 매출의 크게 돌려주는 수익배분, 하드웨어의 발전에 의한 고해상도 디스플레이, 풀3D, 언리얼엔진 게임 출시, 멀티터치 스크린 도입은 게임의 품질 향상으로 기존 게임시장을 뒤바꿨다. 2009년에 나온 앵그리버드Angry Birds는 스마트폰 모바일 게임 분야에서 상업적 성공한 대표적인 사례이며 그 후에는 증강현실 버전이 출시되었다.

중독성 강한 퍼즐게임인 캔디 크러쉬 시리즈는 페이스북 모바일 게임으로 시작해 선풍적인 인기를 얻으며 전세계에 퍼즐게임의 열풍을 불러왔다. 2012년 출시된 클래시 오브 클랜은 마을의 자원을 탈취해 자신의 도시를 건설하는 모바일 전략게임으로 현재까지도 글로벌 모바일 게임의 상위권을 차지하고 있다. 2016년 7월 출시된 포켓몬 고는 가장 성공한 모바일 증강현실 게임으로 전세계에 엄청난 열풍을 일으켰다.

그림 13-4 **앵그리버드의 상업적 성공**

스마트폰의 높은 보급률과 고사양화로 PC 수준의 그래픽을 구현하면서 모바일 게임산업은 시장에서 고성장을 계속하고 있다. 5G 이동통신의 등장으로 고화질 게임을 끊김 없이 진행할 수 있어 스마트폰 게임시장은 더욱 확장될 가능성이 높아졌다. 스마트폰의 대중화는 보유율(89.5%)과 모바일 인터넷 이용률(88.5%)을 향상시켰다. 사람들은 모바일 디바이스를 통해 의사소통(메신저, SNS), 정보검색, 그리고 게임 등 여가활동을 즐긴다.

PC 게임시장은 FPS, 배틀로얄, MOBA 등 다양한 장르가 유통되고 있지만 모바일 시장은 거의 유사한 국산 MMORPG, 수집형 RPG가 독점하고 있다. 대표적인 MMORPG는 리니지M, 검은사막 모바일, 블레이드&소울 레볼루션, 리니지2 레볼루션이며, 에픽세븐은 세븐나이츠의 계보를 잇는 수집형 RPG다.

특정 게임이 매출과 흥행을 주도하고 게임개발사, 발행사들이 매출을 위해 새로운 시도에 소홀하기 때문이다. 문화콘텐츠 산업에서 가장 중요한 도전, 창의성이라는 동력이 사라지고 정체된 경쟁에만 몰두한다면 국내 게임시장의 미래 성장을 기대할 수 없다. 물론 글로벌 게임유통 플랫폼 스팀에서는 많은 신작과 인디게임들이 매일 같이 출시되고 있다. PS4, 엑스박스 등 가정용 게임 콘솔을 포함하면 선택의 폭은 더 넓어진다. 다양한 장르의 게임이 출시되어야 모바일 게임 생태계는 효과적으로 유지될 것이다.

4 클라우드 게임과 멀티플랫폼

최근 모바일게임과 PC 온라인게임은 플랫폼의 다변화로 PC·콘솔·모바일 환경에 제약 없이 다양한 디바이스에서 실시간 게임을 즐기는 클라우드 및 스트리밍 게임으로 빠르게 성장하고 있다. 클라우드 게임은 게임의 넷플릭스라고도 불리는 미래형 게임서비스이며, 5G 서비스의 핵심 콘텐츠로 분류된다. 기존의 콘솔 · PC 등을 이용하는 오프라인 기반의 게임과 달리 클라우드에 접속해 온라인 스트리밍으로 게임을 즐기는 서비스이다. 기존의 게임진행 형식과는 다르게 게임서버에서 그래픽처리 등 연산이 이뤄지기 때문에 이용자의 디바이스 사양과 관계없이 저사양 디바이스에서도 고화질·고용량의 게임을 즐기는 장점이 있다.

다만 인터넷을 통해 데이터가 송수신되기 때문에 이용자의 버튼조작은 실제로 게임에 지연되어 반영되는 등의 문제는 풀어야 할 숙제이다. 게임은 입력과 동작이 실시간으로 진행되기 때문에 입력 지연없는 반응속도가 중요하여 초저지연 특성을 나타내는 5G 통신망이 필수적이다. 따라서 국내 통신3사가 클라우드 게임, VR 게임 등이 5G 킬러콘텐츠로 등장하면서 5G 게임시장에 진출했다.

보는 게임이 새로운 유행으로 부상하면서 국내 게임업계는 또 다른 성장의 기회를 확보했다. e스포츠, 유튜브 기반의 크리에이터 콘텐츠 대중화, 자동전투 기능의 도입 등 다양한 요소와 연결된 콘텐츠 소비행태에 따라 클라우드 게임이 새로운 차원의 시장 확대를 위한 돌파구로 등장했다. 플랫폼의 경계가 없어지고 게임 타이틀의 구입이 필요없기 때문에 게임의 접근성과 범용성이 더욱 향상된다. 따라서 국내 게임업계는 자체적인 소프트웨어와 파트너십을 통해 클라우드 게임 플랫폼을 구축했다.

그림 13-5 **클라우드 스트리밍 게임**

삼성의 '플레이 갤럭시링크'를 비롯해 구글의 '스타디아', 마이크로소프트도 '엑스(X) 클라우드', 소니는 '플레이스테이션 나우'로 스트리밍 게임서비스를 본격적으로 시작했다. 그리고 페이스북이 최근에 클라우드 비디오게임 업체를 인수하면서 글로벌 ICT 기업들의 경쟁이 게임시장으로도 확대되고 있다. 플랫폼의 경계가 허물어지면서 시장을 선도하기 위해 디바이스와 무관하게 고품질 게임을 제공하는 서비스를 구축하는 것이다. 이들이 시장에 주목한 이유는 향후 5G 시대에는 입력지연 등 클라우드 게임서비스의 고질적 문제가 해결되기 때문이다.

클라우드 게임이 보편화되면 PC업계에도 큰 영향을 미칠 전망이다. 10년 전 모바일게임의 급성장으로 PC업계는 침체에 빠졌다. 스마트폰에서 즐길 막강한 콘텐츠들이 등장했기 때문이다. 침체된 PC시장은 디바이스 발전으로 오버워치, 배틀그라운드 등 화려한 그래픽과 빠른 화면전환을 요구하는 고사양 게임 콘텐츠에 의해 다시 활력을 찾았다. 그러나 클라우드 게임의 등장으로 콘텐츠와 디바이스의 성장 관계가 향후 완전히 바뀔 가능성도 있다. 클라우드 게임은 고성능 게임기 없이도 다양한 단말기에서 게임에 접속해 즐긴다. 보편화되면 그래픽, 메모리 사양 등 디바이스들의 존재가 무색해지고 더 정교한 통신환경이 필요할 것이다.

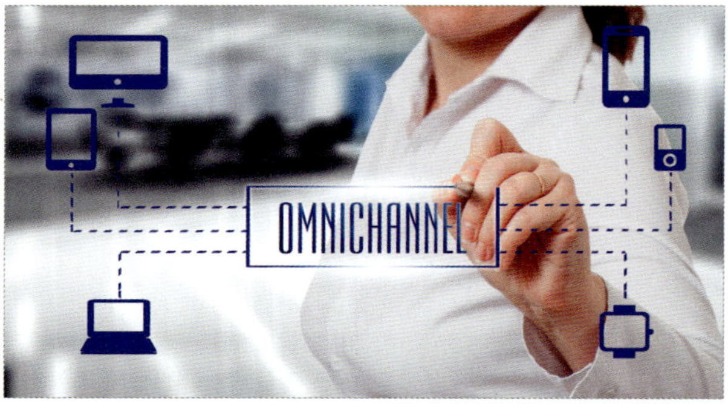

그림 13-6 교차 플랫폼, 멀티플랫폼 크로스플레이가 새로운 게임 추세로 등장

그러나 5G 연결의 불안정, 입력지연, 콘텐츠 부족 등의 단점은 해결할 과제이며, 대중화 서비스로 정착에는 시간이 필요하다. e스포츠 시장과 유튜브 콘텐츠 산업의 활성화로 클라우드 게임이 갖는 잠재력은 무궁무진하다.

최근에 게임플랫폼의 경계가 희미해지면서 멀티플랫폼Multi Platform과 크로스플레이Cross Play가 새로운 게임 추세로 등장했다. 하나의 게임 콘텐츠를 모바일·PC·콘솔 등 다양한 디바이스에서 즐길 수 있는 시대이다. 따라서 모바일의 대세에 밀린 PC 게임은 물론 관심도가 낮았던 콘솔게임 시장이 커지고 있다. PC에서 시작해 모바일과 콘솔로 확장한 검은사막의 성공으로 PC 기반의 게임을 콘솔, 모바일 등 다양한 플랫폼에서 즐길 수 있다. 인기 모바일게임을 PC 환경에서 구현하는 경우도 증가하고 있다. 모바일게임이 4K 해상도를 지원하고 PC 게임의 품질과 비슷하면서 영역확장이 가능해졌다.

5 게임의 다양한 활용

게임은 일상의 스트레스를 해소하고 보다 나은 성취를 위한 충전의 시간을 제공한다. 취미에서 일상생활 속으로 게임문화가 깊게 파고들면서 문화콘텐츠로 확장하고 있다. 따라서 온라인 문화로 인식되던 게임은 웹툰, 애니메이션, 테마 카페, 팝업 스토어 등 오프라인 문화로 빠르게 확산하고 있다.

게임은 폭넓은 응용 가능성으로 이미 교육, 건강, 광고 등 다양한 영역과 융합하고 있다. 최근에 게임이 아닌 분야에서 게임의 구성요소 등을 적용하여 흥미를 유발하고 대상을 몰입시키는 게이미피케이션Gamification과 G러닝G-Learning 등 교육을 위해 게임을 활용하는 사례가 늘고 있다. 게이미피케이션은 흥미롭고 재미있는 게임의 요소들을 넣어 사람들의 이목을 끌고 집중하게 하는 장점이 있어 사회 전반에 다양하게 사용되고 있다. 게임으로 배우는 교육이 빠르게 성장하고 있다. 다양한 연구 결과에서 게임이 학습에 부정적이라는 일반적인 개념을 깨고 있기 때문이다. 액션 비디오게임의 경우 사물을 인식하는 지각학습perceptual learning 능력을 발달시킨다는 연구 결과도 있다. 빠르게 깜빡이는 화면에서 숫자, 알파벳을 찾는 실험에서 게임을 하는 집단이 게임을 하지 않은 집단에 비해 높은 주의 집중력을 발휘해 성적이 좋았다.

그림 13-7 게이미피케이션, 게임이 아닌 분야에 게임적 사고와 게임 기법을 사용

최근 ICT 환경을 활용하여 기존 치료법의 한계를 극복하고, 약의 정의를 변경하려는 시도가 활발하게 시도되고 있는데 디지털 치료제Digital Therapeutics, DTx가 그중에 하나이다. 디지털 치료제는 전통적 의미의 먹거나 주사로 맞는 약이 아니다. 소프트웨어, 하드웨어, 가상현실 등을 활용하여 게임이나 앱 등 ICT 환경이 질병 치료로 영역을 넓히고 있다. 게임이 가진 재미 요소에 임상을 결합해 효과를 입증하는 시도이다. 보조적인 수단이 아닌 구체적인 치료목적으로 활용되는 제3세대 치료제로 분류된다. 제1세대 치료제는 합성화합물이며, 제2세대 치료제는 생물제제(항체, 단백질, 세포)이다.

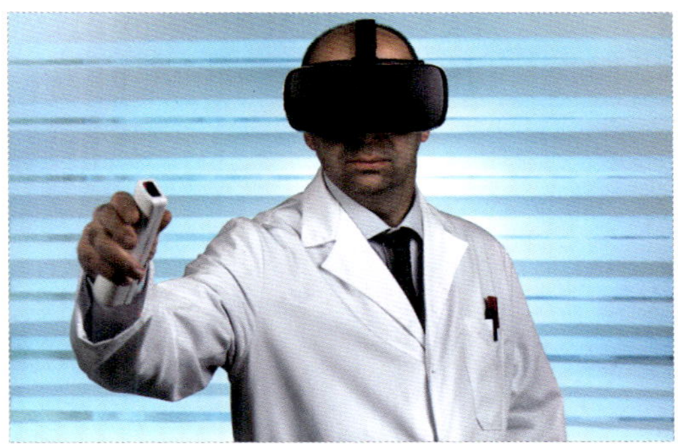

그림 13-8 게임과 의료를 결합

DTx는 신약개발이 어려운 뇌신경계와 신경정신과 질환, 약물중독 등 분야에서 효용성을 나타낸다. 소프트웨어이기 때문에 기존 신약과 비교하여 개발기간이 짧고 비용도 저렴하다. 체내에 흡수되는 방식이 아니기 때문에 부작용이 적고 배포가 쉽다는 것이 큰 장점이다. 첫 번째 디지털 치료제는 미국에세 주의력 결핍 과잉행동 증후군(ADHD) 치료제가 미국 FDA 승인을 받았다. 의사 처방을 받는 치료형 게임이다. 캐릭터를 조종하는 동시에 다른 특정 사물을 인식하는 레이싱게임 방식이다.

DTx는 향후 빅데이터, AI와 결합하여 환자가 게임을 할 때 발생하는 데이터를 기반으로 개인 맞춤형 치료 생태계를 구축이 가능하여 빠른 성장이 기대된다. 국내 환경은 ICT와 게임분야가 강하고 의료분야도 앞서있기 때문에 의료, ICT, 게임분야가 결합하면 글로벌 시장에서 충분한 경쟁력을 가질 수 있다. 국내에서는 일부 업체가 임상실험 승인을 받아 연구를 진행 중이다. 관련된 규제개혁과 제도 정비가 필요한 상황이다.

하나 더 알기 **게임에 대한 여러 견해**

세계보건기구인 WHO가 게임이용 장애를 질병코드로 등록하며 파장을 일으켰다. 게임중독을 질병으로 분류한 것이다. 게임에 관한 연구들이 일관된 결과 대신 다양한 견해를 도출하고 있다. 이 상황에서 섣부르게 결론을 내리기 보다는 토론과 관심을 가지고 연구를 지속하는 것이 필요하다.

2010년대 이후 모바일게임의 주요 수익모델인 확률형 아이템(Random Box)에 대한 자율 규제 위반의 의혹이 제기되면서 논란이 확산되었다. 메이플스토리부터 등장한 확률형 아이템은 우연성을 기반으로 하기 때문에 등장 초기부터 사행성이라는 비판을 받았다. 캐릭터와 무기를 얻는 과정의 전반에 일일이 공개되지 않는 확률이 존재한다. 그러나 문제는 업체가 이중 · 삼중의 확률형 뽑기 구조로 규제를 교묘하게 피해간다. 확률이 가려질수록 이용자들이 게임을 점점 도박처럼 즐기게 되기 때문이다.

게임은 폭넓은 응용 가능성으로 5G 기술, 가상현실, 증강현실, 블록체인, AI 등 혁신적인 기술들과 융합 가능성이 가장 높은 영역이다. 5G 기반의 자율주행차, 스마트시티 등 구현을 위한 디지털트윈 분야에도 게임 기술이 적용된다. 디지털트윈은 실제 현실의 구현을 가상세계에서 모의 실험하는 가상 시뮬레이션 기술이다.

SECTION

02 웹툰 시장

국내에서 시작된 웹툰이 만화대국 미국·일본을 제치고 전세계 한류 열풍을 주도하고 있다. 북미, 아시아 등에 이어, 유럽을 포함한 전세계에 웹툰이라는 새로운 디지털 콘텐츠의 저변을 확대하고 있다. 인터넷 만화서비스는 야후코리아 포털이 2002년 '카툰세상'으로 작가를 발굴하며 최초로 도입했다. 이후 다음의 '만화속 세상' 그리고 2005년 네이버에 의해 국내 웹툰의 생태계가 조성되었다. 2003년 강풀의 《순정만화》 히트로 장편 웹툰이 등장하고 윤태호의 《미생》, 주호민의 《신과 함께》 등이 성공하며 웹툰의 부흥기가 열렸다.

그림 13-9 만화에서 웹툰으로의 변신

1 국내 웹툰의 변천사

2014년부터 네이버 웹툰, 카카오가 유료화를 시행하면서 광고수익의 의존도는 감소하고 유료결제가 증가하며 웹툰시장이 가파르게 성장했다. 웹툰의 원조인 네이버 웹툰은 국내외 시장에서 막강한 영향력을 발휘한다. 2000년대 초반 온라인 PC 환경에서 시작하여 모바일 시대에 접어든 2010년대부터 급성장했다. 스마트폰으로 감상하는 것이 자연스러워진 시대의 흐름을 반영하여 세로 스크롤 형식으로 콘텐츠를 감상하는 콘텐츠의 소비방식도 변화시켰다. 웹툰은 드라마 등 빠르게 진행되는 방송콘텐츠와는 다른 소비형식이다. 웹툰을 구독하면서 차분히 생각을 정리하거나 자신을 되돌아볼 수 있는 여백의 미학을 갖고 있기 때문이다.

2019년 전세계 월간 방문자 6,000만 명으로 2022년 전세계 디지털 만화 시장은 13억 4,500만 달러(1조 6,000억 원) 규모로 전망된다. 웹툰의 인기는 동남아시아에서 강하고 미국은 가입자의

75%가 24세 이하인 Z세대로 향후 성장 가능성이 매우 높다. 현지 작가도 상위 수준의 수입을 올리면서 많은 해외 창작자들이 웹툰 창작에 참여하고 있다. 현지의 창작자들은 자국 언어로 창작하고 네이버 웹툰 플랫폼이 세계 각국 언어로 번역해 전세계에 작품을 공개한다.

네이버는 그동안 국내에서 축적한 서비스 비결을 다른 국가의 정서와 접목시키는 현지화로 새로운 생태계를 열고 있다. 웹툰의 높아진 대중성으로 웹툰작가들의 수익도 향상되고 있다. 이들은 원고료 외에도 광고, 유료보기, 지적재산권(IP) 사업 등을 통한 수익을 작가와 배분한다. 최근에는 네이버와 카카오가 웹툰을 기반으로 글로벌 콘텐츠 플랫폼 기업으로 도약하고 있다. 유튜브, 넷플릭스 등 글로벌 기업들이 선점한 영상 콘텐츠 플랫폼과 다르게 만화콘텐츠는 시장이 아직 초기 상태이며 독과점 기업이 없다. 따라서 투자 적기로 시장의 선점효과를 위함이다. 현재 네이버는 투자를 확대하면서 미국 · 일본 디지털 만화시장에서 급성장하며 압도적 1위를 차지하고 있다. 카카오도 카카오페이지, 픽코마, 다음웹툰 등 웹툰 플랫폼으로 해외시장에서 사업영역을 확장하고 있다.

그림 13-10 웹툰의 활성화

국내 웹툰 서비스 사업자들이 해외 사업에 투자를 확대하는 이유는 웹툰 시장의 가능성 때문이다. 웹툰시장은 1.6조원의 규모이지만 아직 경쟁자가 없다. 일본과 미국은 만화 대국이지만 웹툰과 같은 디지털 콘텐츠로 전환 속도가 느리기 때문에 시장 잠재력이 그만큼 큰 것이다. 유럽 웹툰 시장도 기존 종이 만화를 스캔하는 수준으로 국내 사업자들이 유리하다. 그리고 LTE, 5G 이동통신 등 국내의 빠른 모바일 기반시설도 성공의 비결로 꼽힌다.

2 원소스 멀티유즈의 재료인 웹툰

웹툰이 향후 드라마, 영화 등 영상산업의 밑바탕이 되는 재료라는 점에서 OTT 시대 핵심 기반을 선점하는 의미도 있다. 웹툰 IP의 영상화는 원작이 검증됐기 때문에 성공을 쉽게 예측할 수 있다는 장점을 갖는다. 영상화를 통해 완결된 원작도 재조명될 수 있고, 드라마, 영화 등 다양한 콘텐츠로 재생산되면 강력한 콘텐츠가 될 수 있다. 이와 같이 하나의 콘텐츠를 여러 상품 유형으로 전개하는 원소스 멀티유즈One Source Multi Use, OSMU의 파급효과로 인기 웹툰·웹소설에 대한 가치가 증가하고 있다. 인기 게임 IP를 영화와 드라마, 애니메이션, 소설, 웹툰 등 다양한 자체 제작콘텐츠를 제공하면서 파생콘텐츠들의 파급력은 대단하게 나타난다. 지식재산권(IP) 사업과 함께 웹툰의 유료결제, 간접광고 등이 새로운 수익원으로 창출된다. 그리고 네이버, 카카오는 웹툰 IP의 기반으로 영화, 드라마, 게임 제작 등으로 콘텐츠를 확장하면서 작품 기획부터 제작 · 유통까지 시장을 확대하고 있다.

특히 현재는 세계관과 스토리가 시장에서 중요해지면서 단일 콘텐츠 시대는 끝났다. 게임보다 스토리적인 측면에서 강점을 가지고 있는 웹툰이 게임업계와 협업하는 것이 필연적이 되었다. 게임의 소설, 애니메이션, e스포츠 등도 IP 강화 측면에서 꼭 필요한 전략이다. 또한 웹툰 기반의 갈수록 빠져드는 다채로운 스토리에 귀엽고 아기자기한 캐릭터들은 전세계 게이머들에게 매력적인 경기의 체감을 제공한다. 기업들이 웹툰에 주목하는 이유는 웹툰 IP의 확장성으로 탄탄한 이용자층과 생태계를 바탕으로 동반상승 효과를 기대하기 때문이다.

웹툰은 작가의 아이디어에 의해 고품질 콘텐츠를 제작하기 때문에 투자비에 큰 영향을 받지 않는다. 텍스트보다 그림으로 표현하기 때문에 글로벌 시장에서 언어 장벽을 벗어날 수 있다. 다른 콘텐츠와 달리 자신이 원하는 속도로 콘텐츠를 소비하기 때문에 스크롤 속도를 조절하며 즐길 수 있다. 그리고 웹툰은 영화, 드라마, 게임 등 2차 창작물의 제작이 수월한 콘텐츠이다. 웹툰으로 이미 구축된 대중의 인지도는 성공 가능성을 향상시키기 때문이다. 드라마 《미생》, 영화 《신과 함께》가 대표적인 사례로 스토리보드가 모두 존재하여 영상화하기에도 수월했다.

하나 더 알기 웹툰의 불법 유통

국내 웹툰 산업의 규모가 해마다 커지고 있지만, 국가 전체 산업에 비하면 규모가 크지는 않다. 밤토끼 등 웹툰 불법 유통사이트가 활개치고 있기 때문이다. 2018년말 사이트가 폐쇄될 때까지 국내 웹툰 9만 건을 불법 유통했다. 웹툰을 불법 게시하며 웹툰작가의 생계를 위협했고 웹툰 업계에 막대한 피해를 입혔다.

이러한 피해 때문에 웹툰서비스 업체들은 불법복제 및 유통을 막기 위한 기술적인 노력을 하고 있다. 대표적인 사례는 네이버 웹툰의 툰레이더Toon Radar 기술이다. 툰레이더는 특정코드를 웹툰에 심어서 불법복제 및 유통한 당사자를 추적하는 기술이다. 웹툰이 100여 개 이상 불법 사이트에 게재되면 특정 코드를 확인한 후 평균 20분 내로 유출자를 찾아내고 재접근을 차단한다.

그러나 이러한 불법 사이트를 원천적으로 차단하기 어렵다. 까다로운 절차 때문에 사이트 차단조치를 빠르게 진행하기 어렵기 때문이다. 콘텐츠를 직접 올리지 않고 링크만을 모아 올리는 수법도 사용한다. 동일한 운영자가 불법 콘텐츠를 사이트를 별도로 만든 후 불법 사이트에는 링크만 모아주는 형태이다. 불법 사이트 한곳이 폐쇄되면 운영자는 SNS를 통해 2~3개의 대체 주소를 다시 알려준다. 따라서 처벌 수위를 높여 경각심 주고 한참 뒤처진 접속차단 절차를 간소화하는 제도가 필요하다. 웹툰의 경우 세계적으로 경쟁력이 있기 때문에 작가들의 의지를 꺾는 현실을 빠르게 개선해야 한다. 이용자가 웹툰도 구독료 지불하고 보는 '굿다운로더' 문화가 정착되어야 한다.

SECTION

03 음원 시장

최근 전세계 디지털 음악시장이 지속적인 성장을 계속하며 음원산업은 빠르게 변하고 있다. 스마트폰의 대중화는 음악산업에 새로운 기회를 제공했다. CD 등 물리적 미디어와는 다르게 스마트폰은 전세계 어디에서도 서비스를 제공할 수 있다. 특히 안드로이드와 iOS 플랫폼의 경쟁은 시장 규모를 키우며 소비자들의 선택에 기회를 넓히는 효과를 가져왔다. 기존의 다운로드 기반의 서비스, 유료 가입형 스트리밍 서비스, 광고 기반의 무료 스트리밍 서비스, 인터넷 라디오 등 다양한 방식의 서비스가 제공되고 있다.

1 스트리밍 서비스

음원 스트리밍 서비스는 디지털 음악시장에 최적화된 비즈니스 모델이다. 그동안 디지털 음악시장의 가장 큰 걸림돌로 지적된 불법 다운로드를 원천적으로 차단하기 때문이다. 스트리밍 서비스는 디지털 음악 제작자에게도 도움을 주는 서비스이다. 스트리밍 서비스는 특정 곡의 생명주기를 길게 연장시키기 때문에, 오랜 기간동안 수익이 창출된다. 다운로드 서비스는 음악 출시 후 짧은 3~4주 동안 집중적으로 많은 수익이 창출되지만 스트리밍 음악서비스는 수년 동안 수익이 창출된다. 그리고 시스템 낙후, 불법복제로 그동안 디지털 음악의 사각지대인 개발도상국의 시장이 스마트폰 대중화로 새로운 성장 아이콘으로 나타나고 있다.

그림 13-11 음원 스트리밍 서비스

2 음원 플랫폼 경쟁

음원 플랫폼 시장에서 AI는 이제 필수적인 서비스로 내가 좋아하는, 취향에 적합한 음악을 추천해준다. AI 추천이 가장 활발한 서비스 중 하나가 음악감상용 앱이다. 과거에는 '톱100 차트'라는 실시간 음원 순위가 기준이었지만, 이제는 개개인의 취향, 상황에 어울리는 다양한 음악이 이용자들을 사로잡는다. 기존의 음악 추천서비스는 단순하게 사용 이력, 청취리스트를 분석하여 유사곡 등을 추천했지만, 현재는 AI 기반의 머신러닝, 딥러닝 등을 기반으로 음원을 분석하여 추천의 정확도, 다양성을 향상시켰다. 이러한 AI 음원 분석 기술의 장점은 다양한 음원의 발굴로 기존 차트에는 존재하지 않지만, 개인의 취향에 따라 인디밴드, 신곡 등을 들을 수 있다.

최근 국내 포털사이트와 통신사들이 음원과 오디오 시장에서 이용자 확보를 위해 대결하고 있다. 포털과 통신사들은 음원 플랫폼 서비스에 외부서비스 등 다양한 서비스를 추가로 제공하고 있다. 지니뮤직은 엠넷닷컴과 통합한 지니플랫폼으로 AI 기반의 음악서비스를 통해 음악·영상 콘텐츠에 대한 경쟁력으로 실적 및 점유율을 높였다.

포털사들도 통신사들의 공세 강화에 자신들의 음원 플랫폼에 외부서비스를 연동하며 점유율 사수와 확장에 나서고 있다. 카카오의 '멜론'은 국민메신저인 카카오톡과 10~20대의 쇼트 동영상 앱 틱톡의 연동을 시작했다. 멜론과 틱톡에서 메뉴를 선택하면 관련 영상을 감상하고, 영상의 배경 음악정보를 확인과 직접 들을 수 있다. 그리고 AI 기반 개인 맞춤형 추천서비스, 12만 개의 재생목록을 통해 이용자별 음악감상 경험을 제공하고 있다.

그림 13-12 음원 구독경제

통신사들과 포털들의 음원 플랫폼 경쟁은 구독경제가 도입되면서 가열되고 있다. 일단 구독하면 해지하지 않으면 매월 자동결제가 진행되어 고객을 붙잡는 락인Lock-in 효과가 주목받기 때문이다. ICT 기술 발달로 자신에게 최적화된 재생목록과 콘텐츠가 제공되면 음원 플랫폼 시장에서 사용자 환경UI과 사용자 경험UX의 향상으로 락인효과는 점차 심화될 것이다.

SECTION

04 콘텐츠의 2차 저작물 시장

1 이모티콘 시장

이모티콘은 말의 대체재로 감정의 이모션[Emotion]과 조각을 뜻하는 아이콘[Icon]의 합성어이다. 온라인 환경에서 감정, 메시지를 전달하기 위한 일종의 그림 기호인 감정의 그림말이다. SNS와 모바일 메신저 등에서 이모티콘이 언어를 대체하고 있다. 이모티콘은 이미 일상생활의 일부가 되었으며 새로운 세계 공용어가 되었다. 그리고 다른 언어를 배울 때와 마찬가지로 지적능력과 연습이 요구된다. 젊은 세대는 글자보다 이모티콘을 통해 자신들의 감정 표현이 더 익숙하다. 단순히 감정을 전달하기 위한 도구였던 이모티콘이 최근에는 주요 마케팅 전략으로 활용되고 있다.

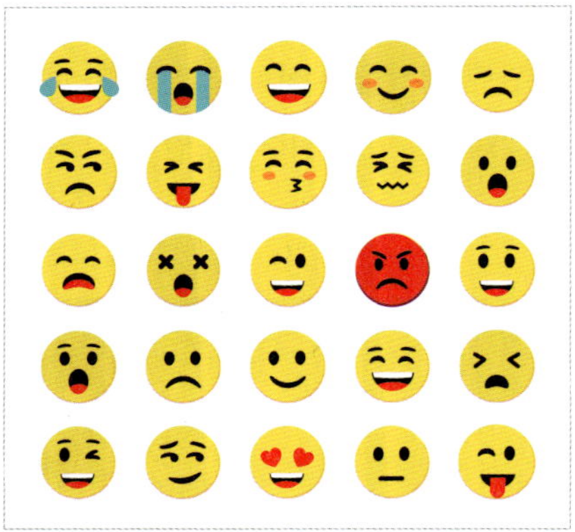

그림 13-13 감정을 보완해 주는 이모티콘

이모티콘은 모바일 메신저 대화창에서 글자를 대신하는 표현수단으로 시작했지만, 최근에는 캐릭터 인형, 게임 주인공 등 다양한 영역에서 활용되며 하나의 산업으로 성장했다. 인기 캐릭터는 다양한 상품, 테마파크 등 다양한 사업에 널리 사용할 수 있기 때문에 커다란 부가가치를 창출한다.

스마트폰 대중화와 함께 모바일 메신저는 우리들의 일상에 자연스레 스며들면서 이모티콘도 진화를 계속했다. 과거 2G · 3G폰 시대에는 ‘^^’, ‘ㅠㅠ’, ‘>.<’ 등 특수기호를 이용한 단순한 형태로 전달하는 감정도 제한적이었다. 최근에는 모바일 메신저의 발달로 소리와 간단한 애니메이션 효과가 접목된 이미지 등 다양한 형태로 발전했다. 귀여운 캐릭터, 만화 주인공, 인기 연예인도 이모티콘으로 재탄생했다. 이모티콘 전문 제작업체와 인기 웹툰, 캐릭터 등 다양한 콘텐츠를 이모티콘으로 제작하며 관련 산업이 양적·질적으로 발전하고 있다.

하나 더 알기 **이모티콘의 파급력**

다양한 종류와 넓은 표현범위로 보조적으로 사용된 이모티콘이 10~20대 젊은 세대를 중심으로 주요 의사소통 수단이 되었다. 카카오톡을 통해 매달 발신되는 이모티콘 메시지는 20억 개 정도이며 이모티콘만으로 소통하는 사용자는 월 2,700만 명이다. 이와 같이 이모티콘의 보편화는 플랫폼 업체의 매출 향상에 크게 기여하며 2018년 10억 원대 매출의 대박 이모티콘은 50여 개에 달했다.

2 캐릭터 시장

2003년 처음 방송된 뽀로로를 시작으로 K캐릭터는 세계 곳곳에서 활약 중이다. 국내 애니메이션은 작품에 대한 철학, 스토리텔링의 방식 등 작품의 품질이 해외와 비교하여 전혀 뒤떨어지지 않으며 우수하다는 평가를 받고 있다.

그림 13-14 다양한 K캐릭터

카카오IX는 캐릭터 왕국 디즈니가 장악한 북미시장에 매장을 내고 시장에 진출했다. K캐릭터의 장점은 캐릭터의 직관성이다. 기존의 글로벌 장수 캐릭터는 대부분 애니메이션 원작을 배경으로 한다. 장편의 이야기와 주인공과 다양한 인물들의 관계와 상상력이 캐릭터 시장으로 확장되는 형식이다.

그러나 카카오프렌즈의 캐릭터는 모바일 메신저의 이모티콘이 배경이 된다. 스토리, 설정도 필요하지 않고 다양한 상황과 표정 등을 연출할 수 있어 성인들도 팬층으로 쉽게 확보된다. 따라서 캐릭터 상품은 문구, 완구류에서 벗어나 화장품, 생활가전 등으로 범위를 확장이 가능해졌다.

관련 굿즈Goods와 협업 제품들이 흥행하면서 시장에 콜라보 물결을 불러 왔다. 굿즈는 연예인, 스포츠 팬을 대상으로 디자인한 다양한 상품이 판매된다. 팬덤Fandom 문화를 활용하는 굿즈는 새로운 마케팅 수단으로 정착했다. 자신의 취향·관심사·공유 기반의 소비문화가 등장하면서 굿즈의 시장 규모도 커지고 있다.

SECTION

05 실감 미디어 시장

4차 산업혁명 시대의 실감미디어인 가상현실Virtual Reality, VR, 증강현실Augmented Reality, AR, 혼합현실Mixed Reality, MR이 우리 생활에 깊숙이 침투하고 있다. 시·공간의 제약에서 벗어나 의학에서부터 교육·게임·여가생활 등 다양한 분야에서 활용되면서 우리의 삶을 획기적으로 변화시키고 있다.

1 VR

VR은 현실의 특별한 환경·상황을 컴퓨터 기반의 인공으로 그대로 모방·표현하여 창조된 가상세계를 말한다. 사용자가 인간의 오감 중 시각·청각·촉각 등을 통해 사이버 공간을 실제로 현실처럼 주변의 상황·환경과 인식하고 상호작용하는 기술이다. 2D, 3D, 4DX 등의 영상기술의 다음 단계로 영상을 단순히 감상·관찰하는 것이 아니라 영상 속으로 들어가 등장인물과 자신을 일치시키며 같은 경험·감정을 느낀다. 따라서 감각체험은 가능하지만, 물리적 형태의 존재성이 없는 현실로 정의된다.

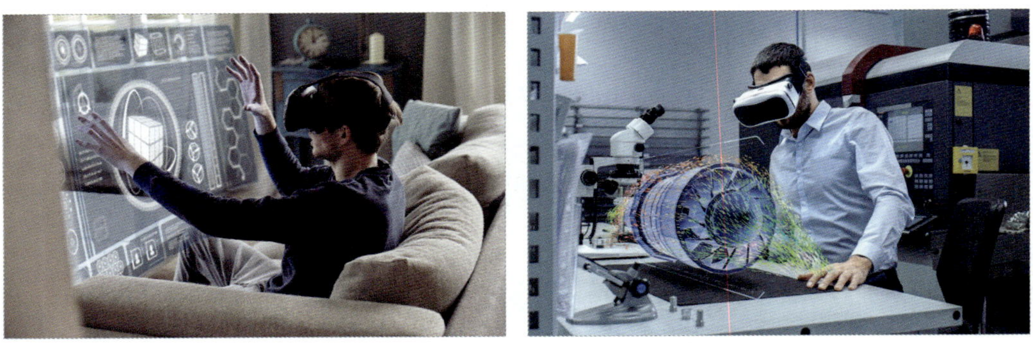

그림 13-15 가상현실, 사이버 공간을 현실처럼 인식시키는 기술

하나 더 알기 **VR의 시초**

VR의 개념은 1968년 미국 아이번 서덜랜드 교수가 VR 헤드셋 HMDHead Mounted Display를 최초로 구현하며 시작되었다. 과거에는 항공훈련, 군사훈련, 의료수술 등 현실 세계에서 실제로 구현이 어려운 특수분야에서만 VR을 주로 사용했다.

VR 헤드셋 HMD의 기본 구조는 2개의 렌즈, 스크린, 사운드 출력장치, 입력장치로 구성된다. 6~6.5cm 정도 떨어진 사람의 눈동자에 2개의 이미지를 보여주면 대뇌에서 하나의 이미지로 합쳐지는 과정에서 이미지의 시간 차이를 인식해 뇌는 거리와 방향 등을 파악해 입체감을 느끼게 된다. 머리의 움직임에 따라 왼쪽, 오른쪽 눈에 알맞은 영상을 출력, 우리의 뇌가 입체영상으로 인식하게 된다.

VR 활용 분야

VR의 개념이 생긴 지 50여 년이 지났지만, 보편적인 기술과 서비스로 자리를 잡지는 못하고 있다. 그러나 최근 VR 기술은 비약적으로 발전한 하드웨어 성능과 3D 그래픽 기술을 바탕으로 빠르게 성장하고 있다. 최근에는 ICT 기업들이 개인용 VR 헤드셋을 개발하면서 일상생활로 영역이 확대되고 있다. 소비자에게 불편했던 화질과 멀미 현상을 개선하고 대중적인 가격으로 공급이 가능해졌다. 다른 세상을 창조하는 VR 세상은 멀지 않은 시기에 VR에서 더 많은 시간을 보내고, 특정 공간에서 모든 것을 체험하면서 생활할 것이다.

그림 13-16 **VR 기술의 활용**

VR 기술의 활용으로 스마트폰 이후 인류의 삶을 가장 획기적으로 변혁시킬 것이라는 전망이다. VR의 가상공간을 인터넷으로 연결하면 시 · 공간의 제약에서 벗어나 비디오게임은 물론 여행·교육·영화·공연·의학·군수 등 다양한 분야에서 활용할 수 있다.

TIP 코로나19 사태로 사회적 거리 두기 캠페인으로 가상현실이 새로운 대안으로 주목받고 있다. 비대면 접촉을 선호하면서 'VR 컨퍼런스'라는 새로운 개념이 등장했다.

특히 5G 시대에 '라이브 공연' 콘텐츠는 VR 성장을 견인하는 킬러콘텐츠 가운데 하나가 될 것이다. 콘서트장에서 좋아하는 가수들의 공연을 보고 싶어도 시·공간 또는 비용문제로 참여하지 못하는 팬들에게 VR는 가치 있는 대체재가 될 수 있다. 의학 분야에서도 VR 영상을 통해 고소공포증, 특정 부위의 운동능력이 약해진 환자의 치료 등에도 활용되고 있다.

그림 13-17 360도 VR 카메라와 라이브 공연 촬영

하나 더 알기 **VR을 준비하는 기업**

글로벌 ICT 기업들은 이미 VR 시장 선점에 집중하고 있다. 삼성전자, 구글, 페이스북, 소니, 애플 등 주요 기업들이 경쟁에 뛰어들었다. VR 장비는 가격, 성능에 따라 크게 3가지 등급으로 분류된다. 컴퓨터, 게임기와 연결하고 사용하는 개인형 VR 서비스인 최상위 등급의 '슈퍼 VR'은 오큘러스 리프트, HTC의 바이브, 소니의 프로젝트 모피어스 등이 경쟁하고 있다. 스마트폰과 연결하는 '미디엄 VR'은 삼성의 기어VR, 구글의 카드보드가 대표적이다. 최하위 등급인 '캐주얼 모바일 VR'은 별도의 디바이스 없이 스마트폰만 활용해 VR를 체험하는 기술로 대부분의 기업에서 연구 중이다.

페이스북은 2018년 독립형 VR 헤드셋 '오큘러스 고'를 출시했다. 갤럭시 기어 VR과 같은 모바일 플랫폼을 공유하지만, 스마트폰을 연결하지 않고 독자적으로 구동이 가능한 일체형이 특징이다. VR 렌즈는 OLED 대신 LCD를 사용하고, 오큘러스 리프트(PC용 VR)와 같은 모양과 야각을 갖는다. 오큘러스, HTC, 삼성, LG 등 제조사들이 가격은 낮추고 성능은 더욱 개선된 VR 제품을 계속해서 출시하고 있다. 소프트웨어 플랫폼도 유니티, 에픽게임즈(언리얼 엔진), 페이스북(오큘러스), 구글 등을 중심으로 생태계가 발전하고 있다.

VR 기술의 한계

대부분의 VR 장비는 머리를 움직이면 화면이 따라가는 헤드트래킹Head Tracking을 지원한다. VR 콘텐츠의 몰입도가 중요하기 때문에 1인칭 시점으로 3D 화면을 실시간으로 렌더링해 보여준다. 따라서 왼쪽, 오른쪽, 양쪽 눈을 동시에 처리해야 하므로 높은 성능이 필요하다. VR 장비의 연산능력이 부족하면 시점을 이동할 때 3D로 표현에 지연시간이 발생한다. 이러한 시차로 인해 점차 피로가 누적되면서 VR 멀미가 발생한다. 보는 감각과 몸이 느끼는 감각이 서로 갈등을 겪으면서 발생하고, 장시간 사용할수록 눈의 피로도가 쌓이면서 발생한다.

다양한 VR 콘텐츠가 출시되지만, 대중적으로 인기를 얻지 못하는 이유 중 하나가 극심한 피로도와 멀미 때문이다. 가상현실에서 컨퍼런스를 진행하려면 사용자가 장시간 3D 화면에 노출되어 멀미저감 기술이 적용되지 않은 경우에는 어지러움, 두통, 메스꺼움을 호소하게 된다. VR 게임의 경우 연결되는 선이 많고 값비싼 VR 장비도 대중화에 발목을 잡는다. 가상현실에서 아바타의 표정을 읽고, 자연스러운 제스처를 건네기 위해선 'HTC Vive'와 같은 고가의 VR 전용헤드셋이 필요하다.

2 AR

증강현실은 현실에 존재하는 대상에 대하여 컴퓨터 기술을 이용하여 사용자에게 추가적인 정보를 제공하는 기술로 가상현실과 구분한다. 증강현실은 책에 인쇄된 코드 등을 스마트폰에 탑재된 앱으로 해독할 때 추가적인 영상이나 정보를 제공하거나 스마트 안경을 쓰고 현실의 건물을 바라보면 건물에 대한 정보를 제공한다. 현실에 대한 부가정보의 기능을 수행한다는 점에서 가상현실과 차이가 있다.

그림 13-18 현실세계에 가상 물체를 겹쳐 보여주는 기술

AR 활용 분야

최근 가구·의류의 제조·유통업계와 교육업계는 AR 서비스 개발에 노력하고 있다. 가구업체는 스마트폰 앱을 통해 필요한 가구를 집안에 미리 배치해보는 AR 서비스를 출시했다. 매장을 방문하지 않고 가구를 360도 돌려가며 살펴볼 수 있다. 증강현실 기반의 3D 가상피팅 시스템인 디지털 거울은 신체 사이즈를 측정해 어울리는 의상을 3D 이미지로 구현한다. 교육업계는 키즈콘텐츠로 AR 기술로 색칠하고, 생동감 있는 캐릭터를 구현한다. 국내 조선업체들은 게임개발 엔진을 활용해 복잡한 설계 도면을 없애고, 증강현실을 활용해 품질검사를 하여 비용 절감과 효율을 향상하고 있다.

AR 기술의 한계

AR 서비스의 최대 혁신상품은 스마트 글래스Smart Glass이다. 안경형태의 스마트 글래스는 각종 매뉴얼과 정보를 탑재해 양손을 자유롭게 한다. 실시간으로 안경을 통해 작업·활동상태를 확인할 수 있어 일상생활과 산업현장에서 크게 활용될 것으로 전망된다. VR과 AR 등 실감미디어는 이전까지 게임, 엔터테인먼트 분야에서 활용되었지만 5G 시대에는 초고속·초저지연·초연결의 특성으로 모든 산업 분야로 확장할 것으로 전망된다. LTE보다 최대 20배 빠른 속도를 지원하여 주행중인 차량에서도 초고화질로 실시간 미디어 정보를 송수신할 수 있다. 하지만 가격이 비싸고 상용화까지 시간이 걸리는 점이 한계이다.

3 MR

사회적 거리두기 속에 비대면 생활이 많이 익숙해지면서 답답함을 극복하기 위해 VR, AR 기술을 결합한 혼합현실을 활용한 실감콘텐츠가 주목받고 있다. 미리 실제 인물과 똑같이 제작된 홀로그램 영상과 함께 3D 영상을 현실에 구현한 혼합현실 기술이다. 홀로그램 영상은 100여 개의 카메라가 설치된 혼합현실 스튜디오에서 제작된다. 카메라들이 360도로 캡처하고 3D 가상인물을 만들어낸다. 화면에 나타나는 가상인물은 실제의 모델의 모습과 구분이 불가능할 정도이다. 이러한 혼합현실 3D 가상인물은 크기 조절, 모든 방향에서 볼 수 있어, 공연이나 교육 등에 주로 사용된다. 특히 5G 기술로 끊김 없이 원격업무도 가능하다.

5G 이동통신 상용화 1년 동안 국내 이통3사는 AR · VR 사업에 집중투자를 하였다. 대용량 데이터 전송이 가능하기 때문에 AR·VR 기술이 다양한 분야에서 활용될 것으로 예상하고 시장 확보에 집중하였다. 그러나 AR·VR 장비의 비싼 가격에 의한 낮은 보급률, 눈의 피로감, VR 멀미, 불편한 디바이스 등 부작용이 나타나고 있다.

요약

01 MUD는 컴퓨터 통신망에서 제공되는 가상공간을 이용하여 다수의 소비자가 동시에 채팅 형식으로 서로 대화를 나누면서 진행하는 게임이다.

02 이후 MUD 게임에 그래픽 요소를 첨가하여 채팅 형식에서 그래픽 기반으로 진행되는 MUG 게임이 탄생했다.

03 RPG는 캐릭터 하나로 게임을 운영하는 방식을 뜻한다.

04 MORPG는 자신의 캐릭터와 소수의 인원이 게임을 하는 방식이다.

05 FPS는 1인칭 시점에서 전투를 벌이는 게임이다.

06 TPS는 3인칭 시점의 게임이어서 게이머가 캐릭터 등 뒤에서 있는 듯한 효과를 가진다.

07 MOBA는 여러 명의 게이머가 팀을 이뤄 게임을 운영하는 방식이다.

08 하나의 콘텐츠를 여러 상품 유형으로 전개하는 원소스 멀티유즈의 파급효과로 인기 웹툰 · 웹소설에 대한 가치가 증가하고 있다.

연습 문제

객관식 문제

01 컴퓨터 통신망에서 제공하는 가상공간을 이용하여 다수의 소비자가 동시에 채팅 형식으로 서로 대화를 나누면서 진행하는 국내 최초 텍스트 기반 게임방식은?

① MUD ② MUG ③ RPG ④ MMORPG

02 FPS와는 다른 3인칭 시점의 게임이며, 게이머가 캐릭터 등 뒤에 있는 듯한 효과를 가진 게임 장르는?

① TPS ② AOS ③ RTS ④ TRPG

03 다음 중 모바일 게임 시장의 성장요인으로 적절하지 않은 것은?

① 고해상도 디스플레이 제공 ② 언리얼엔진 게임 출시
③ 멀티터치 스크린 도입 ④ 앱스토어 중심 수익배분

04 클라우드 게임에 대한 설명으로 옳지 않은 것은?

① 입력지연 없는 반응속도가 중요하다.
② 게임서버에서 그래픽처리를 위한 연산이 이뤄지기 때문에 고사양의 디바이스에서만 플레이가 가능하다.
③ 클라우드에 접속해 온라인 스트리밍으로 게임을 즐기는 서비스이다.
④ 게임플랫폼의 경계가 희미해지면서 멀티플랫폼과 크로스플레이 지원이 가능해졌다.

05 특정코드를 웹툰에 심어서 불법복제 및 유통한 당사자를 추적하는 기술은?

① 워터마크 기술 ② 포렌식마크 기술
③ 툰레이더 기술 ④ SNI 기술

06 음원 스트리밍 서비스에 대한 설명으로 옳지 않은 것은?

① 최적화된 비즈니스 모델 ② 음악 출시 후 3~4주 동안 많은 수익 창출
③ 제작자에게도 도움을 주는 서비스 ④ 개발도상국의 시장이 새로운 성장 아이콘

07 음원 추천 서비스의 특징으로 옳지 않은 것은?

① 인디밴드, 신곡은 진입의 어려움　② 과거에는 실시간 음원 순위가 기준
③ AI 기반의 음원 분석　④ 개개인의 취향, 상황에 따라 추천

08 K캐릭터에 대한 설명으로 옳지 않은 것은?

① K캐릭터의 배경은 이모티콘　② 장점은 캐릭터의 직관성
③ 애니메이션 원작이 배경　④ 스토리, 설정 등이 필요

09 가상현실에 대한 설명으로 옳지 않은 것은?

① VR 헤드셋으로 영상을 감상·관찰　② 물리적 존재성이 없는 현실
③ 감각체험 가능　④ 2D, 3D, 4DX 등의 다음 단계

10 VR 헤드셋 HMD의 기본 구조에 속하지 않는 것은?

① 스크린　② 사운드 출력장치　③ 2개의 센서　④ 입력장치

11 VR 기술에 대한 설명으로 옳지 않은 것은?

① 헤드트래킹　② 실시간으로 렌더링
③ 눈의 피로도 증가　④ VR 장비 필요

12 증강현실 기술에 대한 설명으로 옳지 않은 것은?

① 스마트 글래스　② 게임, 엔터테인먼트 분야에서 활용
③ 3D 가상피팅 시스템　④ 가상현실과 구분

O, × 문제

01 MMORPG는 자신의 캐릭터와 소수의 인원이 게임을 하는 방식이며, 대표적인 게임으로는 디아블로가 있다.

02 MOBA는 여러 명의 게이머가 팀을 이뤄 게임을 운영하는 방식이다.

연습문제

03 웹툰은 유튜브, 넷플릭스 등 글로벌 기업들이 선점한 영상 콘텐츠 플랫폼과 다르게 아직 초기 상태이며, 독과점 기업이 없다.

04 스마트폰으로 감상하는 것이 가능해지면서 콘텐츠를 소비하는 방식 또한 세로에서 가로 스크롤 형식으로 변화하였다.

05 디지털 치료제는 게임이 가진 요소에 임상을 결합해 효과를 입증하는 방법으로서, 2세대 치료제로 분류되고 있다.

06 모바일 게임 시장에 의해 침체되어있던 PC게임 시장은 고사양 게임 콘텐츠 제공을 통해 예전 활력을 되찾는 듯 했으나, 향후 클라우드 게임 시장에 의해 다시 침체기에 접어들 것으로 내다보고 있다.

07 음원 스트리밍 서비스는 개발도상국이 새로운 성장 아이콘으로 등장했다.

08 AI 음원 추천서비스는 사용 이력, 청취리스트를 분석하여 유사곡 등을 추천한다.

09 이모티콘만으로 소통이 가능하다.

10 K캐릭터의 장점은 캐릭터의 다양성이다.

11 VR 헤드셋에는 출력장치는 있지만 입력장치가 존재하지 않는다.

12 VR 장비는 가격, 성능에 따라 크게 3가지 등급으로 분류된다.

13 최근 VR 기술은 하드웨어 성능의 발전으로 빠르게 성장하고 있다.

14 VR 콘텐츠는 1인칭 시점으로 3D 화면을 보여준다.

15 증강현실은 사용자에게 추가적인 정보를 제공하는 가상현실 기술의 하나이다.

단답형 문제

01 (   )란 캐릭터 하나로 게임을 운영하는 방식을 말한다.

02 (   )란 1인칭 시점에서 전투를 벌이는 게임을 말하며, 대표적인 게임으로는 배틀그라운드가 있다.

03 세계 최초의 모바일 게임은 1994년 덴마크의 하게누크사가 MT-2000을 출시하며 탑재한 (   )이다.

04 (   )은 게임의 넷플릭스라고도 불리는 미래형 게임 서비스이며, 5G 서비스의 핵심 콘텐츠로 분류된다.

05 (   )은 흥미롭고 재미있는 게임적사고와 게임기법을 교육에 접목시켜 사람들의 이목을 끌게 하는 것을 말한다.

06 음원 서비스는 크게 (   ) 서비스, (   ) 서비스 두 종류로 나눌 수 있다.

07 음원 스트리밍 서비스는 (   )를 원천적으로 차단한다.

08 음원 플랫폼 경쟁은 구독경제가 도입되면서 (   )가 주목받기 때문이다.

09 이모티콘은 말의 대체재로 감정의 이모션과 조각을 뜻하는 (   )의 합성어이다.

10 (   )는 팬덤 문화를 활용하는 새로운 마케팅 수단으로 정착했다.

11 VR 헤드셋 HMD는 2개의 렌즈, (   ), 사운드 출력장치, 입력장치로 구성된다.

연습 문제

12 대부분의 VR 장비는 머리를 움직이면 화면이 따라가는 (   )을 지원한다.

13 VR 콘텐츠는 1인칭 시점으로 3D 화면을 실시간으로 (   )해 보여준다.

14 증강현실은 현실에 대한 부가정보를 제공한다는 점에서 (   )과 차이가 있다.

15 AR 서비스의 최대 혁신상품은 (   )이다.

찾아보기

찾아보기

찾아보기